태평양의 발견과 근대 조선

세계와 마주하다

NANAM
나남출판

포스텍 융합문명연구원
문명학 총서 04

태평양의 발견과 근대 조선

세계와 마주하다

2022년 7월 15일 발행
2022년 7월 15일 1쇄

지은이 고정휴
발행자 조완희
발행처 나남출판사
주소 10881 경기도 파주시 회동길 193, 4층(문발동)
전화 (031) 955-4601(代)
FAX (031) 955-4555
등록 제 406-2020-000055호(2020.5.15)
홈페이지 http://www.nanam.net
전자우편 post@nanam.net

ISBN 979-11-92275-04-8
ISBN 979-11-971279-4-6 (세트)

책값은 뒤표지에 있습니다.

이 책은 2019년도 포스텍 융합문명연구원의 지원을 받아 연구되었음.

포스텍 융합문명연구원 **문명학** 총서 04

태평양의 발견과 근대 조선

세계와 마주하다

고정휴 지음

NANAM
나남출판

Discovery of the Pacific and Modern Joseon

Encountering the World

by

Ko, Jung-Hyoo

NANAM

머리말

태평양은 고요하지도 평화롭지도 않다. 늘 시끄러웠다. 어떤 때는 이 바다 때문에, 그리고 이 바다에서 전쟁이 벌어지기도 했다. 이 바다와 연결된 한반도 주변의 해역海域도 그러했고, 그러하다. 요즈음에는 인도-태평양이라는 말이 우리네 신문 지상에 오르내린다. 그러나 우리는 여전히 태평양에 무관심하다. 아니 무지하다. 내 자신이 그랬다.

이 책이 그러한 무관심과 무지에서 벗어나는 데 조금이라도 도움이 될 수 있기를 바라는 마음 간절하다. 가까운 과거와 마찬가지로, 우리의 현재와 미래가 소란스런 그 바다와 무관하지 않기 때문이다.

벌써 나왔어야 할 이 책의 출간을 인내심을 갖고 기다려 준 포스텍 융합문명연구원에 미안함과 고마움을 함께 전한다. 올해 백수를 맞이하신 어머님께 보잘것없는 이 책을 바친다.

2022년 초여름

광교산 자락에서

고 정 휴

차례

제 2 부 조선인, 태평양에 눈을 뜨다

제3부 한인 디아스포라와 외신대한外新大韓의 건설

서론

태평양의 발견에 대하여 묻다

"고요한 바다"[1]

"바다 중의 바다"[2]

---

1 오늘날의 태평양에 '고요한 바다' 또는 '평온한 바다'라는 뜻의 'Mare Pacificum'(Pacific Sea)이라는 이름을 붙인 사람은 마젤란으로 알려져 있다. 그런데 그와 함께 태평양을 횡단했던 피가페타(Antonio Pigafetta)의 《항해일지》에는 '우리'라고만 되어 있을 뿐 마젤란을 특정하지는 않았다. 'Mare Pacificum'은 16세기 말 이래 중국에 들어온 예수회 선교사들이 '寧海' 또는 '太平海'로 번역하였다가 19세기 중엽 프로테스탄트 선교사들이 '太平洋'으로 번역하여 자리를 잡는다. 이러한 과정은 태평양에 대한 지리적 발견이 확대되는 과정과도 궤를 같이했다. O. H. K. Spate(1977), "'South Sea' to 'Pacific Ocean': A Note on Nomenclature", *The Journal of Pacific History* 12(4), pp. 205~206; 荒川清秀(1997), "7장 地理學用語の系譜", 《近代日中學術用語の形成と伝播: 地理學用語を中心に》, 東京: 白帝社 참조.

2 중국에 처음으로 '서구식' 세계지도를 소개했던 마테오 리치(Matteo Ricci, 1552~1610)는 태평양을 가리키는 한자어로 '창명종'(滄溟宗)이라는 명칭을 쓴 바 있다. 그것은 '바다 중의 바다' 또는 '바다 중의 으뜸'이라는 뜻을 지녔다. 한편, 리치의 세계지도에서는 '대서양'(大西洋)과 대칭되는 '대동양'(大東洋)이 태평양을 가리키는 단어로 사용되기도 했다.

"끝 모를 텅 빈 공간"3

"지구상의 단일 품목 가운데 가장 큰 물건"4

"마법처럼 환상적인 미지의 세계"5

이 모두 태평양을 가리키는 말이자 표현이다. 지구 표면의 3분의

---

3 동아시아의 전통적인 천원지방설(天圓地方說)에 따르면, 둥근 하늘 아래 모난 대지(大地)는 사해(四海)에 둘러싸인 것으로 인식되었다. 그 동쪽 끝의 땅이 일본 열도였고, 그 배후는 사람이 살지 않는, 따라서 문명이 생성되지 않는 '텅 빈 공간'으로 인식되었다. 아무도 그 컴컴한 바다로 나아가려 하지 않았다.

4 Colin McEvedy의 *The Penguin Historical Atlas of the Pacific*(1998)에 나오는 표현(the planet's "biggest single feature")이다〔Bruce Cumings(2009), *Dominion from Sea to Sea: Pacific Ascendancy and American Power*, New Haven & London: Yale University Press, xi에서 재인용. 번역서로는 브루스 커밍스 저, 박진빈·김동노·임종명 역(2011), 《미국 패권의 역사: 바다에서 바다로》, 서해문집, 26쪽〕. '태평양의 관점'에서 미국의 역사를 재해석하려 한 이 책에서는 '광활한 태평양의 공허함'(void of the vast Pacific)이라는 표현을 사용한다. 이는 '대서양 세계'라든가 '대서양 문명'과 같은 어떤 실체를 지닌 '태평양 세계' 또는 '태평양 문명'이 존재하지 않았다는 점을 지적하기 위해서였다. 커밍스는 21세기에 들어와서야 아시아와 미주 대륙 사이의 지속적인 인적·물적 교류를 통하여 '태평양 문명'이 서서히 부상하고 있다고 말한다(위의 책, 50~51쪽).

5 사이먼 윈체스터(Simon Winchester) 저, 김한슬기 역(2017), 《태평양 이야기》, 21세기북스, 7쪽. 영국계 미국인 작가이자 저널리스트인 윈체스터는 프롤로그 "잠들지 않는 지구의 눈"에서 이렇게 말한다(위의 책, 33쪽). "태평양은 미래를 상징한다. 고대에는 지중해가 세상의 중심이었다. 현대에는 대서양으로 세상의 중심이 옮겨 왔고, 여전히 대서양이 세상의 굳건한 중심이라고 생각하는 사람들도 있다. 하지만 태평양이 다가올 세상의 중심을 차지할 것이라는 사실에는 반박의 여지가 없다. 이 군청색의 넓은 바다에서 발생하는 사건들은 어마어마한 영향을 가진다. 우리 모두의 삶이 태평양의 영향권 안에 들어가 있는 것이다."

1에 달하는 태평양의 광활함은 인간의 도전을 쉽게 허락하지 않았다. 태평양의 사람들, 이를테면 폴리네시아인들은 세대에서 세대로 내려가면서 중부 태평양 곳곳에 그들의 발자취를 남겼다. 그들은 정착지의 물리적 환경에 적응하면서 자족적 삶을 누렸다. 고립된 섬에서 그들이 본 것은 태평양의 한 조각에 지나지 않았다.6

태평양을 부분이 아니라 전체로서 바라보는 것, 즉 오늘날 우리가 알고 있는 태평양은 유럽인의 창안물invention이었다.7 그 발견은 마젤란(일행)의 세계일주에서부터 '쿡 선장'의 세 차례에 걸친 태평양 탐사에 이르기까지 대략 3세기에 걸쳐 이루어졌다. 그 주역인 마젤란Ferdinand Magellan과 쿡James Cook은 태평양을 삶의 터전으로 삼았던 원주민들에게 희생당했다. 그것은 비극적인 사건이었지만 장엄한 인간 드라마이기도 했다. 그들의 욕망과 도전이 세계를 하나로

---

6 도널드 프리먼 저, 노영순 역(2016), 《태평양: 물리 환경과 인간 사회의 교섭사》, 선인, 87~101쪽 참조.

7 이런 주장을 처음 펼친 학자는 영국 태생의 지리학자 스페이트(O. H. K. Spate)이다. 그는 태평양에 관한 3부작—*The Spanish Lake*(1979), *Monopolists and Freebooters*(1983), *Paradise Found and Lost*(1989)—을 펴낸 바 있다. 이 방대한 저작물은 태평양의 발견과 확장, 이를 무대로 한 인간의 다양한 활동(모험, 약탈, 교역 등)을 촘촘히 담아냄으로써 이 분야의 고전으로 인정받고 있다. 터키계 미국인 역사가 아리프 딜릭(Arif Dirlik) 또한 '구미태평양'이라는 개념을 제시한 바 있다〔Arif Dirlik(1992), "The Asia-Pacific Idea: Reality and Representation in the Invention of a Regional Structure", *Journal of World History* 3(1); 우리말 번역으로는, 아리프 딜릭(1993), "아시아·태평양권이라는 개념: 지역구조 창설에 있어서 현실과 표상의 문제", 〈창작과비평〉 21(1) 참조〕.

묶고 그러한 바탕 위에서 자본주의 문명이 생겨났다. 태평양의 발견은 곧 서양이 주도하는 근대 세계의 탄생을 예고하는 것이었다. 그것은 한마디로 지구적 차원의 공간혁명이었다.[8]

한국의 근대 또한 태평양의 '발견'에서 비롯되었다. 우리는 이러한 사실을 망각해 왔다. 아니, 아예 몰랐을 수 있다. 따라서 우리 근대에 대한 설명은 무언가 빠진 듯 허전하고 명료하지 않았다. 다시 돌이켜 생각해 보자. 한국의 근대는 '개항開港'(1876)에서 시작되었다. 그것은 말 그대로 바닷길을 연다는 뜻이다. 이때 바다란 어디를 가리키는가? 황해인가, 남해인가, 아니면 동해인가? 한반도 주변의 이들 바다는 옛적부터 우리의 활동 무대였다. 그렇다면 1876년의 개항이 지니는 역사적 의미는 무엇인가? 고종高宗은 일본과 강화도 조약을 체결할 때 조야의 반발이 거세자 단지 '구호舊好'를 회복하는 것에 지나지 않는다고 말했다. 한편 최익현은 지금의 일본은 과거의 일본이 아니라 '서양 오랑캐洋夷'와 한 몸이라고 지적했다. 이른바 왜양일체론이었다.[9]

---

8 지구적 차원의 공간혁명과 관련해서는 칼 슈미트 저, 김남시 역(2016), 《땅과 바다: 칼 슈미트의 세계사적 고찰》, 꾸리에북스가 참고할 만하다. 1942년 독일에서 처음 출간된 이 책은 유럽 중심의 세계사를 땅과 바다, 대륙과 해양 세력 간 힘의 투쟁으로 본다. 이 책이 나오게 된 배경과 저자에 대하여는 이진일(2018), "해양과 '공간혁명'— 칼 슈미트(Carl Schmitt)의 《땅과 바다》를 중심으로", 〈사림〉 63 참조.

9 최덕수(2021), 《근대 조선과 세계》, 열린책들, 72~73쪽; 박민영(2012), 《대한 선비의 표상, 최익현》, 역사공간, 65~73쪽.

최익현의 지적은 옳았다. 미국 '페리 원정대Perry Expedition'에 굴복하여 문호를 개방한 일본은, 이른바 왕정복고에 의하여 체제를 일신한 후 오직 '문명개화'의 길로 나아갔다. 그들은 문명의 기준을 동양(중국)에서 서양으로 바꾸었다. 조선이 교린의 대상으로 삼았던 '왜倭'는 더 이상 존재하지 않았다. 일본의 시선은 이제 아시아 대륙이 아니라 태평양을 향했다. 그들은 '해국海國'으로의 비상을 꿈꾸었다.

한국은 서양 열강 중에서 처음으로 미국에 문호를 개방했다. 조미수호통상조약(1882) 체결의 당사자였던 해군 제독 슈펠트Robert W. Shufeldt는 이때 아시아에서 '최후의 쇄국 국가'를 서양 문명 속으로 끌어들였다면서 이렇게 회고했다.

> 모든 빛나는 것은 동쪽에서 오듯이 중국도 새로운 문명과 보다 활기찬 재탄생을 위해 미국의 연안을 바라봐야 할 것이다. 이것이 자연스러운 순서이며, 인간의 진정한 진보의 행진이며, 거스를 수 없는 인간사의 흐름이다. … 태평양은 미국의 신부이며, 중국과 일본·한국은 수많은 섬을 목걸이처럼 걸고 있는 신부의 들러리다. 캘리포니아는 신혼의 잠자리이며 신방이다. 이곳으로 동양의 모든 부가 모여 결혼을 축하할 것이다. 미국은 신랑으로 입장한다. … 동양과 서양이 함께 만나고 제국을 찾는 일이 더 이상 필요 없어지며 인간의 힘이 절정을 맞게 되는 곳, 그것이 바로 태평양이다.[10]

---

10 Frederick Drake(1984), *The Empire of the Seas: A Biography of Rear Admiral*

요컨대 미국만이 태평양을 지배하는 유일한 제국이며, 동아시아 국가들은 미국의 영향력 아래에서 '재탄생'해야 한다는 것이다. 슈펠트는 그것이 진정한 진보이자 미래로 나아가는 길이라고 주장했다. 그는 한국의 개항이 그러한 역사적인 과업의 마지막 단계였음을 화려한 수사를 동원하여 강조했다. 그는 미국의 '명백한 운명' 속에 한국을 집어넣었다.

이 책은 태평양의 '발견'에 따른 근대 세계의 구성과 조선과의 관계를 역사적으로 살펴보려는 시도이다. 여기서 발견이라고 함은 단순히 지리적 발견에 그치는 것이 아니라 문명사적 발견, 나아가 정치・경제・군사 헤게모니적 관점에서의 발견을 포괄한다. 이러한 발견의 시초는 조선조 후기로 거슬러 올라가지만, 집중적으로 살피려는 시기는 이른바 개항기(1876~1910)이다. 이 시기에 조선인은 땅에서 바다로, 대륙에서 해양으로 빠르게 시선을 돌렸다. 그것은 중국 중심의 '천하' 질서에서 서양(특히 미국) 주도의 '세계world' 질서로 이행하는 과정이기도 했다.11 태평양으로 향하는 바다를 열고,

---

Robert Wilson Shufeldt, Usn, Honolulu: University of Hawaii Press, pp. 115~116; 브루스 커밍스 저, 박진빈・김동노・임종명 역, 앞의 책, 176~177쪽 재인용.

11 중국 중심의 세계관을 담은 '천하'(天下)라는 용어는 16세기 말 예수회 선교사들이 중국으로 들어오면서 '만국'(萬國)으로, 그리고 19세기 초 개신교 선교사들에 의하여 '세계'(世界)로 점차 바뀌어 나갔다. 물론 그 이후에도 천하/만국/세계는 나란히 사용되었지만, 그 의미하는 바는 조금씩 달라졌다. '세계'라는 말의 출처와 사용에 대하여는 쩌우전환 저, 한지은 역(2013), 《지리학의 창으로 보는 중국의 근

그 바다로 나아갔던 개항기의 역사적 의의가 여기에 있다.

한국 역사를 바다의 시각에서 바라보고 해석하려는 노력은 2000년대에 접어들어 활발해졌지만, 그 범위는 한반도 주변 해역에서부터 남중국해 또는 동아시아 해역에 그쳤다.[12] 태평양은 아예 관심의 대상에서 벗어나 있었다. 이것은 우리 학계의 해양사 연구 범위가 아직도 근대 이전 시기에 머물러 있음을 보여 준다. 최근에는 근대로의 전환기 '아시아지중해Méditerranée asiatique' 또는 아시아 '해역 세계maritime world'에 대한 국외 연구성과들이 국내에 소개되고 있지만, 여기에서도 태평양은 거의 언급되지 않는다.[13]

우리는 이미 환태평양이라든가 아시아-태평양이라는 말들에 익숙해지고, 최근에는 인도-태평양이라는 말까지 나오고 있지만, 과연 우리가 스스로를 환태평양권에 속한 나라라고 생각하고 있는지는 의문이다. 이러한 현실이 태평양을 매개로 한 한국인의 '세계' 이해와 인식 틀에 대한 학문적 검토를 소홀하게 만들었는지도 모른다.

대: 1815~1911년 중국으로 전파된 서양지리번역서》, 푸른역사, 352~353쪽, 367~368쪽 참조.

12 윤명철(2012), 《해양사연구방법론》, 학연문화사; 하세봉(2010), "한국의 동아시아 해양사 연구: 민족주의적 성과와 탈근대적 전망", 〈동북아문화연구〉 23; 하세봉(2019) "최근 10년래 한국학계의 해양사 연구 성과와 전망", 〈도서문화〉 54; 강봉룡(2008), "해양인식의 확대와 해양사", 〈역사학보〉 200; 강봉룡(2009), "한국 해양사 연구의 몇 가지 논점", 〈도서문화〉 33 참조.

13 하네다 마사시 편, 현재열·김나영 역(2012), 《17~18세기 아시아 해항도시의 문화교섭》, 선인; 프랑수와 지푸루 저, 노영순 역(2014), 《아시아 지중해: 16~21세기 아시아 해항도시와 네트워크》, 선인 참조.

한편으로, 한국은 원래 대륙국가 또는 대륙지향형 국가였지 해양국가는 아니었다는 통념화된 역사 인식 또한 바다에 대한 우리의 사고와 인식 지평을 제약하고 있다. (그런데 역설적으로 현재 남한은 대륙과의 연결이 차단된 고립된 섬이나 다름없다.)

이 책은 한국의 역사에서 태평양의 '발견'이 갖는 역사적 의미를 탐구해 보려는 것이다. 논점은 세 가지이다. 첫 번째 물음은 우리 근대사에서 바다란 무엇인가이다. 두 번째 물음은 우리는 언제 어떻게 태평양이라는 바다를 알게 되었는가이다. 세 번째는 태평양이 언제 우리의 삶의 무대에 들어왔고 그 계기와 역사적 의미는 무엇이었는가 하는 문제이다. 여기에서 우리라고 함은 때론 국가(조선/대한제국/대한민국)일 수도 있고, 때론 민족(조선인/대한인/한국인)일 수도 있다. 근대 국민국가의 수립으로 가는 길목에서 식민지를 경험한 우리에게 "우리란 도대체 누구인가"라는 물음이 숙명처럼 따라다녔다. 분단체제에서 살아가는 오늘의 우리에게도 그 물음은 여전히 던져진다.

I

우리 근대사에서 바다란 무엇인가? 이 물음에 대하여는 조선왕조의 개창과 더불어 제작된 〈혼일강리역대국도지도〉와 르네상스기 유럽에서 '부활'한 프톨레마이오스의 세계지도를 비교·검토하는 데에서부터 해답의 실마리를 찾아간다. 두 지도는 근대 이전 동·서의 세계 인식과 문명관을 살피는 데 매우 유용한 단서를 제공하지만, 아직까지 그러한 시도는 없었던 것 같다. 우리는 두 지도를 서로 비교·검토하는 가운데 땅과 바다, 대륙과 해양에 대한 동아시아와 유럽의 서로 다른 인식과 태도를 엿볼 수 있다.

동아시아 3국 중 가장 엄격하게 '해금海禁' 정책을 펼쳤던 조선 시대에 바다에 대한 근본적 인식 전환을 시도한 인물은 혜강 최한기(1803~1877)가 아니었던가 싶다. 그는 30대에 펴낸 《기측체의》라는 책에 수록한 "바다에 선박이 두루 통한다海舶周通"라는 글에서 이렇게 말했다.

> 대개 처음 황량한 토지를 개간하기 시작한 이래 대륙에는 인물이 번성하여 뻗어 나갔지만 수만 리의 해양만은 그대로 공허하여 버리는 곳이 되었더니 명나라 이후로 서양 선박洋舶이 두루 지구를 돌아다녔다. 이리하여 연해 지방의 여러 곳은 부두에 시장이 늘어서고 건장한 용사를 모아 요새를 설치하며 병사를 상선에 배치하여 천하의 견고한 방어지가 되었다. 여기에 이르러 세상의 경영이 크게 바뀌어 물산을 만국에 교역하여 통하고 모든 가르침이 천하에 뒤섞이고 육지의 시장陸市이 변하여 바다의 시장海市이 되고 육지에서의 전쟁陸戰이 변하여 바다에서의 전쟁水戰이 되었다. 이러한 변화에 대처하는 방법은 마땅히 변한 것을 가지고 변한 것을 막아야 하고, 변하지 않는 것을 가지고 변하는 것을 막으려 해서는 안 된다.[14]

최한기는 이 글에서 '해양의 시대'의 도래를 예고했다. 그리고 이러한 시대 흐름에 대처하기 위해서는 조선 또한 마땅히 '변화'를 도모하지 않으면 안 된다고 했다. 이때 그가 말한 변화의 요체는 '실용實用'으로서 서양의 우수한 문물과 제도를 적극 수용하려는 자세를 가져야 한다는 것이었다.

최한기가 살던 시대는 세계사적 전환기였다. 유럽은 이른바 대항해 시대에 힘입어 산업혁명기로 접어들었고, 그 선두 주자인 영국은 '아편전쟁'을 통하여 중국의 문호를 개방했다. 미국은 태평양 맞은편에 있는 일본을 개방시켰다. 한반도 주변 해역에는 이양선들이 출몰하며 통상을 요구하고 있었다. 이때 조선의 지배층은 가장 보수적이고 폐쇄적이었던 세도정권이었다. 그들은 오로지 바닷길을 통제하는 것으로써 위기에 대처하려고 했다.

기학氣學이라는 최한기의 독특한 사고와 철학 체계에 대하여는 일일이 열거할 수 없을 정도로 많은 연구가 이루어졌지만, 그가 조선이 대내외적으로 심각한 위기에 처해 있던 그의 시대를 어떻게 바라보고 대처하려고 했는지에 대하여는 좀 더 검토가 필요하다고 생각된다. 이 문제에서 우리가 주목해야 할 것은 최한기가 중국에서 유입된 서학서西學書와 양무洋務 서적들을 통하여 세계에 대한 최신 정보와 지리 지식을 얻고, 이를 바탕으로 〈지구전후도地球前後圖〉라는

14 민족문화추진회 편(1979), 《국역 기측체의》 II, 민족문화문고간행회, 150~151쪽. 이 책에는 원문이 함께 수록되어 있다(인용문 원문, 70쪽).

지도를 판각하고 《지구전요地球典要》라는 인문지리서를 펴냈다는 사실이다. 요컨대 최한기의 철학과 시대 인식은 기본적으로 '지구'라는 물체와 그 안에 살고 있던 사람들의 연관성에 대한 사유에 기초한다는 점을 간과해서는 안 된다는 것이다.

최한기가 예측한 대로 조선이 닫힌 바닷길을 열고 세계와 소통하는 것, 즉 '개항'은 피할 수 없는 일이었다. 결국 이 일은 우리의 주체적 의지가 아니라 외부의 강요에 의해서 이루어졌다. 그 후 우리에게는 처음으로 '한반도'에 대한 이해가 생겨났다. 반도peninsula란 땅이 아니라 바다에서 바라볼 때 비로소 그 형상이 드러난다. 아마도 메이지 시대 일본인이 먼저 '조선반도'라는 말을 쓰고, 그것이 대한제국기의 지식인들에게 수용되면서 '한반도'가 되었을 것이다. 한반도의 '한韓'은 삼한三韓에서 유래하는 것으로 이때는 대한제국을 가리킨다. 20세기에 접어들면서 국내에서 발행되는 신문과 잡지 기사에서는 한반도라는 단어가 자주 등장한다.

1906년 11월에는 〈소년한반도〉라는 월간지가 나왔다. 흥미로운 것은 이 잡지의 첫 호에 실린 창간 "취지"이다. 한 대목을 소개한다.

> 꿈에서라도 탄식하는 것은 구사회의 혁명이 아니겠는가? 꿈에서라도 그것을 말하는 자는 바로 소년한반도이다. 소년한반도는 단지 지리상의 명사인가? 아니면 정치상의 형상인가? 바로 지구의 동쪽 반구 중 아시아의 중심이 소년한반도이며, 태평양 문호가 소년한반도이거늘, 하물며 이 구사회를 혁명함이여.

이 글에서 '한반도'는 지리상의 명사이자 정치상의 형상임을 내세운다. 지리적으로 한반도는 '지구의 동쪽 반구 중 아시아의 중심'으로 묘사된다. 이러한 설명은 아시아와 태평양을 한데 붙여 놓고 볼 때에만 가능하다. 한반도를 대륙과 해양이 만나는 지점으로 바라보았던 것이다. 다음으로 정치상의 형상이란 '구사회의 혁명'을 꿈꾸는 '소년'들의 한반도이다. 러일전쟁 후 대한제국이 일본의 '보호국'으로 전락한 절망적 현실 속에서 기성세대가 아닌 '소년'들이 나서서 '혁명'에 불을 붙이기를 바라는 소망이 그 안에 담겨 있다. 이들이 추구하는 변혁 모델은 당시 국운이 나날이 상승하던 '메이지 일본'이었다. 당시 조선의 '개명' 지식인들은 일본을 배척하면서도 닮고 싶은 욕망을 지녔었다.

그러한 소년 중 한 사람이 최남선(1890~1957)이었다. 그는 10대 중반을 일본에서 보낸 후 귀국하자마자 〈소년〉이라는 잡지를 창간했다. 그러고는 바로 〈해상대한사〉를 연재하기 시작했다.15 이 특집은 자료의 '부족'으로 말미암아 서설에 그치고 시대별 또는 분야별 각론에 들어가지 못한 채 연재를 끝내고 말았다.16 최남선이 스스로

---

15 〈해상대한사〉는 2003년 도서출판 역락에서 펴낸 《육당최남선전집》 제5권(역사), 4~65쪽에 수록되어 있다. 아래에서는 이 전집에 수록된 것을 인용한다. 최남선에 대한 연구는 국문학에서부터 지리학에 이르기까지 다양한 방면에서 이루어져 왔지만, 의외로 〈해상대한사〉에 대한 연구는 부진하다. 이 때문에 최남선의 '바다'(海)에 대한 인식은 원론적인 수준의 설명이나 해석이 반복되는 것에 그치고 있다.

16 〈해상대한사〉는 "왜 우리는 해상모험심을 감튜어 두엇나"(제1회), "三面環海한

'완전'치 못할 것임을 알면서도 〈소년〉 창간에 맞추어 〈해상대한사〉의 집필에 착수했던 것은 오로지 대한 소년의 '해사海事 사상'을 고취하기 위해서였다. 그의 말을 빌리면 이렇다. "우리의 종족이 중앙아시아, 바꾸어 말하면 대륙 중 진眞 대륙에 장장 기만리 동안을 육로로만 종래한 고로 조선祖先의 육상적 유전성이 해상모험심을 나딜 틈이 없도록 한 종성種性, 달리 말하면 국민성"을 바꾸어야만 신대한 건설의 희망이 보인다고 했다.17

최남선은 〈소년〉과 〈해상대한사〉를 통하여 땅에서 바다로, 대륙에서 해양으로 근본적이며 획기적인 인식 전환, 즉 패러다임의 변환을 요구했다. 대항해 시대에 유럽인들이 대양Ocean을 '발견'하여 세계를 그들의 활동 무대로 만들었듯이, 신대한의 소년들도 그렇게 먼 바다로 나아가야만 미래가 열린다고 보았던 것이다. 이는 곧 바다를 어두운 곳, 두려운 곳, 무서운 곳으로 보고 바다로 통하는 길을 걸어 잠가야만 했던 조선인의 전통적 의식을 뒤집는 반란이자 도전이었다.18

우리 대한의 세계적 지위"(2~5회), "半島와 人文(文化)"(6~10회), "泰東에 처한 우리 반도 기왕의 공적"(11~12회)으로 끝났다. 분명치는 않지만, 12회까지의 연재물은 최남선이 처음 구상했던 〈해상대한사〉의 "首編總論"(도트럭 이약)에 해당되었던 것이 아닌가 생각된다.

17 《육당최남선전집》 제5권, 6쪽.

18 한자문화권에서 바다('海')가 지니는 의미는 원래 "어둡고 혼미하여 아무것도 보이지 않는 곳"이었다〔김창경(2006), "中國 先秦諸子의 물과 바다에 대한 인식", 〈동북아문화연구〉 10, 8~9쪽〕. 이러한 이미지가 조선 시대의 해금(海禁)·공도

II

우리는 언제 어떻게 태평양이라는 바다를 알게 되었는가? 이 문제와 관련해서는 세 단계로 나누어 살핀다.[19] 첫 번째 단계는 조선 후기, 즉 임진왜란에서부터 개항 이전까지이다. 이 시기에는 중국(명·청)으로부터 수입된 '서구식' 세계지도 및 지리서들을 통하여 얻게 된 '상상의 지리적 공간'으로서의 태평양에 대한 이해와 인식을 다루게 된다. 전체적으로 볼 때 조선 후기의 위정자나 실학자를 포함한 식자층은 바다에 대한 관심이 대단히 저조했다. 그들이 주목한 것은 바다가 아니라 대륙이었고 '땅'의 모양과 그 중심이 어디에 있는가 하는 문제였다. 이른바 지구설과 오대주설을 둘러싼 논쟁들이 그러했다. 이는 오랫동안 중국과 연결된 대륙 중심적 사고의 반영이자 그 한계를 보여 준다. 물론 조선 시대의 '해금' 정책도 위정자나 지식인들이 바다로 눈을 돌리는 것을 억제했을 것이다. 이런 상황을 놓고 보면, 최한기는 돌출적이라고 할 만큼 예외적인 존재였다. 따

(空島) 정책과 맞물리며 바다는 기피의 대상이 되었고, '왜구'(倭寇)와 '양이'(洋夷)의 침범 시에는 두려움의 대상이었다.

19 이 문제를 다루게 될 제2부는 저자가 기왕에 발표한 다음의 논문들에 기초하되, 각 논문의 내용을 대폭 수정·보완하고 전체적인 줄거리를 재구성한 것이다. "태평양의 발견: 그 바다 이름의 생성·전파와 조선에의 정착", 〈한국근현대사연구〉 83(2017); "태평양의 발견: 그 바닷길의 개통과 조선사절단의 세계일주 기록 검토", 〈한국사학보〉 73(2018); "태평양의 발견: 그 바다를 둘러싼 미·일 간 패권 경쟁과 한국 언론의 반응, 1905~1910", 〈역사연구〉 37(2019).

라서 그의 물리적 '지구'와 사람이 사는 '천하'에 대한 인식은 조선 내의 지식 계보가 아니라 외부 요인으로부터 더 큰 영향을 받았다고 볼 수 있다.

두 번째 단계는 개항 이후부터 러일전쟁 발발까지이다. 이 시기 태평양에 대한 이해는 상상의 지리적 공간에서 현실에 존재하는 공간으로 바뀌었다. 미국과의 수교가 그러한 변화의 직접적 계기를 제공했다. 도대체 미국이란 어디에 있는, 어떤 나라인가에 대한 호기심이 지배층만 아니라 일반의 관심을 일깨우면서 태평양의 존재가 부각되었다. 이리하여 태평양은 조선인이 새로운 세계를 바라보는 창이자, 그 미지의 세계로 나아가는 길목으로 인식되기 시작했다. 그것은 동시에 서양 문물이 조선으로 유입되는 통로이기도 했다.

한반도 '안'에서 '밖'으로 나아가는 것과 관련해서는 조선사절단의 세계 기행을 다루었다. 그 대상은 ① 1883년 미국에 파견된 보빙사절단, ② 1896년 러시아 황제(니콜라이 2세)의 대관식 축하사절단, ③ 1902년 영국 국왕(에드워드 7세)의 즉위식 축하사절단이다. 기왕의 연구들은 이들 사절단을 각각 따로 떼어 살핌으로써 전체적인 상황과 그 변화의 추이를 제대로 분석하지 못한 한계를 지녔다. 또한 조선사절단의 세계일주라는 사실만을 부각시키고 그들의 여정과 서양 문명에 대한 인상기를 요약, 소개하는 데 그친 감이 없지 않았다.**20** 한편으로는 그들의 '자주외교'를 강조하곤 했는데, 그들이 정

---

20 각 사절단에 대한 주요 저술(편·역서 포함)만을 소개하면 다음과 같다. 김원모

작 국가의 주권을 수호하고 그 내실을 채우기 위한 '자주적 근대화' 라는 측면은 소홀히 하거나 간과했던 것은 아닌가 하는 문제에 대하여도 검토할 필요가 있다. 이러한 부분을 빠트리면 조선왕조·대한제국의 근대화가 실패한 원인을 오로지 외세로 돌릴 수밖에 없다. 이것이 과연 바람직한 학문적 자세인가에 대한 진지한 고민이 필요한 시점이다.

한편, 한반도 '밖'에서 '안'으로 들어오는 것과 관련해서는 한양 도성 안의 '양인촌洋人村' 정동貞洞, Chongdong의 모습을 다루었다. "서울〔한양〕은 조선 그 자체이다." 개항 후 한양을 둘러본 서양인들이 한결같이 하는 말이었다. 그 도성 안 서양인들의 집단 거주지가 정동이었다. 이곳은 청일전쟁 후 한국의 정치와 외교의 중심이며 서양 근대문물의 수용 창구이자 국내로 전파하는 발신지로서, 한국 근대화의 기원과 그 특색을 보여 주는 상징적인 공간이었다.[21] 이 작은

(1999), 《한미수교사: 조선보빙사의 미국사행편(1883)》, 철학과현실사; 한철호(1998), 《친미개화파연구》, 국학자료원; 박정양 저, 한철호 역(2015), 《미행일기》, 푸른역사; 민영환 저, 조재곤 편역(2007), 《해천추범: 1896년 민영환의 세계일주》, 책과함께; 김득련 저, 허경진 역(2011), 《환구음초》, 평민사. 1902년의 영국 사행에 대하여는, 〈동양학〉 32집(단국대 동양학연구소, 2002)에 실린 김원모, "이종응의 〈서사록〉과 〈셔유견문록〉 자료·해제" 및 "한국의 영국 축하사절단 파견과 한·영 외교관계" 참조.

21 문동석(2013), 《한양, 경성 그리고 서울》, 상상박물관; 이덕주(2002), 《개화와 선교의 요람, 정동이야기》, 대한기독교서회; 이순우(2012), 《근대서울의 역사문화공간: 정동과 각국공사관》, 하늘재; 이순우(2012), 《근대서울의 역사문화공간: 손탁호텔》, 하늘재.

공간에서 이루어지는 일들은 조선왕조를 지탱해 온 성리학적 가치체계와 반상제 질서를 뿌리부터 흔들어 놓기 시작했다. 그 파장은 서울에서 가까운 도시로, 그리고 내륙으로 점차 퍼져 나갔다. 교통과 통신수단의 발달은 그러한 변화에 속도를 더했다. 세계로부터 고립되어 있던 한국(서울)이 서서히 변화의 물결에 휩쓸려 들어갔다. 그 충격에 따른 혼란과 당혹스러움은 불가피한 것이었다. 이러한 '양인촌' 정동이 한국 근대사에 던져 준 파장을 다각도로 살펴보고자 한다.

세 번째 단계는 러일전쟁 이후이다. 20세기의 시작과 더불어 한국인의 대외 인식의 초점은 빠르게 대륙에서 해양, 특히 태평양으로 옮겨 갔다. 여기에는 두 가지 요인이 있었다. 한편으로는 조선 시대 지배층의 중화주의적 세계관에서 변방으로만 인식되던 '해국' 일본이 부상하고, 다른 한편으로는 그러한 일본의 팽창을 견제하고 한국의 독립 보전에 도움을 줄 수 있는 국가로서 미국이 포착되고 있었다. 이제 태평양은 미·일 간 패권 경쟁의 무대로 한국인에게 각인되기 시작했다.

그 발단은 러일전쟁이었다. 이 전쟁의 승리로 일본이 '세계 일등국'의 반열에 오르면서 아시아 대륙과 남양南洋 방면으로의 팽창에 대한 군부의 요구와 국민적 여론이 높아졌다. 이때 남진론에 앞장섰던 다케코시 요사부로竹越與三郎는 이렇게 외쳤다. "우리의 장래는 북北에 있지 아니하고 남南에 있고, 대륙에 있지 아니하고 바다에 있다. 일본 인민이 주목해야 할 것은 태평양으로서 우리의 호소湖沼로 삼는 대업大業에 있다."22 이러한 선언은 곧 '구미태평양'에 대한 일본의 도전이었다.

이와 같은 상황에서 서방 언론을 장식한 미일충돌설(또는 미일전쟁설)이 나오게 된 배경과 그 진행 상황을 종합적으로 검토할 것이다. 이 문제는 단순히 황색 저널리즘으로 보아 넘길 일이 아니었다. 미일충돌설은 이른바 황화론이라든가 백색국가론에 기초한 미국 내의 배일이민 운동과 맞물리면서 미·일 양국에서 국민적 감정을 자극하고 정치적·외교적인 문제로까지 번져 나가고 있었다.23 그 절정은 미국의 시어도어 루스벨트 대통령이 '대백색함대Great White Fleet'를 편성하여 세계순항을 목적으로 태평양으로 진입시킬 때였다. 이

---

22 竹越與三郎(1910), 《南國記》, 東京: 二酉社, 12쪽. 메이지·쇼와 시대 언론인이자 역사평론가·정치가이기도 했던 다케고시는 《二千五百年史》(1896) 라는 저술에서 제국 일본의 등장을 예언하는 문명사적 정통성을 서술하여 일반의 주목을 받은 바 있다. 이에 대하여는 고야스 노부쿠니 저, 이승연 역(2005), 《근대 일본의 오리엔탈리즘: 동아·대동아·동아시아》, 역사비평사, 31~34쪽.

23 태평양전쟁에서 미국의 승리가 예상되던 1944년 초 미국 내 진보적인 작가이자 저널리스트로 활동하던 캐리 맥윌리엄스는 그의 저술 《편견 — 일본계 미국인: 인종적 무관용의 상징》에서 첫 장 제목을 '캘리포니아-일본 전쟁(1900~1941)'으로 달았다. 그러니까 일본의 진주만 공격이 있기 전부터 캘리포니아와 일본 간에는 반세기에 걸친 '선전포고 없는 전쟁'(*undeclared war*) 상태가 지속되고 있었다는 것이다. 이 전쟁은 캘리포니아에 뿌리를 내린 백색 미국인들과 일본인 이주자 집단 간에 벌어진 '인종전쟁'이었다. 그것은 정치적·경제적 이해관계에 기초한 특정 집단의 선전·선동과 이를 옹호하는 일방적 여론, 그리고 '황화론'과 같은 인종적 이데올로기가 결합한 아주 특이한 집단현상이었다. Carey McWilliams(1944), *Prejudice — Japanese Americans: Symbol of Racial Intolerance*, Boston: Little, Brown and Company, pp. 14~15.

때 서방 언론에서는 일제히 그 함대의 순항 소식을 전했고, 각국 정부는 사태의 진행을 주의 깊게 지켜보았다.[24]

1908년 상반기에는 국내 언론에서도 미일 개전을 기정사실로 보는 기사를 연이어 내보냈다. 단지 언제인가 하는 시기만이 문제였다. 이리하여 태평양을 바라보는 한국인의 시각은 '문명'에서 빠르게 '전쟁'으로 이동했다. 이때의 미·일 간 '패권' 경쟁론은 지역 간(서양 대 동양), 인종 간(백인종 대 황인종), 문명 간(기독교 대 비기독교) 갈등과 대립 구도 속에서 펼쳐졌다. 이제 미일충돌론은 한국인이 국제정세를 바라보는 키워드이자 국권 회복의 가능성을 되살리는 불씨가 되었다. 청국과 러시아를 격파한 일본을 제압할 수 있는 나라는 오직 미국뿐이라는 생각에서였다.[25]

---

24 Henry J. Hendrix 저, 조학제 역(2010), "7장 대 백색함대와 미국의 세기 탄생", 《시어도어 루스벨트의 해군 외교: 미 해군과 미국 세기의 탄생》, 한국해양전략연구소; 秦郁彦(1969), "日露戰爭後における日米および日露危機(3)", 〈アジア研究〉 15(4), アジア政経學會 참조.

25 미일전쟁론은 식민지 시대에도 국내 언론에 자주 등장했다. 3·1운동 후에는 미소전쟁론이 나오기 시작한다. 이러한 전쟁 예측론에는 이데올로기에 기초한 당대 한국인들의 세계관과 국제정세관이 담겨 있었다는 점에 주목할 필요가 있다.

III

태평양이 우리의 삶의 무대에 들어온 것이 언제부터일까? 그 계기와 역사적 의미는 또 무엇이었는가? 이런 문제와 관련해서는 19세기 중엽 지구적 차원의 인구이동과 조선왕조의 해체가 맞물리면서 일어난 한인 디아스포라에 주목하고자 한다. 잘 알려져 있듯이 디아스포라diaspora라는 말은 원래 팔레스타인을 떠나 세계 각지에 흩어져 살던 유대인을 가리키는 용어였다. 우리말로는 보통 이산離散이라고 한다. 그런데 이러한 번역은 디아스포라라는 역사적 현상의 한 국면을 표현한 것에 지나지 않는다. 디아스포라의 전체적 줄거리는 추방, 이산, 정착 그리고 망향望鄕이라는 네 단계로 이루어진다. 어쩔 수 없이 고향을 떠난 사람들이 세계 곳곳에 정착하는 것과 그들 사이의 네트워크 형성이 중요하다. 그들은 언젠가 다시 고향으로 돌아가려는 소망을 안고 살아간다. 이리하여 디아스포라는 근대 민족주의의 기원을 이루기도 한다. 26

한민족의 디아스포라는 19세기 중엽부터 대략 한 세기 동안 진행되었다. 그 발단은 북방의 경계인 압록강과 두만강을 건너는 것에

---

26 Kevin Kenny(2013), *Diaspora: A Very Short Introduction*, New York: Oxford University Press; 케빈 케니 저, 최영석 역(2016), 《디아스포라 이즈(is)》, 앨피 참조. 이 책은 이주(*Migration*), 관계(*Connection*), 귀환(*Return*)이라는 세 가지 틀을 가지고 디아스포라의 역사를 개관하고 있다.

서부터 시작되었다. 이때 월경越境은 목숨을 건 탈출이었다. 그들은 기근과 같은 자연재해와 봉건적 수탈을 더는 견딜 수 없는 상황에서 고향을 등졌다. 20세기에 들어서며 바다를 건너 하와이와 신대륙으로 이동이 시작되었다. 이것은 합법적인 이민의 형태를 띠었지만, 실상은 부채를 짊어진 계약노동이었다. 그들 또한 고향을 떠나야만 하는 절박함을 안고 있었다. 계몽운동기 국내의 신문들이 나라 밖에 살고 있던 동포에 대하여 말할 때 관용적으로 쓰던 표현 중 하나가 '이친척離親戚 기분묘棄墳墓'였다.**27** 즉, 친척과 떨어지고, 조상이 묻힌 묘지를 버린다는 뜻이다. 혈연과 지연을 매개로 한 유교 사회에서 이역만리 먼 타향으로 떠난다는 것은 곧 인륜을 저버리는 행위였다.

해외로 이주한 한인들은 낯선 환경에서 집단을 이루어 살아갔다. 이런 가운데 자위와 자치의 개념이 생겨났다. 아무도 그들을 보호해주지 않았다. 그들은 스스로 단체를 만들고 신문을 발간하며 학교를 설립했다. 한국의 말과 글, 역사와 문화를 보존했다. 1910년을 전후해서는 해외 한인들 사이의 연결망이 만들어진다. 그 거점은 세 곳이었다. 연해주의 블라디보스토크, 하와이의 호놀룰루, 미국 서부의 샌프란시스코였다. 광활한 (북)태평양 위에 삼각 꼭짓점이 만들어졌다.

---

27 〈皇城新聞〉, 1906년 12월 17일 자 "桑港共立新報"와 1907년 4월 2일 자 "致謝北美韓國同胞".

블라디보스토크가 제정러시아의 태평양 방면으로의 출구였다면, 호놀룰루는 스페인과의 전쟁 후 해양제국으로 부상한 미국이 태평양을 그들의 '호수'로 만들기 위한 전략적 거점이었다. 샌프란시스코는 아시아에서 미주 대륙으로 들어가는 관문이었다. 따라서 그 세 곳에 만들어진 한인공동체는 태평양을 둘러싼 열강의 패권 경쟁에 민감한 반응을 보이면서 한국의 국권 회복 가능성을 타진하게 된다. 그들에게 태평양은 삶의 현장이자 미래의 희망이었다.

당초 그들의 희망은 개인적인 것이었다. 빨리 돈을 벌어 고향으로 돌아가고자 했다. 그런데 일본이 어느 순간 대한제국을 그들의 '보호국'으로 삼더니 한반도가 일본의 영토로 편입되고 말았다. 해외 한인들은 이제 나라 없는 백성, 즉 망국인이 되었다. 이러한 상황은 다음과 같이 묘사된다. "저 원수가 경우 없이 남의 나라에 와서 나의 부모를 구축하고 전통가옥을 약탈하며 나의 형제를 학살하고 상권 실업을 약탈하였으니 이로 좇아 우리의 돌아갈 곳이 없으니 우리의 의지할 곳이 없도다."[28]

대한제국의 소멸은 역설적으로 신新대한의 꿈을 앞당겼다. 비록 교민들의 숫자는 적지만 러일전쟁 직후부터 해외 한인공동체의 연결과 조직화에 힘을 쏟던 샌프란시스코의 한인들이 그 중심에 섰다. 그들은 '공립협회'에서 '국민회'로 나아가면서 하와이 한인사회와의 통합을 이루었고, 이어서 '대한인국민회'로 한발 더 나아가면서 해

28 〈新韓國報〉, 1909년 3월 16일 자 "康永昇氏의 布哇視察談".

외 한인사회의 통합을 시도했다. 여기서 우리는 '국민'이라는 단어에 주목할 필요가 있다. 그것은 왕조 시대의 신하와 백성을 뜻하는 '신민臣民'과는 다른 개념이었다. 하와이와 미주 대륙의 한인들이 '국민'이라고 할 때 그것은 곧 '나라의 주인'을 뜻했다. 그들은 말하기를, "남에게 정복을 당한 백성을 가로되 노예라 하며, 전제정치에 눌리운 백성을 신복이라 하며, 입헌군주 백성을 가로되 인민이라 하나니, 입헌과 공화를 물론하고 그 백성의 공론으로 그 나라 정치를 행하는 자라야 이를 국민이라 한다"고 했다. 29

대한인국민회가 1912년 11월 20일에 발표한 〈중앙총회 결성 선포문〉에서는 "형질상 대한제국은 이미 망하였으나 정신상 민주주의 국가는 바야흐로 발흥되며 그 희망이 가장 깊은 이때에" 중앙총회를 해외 한인의 최고기관으로 건립하여 자치제도를 실시한다고 선포했다. 이때 대한인국민회는 만주와 시베리아 동포까지 그 관할 아래 둔 최대의 한인단체였다. 그들은 스스로 대한제국을 대체하는 유일무이한 무형정부임을 자임했다.

'구'한국을 대체하는 '신'한국, 그것은 곧 대한제국의 청산과 대한민국의 태동을 알리는 역사적 선언이었다. "국가가 식민화된 상태에서는, 역설적이게도 국가는 오직 바깥에서만 존재할 수 있었다." 그들은 '오염된 한반도'의 경계를 넘어선 또 다른 땅만이 국가가 생존할 수 있는 새로운 요새가 될 수 있다고 믿었다. 30 여기에서 오염

---

29 〈新韓民報〉, 1909년 11월 17일 자 논설 "무엇을 국민이라 하나뇨".

되었다는 것은 전제왕권 및 유교적 통치이념에 기반한 낡은 체제와 일본 제국주의의 한반도 침투를 일컫는다. 따라서 새로운 대한, 즉 신한국은 안이 아니라 밖에서 만들어질 수밖에 없다는 논리가 생성된다. 이것이 바로 '나라 밖의 나라'인 외신대한外新大韓이었다.

한민족의 디아스포라는 유대인이나 아르메니아인, 아일랜드인과 비교할 때 그 진행된 시기가 무척 짧았지만 우리 역사에 강렬한 흔적을 남겼다. 러일전쟁 후 대한제국이 일본의 '보호국'으로 전락하자 해외로 이주한 한국인들은 나라 밖에서 조국의 국권 회복과 새로운 국민국가 건립의 필요성을 제시했다. 망국 후에는 해외의 한인사회를 하나로 묶는 대한인국민회를 결성하고 무형정부임을 대내외에 선포했다. 대한제국을 대체하는 대한민국의 건립은 이러한 외신대한의 노력과 비전에서 비롯되었다. 여기에 태평양의 발견과 한인 디아스포라의 역사적 의의가 있었다.[31]

---

30 앙드레 슈미드 저, 정여울 역(2007), "7장 반도의 경계를 넘어", 《제국 그 사이의 한국》, 휴머니스트 참조.

31 저자는 2021년에 펴낸 《태평양의 발견, 대한민국의 탄생》(국학자료원) 이라는 강의록에서 한국인에게 태평양의 '발견'이 지니는 역사적 의의를 세 가지로 정리한 바 있다. 첫 번째는 대륙에서 해양으로의 공간혁명이고, 두 번째는 제국(帝國) 에서 민국(民國) 으로의 체제혁명이며, 세 번째는 '중화'(中華) 에서 '미화'(美華) 로의 세계관 · 문명관의 전환이다. 이러한 혁명적 전환은 대한민국 정부 수립 후 미국과 체결한 한미상호방위조약(1953) 에 의하여 마무리되었다고 본다.

제 1 부

태평양의 발견과 지구일주 시대의 도래

1장

공간혁명

구세계에서 신세계로

1. '태평양이 없는 세계'

15세기 말 콜럼버스의 '신대륙' 발견과 그 뒤를 잇는 마젤란 일행의 태평양 횡단은 근대 세계의 출현을 알리는 역사적 사건이었다. 그것은 말 그대로 지구적 차원의 공간혁명이었다. 사람이 발붙이고 사는 곳, 이 지구地球, earth가 바다에 둘러싸인 평탄한 땅이 아니라 입체 공간임이 입증되었던 것이다. 옛날부터 지구가 둥근 또는 타원형 물체일 것이라는 생각은 있었지만, 그것은 어디까지나 상상이거나 이론에 지나지 않았다.[1] 그 상상이 현실이 되었을 때 지구는 살아 움직

---

1 기원전 6세기에 활동한 그리스의 철학자 아낙시만드로스(Anaximandros)는 '원통형'의 지구가 대칭을 이룬 우주의 중심에 완벽한 균형을 이루어 존재한다고 주장했다. 제리 브로턴 저, 이창신 역(2014), 《욕망하는 지도: 12개의 지도로 보는 세계

이기 시작했다. 사람들은 이제 지구를 본떠 만든 모형(지구의)을 책상 위에 올려놓고 어디를 어떻게 갈 것인가를 궁리하기 시작했다. 이른바 대항해 시대는 이렇게 시작되었다.

지구 표면의 3분의 1을 차지하는 태평양은 그 광활함과 원격성으로 말미암아 '거리의 횡포tyranny of distance'라는 말이 나올 정도로 인간의 도전을 쉽게 허락하지 않았다. 맨 처음 태평양을 가로지르기 시작한 사람들은 폴리네시아인이었던 것으로 알려진다. 그들은 한 번에 이 바다를 건너는 것이 아니라 세대와 세대를 이어가면서 조금씩 천천히 나아갔다. 그들이 알고 있는 태평양은 이 바다의 전체가 아니라 일부분에 지나지 않았다. 자연적인 항법과 오랜 경험에 의지하여 섬과 섬들을 이어 나갔던 것이다.2

'구대륙'인 아시아나 '신대륙'인 아메리카에 살던 사람들은 태평양이라는 바다가 있을 것이라는 생각조차 하지 않았다. 사람과 문명이 존재하지 않는, 그냥 텅 빈 공간일 뿐이었다. 콜럼버스는 서쪽 바다(대서양)를 건너면 바로 아시아 대륙이 나올 것이라는 부푼 꿈을 안

사》, 알에이치코리아, 59쪽. 중국에서는 후한(後漢)의 장형(張衡, 78~139)이 혼천설(渾天說)을 내세웠다. 그 내용인즉 이렇다. "혼천은 마치 달걀과 같다. 하늘은 탄환과 같이 둥글고 땅은 달걀의 노른자위처럼 홀로 그 안에 놓여 있다. 하늘은 크지만 땅은 작다. 하늘의 겉과 속에는 물이 있으며 하늘은 땅을 감싸고 있다." 쩌우전환 저, 한지은 역(2013), 《지리학의 창으로 보는 중국의 근대: 1815~1911년 중국으로 전파된 서양지리번역서》, 푸른역사, 53쪽.

2 도널드 프리먼 저, 노영순 역(2016), 《태평양: 물리 환경과 인간 사회의 교섭사》, 선인, 20·87~95쪽.

고 산타마리아Santa Maria호에 올라탔다. 그는 죽는 순간까지도 신대륙과 그 너머에 있는 또 다른 바다(태평양)의 존재를 알지 못했다. 그가 생각한 지구란 '구대륙'과 그것을 둘러싼 바다로만 이루어진 것이었다.

'신대륙' 발견이 곧 '신세계'의 탄생을 의미하지는 않았다. '신대양', 즉 태평양의 발견까지 합쳐져야 '신세계'는 완성되는 것이었다. 따라서 신대륙을 발견했다는 콜럼버스보다 신대양을 가로지른 마젤란이 근대 세계의 탄생에 더 큰, 그리고 직접적인 기여를 했다고 볼 수 있다. 태평양에 대한 3부작을 내놓았던 오스카 스페이트가 제1권의 첫 장 제목을 '태평양이 없는 세계The World without the Pacific'로 달았던 것도 그 때문이었다. 오스카는 마젤란 항해가 구세계, 즉 '프톨레마이오스의 세계The Ptolemaic world'의 종식을 가져왔다고 잘라 말했다.[3]

태평양의 발견이 갖는 역사적 의미를 제대로 이해하기 위해서는 그 이전 단계에 동양과 서양을 대표하는 두 개의 세계지도를 들여다볼 필요가 있다. 조선의 〈혼일강리역대국도지도〉와 르네상스기에 '부활'한 프톨레마이오스의 세계지도가 그것이다. 여기에 그려진 세계는 유라시아와 아프리카 대륙 그리고 바다만으로 구성된다. 그러니까 오늘날 우리가 말하는 동반구만 불완전하게 나오고, 서반구는

---

3 O. H. K. Spate(1979), *The Spanish Lake*, Minneapolis: University of Minnesota Press, p. 57.

아예 지도에서 빠져 있는 것을 볼 수 있다. 그들이 보고 듣고 상상했던 세계는 그것이 전부였다.

흥미로운 것은 두 지도가 '구대륙'의 동쪽과 서쪽 끝에서 각각 만들어졌다는 사실이다. 하나는 한반도의 서울에서, 다른 하나는 지중해의 알렉산드리아에서 나왔다. 먼저 살필 것은 조선왕조의 개창과 더불어 국가적인 사업으로 제작된 〈혼일강리역대국도지도混一疆理歷代國都之圖〉(1402)이다.4 이 지도의 이름에 나오는 '혼일'은 여러 나라 또는 지역들을 합쳐 하나로 만든다는 뜻이다. '강리'는 한 나라의 강역, 즉 영토를 다스린다는 뜻이며, '역대국도'는 대대로 이어져 온 나라들의 도읍을 가리킨다. 이것들이 의미하는 바를 제대로 알려면 지도를 들여다보아야 한다.

〈그림 1-1〉의 지도를 보면 알 수 있듯이 '혼일'은 동쪽 끝 한반도에서부터 서쪽의 유럽과 아프리카를 하나로 뭉친 거대한 땅덩어리를 가리킨다. 바다는 그 대륙의 윤곽선을 드러내는 것으로 충분해 보인다. 일본을 포함한 몇 개를 제외하고는 섬들을 그냥 동그랗게 그려 넣었다. 이것이 15세기 초 조선에 알려졌던 하늘 아래의 온 세상, 즉 '천하'였다. 이때 천하란 곧 땅을 말한다. 그 중심에 자리 잡

4 이 지도의 원본은 아직 발견되지 않고 있다. 몇 가지 사본만이 전하는데, 일본 교토의 류코쿠(龍谷) 대학 소장본이 가장 널리 알려져 있다. 이 사본은 15세기 후반에 필사한 것으로 추정된다. 류코쿠대학은 소장본의 '디지털 복원'을 끝냈으나 일반에 공개하고 있지는 않다.

〈그림 1-1〉〈혼일강리역대국도지도〉(채색모사본)

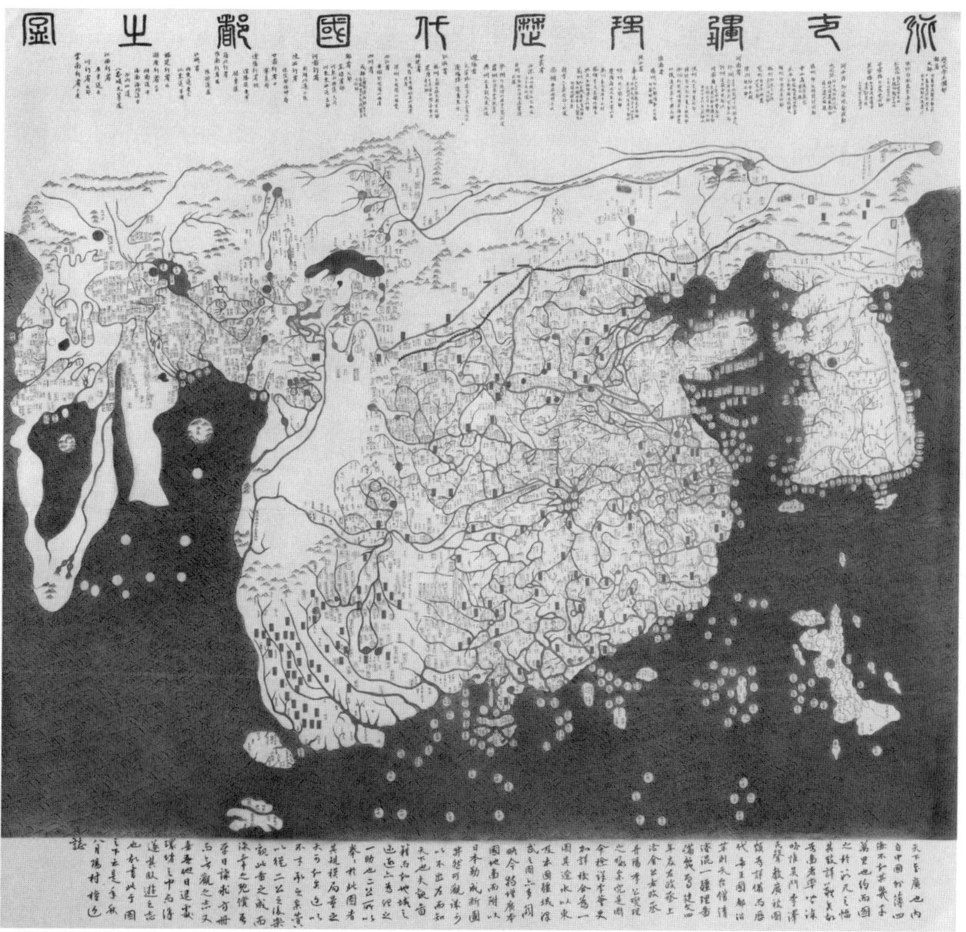

출처: 서울대학교 규장각한국학연구원.

은 중국은 지도의 절반 이상을 차지한다. 지도 가운데 보이는 대륙 전체가 중국이다. 인도는 아라비아반도 맞은편에 역삼각형으로 아주 조그맣게 그려진다. 중국 남부에 빨갛게 표시된 행정지명이 많이 나오는 것은 북방 이민족들의 압력으로 송나라가 남쪽으로 밀려 내려온 데 따른 것이다.

이러한 사실은 남송 시대에 만들어진 〈고금화이구역총요도古今華夷區域總要圖〉(1140년경)와 비교해 보면 쉽게 알 수 있다.[5] 이 지도는 명칭에서부터 〈혼일강리역대국도지도〉와 비교된다. 시간(고금/역대)과 공간(화이/혼일)의 개념이 지도 표제에 함께 들어갔다. 여기에서 '화이'가 '혼일'로 바뀌었다는 점에 주목할 필요가 있다. 주지하듯이 화이란 중화와 오랑캐를 구분하는 것인데, 북방 '오랑캐'의 압박에 내몰린 남송 시대에 그런 의식이 한층 강화된다. 한족漢族의 고유한 문화와 역사를 지키려는 방어 의식이 작동했던 것이다. 양쯔강 유역으로 이동한 송나라는 결국 몽골에 망하고 만다. 그리고 중원을 차지한 몽골은 유라시아를 아우르는 세계제국으로 부상했다. 그들의 힘과 영향력은 동쪽 바다(태평양)에서 서쪽 바다(지중해)에까지 미쳤다. 온 천하를 하나로 만든 그들에게 화이라는 구분은 아무런 의미도 지닐 수 없었다. 이리하여 '혼일'이라는 개념이 나왔다.

'중원'을 지배한 몽골제국은 그들의 세계제국을 기리는 의미에서

---

5 오길순(2014), "〈古今華夷區域摠要圖〉의 모사와 분석", 〈한국고지도연구〉 6(1) 참조.

〈혼일강리도〉와 〈성교광피도聲教廣被圖〉라는 지도를 만들었지만,[6] 다시 한족 왕조인 명나라에 중원을 넘겨주었다. 이러한 대륙 정세의 변화를 틈타 '역성혁명'을 일으킨 조선왕조는 원나라의 〈혼일강리도〉와 〈성교광피도〉를 국내로 들여와서 〈혼일강리역대국도지도〉를 제작했다. 그 후 앞선 두 지도는 사라지고 조선에서 만들어진 세계지도만이 남게 되었다. 오늘날 세계학계가 〈혼일강리역대국도지도〉에 주목하는 것도 이 때문이다.[7] 여기에는 근대 이전 동양에서 완성된 형태의 세계관과 문명관이 담겨 있다.

여기에서 한 가지 유의할 것은 조선을 건국한 무장 세력과 '신흥' 사대부들은 원대의 세계지도가 한반도를 포함한 동쪽 지역을 간략하게 처리한 데 불만을 갖고 있었다는 점이다. 따라서 그들은 원대의 세계지도에 조선과 일본의 '최신' 지도를 덧붙였다. 〈혼일강리역대국도지도〉의 제작 과정을 지켜보았던 권근權近(1352~1409)은 이 지도의 하단에 넣은 발문에서 이렇게 말한다.

> 이제 특별히 우리나라 지도를 더 넓히고 일본 지도까지 붙여 새 지도를 만드니, 조리가 있고 볼 만하여 참으로 문밖을 나가지 않고도 천하를 알 수 있다.[8]

---

6 김호동(2010), 《몽골제국과 세계사의 탄생》, 돌베개, 208~215쪽.

7 오상학(2016), "〈혼일강리역대국도지도〉의 최근 담론과 지도의 재평가", 〈국토지리학회지〉 50(1), 117~134쪽 참조.

8 정호훈(2011), "자신감과 현실감으로 빚어낸 15세기의 세계지도", 규장각한국학

이렇게 되자 한반도의 모습이 살아났다. 전체 구도로 보면 중국을 가운데 두고 동쪽은 한반도, 서쪽은 아프리카와 유럽이 대칭적으로 그려졌다. 일본 열도는 한반도의 남쪽에 떨어트려 놓았는데, 규슈九州 지역이 위로 올라갔다. 조선의 지배층은 원대의 세계지도를 가져왔지만, 그것을 그대로 베끼지 않고 새롭게 만들었던 것이다. 이 지도는 사실적이면서도 동시에 상상이 결합되어 있기도 했다. 그들은 자신들이 보고자 하는 세계를 그렸다.9

왕조 개창기 조선 지배층의 자긍심은 대단했다. 그들은 땅의 모양을 그린 〈혼일강리역대국도지도〉와 함께 하늘의 모습을 담은 〈천상열차분야지도〉를 제작했다. 그리고 조선의 '역성혁명'을 정당화시키기 위한 《고려사》의 편찬에 들어갔다. 하늘天과 땅地 그리고 사람人이 한데 어우러지면서 신왕조 개창의 역사적 의의를 드러내고자 했던 것이다. 그들은 나름의 우주관과 세계관을 지녔다. 이러한 자존적·자주적 의식이 새로 '중원'에 들어선 명나라와 마찰을 빚었다. 요동정벌론과 외교 문서상의 표현 문제를 놓고 다투었던 '표전表箋' 문제가 그런 것이었다. 분명 왕조 개창기의 조선 지배층은 나중에

연구원 편, 《조선사람의 세계여행》, 글항아리, 24쪽.

9 오지 도시아키(應地利明)는 이렇게 말한다. "지도의 역사를 보면, 현대에 가까워지면서 그 이야기나 표현은 사상성·예술성에서 과학성·실용성을 중시하는 방향으로 변천해 왔다. 바꿔 말하면 지도는 세계관을 표현하는 '세계도'(世界圖)에서 세계를 표현하는 '세계지도'로 바뀌어 온 것이다"〔오지 도시아키 저, 송태욱 역(2010), 《세계지도의 탄생》, 알마, 7쪽〕. 이런 관점에서 보면, 〈혼일강리역대국도지도〉는 '세계지도'보다는 '세계도'에 가깝다.

성리학만을 신봉한 사림士林과는 다른 어떤 활달한 기개가 있었음을 우리는 〈혼일강리역대국도지도〉를 보면서 느낄 수 있다.

이 지도의 서쪽 끝에는 아프리카와 유럽 대륙 사이에 지중해가 나온다. 하얗게 표시된 이 바다를 확대해 보면, 그 동쪽에 탑 모양( )이 그려진 것을 볼 수 있다.[10] 이것은 고대 도시 알렉산드리아의 파로스 등대Pharos of Alexandria를 묘사한 것으로 보인다.[11] 그 밑은 나일강의 물줄기가 선명하게 드러나는 이집트이다. 파로스 등대는 지진과 인재로 8세기 말부터 훼손되기 시작한 후 14세기 초가 되면 그 흔적만이 남게 된다.

그런데 어떻게 파로스 등대의 모형이 조선의 세계지도에 등장할 수 있었던 것일까? 그 비밀의 열쇠는 이슬람인들이 갖고 있었다. 고대 그리스와 (서) 로마가 몰락한 후 지중해는 이슬람의 영향권으로 편입되었다. 7세기 아라비아반도에서 발생한 이슬람 세력이 급격히 팽창하면서 아프리카 북부와 이베리아반도를 점령했다. 한편으로 그들은 인도양 방면으로 진출하여 동남아시아에 그들의 근거지를 만든 후 중국과 직접 교역에 나섰다. 10세기를 전후한 시기에 만들

---

10 오길순(2005), “〈혼일강리역대국도지도〉 모사 자료 보고”, 〈한국과학사학회지〉 27(2), 159쪽.

11 최창모의 논문에서는 〈혼일강리역대국도지도〉에 나타난 아라비아-아프리카 지역의 지명(약 71개)을 검토하는 가운데 파로스 등대 모형 바로 아래에 나타난 '阿剌賓伊'를 Alexandria로 보고 있다. Choi, Chang-Mo(2012), “A Reflection on Arabia-Africa in the Mappa Mundi of the Choson Dynasty”, *Japan Association for Middle East Studies* 28(2), p. 35.

어진 이슬람 지도와 여행기록에는 '신라Sila'라는 이름까지 등장했다.12 그러니까 이슬람인들이 만든 세계지도와 지리에 대한 지식이 몽골제국 시기에 만들어진 세계지도들에 반영되었고, 이것이 다시 조선으로 들어와서 〈혼일강리역대국도지도〉라는 기념비적 유산을 남겼던 것이다.13

이제 우리는 고대 도시 알렉산드리아에서 활동한 천문학자이자 수학자이며 지리학자이기도 했던 한 인물에 대하여 알아볼 차례이다. 그는 2세기에 활동했던 클라우디오스 프톨레마이오스Klaudios Ptolemaios이다. 르네상스 시대를 전공한 영국의 역사학자 제리 브로턴은 최근에 출간한 그의 저술 《12개의 지도로 읽는 세계사》의 첫 장을 이렇게 시작한다.14

먼 옛날, 동쪽에서 배를 타고 알렉산드리아에 도착할 때면 수평선 위

---

12 정수일(2002), "중세 아랍인들의 신라 지리관", 《문명교류사 연구》, 사계절; 윤재운(2009), "세계에 비친 우리나라 고대의 이미지", 국사편찬위원회 편, 《이방인이 본 우리》, 두산동아, 58~67쪽 참조.

13 최창모(2013), "〈혼일강리역대국도지도〉(1402년)의 제작 목적 및 정치-사회적 배경에 관한 연구", 〈한국이슬람학회논총〉 23(1), 126~134쪽.

14 Jerry Brotton(2014), *A History of the World in 12 Maps*, New York: Penguin Books. 이 책에서는 12개의 지도에 각각 키워드를 하나씩 붙였다. 첫 번째로 등장하는 프톨레마이오스의 《지리학》(AD 150)에는 'Science'를, 그리고 네 번째에 등장하는 조선의 〈혼일강리역대국도지도〉에는 'Kangnido World Map'이라고 하고는 'Empire'를 붙였다. '강리도'에 대하여 브로턴은 이렇게 평가한다(p. 145). "강리도와 그 사본들(its copies)은 비록 작지만 자부심을 지녔던 새 왕조가 그보다 훨씬 큰 제국의 범주 안에서 자기의 위치를 설정할 수 있는 방도를 내놓고 있었다."

로 가장 먼저 눈에 들어오는 것은 알렉산드리아 항구 입구의 작은 섬에 서 있는 거대한 파로스 돌탑이었다. 높이가 100미터가 넘는 이 탑은 이렇다 할 특징이 없는 이집트 해안을 항해하는 사람들에게 랜드마크가 되었다. 낮에는 꼭대기에 있는 거울이 선원들에게 손짓했고, 밤에는 타오르는 횃불이 수로 안내인들pilots을 해안으로 인도했다. … 탑은 여행자에게 당신은 지금 고대 세계의 위대한 도시 중 하나에 도착하고 있음을 알려 주었다.[15]

알렉산드리아는 그리스·로마 시대에 지중해 세계를 대표하는 학문과 문화의 중심지로서 수많은 예술가와 학자를 배출한 곳이다. 그 중 한 사람이 프톨레마이오스였다. 그의 생애는 아직도 베일에 가려져 있다. 다만 《천문학 집대성》(전 12권)과 《지리학 입문》(전 8권) 같은 저작물을 통하여 그의 존재가 알려졌을 뿐이다. 그런데 헬레니즘 세계의 지리학 전통을 계승한 《지리학 입문》의 원본이 어느 순간에 사라졌다. 다행히 그 책은 9세기 말 아랍어로 번역되었고, 13세기 말에는 동로마제국의 수도 비잔티움에서 그리스어 사본이 출현했다. 그리고 15세기 초 이탈리아에서 라틴어로 번역되면서 프톨레마이오스의 지리학이 '부활'했다. 이 사본에 문제의 세계지도가 수록되어 있었다. 이 지도는 르네상스기 활판 인쇄술의 발달에 힘입

15 위의 책, 17쪽. 번역서로는 이창신 역(2014), 《욕망하는 지도: 12개의 지도로 읽는 세계사》, 알에이치코리아, 47쪽.

어 유럽에 널리 유포되면서 중세의 종교적인 세계관을 깨트리고 대항해 시대의 서막을 열었다.

어떻게 그런 일이 가능했는가? 먼저 〈그림 1-2〉에 나오는 프톨레마이오스의 세계지도를 보기 바란다. 이 지도의 가장 큰 특징은 처음으로 경도와 위도를 사용하여 특정 도시와 강의 하구, 바다의 곶, 산 등의 좌표를 설정했다는 것이다. 또한 그 선들을 곡선으로 표시하여 지구가 둥근 것임을 드러냈다. 제리 브로턴은 이러한 형태의 지도가 갖는 의미에 대하여 이렇게 말한다. "프톨레마이오스는 당시 알려진 세계 전역에 그물을 던졌다. 이 그물은 영속적이고 추상

〈그림 1-2〉 프톨레마이오스의 세계지도(1482)

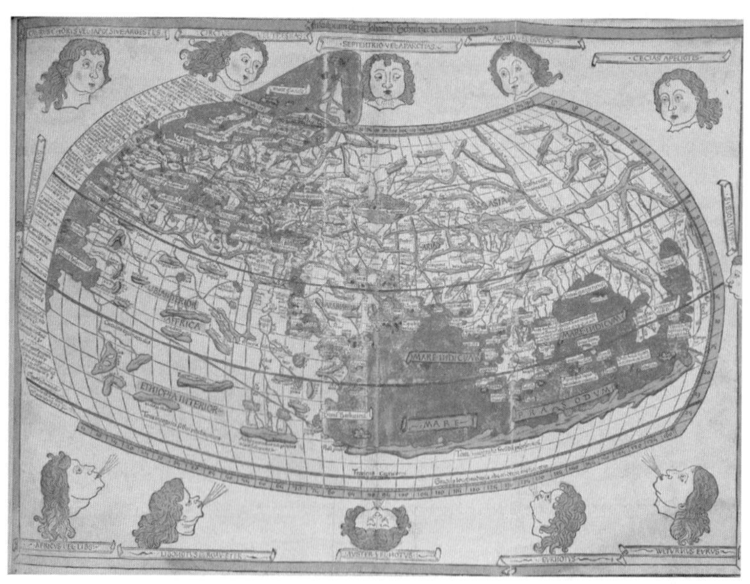

출처: British Library 소장, https://www.bl.uk/learning/timeline/large126360.html

적인 기하학 원리와 천문학 원리, 그리고 위도와 경도 측정으로 만든 그물이다. 그의 위대한 성취 중 하나는 이후 세대가 … 그 선들이 지구 표면에 투영한 인위적 선이 아니라 마치 실제 선인 양 바라보게 했다는 것이다."[16] 이리하여 고대에서 근대 지리학으로 연결될 수 있는 통로가 마련되었다.

그런데 프톨레마이오스에게 알려진 '오이쿠메네oikoumene'(그리스어), 즉 '사람 사는 세계'란 지구의 반쪽이었다. 〈혼일강리역대국도지도〉와 마찬가지로 유라시아와 아프리카 대륙만이 불완전하게 그려진 동반구였다. 그 반대편의 서반구는 미지의 세계로 남아 있었다. 그런데 대륙으로 둘러싸인 지중해의 서편에 지구 뒤편으로 나아갈 수 있는 출구가 열려 있었다. '헤라클레스의 (두) 기둥' 사이에 뚫린 지브롤터해협이 그것이다. 이 좁은 출구는 대서양으로 통한다. 오늘날의 인도양은 아프리카 남부에서 길게 뻗쳐 아시아와 연결되는 대륙에 갇히고 만다. 인도양은 또 다른 지중해였다. 따라서 지구 뒤편으로 나아갈 수 있는 출구는 지브롤터해협뿐이었다.

프톨레마이오스보다 한 세기 정도 앞선 그리스의 사학자이자 자칭 지리학자이기도 했던 스트라본Strabo은 놀라운 상상력을 드러낸 바 있다. "〔지구는〕 완전한 원이어서 서로 만난다. 따라서 거대한 대서양이 가로막지 않는 한 이베리아에서 똑같은 위선을 따라 인도까지 항해할 수 있을 것이다."[17] 스트라본이 이런 상상에 그쳤다면, 그

---

16 위의 번역서, 92쪽.

것을 실행에 옮긴 사람이 콜럼버스Christopher Columbus(1451~1506)였다. 그는 대서양을 가로질러 지구 뒤편으로 곧장 나아갔다. 그러고는 '서인도제도West Indies'를 발견했다. 콜럼버스는 지구 뒤편에 아메리카 대륙과 광활한 태평양이 존재한다는 것을 짐작조차 하지 못했다. 서양사에서 말하는 '지리상의 대발견'은 이렇게 시작되었다.18

한편, 〈혼일강리역대국도지도〉의 중심에 자리 잡은 중국은 황하 중류에서 발원한 내륙 문명의 특성을 지녔다. 그것은 땅에 기반을 둔 농경사회였다. 지리학의 관점에서 중국의 근대를 살폈던 쩌우전환鄒振環은 중국의 '자아중심적' 천하관 형성이 중국의 특수한 지리적 위치와 밀접한 관련이 있다면서 이렇게 말했다. "중국은 아시아 대륙의 가장 동편에 위치하며, 북서부는 황량한 들판과 사막, 남서부는 높은 산과 깊은 계곡, 남부는 열대 밀림, 동부는 망망대해와 접해 있다. 따라서 상대적으로 폐쇄적인 지리적 위치와 자급자족적 소농경제구조를 가지게 되었으며 이로 인해 중국만의 특수한 문화체계인 이화전통夷華傳統이 형성되었다."19 요컨대 외부 세계와 단절된 지리

---

17 위의 번역서, 72쪽.

18 주경철은 콜럼버스가 프톨레마이오스의 《지리학》(1478년 본)을 직접 읽고 연구했을 가능성이 없지 않지만, 그 영향은 제한적이었을 것으로 보고 있다. "이전의 종교적 방식(마파문디)을 유지하여 이교도 과학(프톨레마이오스)의 충격을 이겨낸 셈이다. 달리 말하면, 새로운 지식과 지식체계의 충격을 구지식체계 안으로 끌어들여 유용한 도구로 사용한 것이다. 이처럼 전통에 집착한 결과 그는 더욱 낙관적인 세계관을 견지할 수 있었다."〔주경철(2013), 《크리스토퍼 콜럼버스, 종말론적 신비주의자》, 서울대학교출판문화원, 109쪽〕

적 환경, 자급자족적 경제구조, 그리고 이에 바탕을 둔 화이론적 사고체계가 외부와의 교류를 필요로 하지 않게 만들었다는 것이다.

이러한 관점에서 보면, 명나라 초기에 영락제永樂帝의 명령을 받아 개시된 정화鄭和의 '하서양下西洋'이 돌연 중단된 이유를 설명할 수 있다. 여기서 서양이라 함은 중국을 기준으로 할 때 서쪽의 큰 바다와 나라들을 가리킨다. 그 경계는 시대에 따라 조금씩 달라지는데, 영락제 당시는 남중국해에서 인도양으로 빠져나가는 통로인 말라카Malacca해협으로 보면 될 듯하다. 모두 일곱 차례(1405~1433)에 걸쳐 이루어진 정화의 항해에는 60여 척의 대형 함선과 100척의 소형 선박 그리고 2~3만 명의 인원이 동원되었다고 한다. 아라비아반도와 아프리카 동해안에까지 이르렀던 그들의 항해 거리는 총 18만 5천 킬로미터에 달했다.[20]

이러한 원정은 근대 이전의 세계사에서 그 유례를 찾기가 어려운 일이었다.[21] 그런데 이 해상사업은 영락제 사망 후 그냥 없던 일이 되고 말았다. 명나라는 그 후 강력한 해금 정책을 펼침으로써 농업

19 쩌우전환 저, 한지은 역, 앞의 책, 81~82쪽.

20 주경철(2008), 《대항해시대: 해상 팽창과 근대 세계의 형성》, 서울대학교출판문화원, 14쪽.

21 중국 상해교통대학의 신펜어우(辛元歐)는 "鄭和의 下西洋"이라는 논문에서 이렇게 말한다. "항해의 규모, 선박 수, 참가 인원 및 그 광대한 활동 범위를 고려하면 세계 범선 항해사상 유일무이한 위대한 업적이다"〔허일·김성준·崔云峰 편역(2005), 《중국의 대항해자, 정화의 배와 항해》, 심산, 19쪽〕. 이 책 부록에는 중국의 "정화 연구의 동향과 연구논저"가 실려 있다.

에 기반한 '자기충족적 고립주의'로 빠져들었다. 막대한 비용이 소요되었을 정화의 대항해가 왜 이렇게 허망하게 끝나 버렸는지에 대하여는 아직 충분한 해명이 이루어지지 않고 있다.[22] 한 가지 분명한 것은 이때 중국이 국가 차원의 해상 진출에서 완전히 손을 떼고 북방으로 눈을 돌리는 한편, 대운하 건설을 통하여 내륙 경제에 힘을 쏟았다는 것이다.[23]

이러한 동아시아와 달리 서양 문명은 그 발생에서부터 지중해라는 바다에서 시작되었다. 이 바다를 둘러싼 해안 지역은 척박하여 농경이나 고기잡이만으로는 살아갈 수가 없었다. 카르타고라든가 그리스, 로마는 지중해를 무대로 한 상업적 교류와 식민지 개척에 과감하게 나선다. 페르낭 브로델Fernand Braudel은 고대 '지중해 세계'를 다룬 책에서 이렇게 말한다.

> 지중해는 대륙이 맞닿아 서로의 문명을 교류하는 현장이었다. 우리가 문명이라고 부르는 것들을 이어 주는 것은 언제나 바다였다. 이 바다를

---

22 주경철, 앞의 책, 13~17쪽. 중국 남경대학의 판진민(范金民)은 "정화(鄭和) 사절단은 남양(南洋)으로 파견된 기타의 사절들과 마찬가지로 명 성조(明 成祖)의 해금(海禁) 정책의 산물이며, 해금 정책을 실현한 유력한 도구였다"는 주장을 펼치고 있다(허일·김성준·崔云峰 편역, 앞의 책, 391쪽). 이는 매우 흥미로운 견해로서 앞으로 이에 대한 좀 더 깊은 연구가 이루어진다면, 기왕의 견해들을 재검토하는 좋은 계기가 될 수 있을 것으로 보인다.

23 조영헌은 최근에 낸 저술에서 명·청 시대의 중국이 '바다' 대신 내륙 '운하'를 통한 국가 발전을 도모했다는 주장을 내놓고 있다〔조영헌(2021), 《대운하 시대 1415~1784: 중국은 왜 해양 진출을 '주저'했는가?》, 민음사〕.

정복한 자들은 누구나 이 바다를 가리켜, '우리'의 바다라고 불렀다. 24

그렇다. 카르타고와의 오랜 전쟁에서 최종 승리를 거두어 지중해의 패권을 차지한 로마는 그 바다를 가리켜 '우리의 바다Mare Nostrum'라고 불렀다. 프톨레마이오스는 그런 시대에 살았다. 이베리아반도와 남부 유럽, 아시아와 아라비아반도가 만나는 레반트Levant 지역, 사하라사막 이북의 아프리카에 둘러싸인 지중해는 이질적인 국가와 문명들이 교차하는 현장이자 패권 투쟁의 무대였다. 서양 문명의 역사는 이런 지중해라는 공간과 떼어 놓고는 생각할 수 없었다. 그러기에 브로델은 "오늘의 우리에게도 지중해는 여전히 '우리'의 바다이다"라고 말한다. 25

요컨대 조선의 〈혼일강리역대국도지도〉가 바다로 둘러싸인 대륙에 안주하고 있었다면, 프톨레마이오스의 세계지도는 바다를 통하여 미지의 반쪽 세계로 나아갈 수 있는 가능성을 열어 두었다. 이러한 차이는 각각 농경에 기반을 둔 중화권 문명과 해상교역에 의존한 지중해권 문명의 특성을 반영했던 것으로 볼 수 있다. 유럽 주도의 대항해 시대가 지중해 세계에서 소외된 포르투갈과 스페인에서부터 시작되었던 것도 결코 우연이 아니었다. 26 두 나라는 지중해가 아닌

---

24 페르낭 브로델 저, 강주헌 역(2012), 《지중해의 기억》(개정판), 한길사, 36쪽의 도판 설명.

25 위와 같음.

26 이에 대하여는 김성준(2019), "서론: 유럽 팽창의 시대적 배경과 동기", 《유럽의

대양ocean에서 그들의 새로운 운명을 개척하려는 욕망과 의지를 지녔다. 그들은 분명한 목표를 갖고 있었다. 동양과의 교역과 선교였다. 이것이 근대로의 이행기에 서양이 동양을 앞지르는 결정적 계기를 이루었다.**27**

2. 미지의 대양: '남해'와 '태평양'

15세기에 포르투갈이 아프리카 대륙 남단을 돌아 인도양으로 빠져나가는 항로를 개척할 때, 스페인은 대서양을 가로질러 '인도', 즉 동양으로 가는 항로 개척에 나섰다. 지구는 둥글기에 어디로 가든 인도로 갈 수 있다는 확신에서 비롯된 모험이었다. 이에 앞장섰던 콜럼버스가 생을 마감한 해(1506)에 독일의 지도제작자 마르틴 발트제뮐러Martin Waldseemüller(1475~1522)가 12폭의 세계지도를 제작

대항해시대》, 문헌출판 참조.

27 이는 선단의 규모나 인력 면에서 포르투갈이나 스페인보다 월등히 앞섰던 정화의 원정이 흐지부지되었던 것과 비교가 된다. 그 이유는 단 하나, 중국의 해상사업이 황실이나 국가 차원에서 그 방향과 목적을 명확하게 설정하지 않았기 때문이었다. 중국의 위신을 내세운다거나 '조공국'을 확보한다든가 또는 영락제가 몰아낸 전 황제(건문제)의 행방을 추적한다든가 하는 설명이 제시되어 왔지만, 이것들만으로는 설득력이 부족하다. 앞서 지적한 중국의 자족적인 체제와 더불어 그들의 바다에 대한 인식, 그리고 정화 원정단의 최종 목적지가 어디였는지 등에 대한 종합적인 논의가 요구된다.

했다(〈그림 1-3〉). 이는 지구의를 만들기 위한 것이었다. 그중 오른편 절반에 미지의 대양이 나타난다. 이 대양은 신대륙 'America'와 구대륙 'Asia' 사이에 자리 잡고 있다. 두 대륙을 분리함으로써 이제까지는 세상에 알려지지 않았던 큰 바다가 드러났던 것이다. 여기에는 아직 어떤 이름도 붙여지지 않았지만, 그 대양의 존재를 세상에 알렸다는 점에서 획기적 의의를 지닌다.

발트제뮐러는 당시 입수 가능한 모든 자료와 정보, 특히 아메리고 베스푸치Amerigo Vespucci(1454~1512)의 '신대륙' 발견 기록에 바탕을 두고 이 지도를 그렸던 것으로 알려졌다. 이탈리아 출신의 탐험

〈그림 1-3〉 마르틴 발트제뮐러의 세계지도(12폭, 1506)

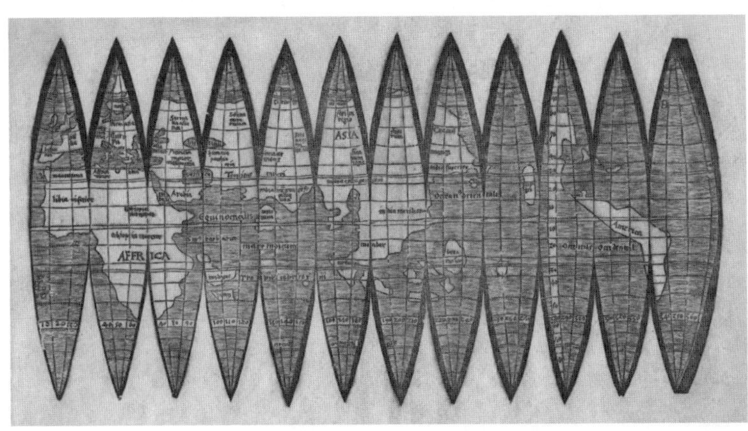

출처: 미네소타주립대학, James Ford Bell Library 소장, 〈The 1507 globular map of the world〉 (https://umedia.lib.umn.edu/item/p16022coll251:68). 여기에는 이 球面 지도의 제작연도를 1507년으로 보고 있다. Derek Hayes(2001), *Historical atlas of the North Pacific Ocean: Maps of Discovery and Scientific Exploration, 1500~2000*, Vancouver: Douglas & McIntyre에서는 1506년에 이 지도가 그려지고, 이듬해에 실제 지구의가 만들어졌다고 한다(pp.10~11).

가이자 지리학자인 베스푸치는 네 차례에 걸쳐 카리브해 연안과 브라질 해안을 탐사하고는, "콜럼버스가 발견한 땅이 인도가 아니라 아시아와는 대양으로 떨어져 있는 신세계Mundus Novus"라고 밝힌 바 있다. 이 견해를 수용한 발트제뮐러는 1507년에 제작한 대형 세계지도(가로 244센티미터, 세로 134센티미터)에 〈프톨레마이오스의 전통과 아메리고 베스푸치의 발견에 근거한 세계지도〉라는 이름을 붙였다. **28**

발트제뮐러가 '창조'한 미지의 대양에 처음 이름을 붙인 사람은 스페인의 바스코 누녜스 데 발보아Vasco Nunez de Balboa(1475~1519)였다. 그는 1513년 소규모의 무장 부대를 이끌고 파나마 지협을 가로질러 서쪽으로 행군하다가 산 정상에서 남쪽 수평선 너머로 끝없이 펼쳐진 바다를 바라보게 되었다. 이때가 9월 25일이었다. 그가 본 바다에는 'Mar del Sur'(남해)라는 이름이 붙여졌다. 사흘 뒤 해안으로 내려간 발보아는 이 바다와 주변의 땅을 "이제로부터 세계가 지속되는 한 영원히, 세상에 존재하는 모든 살아 있는 것들에 대한 최후의 심판까지" 스페인 국왕의 재산에 속한다고 선언했다. **29** 그는 이때 자신이 명명한 남해가 얼마나 큰 바다인지 짐작조차 하지 못했다.

그 대양을 횡단하여 세계를 한 바퀴 돈 것이 마젤란 일행이었다.

---

28 '아메리카 대륙의 출생증명서'로도 불리는 이 지도는 현재 미국 의회도서관 소속의 토머스 제퍼슨 빌딩에 전시되어 있다. 김상근(2004), 《세계지도의 역사와 한반도의 발견》, 살림, 25~28쪽.

29 도널드 프리먼 저, 노영순 역, 앞의 책, 106쪽.

이때 안토니오 피가페타Antonio Pigafetta(1491?~1534?)가 남긴 항해일지에 처음으로 '태평양'이라는 이름이 나온다. 〈그림 1-4〉는 남아메리카의 남부 파타고니아Patagonia 지역과 그 해협 — 나중에 '마젤란해협'으로 명명된다 — 을 그린 것이다(지도 위가 남쪽이다). 이 지도의 오른쪽을 보면 'Mare pacifico'가 나오는데, 이는 라틴어로서 '태평양'으로 번역된다. 왼쪽의 'Mare Oceano'는 '대양해Ocean Sea'로서 오늘날의 대서양이다.

마젤란 일행이 파타고니아해협(길이 약 600킬로미터, 너비 3~30킬로미터)을 통과하는 데에는 한 달 넘게 걸렸다. 좁은 해협에 역풍과 역조로 항해는 더디기만 했고 출구는 좀처럼 보이지 않았다. 어느 날 바닷길이 열렸다. 이때의 상황을 피가페타는 담담하게 기록한다. "1520년 11월 28일, 수요일, 우리는 그 해협을 벗어나 태평양Pacific sea으로 들어갔다." 그 후 "석 달하고도 20일 동안 우리는 탁 트인 바다를 항해했다. 그동안 우리는 태평양에서 무려 4천 리그leagues〔1리그는 약 4.8킬로미터〕를 달렸다. 태평양이라는 이름은 참 잘 지어졌다. 그동안 우리는 어떤 폭풍도 만나지 않았다. 육지라고는 오직 조그마한 무인도 두 곳을 보았을 뿐이다".**30**

---

30 Henry E. J. Stanley ed. (1874), *The First Voyage Round the World by Magellan: Translated from the Accounts of Pigafetta and Other Contemporary Writers*, London: The Hakluyt Society, pp. 64~65. 이 항해일지에서는 'Pacific'이 5차례 언급되지만, 마젤란이 그 이름을 직접 지었다는 기록은 나오지 않는다. 이 점은 오스카 스페이트가 지적한 바 있다.

〈그림 1-4〉 안토니오 피가페타의 파타고니아해협도 (1520)

출처: http://reader.library.cornell.edu/docviewer/digital?id=sea:061#page/150/mode/2up

마젤란 일행의 태평양 횡단은 결코 순조롭지 않았다. 날씨는 좋았을지 모르지만 망망대해는 극한의 굶주림과 질병을 가져왔다. 피가페타는 다음과 같이 썼다. "결국 우리는 〔배의〕 주 돛대가 쓸리지 않도록 끝부분에 덧씌워 놓은 쇠가죽까지 벗겨 먹었다." 먹을 것이 부족해지자 선원들의 건강도 악화되었다. 괴혈병으로만 19명이 죽어 갔다. 1519년 8월 10일 스페인 세비야에서 출항할 때 마젤란 일행은 다섯 척의 선박에 270명이 탑승했지만, 1522년 9월 8일 세비야로 돌아왔을 때에는 단 한 척의 배에 18명만이 살아남았다. 마젤란은 필리핀 막탄섬에서 원주민과 전투하는 중에 사망했다.[31]

이처럼 많은 희생과 고통을 겪었지만, 마젤란 일행은 세계사에 한 획을 긋는 업적을 남겼다. 태평양은 이제 '스페인의 호수Spanish Lake'가 되고, 세계는 그 바다를 통하여 하나로 연결되었다. 지구가 둥글다는 것은 이제 가설이 아니라 진리요 상식이 되었다. 이리하여 근대 이전 서양을 지배했던 '프톨레마이오스의 세계'—이는 곧 '태평양이 없는 세계'를 말한다—는 종식을 고했다.[32]

그렇지만, 마젤란 일행의 항해는 태평양 표면에 하나의 선을 그려 놓은 것에 지나지 않았다. 생존자들조차도 그 바다의 크기와 윤곽에 대하여 아는 바가 없었다. 오직 서쪽을 향하여 나아갔을 뿐이

---

31 안토니오 피가페타 저, 박종욱 역(2006), "프롤로그: 인간 승리, 그 역사의 현장", 《최초의 세계 일주》, 바움 참조. 이 번역서는 원문과의 대조가 필요하다. 본문 중에 마젤란이 '태평양'이라는 이름을 지은 것으로 나오기 때문이다.

32 O. H. K. Spate, *The Spanish Lake*, p. 57.

다. 태평양은 여전히 미지의 바다로 남아 있었다.

〈그림 1-5〉는 아브라함 오르텔리우스Abraham Ortelius(1527~1598)가 1589년에 만들고 이듬해 출간한 지도첩에 수록했던 것이다. 한 장의 지도에 '태평양'이라는 제목을 붙인 것은 이것이 처음이었다. 오른쪽 상단의 바다를 보면 라틴어로 'Maris Pacifici'라고 했고 그 밑에는 'quod vulgo Mar del Zur'라고 되어 있다. 이는 '태평양'과 '남해'가 같은 바다라는 뜻이다. 그동안 유럽에서 만들어진 세계지도들에서는 오늘날의 태평양 중앙에는 발보아가 이름을 붙인 '남해'

〈그림 1-5〉 아브라함 오르텔리우스의 〈태평양〉(Maris Pacifici, 1589)

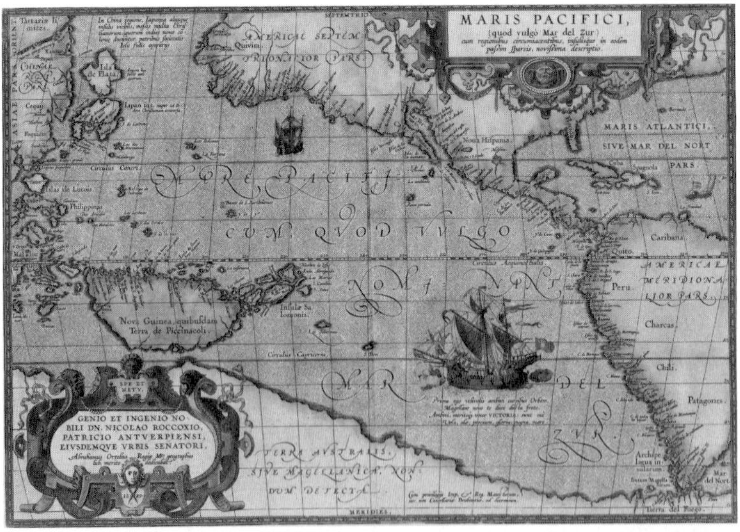

출처: Thomas Suarez(2004), *Early mapping of the Pacific: The Epic Story of Seafarers, Adventurers, and Cartographers Who Mapped the Earth's Greatest Ocean*, Singapore: Periplus, p.65.

를, 그 하단에는 피가페타의 항해일지에 나오는 '태평양'을 표기함으로써 두 바다가 다른 것처럼 그렸다. 그런데 오르텔리우스가 이 둘을 하나로 합치면서 '태평양'을 제목으로 뽑았던 것이다.

한편, 이 지도에서 카리브해 방면을 보면 "Maris Atlantici sive Mar del Nort"라고 표기되어 있다. 이는 대서양Maris Atlantici과 북해Mar del Nort는 같은 바다라는 뜻이다. 발보아가 태평양을 남해로 명명한 후 대서양은 북해로 불려 왔는데, 이제 대서양과 북해를 하나로 합친 것이다. 이리하여 아메리카 대륙의 동쪽 바다는 대서양으로, 서쪽 바다는 태평양으로 각각 정리될 수 있는 길이 열렸다.[33]

오르텔리우스의 〈태평양〉은 지명뿐만 아니라 최신의 정보를 수록하는 데에도 선구적이었다. 이 지도를 보면, 앞선 지도들에서 드러났던 중세의 설화적 요소들이 상당 부분 정리되어 있는 것을 알 수 있다. 예컨대 일본을 과장되게 그려냈던 'Zipangri'가 축소된 'Iapan'으로 바뀌고, 그 주변의 수많은 섬들 'Archipelagus 7448'도 사라졌다.[34] 그리고 필리핀과 뉴기니 등 동남아시아와 오세아니아

---

33 오르텔리우스가 1570년에 처음 펴낸 《세계의 무대》(*Theatrum Orbis Terrarum*)에서는 그때까지 유럽에서 만들어져 온 다른 지도들처럼 아메리카 대륙의 양쪽 바다에 각각 '남해'와 '북해'를 표시했었다. 그 후 《세계의 무대》는 최신의 지리 정보를 담고 혼란스러운 지명들을 바로잡으면서 1612년까지 31회의 수정판을 내고 유럽의 7개국 언어로 번역되었다. 이리하여 이 책은 16세기를 대표하는 세계지도첩이 될 수 있었다(김상근, 앞의 책, 33~34쪽).

34 'Archipelagus 7448'은 일본 열도 주변에 7,448개의 섬으로 이루어진 군도가 존재한다는 표시였다. 이는 마르코 폴로(Marco Polo, 1254~1324)가 중국에 체류했

지역에 대한 새로운 탐험 성과들이 반영되었다.

이 무렵 포르투갈은 인도양을 거쳐 중국과 일본으로 침투하고, 스페인은 멕시코의 아카풀코Acapulco와 필리핀의 마닐라를 연결하는 항로를 개척하여 두 지역 간 갤리온Galleon 무역을 독점하고 있었다. 그렇지만 태평양의 '발견'은 아직도 초보적인 단계에 머물러 있었다. 태평양의 크기가 실제보다 매우 작게 그려진 점, 지도 하단에 남아메리카 남단에서부터 동남아시아에 이르기까지 길게 그려진 '남방대륙Terra Australis 또는 Magelanica'의 존재가 그러한 상황을 잘 보여 준다.

오르텔리우스의 지도첩이 나온 이후에도 유럽인들이 만든 세계지도에서는 '태평양'보다 '남해'라는 이름이 훨씬 더 많이 쓰였다. '태평양'과 '남해'가 동시에 나오는 경우도 적지 않았는데, 이때 남해는 적도 근처에, 태평양은 마젤란해협 서쪽 출구 가까이에 써 넣었다.[35] 이는 태평양 탐사의 범위가 아직 남태평양에 머물러 있었던 사정과 더불어 유럽에서 태평양으로 진입하고자 할 때 아메리카 대륙의 남단을 우회할 수밖에 없었던 상황을 반영했던 것으로 볼 수 있다.

〈그림 1-6〉은 영국의 지도제작자인 존 스피드John Speed(1552~

을 때 전해 들은 이야기에 따른 것이었다.

35 O. H. K. Spate(1977), "'South Sea' to 'Pacific Ocean': A Note on Nomenclature", *The Journal of Pacific History* 12(4), p. 207의 〈Table 1〉. Rodney W. Shirley의 *The Mapping of the World: Early Printed World Maps, 1472~1700* (London: The Holland Press Ltd., 1984)에는 총 639개의 지도와 해설이 실려 있는데, 이 지도첩을 살펴봐도 태평양을 'Mar del Sur'라든가 'Mer du Sud' 또는 'South Sea'라고 표기한 지도들이 훨씬 더 많이 눈에 띈다.

〈그림 1-6〉 존 스피드의 〈아메리카〉(America, 1626)

출처: Nathaniel Harris(2002), *Mapping the World : Maps and Their History*, San Diego, Calif.: Thunder Bay, p.140.

1629)의 《세계의 가장 잘 알려진 지역들에 대한 조감》(런던, 1627)이라는 지도첩에 수록된 것이다. 이 지도는 당시 아메리카 대륙에 관해 영국과 네덜란드에 알려진 최신 정보를 담은 것으로 정평이 나 있었다. 대륙의 해안과 내륙에는 지명들이 빼곡하게 표기되어 있지만 캘리포니아는 대륙과 떨어진 섬으로 그려졌다. 이는 그 지역을 '소유'하고 있던 스페인의 해도에 기초한 것인데, 그 의도하지 않은 오류는 18세기까지 지속되었다.[36]

이제 우리의 관심인 바다로 눈을 돌려 〈그림 1-6〉을 보면, 아메리카 대륙의 동편과 서편에 '북해The North Sea'와 '남해The South Sea'가 큰 글자로 표기된 것을 볼 수 있다. 그리고 '대서양The Atlanticke Ocean'은 북해 상단에, '태평양The Pacificke Sea'은 남해 하단에 각각 작은 글자로 표시되어 있다.

이러한 방식의 지명 표기는 17세기 내내 통용되고, 더러는 19세기에도 그러한 형태의 지도들을 볼 수 있다. 참고로 영어로 'Pacific Ocean'이라는 명칭을 처음 쓴 사람은 리처드 이든Richard Eden으로 알려져 있다. 그는 1555년에 라틴어로 된 《신세계 또는 서인도의 수십 년》이라는 책을 영어로 번역하여 런던에서 출간한 바 있다. 그런데 이든은 이 책에서 태평양보다는 남해라는 이름을 더 많이 사용했다고 한다.**37**

3. 태평양, 그 모습을 드러내다

오늘날 우리가 아는 태평양에 근접한 지리적 지식을 갖게 된 것은 영국의 항해가 제임스 쿡James Cook(1728~1779) 덕분이다. 그는 세 차례(1768~1771, 1772~1775, 1776~1779)에 걸쳐 태평양을 탐사하

---

36 Nathaniel Harris(2002), *Mapping the World: Maps and Their History*, San Diego, Calif. : Thunder Bay, p. 141.

37 O. H. K. Spate, 앞의 논문, 206쪽; 도널드 프리먼 저, 노영순 역, 앞의 책, 24쪽.

면서 서쪽으로 마카오부터 동쪽으로 밴쿠버까지, 북쪽으로는 알래스카부터 남극권의 그레이엄랜드 부근까지 내려갔다. 이러한 항해 결과 뉴질랜드, 오스트레일리아와 태평양 주요 섬들의 위치가 확정되고, '미지의 남방대륙Terra Australis Incognita'이 존재하지 않는다는 사실도 밝혀졌다.38 이리하여 태평양의 대체적인 경계가 드러나고 '남해'라는 명칭도 세계지도 위에서 점차 사라졌다.

요컨대 발보아가 태평양을 처음 보았다면, 마젤란이 직접 그 바다를 건넜고, 쿡은 그 바다의 윤곽을 드러냈다고 말할 수 있다. 이것은 그 광활한 바다의 이름이 남해에서 태평양으로 바뀌어 세계에 알려지게 되는 과정이기도 했다.

〈그림 1-7〉은 제임스 쿡의 3차례에 걸친 태평양 탐사 경로와 그 성과가 모두 담긴 〈항해도〉(59 × 92센티미터, 축척 1/45,000,000)이다. 이 지도는 항해자와 해도 제작자로서 쿡의 탁월함과 성실성을 보여준다. '해양과 역사Seas in History' 총서 시리즈 중 태평양을 다루었던 도널드 프리먼은 이렇게 말한다. "쿡은 자신의 세 번 항해가 남기게 될 유산이 단순히 새로운 땅과 바다의 발견과 이에 대한 묘사가 아닐 것임을 잘 알고 있었다. 이에 못지않게 쿡에게, 그리고 해군성에도 중요한 것은 정확한 해도 작성, 정확한 경도 측정을 위한 달 각도lunar angles와 크로노미터 같은 새로운 항해 도구와 항해 기술 실험, 영국

---

38 김은성(2010), "지리상 탐험의 평가: 제임스 쿡의 태평양 탐험을 사례로", 〈지리교육논집〉 54, 50~54쪽.

〈그림 1-7〉 제임스 쿡의 〈항해도〉(A General Chart, 1785)

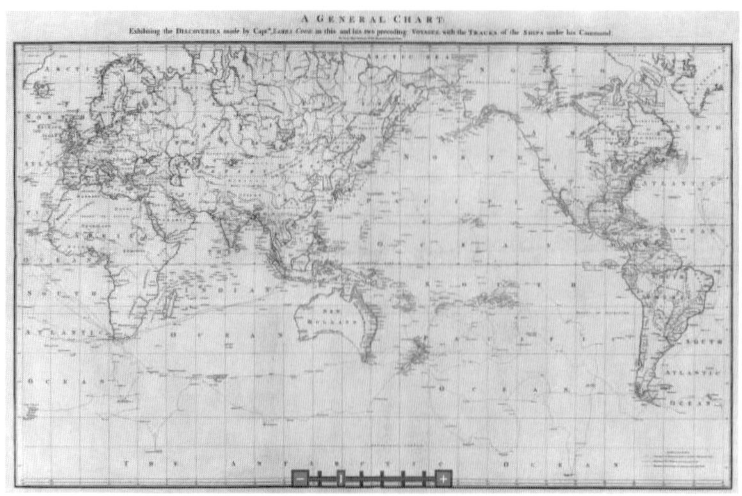

출처: 이 지도의 이름은 "A general chart: exhibiting the discoveries made by Captn. James Cook in this and his two preceding voyages, with the tracks of the ships under his command"이다. 제임스 쿡의 탐사 성과를 3권의 책으로 묶어 정리한 *A Voyage to the Pacific Ocean* (London: W. and A. Strahan, 1784)에 처음 그 항해도가 수록되어 널리 알려졌다. 런던에서 1785년에 별도로 간행된 〈항해도〉는 David Rumsey Historical Map Collection에서 볼 수 있다(https://www.davidrumsey.com/).

과 태평양 지역 교역 상대방 간의 단기 항로 탐사, 그리고 영국 왕을 대신하여 바다에 있는 땅에 대해 소유권을 주장하는 행위였다. 이 모든 것은 영 제국이 태평양으로 확장하는 데에 없어서는 안 될 중요한 선결과제임을 쿡은 잘 인식하고 있었다."[39]

이리하여 마젤란의 첫 항해 후 근 3세기가 지나서야 태평양의 전체적인 윤곽이 드러났다. 이 바다를 둘러싼 전설과 신화들도 사라졌

39 도널드 프리먼 저, 노영순 역, 앞의 책, 123쪽.

다. 대항해 시대 유럽에서 제작된 세계지도들의 하단부를 장식하던 '남방대륙' 또한 사라졌다. 유럽에서 향료제도와 중국 및 인도 시장으로 가는 지름길인 '북서항로'가 있을 것이라는 막연한 주장과 믿음도 더 이상 설득력을 가질 수 없게 되었다. 쿡은 그 대신 북아메리카에서 아시아로 갈 때 중간 기착지로 이용할 수 있는 '샌드위치제도'(하와이)를 발견했다. 그리고 남태평양에서는 오스트레일리아와 뉴질랜드에 대한 탐사를 통하여 영국이 이 지역에 대한 소유권을 주장할 수 있는 근거를 마련했다. 이리하여 태평양은 '스페인의 호수'에서 '영국의 호수British Lake'로 바뀌었다. **40**

이러한 변화는 바다 이름에서도 찾아볼 수 있다. 발보아가 처음 명명했던 '남해'는 사라지고 그 자리에 '태평양'이 들어선다. 쿡의 〈항해도〉에는 적도를 기준으로 하여 '남태평양North Pacific Ocean'과 '북태평양South Pacific Ocean'이 크게 표기되었다. 이제 태평양과 관련된 지명들은 라틴어나 스페인어 또는 네덜란드어가 아닌 영어로 쓰는 것이 일반적인 추세로 자리 잡았다. 물론 19세기에도 태평양을 '남해'로 표기한 지도와 문헌들을 심심치 않게 볼 수 있지만 그것은 퇴영적 유물이었다.

---

40 제임스 쿡의 태평양 탐사가 갖는 지리사적 의의와 그 내용에 대하여는 Thomas Suarez(2004), "The Three Voyages of James Cook", *Early mapping of the Pacific: The Epic Story of Seafarers, Adventurers, and Cartographers Who Mapped the Earth's Greatest Ocean*, Singapore: Periplus, pp. 129~139; Derek Hayes, "James Cook Defines the Northeast Pacific", 앞의 책, pp. 92~99 참조.

태평양 방면으로의 미국 팽창의 역사를 다루었던 브루스 커밍스는 이렇게 말한다. "쿡 선장이 정말 발견한 것은 태평양, 즉 태평양이라는 유럽-미국제 개념이었다. 이 개념은 그의 세기적 항해 이후에야 친근한 개념이 되었고, 사람들에게 세상의 반이 갑자기 확장되는 느낌을 주면서 '두 번째 신세계'로 각인되게 했다."[41]

---

41 브루스 커밍스 저, 박진빈 · 김동노 · 임종명 역(2011), 《미국 패권의 역사: 바다에서 바다로》, 서해문집, 308쪽.

2장

교통혁명

시간과 공간의 파괴

1. 대륙철도와 대양고속도로의 개통

20세기 초, 세계를 지배했던 영국의 빅토리아 시대가 끝나고 에드워드 7세가 새로 국왕에 즉위할 때, 고종은 이를 축하하기 위한 사절단을 런던으로 파견했다. 그 사절단의 일원이었던 이종응은 《셔유견문록》이라는 기행가사를 남겼다. 여기에는 다음과 같은 구절들이 나온다.

> 쥬야불식 긔계운동 화륜선이 살 갓도다
> 일본 장긔長崎 슈천니를 삼일만에 득달ᄒᆞ니
> 조화로다 조화로다 화륜션 조화로다

어렵도다 어렵도다 일만여리 철노鐵路로다
철노 공녁工役 볼작시면 귀신인가 사람인가
산을 뚜러 길을 닉고 강을 건너 다리 놋코
산은 놉고 골은 깁퍼 안고 돌고 지고 도녜[1]

첫 번째 연은 제물포에서 일본의 나가사키까지 여객선을 타고 갈 때의 상황을 묘사한 것이다. 두 번째 연은 '무변디히無邊大海'의 태평양을 '풍빅風伯 히빅海伯'의 보호를 받아 무사히 건넌 후 캐나다의 밴쿠버에서 퀘벡까지 기차를 타고 갈 때의 감상을 읊은 것이다. 그는 기차를 '풍우 갓치 가는 긔계'라고도 했다.

20세기 초가 되면 서울 시내에 전차가 다니고 서대문 밖에서 제물포로 가는 기차를 탈 수 있었지만, 이것들은 태평양과 대서양을 건너는 화륜선과 그 두 바다를 연결하는 대륙철도와는 비교가 되지 않았다. 이종응은 한반도라는 좁은 울타리를 벗어나서 드넓은 세계를 보았다. 그는 이 새로운 세계를 보면서 '별유천지 비인간'이라든가 '인간인가 션경仙境인가'라고 경탄했다.[2] 그는 이때 예상치 못했던 세계일주를 하면서 '지구'를 체험했다.

이런 진기한 체험은 철과 석탄의 결합에 의해 증기기관이 발명되

1 김원모(2002), "이종응의 〈西槎錄〉과 〈셔유견문록〉 자료", 〈동양학〉 32, 170~171쪽. 여기에는 이 두 자료의 원문과 함께 번역문이 수록되었다.

2 위의 자료, 174~176쪽.

었기에 가능했다. 이종응은 그것을 '쥬야불식 긔계운동'이라고 표현했다. 이런 기계운동은 자연의 힘을 벗어났다. 아니, 자연을 정복했다. "산을 뚜러 길을 닉고 강을 건너 다리 놋코" 하여 그 위로 기차가 다녔다. 망망대해 태평양을 건널 때에는 거센 바람과 파도를 뚫고 증기선이 나아갔다. '바람의 신'(풍백)과 '바다의 신'(해백)이 그 진로를 막지 못했다. 이런 변화는 자연의 유기적인 힘에 의존했던 우마차라든가 범선과는 차원을 달리하는 것이었다. 그것은 마치 '귀신의 조화'와도 같았다.

그런 조화가 일어날 수 있도록 했던 계기는 18세기 중엽 영국에서부터 시작된 교통혁명tranport revolution이었다. 이것은 기왕에 사람들이 갖고 있던 공간과 시간의 개념을 파괴하고 혼란에 빠트렸다. 볼프강 쉬벨부쉬에 따르면, 교통혁명을 초래한 증기력은 일종의 폭력이었다. 그것은 외부 자연으로부터 독립된 힘이자 자연에 저항하여 자신을 관철시키는 힘, 즉 자연의 폭력에 대항하는 인공에너지였다. 철도는 일종의 발사체가 지닌 폭력적 힘으로 공간을 가로질러 쏘아 버리고, 증기선은 바람과 파도에 맞서 배가 대양을 가로질러 가도록 강제했다. 이리하여 "지중해는 한갓 호수로밖에 보이지 않을 정도로 줄어들고 거대한 내륙 호수들은 한낱 웅덩이 정도로 말라 버렸다". 기계화된 교통수단으로 인한 세계의 축소는 판단하는 사람의 경제적·이데올로기적 입장에 따라 여러 가지 방식으로 인식되고 판단되었다.[3]

한편, 태평양은 그 광활함과 원격성으로 말미암아 '거리의 횡포

tyranny of distance'라는 말이 나올 정도로 항로를 개척하기가 쉽지 않았다. 따라서 마젤란 항해 후 3세기 반이 지나서야 정기 항로가 개설되었다. 이 항로의 개척에 나선 것은 미국 뉴욕에 본부를 둔 태평양우선회사Pacific Mail Steamship Company, PM였다. 1850년대 중반부터 카리브해의 파나마 철도를 이용하여 미국 동부의 뉴욕과 서부의 샌프란시스코를 연결하는 선편을 운영해 왔던 이 회사는, 1867년 1월 1일을 기하여 매달 샌프란시스코와 홍콩을 오가는 정기 노선을 개설했다. 그 첫 항해에 나선 증기선 콜로라도호(3,728톤)는 1월 24일에 요코하마에 기착한 후 1월 30일 홍콩에 도착했다. 항해 날짜로만 따지면 총 28일이 걸렸다.4 콜로라도호의 첫 태평양 횡단은 당시 세계의 주목을 받는 빅뉴스였다.5 이제 '우리의 대양고속도로Our Ocean Highways'라는 말이 생겨났다.

〈그림 2-1〉의 지도는 1870년대 초 세계가 어떻게 연결되었는가를 잘 보여 준다. 유럽과 아메리카 대륙을 연결하는 대서양항로는 그 노선이 10여 개에 이르지만, 태평양항로는 단 3개의 노선만이 나온

---

3 볼프강 쉬벨부쉬 저, 박진희 역(1999), 《철도 여행의 역사: 철도는 시간과 공간을 어떻게 변화시켰는가》, 궁리, 19~21쪽.

4 보다 자세한 것은 E. Mowbray Tate(1986), *Transpacific Steam: The Story of Steam Navigation from the Pacific Coast of North America to the Far East and the Antipodes, 1867~1941*, New York: Cornwall Books, pp. 23~27; 三浦昭男(1994), 《北太平洋定期客船史》, 東京: 出版協同社, 23~26쪽 참조.

5 伊藤久子(1998), "太平洋航路の第一船コロラド号の航海", 〈開港のひろば〉 61, 横浜開港資料館.

〈그림 2-1〉 〈우리의 대양 고속도로: 세계의 해도, 1871~1872〉

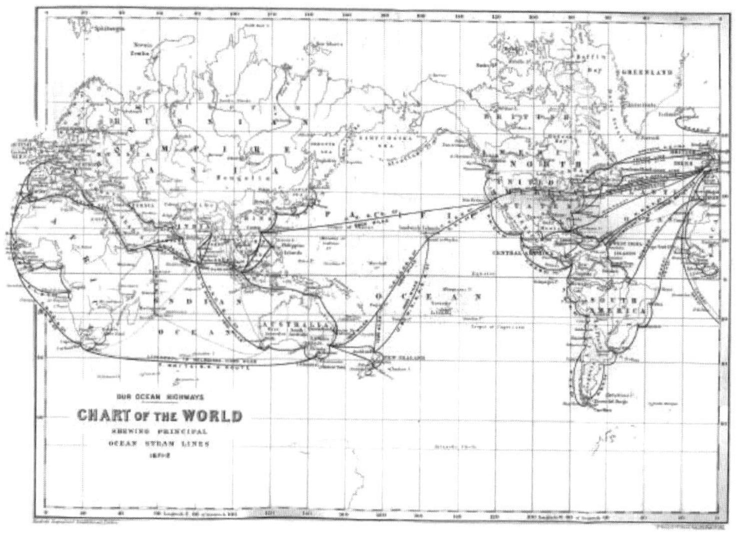

출처: J. Maurice Dempsey and William Hughes, eds.(1871), *Our Ocean Highways : A Condensed Universal Hand Gazetteer and International Route Book, by Ocean, Road, Or Rail*, London: E. Stanford, lxxii~1xxiii.

다. 미국 샌프란시스코에서 아시아(홍콩)로 가는 직항노선과 하와이를 거쳐 오스트레일리아(시드니)와 뉴질랜드(웰링턴)로 가는 노선이다. 여기서부터는 다시 인도양을 거쳐 홍해로 진입할 수 있다. 그리고 수에즈운하를 빠져나가면 지중해로 바로 연결된다. 이리하여 '80일간의 세계일주'가 가능해졌다. 미국의 대륙철도는 바다(대서양)와 바다(태평양)를 잇는 '다리'에 지나지 않았다.

여기에서 잠시 미국 철도에 대하여 알아볼 필요가 있다. 영국에서는 산업혁명이 먼저 발생하고 이어서 교통혁명이 일어났다. 그런데 미국에서는 철도가 '산업혁명의 도구'로 사용되었다. 끝없이 펼쳐진 광활한 대륙을 개발하려면 효율적인 운송시스템이 필수적이었다.6 철도가 놓임으로써 농장과 도시가 생겨나고 그 속도에 따라 미국의 산업은 팽창했다. 한편으로 철도는 '대륙을 통합하는 기계'이고 철도회사들은 '제국의 건설자'였다. 대륙횡단철도의 완공(1869)은 곧 신대륙의 완성이었다.7

미국의 대륙철도 완공과 태평양 정기 항로 개설은 세계를 하나로 연결함으로써 인적·물적 교류를 획기적으로 증대시켰고, 이를 통하여 세계자본주의체제가 실질적으로 작동할 수 있도록 했다는 점에서 역사적 의의를 지닌다. 그러한 징표 가운데 하나가 세계일주의 상품화였다. 이것을 처음 기획한 사람은 근대 관광사업의 창시자로 평가받는 토머스 쿡Thomas Cook이었다. 영국 내에서 처음 단체관광 모집을 시작했던 쿡은 1872년에 세계일주 여행까지 상품으로 내놓아 성공했다.8

그 후 세계는 하루가 다르게 좁혀지고 촘촘하게 엮였다. 이러한 상황을 잘 보여 주는 것이 〈그림 2-2〉이다. 이는 1900년경 뉴욕에 본부를 둔 아메리칸 익스프레스 컴퍼니에서 발행한 세계 항해도이다. 이 지도에서 우리가 주목할 것은 두 가지이다. 첫째는 태평양항로의 중심에 하와이 호놀룰루가 위치한다는 점이다. 하와이는 1898

---

6 볼프강 쉬벨부쉬 저, 박진희 역, 앞의 책, 119~123쪽.

7 브루스 커밍스 저, 박진빈 외 역(2011), 앞의 책, 205~207쪽.

8 아리야마 테루오 저, 조성운 외 역(2014), 《시선의 확장: 일본 근대 해외관광여행의 탄생》, 선인, 11~12쪽.

〈그림 2-2〉 세계의 증기선 항로도 (1900년경)

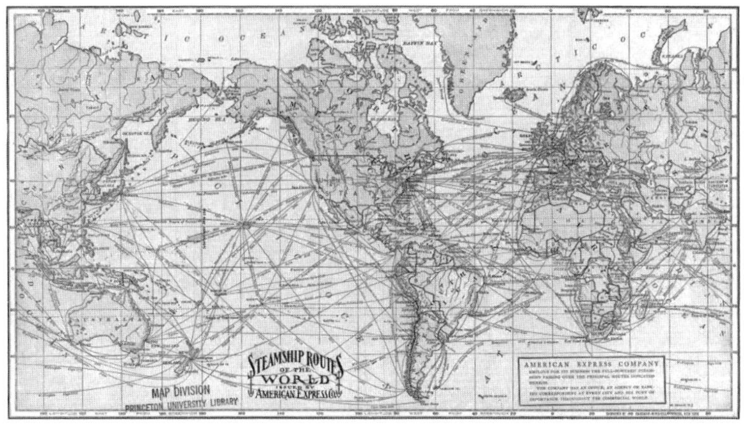

출처: "Steamship Routes of the World", New York: American Express Company, 1900?. 프린스턴대학 도서관 소장(https://catalog.princeton.edu/catalog/4555066).

년에 미국의 속령이 되었다. 미국은 이때 스페인과의 전쟁을 통하여 쿠바와 필리핀을 점유함으로써 카리브해와 태평양의 주도권을 쥐는 해양제국으로 부상하고 있었다. 이 무렵 일본 또한 정부의 적극 지원을 받아 독자적인 태평양항로의 개척에 나서고 있었다.9 그 결과 요코하마는 태평양에서 아시아로 들어오는 관문이 되었다. 각국 해운사들의 태평양항로 경영 기반은 대서양항로와 마찬가지로 정부의 우편 수송 보조금과 3등 선실steerage의 이주 노동자들, 그리고 1등 선실의 부유한 여행자와 외교관 및 선교사, 상인들이었다. 외교와

9 日本郵船이 1896년 시애틀 항로를 개설한 데 이어 1898년에는 東洋汽船이 샌프란시스코 항로를 개설함으로써 영국과 미국의 해운 패권에 도전하는 양상을 보였다. 三浦昭男, "第7章 日本船社の登場と三國代表客船比較", 앞의 책, 69~78쪽.

선교 및 통상은 이 시기 '제국'을 떠받치는 3각 기둥과도 같았다.

둘째로, 한반도가 태평양항로에 간접적으로 편입되고 있었던 것을 볼 수 있다. 좀 희미하지만 황해Yellow Sea 쪽을 보면 인천(제물포)이 중국 상하이와 연결된 것을 볼 수 있다. 조선은 개항(1876) 직후 일본 미쓰비시기선회사의 우편선을 통하여 나가사키와 연결되었고, 1881년에는 고베와도 연결되었다. 1883년 제물포가 개항된 후에는 부산보다 인천이 중국과 일본을 연결하는 항로의 중심에 자리 잡았다.[10] 조선은 중국의 상하이-홍콩, 또는 일본의 고베-요코하마 노선을 통하여 태평양항로를 이용할 수 있었다.

일본에서는 최근에 《세계주유여행의 시초》라는 제명하에 1860년대부터 1900년대 초기까지 영문으로 된 여행 안내책자 8권을 한데 모아 출간했는데,[11] 그중 1893년에 만들어진 한 안내서에 '한국Korea'이 등장한다. 이에 따르면, '아주 열성적인zealous 여행가'라면 나가사키에서 일본우선회사의 증기선을 타고 부산이나 원산으로 갈 수 있고, 또 제물포를 통해서는 수도인 서울을 방문할 수 있다면서 남대문 사진을 실어 놓았다. 그 소개 기사가 단 1쪽이지만 조선이 서양인의 여행 리스트에 올라갔다는 점이 눈길을 끈다.[12]

---

10 황은수(2010), "개항기 한중일 정기 해운망과 조선상인의 활동", 〈역사와 현실〉 75, 206~210쪽.

11 Ito Hisako(伊藤久子) ed.(2010), *The Emergence of the World Tour: A Collection of Early Travel Guides and Handbooks*, 5, Tokyo: Edition Synapse.

12 E. R. Scidmore(1893), *Westward to the Far East: A Guide to the Principal Cities*

1902년 8월에는 태평양우선회사가 샌프란시스코-홍콩-마닐라 항로를 왕래할 목적으로 건조한 선박에 코리아호SS Korea라는 이름을 붙여 취항했다. 이 선박은 그 크기와 화려함으로 세간의 이목을 끌었다.13 이 무렵 태평양우선회사가 발행한 여행 안내책자(*Across the Pacific: America · Manila · Honolulu · Russia · Japan · China · India*)에는 이 선사의 승선표를 파는 대리점이 서울과 제물포, 부산, 마산포 등지에 있었던 것으로 나타난다. 조선에서도 이제 그 비용만 부담할 수 있다면 언제든 세계로 나아갈 수 있는 길이 열리고 있었다.

2. 속도의 경쟁: '80일간의 세계일주'

> 나는 80일, 즉 1,920시간, 다시 말해 11만 5,200분이나 그 안에 세계를 일주할 수 있다는 것을 놓고 누구하고도 2만 파운드의 내기를 걸겠소. 이 제안을 받아들일 사람이 있소?14

---

of China and Japan with A Note on Korea, The Canadian Pacific Railway Company, pp. 51~52.

13 *New York Times*(1901. 3. 24.), "STEAMSHIP KOREA LAUNCHED: Largest Vessel of Her Kind Ever Built in This Country".

14 Jules Verne, trans by Geo. M. Towle(1873), *Around the World in Eighty Days*, Philadelphia: Porter & Coates, p. 21. 이 영문 번역판(초간본)은 HathiTrust Digital Library에서 찾아 볼 수 있다(https://catalog.hathitrust.org/Record/009784707). 국내에 많은 번역본이 나와 있으나 더러 중요한 대목에서 오역들이 나온다.

여기서 '나'는 부유한 영국 신사 필리어스 포그Phileas Fogg로, 프랑스 작가 쥘 베른의 유명한 작품 《80일간의 세계일주》(1873)에 나오는 주인공이다.15 포그는 이때 자신이 속한 '혁신클럽Reform Club'의 회원들에게 〈데일리 텔레그래프*Daily Telegraph*〉에서 뽑은 예상 일정표를 제시했다(〈표 2-1〉).16 포그는 회원들과 내기가 성립되자 곧바로 세계일주에 나섰다. 이때 그가 챙긴 것은 세계 어디에서나 통용되는 돈(파운드화)과 브래드쇼George Bradshaw의 《대륙철도와 기선여행 가이드》였다. 여기에는 여행에 필요한 모든 정보가 담겨 있었다. 대영제국이라는 배경이 그런 모험을 가능하게 했다. 쥘 베른이 '영국 신사'를 주인공으로 설정한 것도 그 때문이었다.

〈표 2-1〉의 일정표를 보면, 당시 80일 안에 세계일주가 가능했던 이유를 찾을 수 있다. 첫 번째는 수에즈운하의 개통(1869)이다. 이로 말미암아 지중해에서 바로 홍해로 빠진 다음 인도양으로 나갈 수 있었다. 이 운하길이 열리기 전에는 아프리카 남단을 우회해야만 했다. 두 번째는 인도 내륙을 가로지르는 철도의 개통이다. 세 번째는 태평양을 횡단하는 정기 노선의 개통(1867)이다. 마지막은 미 대륙

---

15 《80일간의 세계일주》(*Le Tour du monde en quatre-vingts jours*)는 1872년 파리에서 발행되던 신문 *Le Temps*지에 실린 연재물이었다.

16 국내 번역서 중 일부는 〈데일리 텔레그래프〉가 아닌 〈모닝 크로니클〉(*Morning Chronicle*)에서 예상 일정표를 뽑은 것으로 되어 있는데, 이는 잘못이다〔쥘 베른 저, 김경미 역(2017), 《80일간의 세계일주》(개정판), 책만드는집, 34쪽〕. 1769년에 창간된 〈모닝 크로니클〉은 1862년에 폐간되었다.

〈표 2-1〉 세계일주 여정과 소요일

여행 구간	교통수단	소요 일수
런던(영국) - 수에즈(이집트)	철도/정기 여객선	7일
수에즈 - 뭄바이(인도)	정기 여객선	13일
뭄바이 - 캘커타(인도)	철도	3일
캘커타 - 홍콩(영국령)	정기 여객선	13일
홍콩 - 요코하마(일본)	정기 여객선	6일
요코하마 - 샌프란시스코(미국)	정기 여객선	22일
샌프란시스코 - 뉴욕(미국)	철도	7일
뉴욕 - 런던	정기 여객선/철도	9일
총(일수)		80일

출처: Jules Verne, translated by Geo. M. Towle(1873), *Around the World in Eighty Days*, Philadelphia: Porter & Coates, pp.18~19.

철도의 완공(1869)이다. 이러한 동시다발적인 교통혁명이 80일간의 세계일주를 가능하게 했던 것이다.

마젤란 일행의 세계일주(1519~1922)가 목숨을 건 모험이었다면, 이제는 누구나 돈만 있으면 안전하게 세계를 한 바퀴 돌 수 있었다. 그것은 자산가들만이 즐길 수 있는 경주이자 반전이 있는 오락이기도 했다. 실제로 쥘 베른은 그렇게 이야기를 끌어감으로써 엄청난 흥행을 일으켰다. 파리에서 처음 출간된 이 책은 곧바로 스페인어, 러시아어, 이탈리아어, 헝가리어, 그리고 영어로 번역·출간되었다. 일본에서도 1880년에 완역본이 나왔다.[17] 그만큼 세계는 좁아

17 シェル・ウエルヌ 著, 川島忠之助 譯(1878), 《新說 八十日間世界一周》前編, 東京: 賣捌書林이 나오고, 이어서 1880년에 '後編'이 나왔다. 이 '전편'과 '후편'이 합쳐진 초간본은 일본 국립국회도서관 디지털 컬렉션에서 열어볼 수 있다

지고 가까워졌다.

조이스 채플린은 《세계일주의 역사》에서 자신의 책을 '지오드라마Geodrama'로 정의한다. 이것은 그리스어로 지구를 뜻하는 '가이아Gaia'와 활동이란 뜻의 '드라마Drama'를 합친 용어라고 한다. 그러면서 이렇게 말한다. "지오드라마는 지리학Geography이 아니다. 지리학은 글을 써서 지구를 묘사하는 행위다. 지리학이 눈과 손과 생각을 사용한다면, 지오드라마는 한 인간의 전부인 몸 전체와 몸의 물리적 한계를 던져 경험하는 행위이다."[18]

채플린은 그러한 드라마를 3막으로 나누어 설명한다. 제1막은 마젤란이 최초로 일주 항해를 시작했을 때부터 제임스 쿡이 하와이에서 죽는 순간까지이다(1519~1779). 이 시기 주인공들을 지배한 것은 '두려움Fear'이었다. 일주 항해 역사상 가장 길었던 이 첫 단계에서 죽음은 일상적이었다. 인간은 지구에 달려들었지만, 지구는 번번이 그들을 뿌리쳤다. 제2막은 1780년대부터 1920년대까지이다. 이 시기의 세계일주 여행자들은 그런 일을 겪고도 살아남을 수 있다는 '자신감Confidence'을 갖게 되었다. 지구는 이제 과학 기술과 정치적 네트워크에 정복된 것 같았다. 이제 세계일주는 가능한 일일 뿐 아니라 인기 있는 여흥이 되었다. '세계 한 바퀴'라는 개념은 새로운 의미를 갖게 되었다. 제3막은 세계일주 비행Flight에서부터 시

(https://dl.ndl.go.jp/info:ndljp/pid/873181).

18 조이스 채플린 저, 이경남 역(2013), 《세계일주의 역사》, 레디셋고, 19쪽.

작된다. 그렇게 20세기를 보내고 21세기를 맞는 지금, 앞서의 자신감은 '의구심Doubt'으로 바뀌고 있다. 무엇보다도 지구를 지배하는 데서 오는 환경적 대가가 우리 주변을 어슬렁거리기 때문인지, 지구가 다시 반격을 시작했다는 우려가 점점 커지고 있다는 것이다.[19]

채플린은 이처럼 세계일주의 역사를 흥미롭게 풀어 나간다. 그렇다면 우리 역사에서 세계일주란 어떤 의미를 지녔을까? 채플린이 이야기하는 제 1막은 유럽인의 이야기일 뿐이다. 동양인은 제 2막의 시대에 등장한다. 흥미로운 것은 우리나라 최초의 근대신문이라고 할 수 있는 〈한성순보漢城旬報〉의 창간호(1883. 10. 31.)에 '지구일주地球一周'에 대한 이야기가 나온다는 점이다. 그 내용인즉 이러하다.

> 서쪽에서 출발하든 동쪽에서 출발하든 직행하여 앞으로 나가면서 다시 중간으로 되돌아오지만 않는다면 앞서의 원점에 도달한다. 예를 들면, 상해上海에서 배를 타고 동쪽으로 가면 일본에 이르고, 또 동쪽으로 가면 태평양을 지나 미국의 서해안 항구인 샌프란시스코三佛蘭喜西(四)柯에 이른다. 그곳에서 상륙하여 윤거輪車를 타고 동쪽으로 가면 미국의 동해안 항구인 뉴욕牛要爾客에 이른다. 그곳에서 배를 타고 대서양을 거쳐 10일이면 영국의 항구인 리버풀力非爾布魯에 이르며, 이곳에서 배를 타고 남쪽으로 가면 지중해에 이르고, 다시 동쪽으로 가면 홍해에 이른다. 다시 동남쪽으로 가면 인도양에 이르고, 또 동쪽으로 가

19 위의 책, 20~21쪽.

면 인도국을 지나고, 다시 동북쪽으로 가면 상해에 이르게 된다.[20]

지구가 둥글다는 것을 설명하기 위하여 나온 이 이야기는 앞서 우리가 본 《80일간의 세계일주》에 나오는 경로와 거의 같다고 볼 수 있다. 차이점은 출발지가 다르다는 것, 그리고 인도 내륙으로 들어가지 않고 바다로 계속 나아간다는 것뿐이다. 시간을 다투는 것이 아니라면, 구태여 인도 내륙으로 들어가서 철도를 이용할 필요는 없었다. 세계일주에 소요되는 일수는 나와 있지 않다. 다만 뉴욕에서 리버풀까지 10일이 걸린다고 했을 뿐이다.

그런데 갑신정변에 참여했던 박영교(1849~1884)가 1880년대 초에 집필했을 것으로 추정되는 《지구도경地球圖經》의 "지구통행론地球通行論"을 보면 각 구간별로 얼마나 걸리는지 나와 있다.[21] 즉, 콜럼버스可倫波의 신대륙 발견과 마젤란麥折倫의 신항로 개척으로 대서양과 태평양이 서로 연결되어 지구가 둥글다는 것이 입증되었다면서, 지금 상해에서 배를 타면 도쿄까지는 10일, 도쿄에서 샌프란시스코金山까지는 20일, 샌프란시스코에서는 화륜거를 타고 뉴욕紐約까지 6

20 〈한성순보〉(1883. 10. 31.), "지구론". 국립중앙도서관의 대한민국신문아카이브에서 〈한성순보〉의 원문(한문)과 번역문을 함께 볼 수 있다(https://nl.go.kr/newspaper/).

21 《地球圖經》(필사본, 天·地·人 3책)은 현재 종로도서관 고문헌실에 소장되어 있다. 이 책의 집필자와 집필 시기는 고정휴(2017), "태평양의 발견: 그 바다 이름의 생성·전파와 조선에의 정착", 〈한국근현대사연구〉 83, 90~93쪽 참조.

일, 이어 대서양을 건너 영국 수도〔英京〕까지 10일, 이어서 프랑스 마르세이유馬塞를 거쳐 지중해로 빠지고 인도를 거쳐 상해로 돌아오면 총 84일이 걸린다고 했다. 그 경로와 소요 일수가 《80일간의 세계일주》와 크게 다르지 않다.

더욱 흥미로운 것은 〈한성순보〉에 '지구일주'에 대한 기사가 실렸을 때, 서양(미국)에 파견된 조선 최초의 사절단인 '보빙사報聘使' 일행이 태평양을 건너 미국에 체류하고 있었다는 사실이다. 이들 중 세 사람, 즉 단장 민영익(1860~1914)과 종사관 서광범(1859~1897) 그리고 수행원 변수(1861~1891)는 미국에서 제공한 군함〔U. S. S Trenton〕을 타고 대서양을 건넌 후 마르세유와 파리, 런던 등지를 둘러보았다. 그리고 지중해에서 홍해로 빠져나와 아덴과 뭄바이, 콜롬보, 싱가포르, 홍콩, 나가사키를 거쳐 제물포에 도착했다. 이때가 1884년 5월 31일이었다. 그들이 제물포를 떠난 때가 1883년 7월 16일이었으니, 총 10개월 16일이 걸린 셈이다.22

《80일간의 세계일주》의 주인공인 포그는 여행자가 아니라 경주자였다. 그는 오로지 내기에서 이기는 일에만 집중했다. 빅토리아 시대의 영국인들은 그들이 세계의 중심이라고 생각했던 만큼 이국적 취향이 아니라면 구태여 다른 나라의 사정이나 문물에 신경을 쓸 필요가 없었다. 조선의 보빙사절단은 포그의 처지와는 정반대였다.

---

22 손정숙(2007), "한국 최초 미국외교사절 보빙사의 견문과 그 영향", 〈한국사상사학〉 29 참조.

그들에게는 보고 듣는 것에서부터 먹고 입고 자는 것에 이르기까지 모든 것이 새로웠다. 그들은 처음으로 조선이라는 나라를 떠나 서양인과 그들이 이룩한 '문명'과 마주했던 것이다. 그것은 신기하지만, 불편하고 힘든 일이기도 했다.

일 년 가까이 외유하고 돌아온 민영익은 '어둠 속'에서 '광명의 세계'로 나아갔다가 다시 '어둠 속'으로 돌아왔다는 소감을 밝혔다고 한다.[23] 그렇다면 그는 과연 무엇을 보고 듣고 배웠던 것일까? 그리고 귀국 후에는 '어둠 속'에 갇혀 있는 조선을 어떻게 바꾸려고 했던 것일까? 이것은 곧 조선의 근대 세계 진입이 어떻게 이루어지고 있었는가를 살피는 첫 단계였다는 점에서 우리의 주목을 끈다.[24] 어떻든 세계는 하루가 다르게 변화하고 있었고, 조선은 그러한 세계 속에서 자신의 위치와 나아갈 방향을 찾아야만 했다. 이 시기 '속도의 경쟁'에서 탈락하는 것은, 포크처럼 개인이 내기에서 지는 것으로 끝나는 것이 아니라, 국가의 존망과도 연결되어 있었다.

---

23 김원모(1999), 《한미수교사: 조선보빙사의 미국사행편(1883)》, 철학과현실사, 142쪽.

24 이에 대한 자세한 내용은 제 2부 제 4장을 참조할 것.

3. 바다로 열린 창: '극동'의 개항

서세동점西勢東漸이라는 말이 있다. 서양 세력이 동쪽으로 점차 밀려온다는 뜻이다. 서양인(유럽인)의 시각에서 볼 때 중국과 한국 그리고 일본은 모두 동쪽 끝에 위치한 나라였다. 이 '극동Far East' 3국은 유럽인들이 지중해에서 대서양으로 빠져나와 인도로 가는 길을 개척할 때 오히려 바다로 향하는 문을 걸어 잠그고 있었다. 이른바 해금海禁이었다. 그 배경에 대하여는 왕조의 교체, 왜구의 발호, 서양 세력의 접근 등이 거론되는데, 근본적 이유는 자급자족적 소농 중심의 농본사회와 그것을 뒷받침하는 유교적 통치 이념 속에서 왕조의 안정을 도모한 데 있었다고 볼 수 있다.

한편, 바다를 통하여 동양 진출을 도모하던 유럽 각국은 아프리카와 아메리카를 정복하고 인도와 동남아시아를 그들의 지배하에 놓은 후 '극동' 공략에 나섰다. 그들은 극동에서 가장 시장가치가 높은 중국에 주목했다. 대서양에서의 삼각무역과 인도와의 교역을 통하여 산업혁명에 성공한 영국이 먼저 아편전쟁을 일으켜 중국(청)의 문호를 개방했다(난징조약, 1842). 태평양을 건너 동아시아로 진입하려던 미국은 일본(도쿠가와 막부)을 개방시켰다(가나가와조약, 1854). 중국과 일본에 가려져 있던 한국(조선)은 프랑스와 미국의 문호개방 요구에 완강하게 저항했지만, 결국 이들이 부추긴 일본에 굴복했다(강화도조약, 1876). 이리하여 극동 3국의 '개항'이 이루어졌다. 이것은 이른바 서세동점의 완결이기도 했다.

개항 후 동아시아 3국의 역사 진행 방향은 완전히 달라졌다. 서구 열강의 외압이 집중되었던 중국의 경우에는 반半식민지나 다름없는 상황으로 내몰렸다. 일본은 근대화의 문턱을 넘어서 제국주의 열강의 대열에 합류했다. 조선은 이러한 일본에 희생되어 완전 식민지로 전락했다. 무엇이 이렇게 세 나라를 바꾸어 놓았을까? 이 문제는 두 측면에서의 접근이 필요해 보인다. 하나는 세 나라에 가해졌던 외압의 강도이고, 다른 하나는 그러한 외압에 대응하는 각국의 태도와 방식이다.

여기에서 살펴보고자 하는 것은 후자의 문제이다. '동문동종同文同種'이라는 동아시아 3국이 서양 문명의 도전에 어떻게 대응했는가 하는 것이다. 그들의 대응 방식은 세 가지 형태로 나타났다. ① 전통적인 화이론華夷論에 기초하여 서양과 대결 구도로 나가는 것, ② 동도서기東道西器와 같은 방식으로 타협 내지 절충점을 찾는 것, ③ 이른바 문명개화文明開化의 구호를 내걸고 외래 문명을 전면 수용하는 방향으로 트는 것이다. 수천 년 동안 중화 문명을 내세워 동아시아를 지배해 왔던 중국이 화이론의 굴레에서 벗어나기 어려웠다면, 아시아 대륙과 떨어져 있던 일본은 중화적인 세계질서와 일정한 거리를 유지할 수 있었다. 그 사이에 위치한 조선은 청나라가 '중원'을 차지한 후 스스로 소중화 또는 조선중화주의에 빠져들었다.

일본도 처음에는 그들 특유의 국학國學에 기대어 존왕양이尊王攘夷의 기치를 내걸었지만 이른바 왕정복고 후 서구적인 세계질서와 문명을 적극 수용하려는 방향으로 나아갔다. 후쿠자와 유키치福澤諭吉

(1834~1901)로 대표되는 문명개화론이 그것이다. 여기서 문명이라 함은 곧 서양 문명을 가리켰다. 일본이 이처럼 빨리 방향을 전환할 수 있었던 데에는 두 가지 요인이 있었다고 보인다. 첫 번째는 남다른 위기의식이다. 그들은 서구 열강과 그들의 문명에 맞서면 국가 자체의 존립이 위태로울 수 있다는 판단을 내렸다. 이러한 위기의식이 메이지 유신을 낳았고, 이후 일본은 천황제에 바탕을 둔 위로부터의 근대화를 강력하게 추진할 수 있었다.**25**

두 번째로, 일본의 위정자들은 비록 외압에 따른 것이었지만 어떻든 '개항'이 지니는 세계사적 의미를 파악하고 있었다. 그들은 바다를 통한 정복과 교역이 서양 열국의 힘, 즉 경제력과 군사력을 키우는 원천이자 그 목적이라는 사실을 깨달았다. 따라서 일본도 그들처럼 바다로 통하는 문을 과감하게 열고 세계와 함께 호흡하여 '해국海國'으로서 입지를 다져야 한다는 생각에 도달했다.

메이지 일본이 나아가야 할 방향과 전략을 수립하는 데 결정적 역할을 한 것은 이와쿠라 사절단이었다. 특명전권대신 이와쿠라 도모미岩倉具視(1825~1883)가 이끌었던 이 사절단은 신정부의 핵심 인물과 중견 관료로 짜였는데, 그 인원만 46명이었다. 여기에 유학생 43명(그중 5명은 여자)과 시종 18명을 포함하면 모두 107명에 달했다. 그들은 1871년 12월에 요코하마를 떠난 후 미국과 유럽을 시찰하고

---

25 박훈(2014), "2장: 일본은 어떻게 서양 문물을 신속히 수용할 수 있었나", 《메이지 유신은 어떻게 가능했는가》, 민음사 참조.

1873년 9월에 돌아왔다. 일본의 한 학자는 이와쿠라 사절단을 가리켜 "세계사적으로도 그 유례가 없는, 이문명異文明 종합연구를 위한 모험집단"이었다고 말한다.**26**

그들은 귀국 후 《미구회람실기米歐回覽實記》(이하 《실기》) 라는 보고서를 펴냈다. 총 5편 100권으로 이루어진 《실기》를 보면, 메이지 일본이 어떻게 근대화에 성공할 수 있었는지를 미루어 짐작할 수 있다. 서문을 쓴 구메 구니타케久米邦武(1839~1931) 는 이렇게 말했다.

> 세계의 상황 변화는 수레바퀴 회전만큼이나 빠르다.
> 세상의 변화는 마치 파도처럼 거대하다.**27**

서양의 근대 문명이 거대한 파도처럼 동양을 덮칠 때 일본은 그들이 살아남을 방법을 궁리했다. 세상은 시시각각 변하고 있기에 그 변화를 빨리 따라잡아야 한다는 초조감과 위기의식이 신정부의 지도층에서부터 일본의 전 사회로 확산되었다. 그들은 자신들이 나아가야 할 방향을 명확히 설정했다. 후쿠자와가 내세웠던 탈아입구론脫亞入歐論이었다. 아시아를 벗어나 서구로 들어가자는 이 표어가 뜻하는 바는, 낡은 동양 문명을 고수하는 아시아 대륙과는 관계를 끊

26 구메 구니타케 저, 정애영 역(2011), 《특명전권대사 미구회람실기》 제 1권 미국, 소명출판, 4쪽.

27 위의 책, 21쪽.

고 태평양 건너편 신대륙에 터 잡은 미국과 대서양 방면의 유럽으로부터 배워 그들과 어깨를 나란히 할 수 있어야 한다는 것이었다.

이러한 인식은 《실기》의 제1편 미국에 대한 기록에 잘 나타난다. 다음의 인용문은 이와쿠라 사절단이 미국에 첫발을 내디뎠던 샌프란시스코에 대한 이야기이다.

> … 원래 무역이란 한쪽에 융성한 지역이 있으면 그에 대응하는 지역도 또한 성장하는 법이다. 런던과 파리는 서로 도와 가며 발전하고 있고 런던, 파리 지역은 뉴욕, 필라델피아 지역과 서로 받쳐 주며 발전해 왔다. 이와 같은 법칙으로 보면 샌프란시스코와 받쳐 주는 지역은 우리 요코하마와 중국의 상하이, 홍콩이 된다. 상하이, 홍콩의 융성은 또 우리 나가사키, 요코하마와 관계됨은 필연적이다. 그렇다면 이같이 대응하고 있는 나라 사람들이 무엇으로 서로 경쟁하며 함께 융성해 갈 것인지를 잘 생각해야 한다. 자연이 주는 풍요로움은 인간의 노력이 더해져야만 비로소 실리를 가져온다. 과거의 노력이 오늘의 부를 창출한다. 오늘의 작은 마을이 앞으로 훌륭한 대도시로 발전시키는 것도 어려운 일은 아니다.[28]

위의 글은 《실기》에 삽입된 구메 구니타케의 '논평'이다. 그는 여기에서 태평양과 대서양 무역의 거점을 이루었던 항만 도시들의 이

28 위의 책, 104쪽.

름을 열거하고 있다. 요즈음 바다를 통한 문물 교류와 개방성을 중시하는 연구자들은 이런 도시를 '해항海港' 도시라고 부른다. 이때 구메가 말하고자 했던 바는 태평양을 사이에 두고 마주 바라보는 요코하마와 샌프란시스코를, 대서양을 사이에 두고 마주 바라보는 런던과 뉴욕처럼 서로 이끌고 받쳐 주는 무역항으로 키워 나가자는 것이었다. 이와 마찬가지로 동아시아 해역의 나가사키와 홍콩・상하이도 서로 경쟁하면서 함께 발전할 수 있다고 보았다. 구메는 진정으로 일본을 서양 열강과 같은 무역 대국으로 만들기를 원했다.[29] 그 본보기로서 당시 조그마한 개항장에 지나지 않았던 요코하마를 샌프란시스코, 나아가 뉴욕이나 런던・파리와 같은 '훌륭한' 대도시로 만들 수 있고, 또 그렇게 해야 한다는 점을 국민에게 알리면서 함께 노력할 것을 촉구했던 것이다.

그 후 요코하마는 구메의 바람대로 동아시아에서 상하이에 버금가는 국제 무역항으로 성장해 갔다. 이렇게 된 데에는 지리적 요인이 한몫했다. 상하이가 인도양에서 동북아시아로 올라오는 길목에 있었다면, 요코하마는 태평양에서 동아시아로 진입하는 관문 역할을 했다. 따라서 두 개항장에는 외국인 거류민이 많았다. 1898년을 전후하여 상하이에는 5,240명, 요코하마에는 2,096명의 서양인이

29 이와쿠라 사절단의 '서양 자본주의 시스템'을 바라보는 시각에 대하여는 다나카 아키라 저, 현명철 역(2013), 《메이지 유신과 서양 문명》, 도서출판 소화, 91~114쪽 참조.

거주하고 있었던 것으로 파악된 바 있다. 그중에는 영국인과 미국인의 비중이 컸다.[30]

그렇다면 조선(대한제국)의 상황은 어떠했을까? 일본과의 강화도 조약 체결 이후 부산(1876), 원산(1880), 인천(1883), 목포·진남포(1897), 군산·마산·성진(1899), 용암포(1904), 신의주(1906), 청진(1908) 등이 차례로 개방되었다. 이들 개항장은 일본의 정치적·경제적·군사적 요구에 따라 지정된 후 일본인 거류지를 중심으로 형성, 개편, 발전되었다. 항구를 한편으로 하고 철도를 끌어들이며 도로를 개설했는데, 그 중심에는 일본영사관과 공공기관, 은행, 상업 및 무역기관 등이 포진했다. 그러니까 한반도 내의 '소일본小日本'이었다.[31]

이러한 일본의 독점 무대에서 조금이나마 벗어났던 것이 서울(한양)의 관문인 인천이었다. 한적한 어촌(제물포)에서 개항장으로 변모한 이 도시에는 일본전관조계, 청국전관조계, 그리고 서양인이 주로 거주하는 각국공동조계가 설치되어 있었다. 그리고 조계 밖 10리 이내에서 외국인은 토지와 가옥을 매입 또는 임차하여 거주할 수 있었다. 이 범위를 조선지계朝鮮地界라고 하는데, 외국인과 조선인이 섞여 거주할 수 있는 공간이었기에 잡거지雜居地라고도 했다.[32] 이리

---

30 인하대학교 한국학연구소 편(2012), 《동아시아 개항도시의 형성과 네트워크》, 글로벌콘텐츠, 150~155쪽.

31 위의 책, 191~192쪽.

32 이영호(2017), 《개항도시 제물포》, 민속원, 7~9쪽.

하여 인천은 한반도 내에서 가장 이국적인 도시로 성장했다.

1902년 겨울, 한국 주재 이탈리아영사로 부임한 카를로 로제티Carlo Rossetti가 인천에 대하여 쓴 내용을 정리하면 다음과 같다. 가난한 어촌에 불과했던 제물포는 외국과의 통상조약에 따라 새로운 기능을 맡으면서 커다란 발전을 이루었다. 이곳은 큰 배가 정박하기에는 적당치 않지만 도시에서 가깝고, 많은 수의 외국 함대가 방어 진지를 구축할 만한 지형 조건을 갖추고 있다. 주민의 수는 대략 2만명 정도로 생각되는데, 일본인이 6천 명 이상이었고, 중국인이 600명, 그리고 약 30명의 유럽인이 있었다. 유럽인 거주지에는 미국의 타운선양행Townsend & Co.과 독일의 세창양행E. Meyer & Co., 그리고 영국의 함릉가양행Holme Ringer & Co. 세 상사가 자리 잡고 있었다. 유럽과 미국 상품의 수입은 거의 이 세 회사가 독점하고 있었다. 평안도에 있는 미국인과 영국인 소유 광산의 채굴자들과 관계가 깊은 동양광업개발주식회사The Oriental Consolidated Mining Company와 동방개척회사The Eastern Pioneer Company의 본거지 또한 제물포였다.**33**

한편, 인천에 거주하던 일본인들이 발간한 《인천번창기仁川繁昌記》(1903)에는 이런 이야기가 나온다. "인천이 개항한 지 어언 16년, 인천에 건너와 살고 있는 일본인이 4천 명에 이르고 연간 무역액이 1천여만 엔에 이른다. 게다가 과반수는 상업에 종사하고 있고,

---

33 까를로 로제티 저, 서울학연구소 역(1996), 《꼬레아 꼬레아니: 백년 이태리 외교관이 본 한국과 한국인》, 숲과나무, 357~358쪽.

거류지에는 사무소도 있고, 은행도 있고, 상업회의소도 있고, 학교와 사원과 신문사도 있고, 행정·상업·교육 등의 기관들도 거의 갖추어져, 완연한 '작은 일본'을 이루고 있다."34

이처럼 개항장은 일본과 서양 열강이 한반도로 침투하는 통로이자 근대 문명의 전시장이기도 했다. 그들의 거주지는 치외법권 지대로서 조선 속의 작은 일본, 조선 속의 작은 서양이었다. 그 외곽에는 전국에서 몰려온 상인과 노동자들이 조선인 거주지를 형성하였다. 일본인 사회—인천의 경우 서양인 포함—와 조선인 사회가 공간적으로 분리되면서 한쪽은 근대도시의 면모를 갖추어 가고, 다른 한쪽은 낙후된 상태로 방치되는 '이중도시'의 성격을 지닌 곳이 개항장이었다. 여기서 우리가 놓치지 말아야 할 것은 그러한 공간의 분리 못지않게 상호 작용에 의한 조선 사회의 변화를 어떻게 볼 것인가 하는 점이다.35 아시아의 근대화가 서양 문명의 충격에서부터 비롯되었던 만큼, 그 충격을 어떻게 받아들이느냐에 따라 국가의 운명은 달라질 수 있었다. 한·중·일 3국이 개항 이후 서로 다른 길로 나아갔던 것도 그러한 대응의 문제에서 비롯되었다.

---

34 김창수·전경숙 역주(2006), 《인천 1903》, 인천대학교 인천학연구원, 14쪽.

35 이영호, 앞의 책, 31~36쪽 참조.

제 2 부

조선인,
태평양에 눈을 뜨다

3장 지리적 상상 공간으로의 태평양
4장 문명적 교류 통로로의 태평양
5장 패권적 경쟁 대상으로의 태평양

3장

지리적 상상 공간으로의 태평양

1. 서양의 중국 침투: 선교와 만국지도

이른바 대항해 시대 유럽인들의 최종 목적지는 '극동'에 위치한 중국이었다. 그들이 절실하게 원하던 교역과 선교라는 두 측면에서 바라볼 때 중국은 동양에서 그 가치가 가장 큰 나라였다. 때론 동양이 곧 중국으로 인식되기도 했다. 15세기에 포르투갈은 아프리카 해안을 따라 남하하기 시작한 후 희망봉을 돌아서 인도로 진출하는 데 성공했다. 그리고 말라카해협을 지나 중국의 마카오와 일본의 나가사키에까지 활동 거점을 마련했다. 한편 스페인은 대서양을 가로질러 아메리카 대륙을 '발견'하고, 이어서 태평양을 횡단하여 필리핀을 점령했다. 이리하여 바다를 통한 최초의 세계화가 이루어졌다. 포르투갈과 스페인은 이 세계를 교황의 권위를 빌려 양분하는 조약

(토르데시야스, 사라고사 조약)을 맺었다. 바야흐로 서양 주도의 근대가 모습을 드러내기 시작했다. 그것은 폭력을 수반하는 해상 팽창이었다.

서양 세력이 이처럼 동양으로 밀고 들어온 데에는 뚜렷한 목적이 있었다. 교역과 식민지 획득 그리고 선교였다. 이를 위하여 그들은 끈질기게 동양으로 파고들었다. 이방인에 대한 전교를 '영적 십자군'으로 간주하던 예수회Societas Iesu(라틴어), The Society of Jesus의 총장 클라우디오 아쾨비바는 '극동' 전교야말로 '주님의 위대한 예언의 빛나는 성취'라면서 이렇게 말한 바 있다.

> 대머리산에 개울물이 흐르고
> 골짜기에서 샘이 터지리라.
> 마른 땅에서 물이 솟아 나와
> 사막을 늪으로 만들리라.[1]

이러한 사명감을 가지고 중국에 첫발을 들여놓은 선교사가 마테오 리치Matteo Ricci, 利瑪竇(1552~1610)라는 인물이었다.[2] 이탈리아 교황

---

1 조너선 D. 스펜스 저, 주원준 역(1999), 《마테오 리치, 기억의 궁전》, 이산, 168쪽.

2 마테오 리치의 생애와 업적을 조명한 저술로는 소현수(1996), 《마테오 리치: 동양과 서양의 정중한 만남》, 서강대학교출판부; 히라카와 스케히로 저, 노영희 역(2002), 《마테오 리치: 동서문명교류의 인문학 서사시》, 동아시아 등이 있다.

청 마체라타 출생의 리치는 피렌체와 로마의 예수회대학에서 수학하고 포르투갈로 와서 세바스티앙 국왕을 알현한 후 리스본을 떠났다. 그 후 포르투갈의 인도 거점인 고아, 코친에 체류하며 사제 서품을 받은 후 마카오에 도착했다. 이때가 1582년 8월이었다. 그리고 중국 본토로 진입하여 최종 목적지인 북경北京에 정주 허가를 받은 때가 1601년 5월이었다. 근 20년에 걸친 노력 끝에 중국 심장부에 발을 들여놓고 천주당天主堂을 설립하는 데 성공했다. 3

어떻게 그런 일이 가능했을까? 그 이유를 알 수 있도록 해주는 것이 〈그림 3-1〉이다. 이것은 독일 출생의 예수회 사제이자 학자로서 바로크 시대의 대표적인 인문학자로 널리 알려진 아타나시우스 키르허Athanasius Kircher(1602~1680)의 《중국도해*China Illustrata*》에 나온다. 4 이 그림의 왼쪽에 나오는 인물이 마테오 리치인데, 그의 머리 위에는 예수회의 약자인 'ihs'와 '利瑪竇 西泰'가 표기되어 있다. 여기서 '서태'는 '이마두', 즉 마테오 리치의 자字이다. 리치는 이처럼 중국식 이름을 갖고 중국 유학자의 복장을 하고 중국말과 글을 사용

---

3 조너선 D. 스펜스 저, 주원준 역, 앞의 책, 15~16쪽, "마테오 리치 연표" 참조.

4 1667년 암스테르담에서 처음 출간된 《중국도해》(*China Illustrata*)의 원제목(라틴어)은 《일부는 성스럽고, 일부는 세속적인 기념비들과, 중국의 자연과 예술에서 보이는 다양한 스펙터클들, 그리고 그 밖에 다른 눈여겨볼 만한 것들에 대한 설명》이었다. 이 책은 1668년에 네덜란드어로, 이듬해에는 영어로, 그 다음 해에는 프랑스어로 번역되는 등 전 유럽에 퍼져 당대 중국과 중국 문화에 대한 유럽인들의 이해에 결정적인 영향을 미쳤다고 한다. 김남시(2010), "사물문자로서의 중국문자, 아타나시우스 키르허의 중국문자 이해", 〈중국어문학지〉 33, 328쪽.

〈그림 3-1〉 서양과 동양의 만남: 마테오 리치('西泰 利瑪竇')와 서광계(徐光啓)

출처: Atanasius Kircher(1670), *La Chine d'Athanase Kirchere de la Compagnie de Jesus: illustre de plusieurs monuments tant sacres que profanes*, Amsterdam: Ches Jean Jansson a Waesberge & les heritiers d'Elizee Weyerstrae, p.152 삽화.
https://archive.org/details/BIUSante_00989/page/n204/mode/thumb

하고 중국 고전을 연구함으로써 '태서유사泰西儒士'로 불렸다.[5]

이리하여 리치는 중국明 상층 지식인들과 교류를 틀 수 있었는데, 그들 가운데 한 사람이 〈그림 3-1〉의 오른쪽에 나오는 서광계徐光啓(1562~1633)였다. 리치보다 열 살 아래인 그는 상해上海 출신으로 40대 초반 과거에 합격하여 진사가 된 후 예부좌시랑禮部左侍郎과 상서尙書를 거쳐 대학사大學士의 자리에까지 올랐던 인물이다. 그는 리치를 만난 후 천주교 신자가 되었다. 세례명은 바오로保祿였다. 그리고 리치와 함께 유클리드Euclid의 《원론*Elements*》 13권 중 앞쪽 6권을 번역하여 《기하원본幾何原本》이라는 책을 세상에 내놓았다.[6] 이는 서양 문명의 기초를 이루는 과학적 원리가 동양에 소개되는 역사적 사건이었다.[7]

마테오 리치와 중국 지식인들의 합작품 중 또 하나의 걸작은 〈곤

---

5 마테오 리치는 마카오에 도착한 후부터 '세상의 말과 사물만큼 많은 문자(표의문자)를 지닌' 중국어 공부에 몰두하여 유창하게 말할 수 있는 수준에 도달하고, 이어서 유교 경전인 사서(四書)를 독파하고 라틴어 번역까지 시도했다. 그는 중국에 도착한 지 10여 년이 지난 후 "이제부터는 내 힘으로 중국어를 쓸 수 있을 것이다"라는 자신감을 갖게 되었다. 조너선 D. 스펜스 저, 주원준 역, 앞의 책, 183~185쪽.

6 두 사람이 번역에 사용한 저본은 라틴어 주석이 포함된 Christopher Clavius의 *Euclidis Elementorum Libri XV*(1574)이었다. 고영미·이상욱(2020), "마테오 리치와 서광계, 그리고 기하원본의 번역", 〈한국수학사학회지〉 33(2), 108쪽. 리치는 로마의 예수회대학에 다닐 때 클라비우스에게서 수학과 천문학을 배운 바 있었다. 리치는 자신이 유클리드의 기하학을 계승한 클라비우스의 제자라는 긍지를 갖고 《원론》 번역에 착수했다. 조너선 D. 스펜스 저, 주원준 역, 앞의 책, 190~194쪽.

7 고영미·이상욱, 위의 논문, 112~113쪽.

여만국전도坤輿萬國全圖〉(1602)의 제작이었다. 이 지도의 간행에는 이지조李之藻(1565~1630)라는 인물이 등장한다. 그는 항주杭州 출생으로 30대 중반에 진사가 되고 남경南京의 공부원외랑工部員外郎으로 벼슬길에 올랐다. 서학과 천문・지리・역산에서부터 종교・철학에 이르기까지 다방면에 관심을 가졌던 그는《천주실의天主實義》등 리치의 한역 서학서 저술과 간행에 도움을 주었다. 1610년 중병에 걸리자 리치의 권유로 천주교에 입교했다. 1629년에는 서광계와 함께《숭정역서崇禎曆書》의 간행에 참여하였으나 완성을 보지 못하고 세상을 떠났다.8

근대 동・서 문물교류의 물꼬를 튼 것으로 평가받는 〈곤여만국전도〉는 한순간에 만들어진 작품이 아니었다. 그것이 최종 완성되기까지는 근 20년이 걸렸다. 리치가 처음 세계지도를 펴낸 것은 중국 본토에 상륙한 후 2년이 지난 1584년이었다. 이때 광동성 조경肇慶에 머물고 있던 리치는 〈산해여지전도山海輿地全圖〉라는 지도를 만들어 예수회원들의 집에 걸어 두었다. 당시 조경은 시장 수운의 요지로서 번창하던 큰 도시였는데, 이 지방의 부유한 사람들이 리치가 만든 지도를 보고 무척 놀라워하며 흥미를 가졌다. 그들 가운데 한 사람이 리치의 허락도 받지 않고 목판 인쇄로 복제품을 만들어 시중

---

8 한국가톨릭대사전 편찬위원회(2006),《한국가톨릭대사전》, 한국교회사연구소. https://maria.catholic.or.kr/dictionary/term/term_view.asp?ctxtIdNum=2898&keyword=&gubun=01

에 내놓았다. 이것이 잘 팔리면서 상당한 평판을 얻게 되자 리치는 보다 충실하고 정확한 지도를 세상에 내놓기로 했다. 그 후 몇 차례 이름과 판본을 달리하는 지도들이 만들어진 다음에야 〈곤여만국전도〉가 나올 수 있었다.

그렇다면, 리치가 만든 최초의 세계지도는 어떤 형태였을까? 〈그림 3-2〉는 중국의 백과사전류에 실렸던 〈산해여지전도〉(모사본) 이다. 대형지도인 〈곤여만국전도〉와 달리 〈산해여지전도〉는 낱장 또는 책 속에 수록되어 중국뿐만 아니라 조선과 일본에까지 널리 알려

〈그림 3-2〉 마테오 리치의 〈산해여지전도〉 (모사본, 1600)

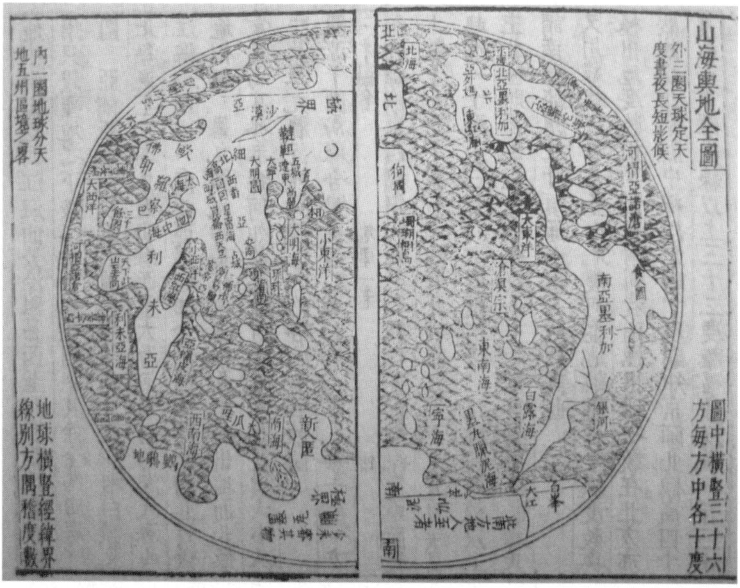

출처: 馮應京 編, 《月令廣義》, 首卷, 〈山海輿地全圖〉.
http://ctext.org/library.pl?if=gb&file=146311&page=182

졌다. 이른바 대항해 시대 동양에 소개된 최초의 한역漢譯 세계지도인 〈산해여지전도〉에서 우리가 주목할 바는 다음과 같다.

첫 번째로, 지구가 둥글다는 것을 보여 주기 위해 테두리를 원으로 둘렀고, 그 안에 적도晝夜平線를 기준으로 하여 위아래로 각 두 개씩의 위선緯線을 그려 넣었다. 이것은 "하늘은 둥글고 땅은 모나다"는 중국의 전통적 천원지방설과 배치되었다. 이러한 원형의 세계지도는 나중에 조선에서 그것과는 전혀 다른 성격의 원형 '천하도'를 낳게 되는 배경을 이룬다고 볼 수 있다.

두 번째로, 구대륙인 아시아亞細亞를 왼쪽에, 신대륙인 아메리카亞墨利加를 오른쪽에 넣다 보니 오늘날의 태평양이 지도의 중심에 자리잡는다. 당대 서양에서 제작한 세계지도들은 유럽을 중심에 둠으로써 태평양은 반으로 나뉘어져 그 크기와 모양이 제대로 드러나지 않았다. 그런데 이런 모양의 지도를 중국에 그대로 소개할 경우 중국을 세계의 중심으로 믿고 있던 중국인들에게 커다란 반발을 살 수 있었다. 따라서 리치는 중국大明國을 지도의 가운데로 끌어왔고, 이에 따라 태평양이 중심으로 들어오게 된 것이다. 이것은 리치가 중국의 전통적 사상과 문화를 존중하는 '적응주의'적 태도를 보여 준 하나의 사례였다.

세 번째로, 5대륙, 즉 아프리카利未亞, 유럽歐羅巴, 아시아, 아메리카, 그리고 남방의 미지의 대륙 마젤라니카Magellanica, 墨瓦蠟泥加가 그려졌다. 이들 대륙의 배치를 보면, 전체적으로 동·서와 남·북의 균형이 이루어진 것처럼 보인다. 이는 지구가 조화와 질서를 중시하는 하느님('조물주')의 창조물임을 드러내기 위한 것이었다. 이에 따라 최초로 태평양을 횡단한 마젤란의 이름을 딴 마젤라니카의 존재는 18세기 말, 때론 19세기까지도 서양의 세계지도에 나타났다.

네 번째로, 중국을 비롯한 동아시아의 전통적인 지도에는 전혀 나오지 않던 바다 이름들이 등장한다. 이는 유럽인 주도로 이루어진 대항해 시대의 산물로서 오늘날의 태평양 방면에만 6개의 이름이 나온다. 대동양大東洋, 창명종滄溟宗, 동남해東南海, 백로해白露海, 묵와랍니해墨瓦蠟泥海, 영해寧海 등이다. 이들 중 16세기 유럽에서 만든 세계지도들에서 출처를 찾을 수 있는 것이 3개이다. 즉, '백로해'는 페루Peru, 白露 또는 孛露의 앞바다이며, '묵와랍니해'는 마젤란해협Fretum Magellanicum의 서쪽 바다를 가리키고, '영해'는 'Mare PacificumPacific Sea'의 의역이다. 그러니까 'Pacific Sea'의 첫 한자 번역은 '영해'였던 것이다. 다른 지명들은 순수한 중국적 표현으로 볼 수 있다. 즉, '대동양'은 중국의 동쪽에서 멀리 떨어진 바다 또는 지역을 가리키는 것으로 '대서양'과 대칭을 이룬다. '창명종'은 바다 중 으뜸이라는 뜻인데, 오늘날의 태평양을 가리킨다.[9] 이러한 혼란은 당시 유럽의 세계지도들에서 태평양 방면에 'Mar del Sur'와 'Mare Pacificum'을 함께 쓰고 있었던 데 따른 것이다. '동남해'는 중국에서 남쪽 바다를

9 최근 대만과 중국에서는 이 바다 이름(滄溟宗)을 하나의 근거로 하여 콜럼버스 이전에 중국인이 이미 아메리카 대륙을 '발견'했다는 주장까지 나오고 있다. 李兆良(2013), "前言", 《宣德金牌啓示錄: 明代開拓美洲》, 台北市: 聯經出版事業股份有限公司.

가리키던 남해南海 또는 남양南洋을 기준으로 할 때 동쪽에 위치한 바다를 가리킨다. '동남해'의 반대편에는 '서남해'가 나온다.

요컨대 〈산해여지전도〉는 15~16세기 유럽인들이 발견한 '산'(땅)과 '해'(바다)를 그려 넣은 최초의 한역漢譯 세계지도인데, 전체적으로 볼 때 땅보다는 바다가 중심이 되는 듯한 형세를 보여 준다. 바다 중에는 오늘날의 태평양이 '으뜸'으로 표현된다. 이것은 일본 열도 너머의 바다를 사해四海의 동쪽 끝으로 보는, 따라서 사람이 갈 수도 살 수도 없는 곳이라는 인식에 종지부를 찍었다. 그 바다 너머에는 '신대륙'이 존재했다.

이제 우리는 세계지도의 역사에서 기념비적인 걸작으로 평가받는 리치의 〈곤여만국전도〉를 살펴볼 차례이다. 여기에서 먼저 '만국萬國'이라는 단어에 주목할 필요가 있다. 이전에 중국에서 세계를 표현하는 단어는 하늘 아래의 땅을 의미하는 '천하'라든가 사방 바다에 둘러싸인 온 세상이라는 뜻을 지닌 '사해' 정도였다. 천원지방설에 기초한 이 개념에는 그 중심이 존재했던바, 중국인의 뿌리 깊은 화이관이 그러한 세계 인식에서 비롯되었다. 그런데 리치는 이러한 중국인의 사고를 깨우칠 필요가 있었다. 그의 이야기를 직접 들어 보자.

> 중국인들은 지구의 크기를 알지 못할 뿐 아니라 견문이 매우 좁아 모든 나라들 중에 오로지 중국만이 칭찬하고 부러워할 가치가 있다고 여긴다. 국가의 위대함과 정치제도, 학술적 명성에서 볼 때 그들은 다른 민족들을 야만인으로 간주할 뿐 아니라 이성도 없는 동물로 여긴다.

〈그림 3-3〉 마테오 리치의 〈곤여만국전도〉(북경판, 1602)

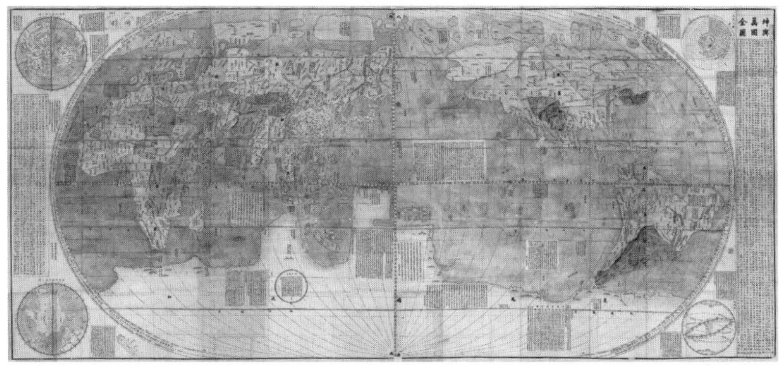

출처: 교토대학 소장 귀중자료 디지털아카이브 사이트에 들어가면 확대하여 볼 수 있다. https://rmda.kulib.kyoto-u.ac.jp/item/rb00013547#?c=0&m=0&s=0&cv=0&r=0&xywh=-42710%2C-1%2C101803%2C13400

그들이 보기에 세상 다른 지방의 국왕이나 왕조 혹은 문화는 모두 뽐낼 만한 가치가 없는 것이다.10

리치는 중국인의 유아독존적 '천하' 인식을 깨트리기 위하여 지구상에는 수많은 나라가 존재한다는 '만국'이라는 개념을 가져왔고, 이를 뒷받침하기 위하여 〈곤여만국전도〉를 만들어 보였던 것이다. 〈그림 3-3〉은 일본 교토대학 중앙도서관 귀중본실에 소장된 〈곤여만국전도〉(북경판, 1602)이다. 6폭의 족자 형태로 만들어진 이 지도는 한 폭이 크기가 세로 214센티미터, 가로 68센티미터이다. 전

10 쩌우전환 저, 한지은 역(2013), 《지리학의 창으로 보는 중국의 근대: 1815~1911년 중국으로 전파된 서양지리번역서》, 푸른역사, 53쪽.

체적으로 좀 흐릿하지만 타원형 지구 안에 하얗게 드러나는 부분이 땅이며, 어두운 부분이 바다이다. 그 테두리 밖에는 구중천도九重天圖, 천지의天地儀, 적도북지반구지도赤道北地半球之圖, 적도남지반구지도赤道南地半球之圖가 그려지고 그 각각에 대한 해설이 실려 있다. 요컨대 이 '전도' 안에 르네상스기에 축적된 유럽의 천문지리 지식과 더불어 대항해 시대 지리상의 '발견' 성과가 표현되어 있었다.

문제는 그러한 지식과 성과를 중국어로 어떻게 표현해 낼 것인가였다. 이것은 당대 동·서의 언어와 문화에 대한 식견이 있을 때에만 가능한 일이었다. 리치는 이 어렵고 힘든 일을 그를 인정해 준 중국 지식인들과 더불어 해냈다. 리치는 동아시아의 '보편문자'로서 한문이 갖는 효용성을 깨닫고 있었다. 따라서 그 일을 성공적으로 해낼 수만 있다면 중국인뿐만 아니라 한자를 사용하는 주변 각국인들을 상대로 한 전교傳敎 활동, 즉 그들의 '영혼의 문'을 열어젖히는 본래의 과업 또한 순조롭게 진행될 수 있다고 믿었던 것이다. 어떻든 서양과 서양인을 '야만'으로 바라보는 인식만은 바꾸어 놓아야 했다.

유럽의 세계지도를 중국어로 옮길 때 가장 힘든 일이 그 수많은 지명을 어떻게 바꿀 것인가의 문제이다. 최근 국내의 한 연구에 따르면 〈곤여만국전도〉에는 총 1,134개의 지명이 나오는 것으로 집계되었는데, 국가 및 지방과 관련된 지명이 903개로 가장 많았다.[11]

---

11 김기혁(2013), "〈곤여만국전도〉(1602)의 해양 지명", 경기문화재단 실학박물관 편, 《마테오 리치의 곤여만국전도와 조선 후기의 세계관》, 경인문화사, 191쪽.

〈표 3-1〉〈곤여만국전도〉의 해양 명칭-글자체 분류

글자체	해명(海名)
大(겹글자)	西南海, 南海, 東南海
大	大西洋, 大東洋, 小東洋, 小西洋, 利未亞海, 曷刺比海, 地中海, 榜葛刺海, 墨瓦蠟泥海, 寧海, 大明海, 太海, 孛露海, 北海(북극), 氷海(유럽), 氷海(북미), 氷海(북극)
中	西紅海, 上海, 下海, 日本海, 波的海, 白海, 角利不尔海, 北高海, 新以西把你亞海, 東紅海
小	白尔昨客海, 北海(유럽), 窩窩小德海, 墨生宇海, 默羅它海, 肥良的海, 亞大蠟海, 死海

출처: 김기혁(2013), "〈곤여만국전도〉(1602)의 해양 지명", 213쪽.

해양과 관련된 명칭, 즉 해명海名은 38개인데, 지도에 나타난 글자체와 그 크기에 따라 분류한 것이 〈표 3-1〉이다.

이 표의 해양 명칭에서 우리가 주의 깊게 살필 것은 그 38개 중에 대서양, 대동양, 소동양, 소서양 네 개만이 '양洋'으로 끝나고 나머지는 모두 '해海'로 끝난다는 점이다. 여기서 '양'은 바다뿐만 아니라 땅까지도 포함하는 지역적 개념으로 사용되었을 가능성을 보여 준다. 그러니까 중국과 지역적으로 가까운 곳은 소동양, 소서양이고 먼 곳은 대동양, 대서양이 되는 것이다. 이때 대서양(인)이라고 할 때 유럽(인)이 그 안이 포함되는 방식이다.

〈그림 3-4〉를 보면 오늘날의 태평양 방면에 '대동양'과 '영해'라는 이름이 나온다.12 〈산해여지전도〉에서 나왔던 '창명종'은 〈곤여만

12 김기혁은 위의 논문에서 '영해'(寧海)는 오르텔리우스 지도에 나오는 'El Mar Pacific〔o〕'의 의역으로, '大東洋'은 같은 지도의 'Mare Pacificum'을 '수정'한 지명으로 보았다(191~192, 215~216쪽). 그런데 El Mar Pacifico(스페인어)와

〈그림 3-4〉〈곤여만국전도〉의 축소 모사도

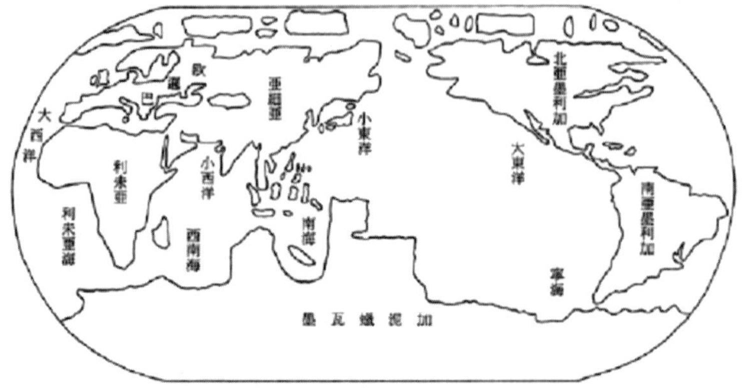

출처: 海野一隆(1996),《地圖の文化史: 世界と日本》, 東京: 八坂書房, 72쪽.

국전도〉의 주도主圖에서는 빠지고 네 개의 부도副圖중 하나인 〈적도남지반구지도〉에만 나타난다. 그 명칭은 리치가 1603년에 간행한 〈양의현람도〉의 부도에 나오는 것을 끝으로 더 이상 나오지 않는다. 어휘로서의 생명력을 다한 것이다. 반면에 '영해'는 나중에 '태평해太平海', 이어서 '태평양太平洋'으로 바뀌면서 오늘날까지 살아남았다. 바다와 땅을 포함하는 지역적 개념으로서의 '대동양'은 19세기 후반기까지 태평양의 또 다른 명칭으로 사용되기도 했다.

다음으로 살필 것은 이탈리아 출신 예수회 선교사 줄리오 알레니Giulio Aleni, 艾儒略(1582~1649)가 펴낸 《직방외기職方外紀》(6권, 1623)이다.13 여기서 '직방'이라 함은 중국과 그 주변의 조공국들을 일컫

Mare Pacificum(라틴어)은 둘 다 '평화로운 바다'란 뜻으로서 철자만 다를 뿐이다.

13 알레니의 《직방외기》는 국내에서 천기철에 의하여 완역되었다〔줄리오 알레니 저,

는다. 따라서 《직방외기》는 그 이외의 나라들에 대한 기록이라는 의미를 지닌다. 최초의 한역漢譯 세계지리서로 평가받는 이 책의 특징은 오대주五大洲와 각 나라에 대한 소개 외에도 〈사해총설四海總說〉이라고 하여 바다에 대한 독립된 편목을 설정해 놓았다는 점이다. 이 총설에서는 해명海名, 해도海島, 해족海族, 해산海産, 해상海狀, 해박海舶, 해도海道 등을 다루었다.

〈사해총설〉은 그 도입부에서 바다를 크게 둘로 나눈다. 나라들이 바다를 둘러싼 '지중해地中海'와 바다가 나라들을 둘러싼 '환해寰海'가 그것이다. 알레니는 이 환해가 매우 넓고 지역에 따라 이름이 다르다면서 다음과 같이 말했다.

> 어떤 경우에는 그 대륙의 이름을 따서 짓는데, 아세아에 가까이 있는 것은 아세아해라 하고 구라파에 가까이 있는 것은 구라파해라 한다. 나머지 아프리카利未亞, 아메리카亞墨利加, 마젤라니카墨瓦蠟尼加 같은 대륙과 기타 작은 나라들도 모두 그 지역의 이름을 따서 명칭을 붙일 수 있다. 또 그 바다가 있는 방향에 따라 이름을 붙이기도 하여, 남쪽에 있는 것을 남해, 북쪽에 있는 것을 북해라 한다. 동쪽이나 서쪽에 있는 것도 역시 그렇게 이름을 붙이는데, 방향에 따라 붙이는 말을 다르

천기철 역(2005), 《직방외기: 17세기 예수회 신부들이 그려낸 세계》, 일조각]. 이 책 부록에는 "직방외기의 저술 의도와 조선 지식인들의 반응"이라는 논문이 실려 있다.

게 하며 일정한 기준이 있는 것은 아니다.[14]

이러한 알레니의 '이름짓기'에 대한 설명에서 유의할 대목인즉 ① 지명은 만들어지는 것이며, ② 대륙과 국가 명칭 뒤에 '해海'를 붙이거나, ③ 동·서·남·북 방향에 따라 '해'를 붙이면 바다 이름이 된다는 것이다. 단순해 보이지만, 이 설명은 지도 위에 등장하는 수많은 바다 이름들이 어떻게 만들어졌는가를 명쾌하게 보여 준다.

알레니는 《직방외기》에서 예수회 선교사들이 중국으로 오는 뱃길에 대하여도 설명하는데, 그것을 요약하면 이렇다. 순풍이 부는 매년 봄, 포르투갈의 리스본里西波亞에서 배를 타고 아프리카 남단의 희망봉을 돌아 인도양으로 진입한 후 포르투갈의 동방 진출 거점인 고아臥亞에 도착하는 데에만 대략 1년이 소요된다. 여기서부터는 섬들이 많고 바닷길이 험하며 좁기 때문에 작은 배로 갈아탄다. 그 후 말라카해협을 지나 최종 목적지인 중국 광동에 도착하는 데 또 1년이 걸린다. 알레니는 자신이 이탈리아 로마에서 출발하여 중국에 오는 데 근 3년이 걸렸다고 했다.[15] 이러한 뱃길을 지나는 동안 예수회 선교사들은 책과 지도로만 배웠던 천문과 지리 지식에 풍부한 관찰과 체험을 더할 수 있었다.

---

14 위의 책, 288~289쪽 번역문과 원문 참조. 이 번역문에서는 대부분의 지명을 현대어로 바꾸어 놓았는데, 여기에서는 그 지명들의 변화를 추적하고 있는 만큼 한자 표기를 그대로 옮긴다.

15 위의 책, 318~319쪽.

한편, 16, 17세기에 예수회 선교사들은 유럽에서 중국으로 오는 또 다른 뱃길인 태평양항로에 대하여는 세계지도와 지리서들을 통하여, 때론 풍문을 통하여 얻은 지식이 전부였다. 이때만 해도 태평양을 건넌다는 것은 곧 목숨을 담보로 하는 일이었고, 또 대서양-인도양항로에서 볼 수 있는 중간 기착지가 없었다. 따라서 태평양에 대한 그들의 이해는 단편적이고 불완전했다. 〈사해총설〉에서 "오직 태평해는 매우 얕아 옛날부터 지금까지 큰 풍랑이 없었다惟太平海極淺亘古至今無大風浪"든가 "태평해에는 7,440개의 섬이 있다"든가 하는 이야기들이 나온 것도[16] 그러한 이유에서였다. 7,440개라는 섬의 존재는 마르코 폴로Marco Polo(1254~1324)가 중국에 체류할 때 들었던 이야기에 기초한 것이다. 16세기 유럽인이 만든 지도들에서도 아시아와 아메리카 대륙 사이에 커다란 섬으로 그려진 일본Zipangri 주변에 '군도Archipelagus 7448'이 등장하곤 했다.[17]

오늘날 우리가 말하는 태평양과 관련하여 알레니의 《직방외기》에서 주목할 점은, 그가 '태평해太平海'라는 명칭을 일관되게 사용하고 있다는 점이다. 그러니까 리치의 〈곤여만국전도〉에 나왔던 '영해' 또는 '창명종'이 이때 확실히 '태평해'로 바뀌는 것이다. 다만 표시된 곳이 마젤란해협에서 태평양 쪽으로 빠져나오는 출구에 있다

16 위의 책, 292, 309~310쪽.

17 Thomas Suarez(2004), *Early mapping of the Pacific: The Epic Story of Seafarers, Adventurers, and Cartographers Who Mapped the Earth's Greatest Ocean*, Singapore: Periplus, p. 49.

는 한계는 여전하다. 아직 태평양의 위치가 제대로 잡히지 않고 있었던 것이다. 알레니는 또 마젤란의 이름을 붙인 '제 5대륙', 즉 마젤라니카의 존재 또한 의심하지 않았다.

이러한 사실은 《직방외기》 앞에 수록된 만국전도에 잘 나타난다(〈그림 3-5〉 참조). 이 지도는 리치의 〈곤여만국전도〉처럼 중국을 지도 가운데 둔 다음 대서양-소서양-소동양-대동양을 배치했다. 여기서 주의할 것은 대동양과 소동양의 위치가 달라졌다는 점이다. 즉, 알레니는 대동양을 아메리카 대륙의 동쪽 끝으로 옮겨 놓았다. 이는 지도의 서쪽 끝에 표시된 대서양과 방위적 대칭을 이루도록 하기 위한 의도로 보인다. 그리고 소동양은 〈곤여만국전도〉에서 대동양이 있던 자리인 북아메리카의 서쪽으로 옮겨졌다. 소서양은 인도의 서쪽에 놓였다. 이리하여 평면의 〈만국전도〉에서는 대동양-대서양, 소동양-소서양이 서로 대칭점에 있게 된다. 한편, 적도 이남에서는 '남해'를 중심으로 하여 서남해-동남해가 서로 반대편에 있도록 배치했다. 대륙의 경우에도 남방의 마젤라니카가 북방 대륙들과 전체적으로 균형을 이루도록 과장되게 그려 놓았다. 요컨대 알레니는 세계가 '조물주', 즉 천주의 완벽한 창조물임을 보여 주고자 했던 것이다.[18]

---

18 천기철은 알레니가 《직방외기》를 저술한 의도가 "천주의 뜻에 따라 만들어진 우주를 증명해 보이는 것"이라고 보았다(알레니 저, 앞의 책, 339쪽). 한편, 김기혁은 리치의 〈곤여만국전도〉에 나타나는 대서양-대동양, 소서양-소동양, 서남해-동남해, 서홍해(西紅海)-동홍해(東紅海)의 방위상 대칭 관계에 주목하고, 이는 중

〈그림 3-5〉 줄리오 알레니의 〈만국전도〉

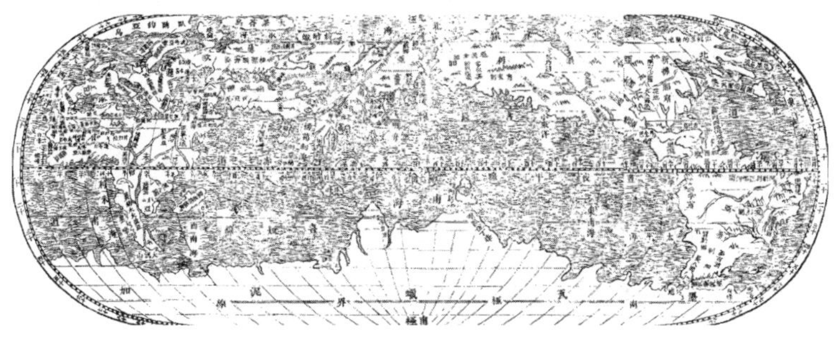

출처: 艾儒略 增訳, 楊廷筠 彙記, 《職方外紀》 首卷, 〈萬國全圖〉. 네 면으로 나뉜 것을 하나로 합쳤다. http://ctext.org/library.pl?if=gb&file=89133&page=14.

리치의 〈곤여만국전도〉와 알레니의 《직방외기》는 16, 17세기 중국에 들어온 예수회 선교사들의 세계지도 및 지리서의 골격을 이루었다. 다음에는 여기에 살을 붙이는 정도였다. 그렇다면 그들은 중국인의 세계관에 과연 어떠한 영향을 미쳤을까?

중국에서 '서방西方' 지리학의 수용을 통한 근대로의 이행 문제를 다루었던 쩌우전환은 그 영향을 세 가지로 정리한 바 있다. 첫 번째는 지구구체설과 지구 지식이고, 두 번째는 '오대주五大洲'의 새로운 천하관이며, 세 번째는 서양 인문지리 지식점知識點의 초보적 소개이다.19 그는 말하기를, "명말, 청초의 서양 지리 지식 전파는 극소수

국이 "새로운 천하(天下)인 세계(世界)의 중심임을 지도에 표현한 것"이라고 했다 ("〈곤여만국전도〉(1602)의 해양 지명", 220~221쪽). 그런데 〈곤여만국전도〉에 나타난 지명들의 불완전한 '대칭' 관계는 알레니의 〈만국전도〉에서 대동양-소동양의 이동 배치와 서남해-남해-동남해의 위치 조정에 의해서야 비로소 대칭 관계가 성립되었다고 볼 수 있다.

의 학자 범위 안에서만 논증되었고 중국의 보통 사람들에게는 지리적 상식이 되지는 못했다"고 했다. 그리고 예수회 선교사가 소개한 서양 지리학 지식에 비해 진일보하거나 심화된 학술적 연구를 진행한 중국인 학자도 거의 찾아볼 수 없었다고 했다. "전체적으로 말해 서양 지리학에 대한 진정한 의미의 학술적 대응이 진행된 적이 없었다"는 것이다.[20]

16, 17세기 예수회 선교사들이 근대로의 전환기 과도기적 천문, 지리 지식을 중국에 소개했다면, 이른바 아편전쟁(1839~1842)을 전후하여 중국으로 들어온 프로테스탄트 선교사들은 말 그대로 근대적 지식과 정보를 전달하는 데 충실했다. 그들은 예수회 선교사들이 만들었던 세계지도에서 미지의 남방대륙인 '마젤라니카'를 지우는 대신 오스트레일리아와 뉴질랜드를 새로 그려 넣었다. 이렇게 함으로써 오늘날과 같은 태평양의 전체적인 모습을 드러냈다.

알레니의 《직방외기》와 〈만국전도〉에 나오는 '태평해'라는 이름 또한 '태평양'으로 바뀌었다. 이처럼 바다 이름이 바뀌는 데에는 2세기 반이 걸렸다. 일본의 언어학자 아라카와 기요히데는 그 이유를 다음과 같이 설명했다. 중국에서는 전통적으로 바다를 표기할 때

---

19 쩌우전환은 서양 지리지식의 전파가 '점'(點)에서 '선'(線)으로, 이어서 '면'(面)으로 확장된다고 보았다. 지리학이 하나의 학문으로 정립되려면 '면' 단계에 이르러야 하는데, 그 시기를 19세기 말에서 20세기 초로 보았다(쩌우전환 저, 한지은 역, 앞의 책, 34~40쪽).

20 위의 책, 38쪽.

'해海'를 사용했다. '양洋'이란 본래 산둥성山東省에 흐르는 하천의 이름洋水에 지나지 않았다. 또한 '양洋'은 '많다多也'는 뜻을 지녔던바 그 물이 많은 모양을 '하수양양河水洋洋'이라고 했다. 그런데 송나라 때부터 '양' 또한 바다의 의미를 갖게 되었다. 청나라 후기에는 중국에 온 서양 프로테스탄트 선교사들이 'sea'와 'ocean'을 각각 '해'와 '양'으로 번역하기 시작했다. 이에 따라 'Pacific Ocean'이 '태평양'이 되었다. 이때의 접미어 '양'은 '바다 중 큰 것海之大者'의 의미로 쓰이게 되었다고 했다. 21

'태평양'이라는 바다 이름이 처음 등장하는 문헌은 영국 런던선교회 소속 윌리엄 뮤어헤드William Muirhead, 慕維簾(1882~1900)가 펴낸 《지리전지地理全志》(上海: 墨海書館, 1853~1854)로 알려졌다. 22 상·하 두 편 총 15권으로 구성된 이 책은23 서양 근대의 지역지리와

21 荒川淸秀(1997), 《近代日中學術用語の形成と伝播:地理學用語を中心に》, 東京: 白帝社의 "5장 日中でユレのある地理學用語"와 "7장 地理學用語の系譜" 참조.

22 위의 책, 174쪽.

23 5권으로 이루어진 上編은 뮤어헤드가 쓴 영문 序言과 천지만물의 창세기, 중문 緖言으로 시작된다. 이어 首編에는 地理總志, 地理名解, 水土略分論이 수록되었다. 卷1은 亞西亞洲, 권2는 歐羅巴洲, 권3은 亞非利加洲, 권4는 亞墨利加洲, 권5는 大洋群島 全志이다. 下編 10권에는 地質論, 地勢論, 水論, 氣論, 光論, 草木總論, 生物總論, 人類總論, 地文論, 地史論 등이 실려 있다. 마지막 地史論에서는 상·중·하의 세 절로 나누어 서양 지리학의 역사를 다루었다. 저자는 이 지리서를 찾기 위하여 국내외 여러 도서관 사이트를 검색하던 중 국립중앙도서관 고문헌실에 일본 번각판이 소장되어 있음을 알게 되었다. 慕維簾 編譯(1859), 《地理全志》 上·下(10冊), 東京: 爽快樓. 이 도서는 원래 '조선총독부 고서(朝

자연지리, 인문지리를 소개한 일종의 백과사전으로, 당대 중국에서 나온 서양 지리번역서들 중 '가장 걸출한 대표작'이었다는 평가를 받고 있다.24

《지리전지》의 수편首編에 나오는 "지리명해地理名解"에서는 지구 표면을 물水과 흙土으로 나누고 물을 다시 양洋, 해海, 만灣, 분岔, 협峽, 하河, 호湖로 나누었다. 이어서 '양'과 '해'에 대하여 설명하기를, 양洋은 "물의 갈래 중 가장 큰 것水之支派最大者也"이며, 해海는 "양의 갈래 중 가장 큰 것洋之支派最大者也"이라고 하여 '해'를 포괄하는 것이 '양'임을 명확히 했다. "수토약분론水土略分論"에서는 지구 표면의 물과 땅을 각각 다섯으로 나누었다. 태평양(또는 대평양), 대서양, 인도양, 남빙양南氷洋, 북빙양北氷洋과 아시아亞西亞, 유럽歐羅巴, 아프리카阿非利加, 북아메리카北亞墨利加, 남아메리카南亞墨利加가 그것이다.25 태평양상의 섬들은 오스트레일리아澳大利亞까지 한데 묶어 '대양군도大洋群島'로 명명했다. 이는 나중에 대양주大洋洲로 이름이 바뀐다. 이로써 18세기까지 지리적 '발견'의 성과로 드러난 세계의 모습을 체계

鮮總督府 古書)였는데, 해방 후 국립중앙도서관으로 이관됐다(古古6-50-1-2). 《지리전지》가 일본에서 간행되는 경위와 그 영향에 대하여는 吉田寅編(1995), 《十九世紀中國日本における海外事情攝取の諸資料: 〈聯邦志略〉·〈地理全志〉·〈大英國志〉の資料的考察》, 東京: 立正大學東洋史研究室의 6절 참조.

24 쩌우전환 저, 한지은 역, 앞의 책, 169쪽; 鄒振环(2000), "慕維廉与中文版西方地理學百科全書《地理全志》", 〈复旦學報〉(社會科學版), 2000年度 3期, 51~59쪽.

25 慕維簾 編譯(1859), 《地理全志》 상편, 권1, 東京: 爽快樓, 5~6쪽.

적으로 설명할 수 있는 큰 틀이 마련되었다. 이름하여 오대양·육대주이다.

그것을 한눈에 보여 주는 것이 〈그림 3-6〉에 나오는 〈지구전도〉이다. 그 서반구를 보면 아메리카 대륙의 동·서편 바다에 대평양, 대서양이 표시되어 있는데, 그 책의 하편 권2에 수록된 〈지구형세도〉에서는 태평양, 대서양으로 되어 있다. 본문에서도 대평양과 태평양이 함께 사용된다(한자로 大와 太는 둘 다 '크다'는 의미로 함께 쓰이기도 한다). 이리하여 리치의 〈산해여지전도〉 이후 오늘날의 태평양 방면에 표기되었던 다양한 이름들이 사라지고 이제 오직 '태평양'만이 지도 위에 남게 되었다. 이것은 곧 마젤란 이후 3세기에 걸친 태평양의 '발견' 과정과 궤를 함께하는 것이었다.

〈그림 3-6〉 윌리엄 뮤어헤드의 《지리전지》(1853) 중 〈지구전도〉

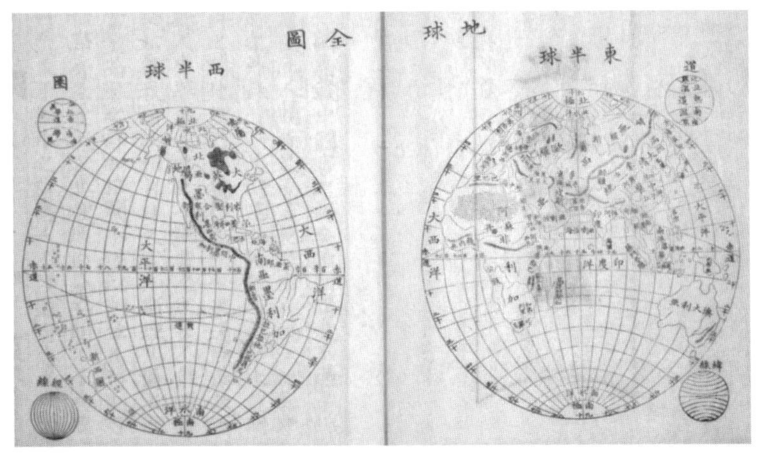

2. 조선 전래 및 그 영향

이른바 서세동점의 물결이 서서히 '극동'으로 밀려올 무렵, 조선왕조는 크게 흔들리고 있었다. 임진왜란과 병자호란 때문이었다. '왜倭'는 명나라의 도움을 받아 물리쳤지만, '호胡'의 무력에는 굴복했다. 두 차례의 전란은 동아시아의 지형을 바꾸어 놓았다. 대륙에서는 명·청 간 왕조교체가 일어났고, 일본 열도에는 도쿠가와 막부가 새로 들어섰다. 오직 조선에서만 지배층의 교체 없이 왕조가 유지되었다. 그들은 숭명배청사상과 북벌론을 내세워 흔들리는 민심과 체제를 다잡았다. 그리고 외부와 교류를 차단했다. 오직 정부 사절단만이 한 해에 몇 차례 중국의 수도인 베이징을 오갈 수 있었다. 이 길을 따라 서양의 문물과 학문이 전래되었다. 그것을 통틀어 우리는 '서학西學'이라고 부른다.

조선의 지배층과 지식인들이 서학 중 먼저 흥미와 관심을 가졌던 것은 예수회 선교사들이 만든 세계지도와 지리서였다. 그것은 조선인이 알고 있던 '천하'와는 전혀 다른 세계에 대하여 말하고 있었다. 이를테면 둥근 세계 안에는 '만국'이 존재한다든가, 중국은 다섯 개 대륙 중 하나에 자리 잡고 있을 뿐이라든가, 서양 또한 중국에 비견될 만한 화려한 도시와 문명을 지니고 있다든가 서양의 교육제도와 학문(철학과 종교 포함)에도 볼 만한 것이 많다는 것 등이었다. 이런 이야기들은 조선인이 갖고 있던 천하관과 문명관을 송두리째 뒤집어 놓는 것이었다.

도대체 '태서인泰西人'(서양인) 들의 이야기를 어디까지 믿어야 할까? 조선의 지식인들은 이러한 물음에 대하여 서로 다른 반응을 내놓았다. 첫 번째는 가려서 믿는 것이고, 두 번째는 호기심을 갖고 지켜보는 것이며, 세 번째는 황당하다고 보는 것이다. 첫 번째와 두 번째 부류는 실학 또는 북학 계열의 사람들이었다. 그들 중 일부는 서교西教로까지 나아갔다. 이는 예수회 선교사들이 기대하던 바였다. 세 번째는 교조적인 성리학자들이었다. 양난 후 흔들리던 왕조와 지배체제를 떠받치고 있던 이들은 이단 배척에 날카로웠다. 조선 사상계의 주류인 그들은 여진족이 통치하는 청나라의 정통성을 부정하고 스스로 소중화 또는 조선중화주의에 빠져들고 있었다. 그들은 전통적인 가치관과 세계관에 어떤 균열과 변화를 초래하는 것에 두려움을 느끼고 경계심을 드러냈다. 문제는 '중화'라는 틀에 갇히는 한 조선의 독자적 발전 경로에 대한 모색이 원천적으로 봉쇄된다는 점이었다.[26]

첫 번째 부류 중 먼저 살필 사람은 이수광(1563~1628)이다. 그는 조선 최초의 문화 백과사전으로 평가받는 《지봉유설芝峯類說》(20권 10책)을 남겼다.[27] 이 책의 권2 〈지리부〉를 보면 지地 · 산山 · 수水

26 오상학(2011), "6장 서구식 세계지도의 영향과 인식의 변화", 《조선시대 세계지도와 세계인식》, 창비 참조. 이 장에서는 조선 지식인들이 서구식 세계지도를 살펴보고 '지리적인 중화관'을 서서히 극복해 나갔으나 '문화적인 중화관'을 극복하는 데에는 이르지 못했다는 결론을 내린다. 그 이유는 유교적인 원리가 너무 강하게 조선 사회를 지배하고 있었기 때문이라는 것이다(385~386쪽).

·해海·도島·정井·전田 등의 조목이 실려 있는바 산·수와 더불어 해·도를 독립된 항목으로 다룬 것이 눈길을 끈다. 조선왕조는 건국 기부터 해금海禁·공도空島 정책을 펴왔던 까닭에 바다와 섬에 대한 일반의 관심은 산이나 강에 비하여 상대적으로 저조하거나 아예 기피되는 경향이 있었다. 28

이수광의 바다에 대한 관심은 적극적이고 개방적이었다. 그는 말하기를 "세상에서 사해四海라고 일컫는 것은 다만 중국을 표준으로 하여 말한 것이고 천지天地 사이의 사해는 아닌 것이다"라면서 "만약 삼재도회三才圖會를 참고하여 본다면 알 수 있을 것이다"라고 했다. 29 그는 중국에서 들여온 《삼재도회》의 지리부 첫 장에 수록된 〈산해여지전도〉와 그 해설을 보고 '사해'가 비단 중국에만 국한되는 것이 아니라 다른 모든 나라와 대륙들六大洲에도 적용될 수 있다는 것을 깨달았다. 30

이수광은 마테오 리치, 즉 이마두利瑪竇의 존재 또한 알고 있었다.

---

27 이수광 저, 남만성 역(2016), 《지봉유설》 1권, 사단법인 올재에 수록된 신병주의 "작품 해설", 14쪽.

28 최영준(1999), 《국토와 민족생활사: 역사지리학 논고》, 한길사, 90~91쪽.

29 《지봉유설》 1권, 105쪽.

30 이수광은 세 차례 명나라에 사신으로 다녀왔는데, 그 마지막 사행인 1611년에 북경에서 《삼재도회》를 들여왔을 것으로 보고 있다. 그는 《지봉유설》에서 11번에 걸쳐 《삼재도회》를 인용할 만큼 그 책을 가까이 두고 보았다. 고인덕(2012), "조선시대에 있어서 도설백과사전 〈三才圖會〉의 수용", 〈중국어문학논집〉 77, 613쪽; 김지선(2016), "17세기 중국의 과학과 《삼재도회》 (1) — 과학서로서의 의미를 중심으로", 〈중국어문학지〉 56, 49~51쪽.

《지봉유설》의 〈제국부諸國部〉 "외국"조에 따르면, 이마두는 '구라파국' 또는 '대서국大西國' 사람이었다. 그는 8년 동안이나 바다에 떠서 8만 리의 풍랑을 넘어 중국 광동에 왔는데, 이곳에서 10여 년 살면서 《천주실의》를 저술한 인물로 묘사되었다. 31 이수광은 또 6폭의 '구라파국 여지도'를 보았다고 했는데, 32 이 지도는 리치가 만든 〈곤여만국전도〉였을 것으로 추정되고 있다. 33

이수광은 이처럼 중국에서 간행된 지 얼마 되지 않은 세계지도들을 열람하고 바다와 세계에 대한 인식을 새롭게 할 수 있었다. 그가 〈제국부〉에서 '외이外夷'가 아니라 '외국'이라는 표현을 썼던 것은 이러한 인식의 변화를 보여 준다. 34 당시 일본의 조선 침략으로 초래된 동아시아 국제질서의 변동과 더불어 동아시아를 향한 '서양' 열국의 접근이 그로 하여금 개방적인 세계관을 갖도록 한 배경이 되었을 것이다. 35

---

31 《지봉유설》 1권, 138~139쪽. 이수광은 〈산해여지전도〉에 표기된 '歐邏巴'를 하나의 나라로 보았다.

32 "그 지도를 보니 매우 정교하게 되어 있었다. 서역에 대해 특히 상세하였으며, 중국의 지방과, 우리나라의 팔도와, 일본의 60주의 지리에 이르기까지 멀고 가까운 곳, 크고 작은 것을 모두 기재하여 빠뜨린 것이 없었다"(《지봉유설》 1권, 139쪽).

33 오상학(2011), 《조선시대 세계지도와 세계인식》, 창비, 171쪽.

34 정수일(2011), "《지봉유설》 속 외국명 고증문제", 〈문명교류연구〉 2, 189쪽. 이 논문에서는 이수광을 "우리 역사에서 명실상부하게 세계 인식의 장을 개차한 선구자"라고 평가했다.

35 이에 대하여는 《지봉유설》, 권2 〈제국부〉의 외국조 기사 중 '일본'과 '永結利國'(영국) 참조.

이수광이 가까이 두고 보았다는 《삼재도회》에 수록된 〈산해여지전도〉는 〈곤여만국전도〉와 달리 그 모사가 용이하여 조선에서도 꽤 널리 유포되었다. 현재 미국 의회도서관에 소장된 조선의 고지도 가운데 하나인 〈천하지도天下地圖〉가 그러한 사례이다(〈그림 3-7〉). 이 지도는 18세기에 제작된 것으로 추정되는 지도첩에 수록되었는데,**36** 모본인 〈산해여지전도〉와 비교해 볼 때 대명국大明國이 대청국大淸國으로 바뀌고 대명해大明海는 삭제되어 있다. 태평양 방면의 지명들 — 즉 대동양, 창명종, 영해, 동남해, 백로해, 묵와랍니해 등 — 은 그대로이다. 이수광은 이들 바다에 대하여 아무런 언급도 하지 않았다.**37** 이미 중국에 알려진 '서양', 즉 유럽과는 또 다른 신대륙과 대양의 존재를 받아들이기가 쉽지 않았을 것이다.

16세기 초 예수회 선교사들의 한역 세계지도가 조선에 유입되기 시작한 이래 그것을 나름대로 이해하고 해석을 시도한 첫 인물은 정제두(1649~1736)가 아니었던가 싶다. 양명학 연구와 제자 양성에

---

36 이 《輿地圖》(G2330 Y644 17--)에는 13개의 지도 — 즉 琉球國, 天下地圖, 忠淸道, 全羅道, 咸鏡道, 慶尙道, 日本國, 京畿道, 黃海道, 朝鮮摠圖, 江原道, 平安道, 中國圖 — 가 수록되었는데, 그 배열 순서로 볼 때 낱장 지도들을 모아 놓은 듯한 감을 준다. 이 지도첩의 제작자와 간행년도 등에 대하여는 앞으로 검토가 필요하다. 참고로 미 의회도서관이 소장한 한국 고지도 중에는 1800년 이전에 간행된 17권의 지도첩과 12개의 낱장 지도가 포함되어 있다. 여기에는 'Shannon McCune Collection'이 들어가 있다. Sonya Lee(2007), "The Korean Collection in the Library of Congress", *Journal of East Asian Libraries* 142, p. 41.

37 《지봉유설》, 권2 〈지리부〉의 '水'에 관한 기사에서는 중국의 옛 문헌들에 나오는 바다 이름들만을 거론하고 있다.

〈그림 3-7〉 조선의 〈천하지도〉(채색필사본, 18세기 추정)

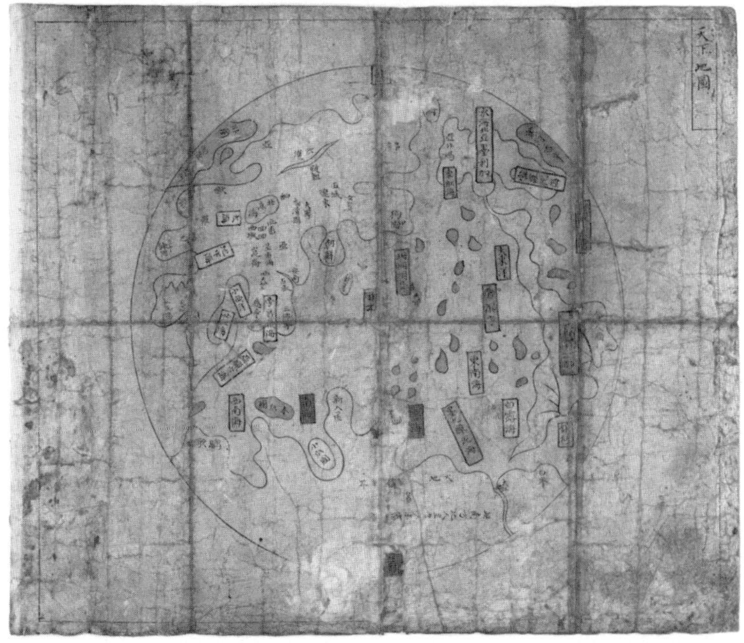

출처: 미국 의회도서관 소장(https://www.loc.gov/resource/g7900m.gct00115/?sp=2).

힘써 강화학파江華學派의 초석을 놓았던 그는, 서양의 천문학과 지구설을 역학의 원리에 포괄한 〈선원경학통고璇元經學通攷〉 가운데 양반구형 세계지도를 변형한 독특한 묘사도를 선보였다(〈그림 3-8〉).[38] 정제두 말년의 작품으로 알려진 이 묘사도는 당시 본초자오선이 통과하던 복도福島(카나리아제도)를 기준으로 '세계'를 두 개의 반구로

---

38 鄭齊斗, "天地方位里度說", 《霞谷集》 卷 21. 이 문집(원문)은 한국고전종합DB에서 볼 수 있다(https://db.itkc.or.kr/).

〈그림 3-8〉 정제두의 '세계' 묘사도

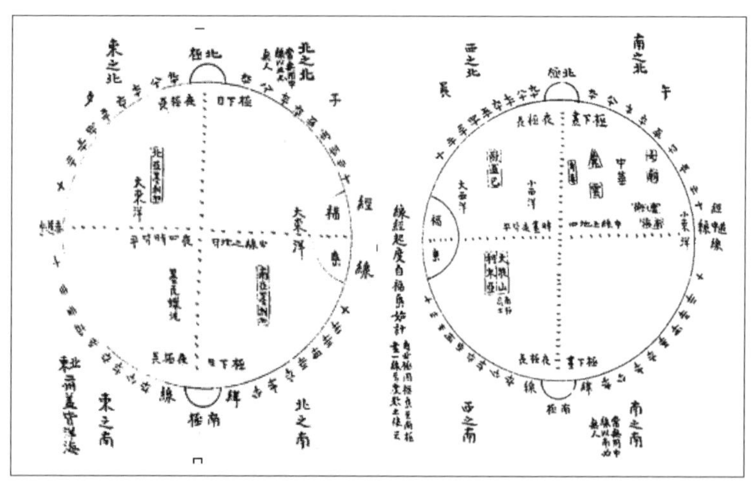

출처: 鄭齊斗, "天地方位里度說", 《霞谷集》 卷 21.

나누었다. 그다음 각 반구를 적도와 남북극을 기준으로 하여 네 구획으로 나누었다. 각 반구의 세 구역에는 '6대륙', 즉 중화中華, 유럽歐邏巴, 아프리카利未亞, 북아메리카北亞墨利加, 남아메리카南亞墨利加, 마젤라니카墨瓦蠟泥〔加〕를 배치했다. 그리고 복도福島의 왼편에는 대동양을, 오른편에는 대서양, 소서양, 소동양을 넣었다. 대서양과 소서양은 한 구획 안에 표기하여 축소된 감을 준다. '바다海'를 붙인 명칭은 중국 아래의 남해南海뿐이다.

정제두가 그의 세계지도에서 표현하고자 한 것이 지리적 실재가 아니라 세계의 상수학적象數學的 대칭성과 '중화'의 존재 부각이었다는 해석이 있지만, 39 그럼에도 불구하고 그가 당시 조선으로 유입된 한역 세계지도의 기본 구도와 주요 지명들을 이해하고 간편하게 그려냈다는 것은 평가할 만하다.

정제두가 동양의 역학적 관점에서 세계를 바라보고자 했다면, 예수회 선교사들이 만든 세계지도와 천문지리에 대한 해설을 가능한 그대로 수용하고자 했던 인물은 성호학파星湖學派를 세운 이익(1681~1763)이었다고 볼 수 있다. 그는 알레니艾儒略의 《직방외기》에 대한 "발문"에서 지구설을 수용하면서 이렇게 말했다.

> 이제 애유략의 《직방외기》를 살펴보면 "대서양은 지극히 커서 끝이 없으므로 서국西國에서도 대양 너머에 땅이 있는 줄을 몰랐는데 100여 년 전 대신 각룡閣龍(콜럼버스)이라는 자가 동양의 땅을 찾아 도착하였고, 또 묵와란墨瓦蘭(마젤란)이라는 자가 다시 동양에서 중국 대지에 도착하여 이에 일주 항해를 마쳤다"라고 하였다. … 혹자는 "저 서양의 여도輿圖라는 것을 어찌 믿을 수 있겠는가"라고 하는데, 나는 분명히 증험할 수 있다고 생각한다. **40**

이익은 《직방외기》에 나오는 마젤란의 세계일주 항해를 예로 들

---

39 이러한 해석은 정제두의 '세계지도'에서 6대륙의 배치와 각 구역의 방위표시 — 즉 南之北·南之南·西之北·西之南·北之北·北之南·東之北·東之南 — 에 주목한다〔임종태(2012), 《17·18세기 중국과 조선의 서구 지리학 이해: 지구와 다섯 대륙의 우화》, 창비, 282~284쪽〕.

40 《星湖全集》, 제 55권 〈題跋〉 중 "跋職方外紀". 이 전집의 원문과 번역은 한국고전종합DB에서 찾아볼 수 있다.

면서 지구가 둥글다는 사실이 입증되었다고 보았다. 이익은 또 다음과 같이 말했다.

> 서국에서는 하늘을 측정하여 360도를 표준으로 삼고 땅에서 250리를 갈 때마다 성문星文이 1도의 차이가 난다고 했다. 그렇다면 땅의 둘레가 9만 리인데, 구라파의 서쪽 복도부터 중국의 동쪽 아니엄협亞泥俺峽에 이르기까지 꼭 180도가 되니 실로 4만 5천 리가 되어서 지구의 반구半球가 된다. … 여기서부터 서쪽으로 땅덩어리의 반은 모두 서이고, 동쪽으로 땅덩어리의 반은 모두 동이니, 대서양의 한 편은 곧 대동양인 것이다. **41**

이익은 지구 둘레를 9만 리로 보고, 아시아와 아메리카 대륙을 가르는 아니엄협Strait of Anian, 보다 정확히 말하면 경도 180도를 기준으로 하여 그 서쪽은 대서양, 동쪽은 대동양이라고 보았다. 그에게 대동양과 대서양은 바다와 육지를 포괄하는 '땅덩어리地底'로서 각각 지구의 반쪽에 해당했다. 이는 알레니의 〈만국전도〉에서 지도의 서쪽 끝에는 대서양, 동쪽 끝에는 대동양을 표시했던 것과도 일치한다. 앞서 정제두의 '세계' 묘사도에서도 대동양은 아메리카 대륙의 서쪽이 아니라 동쪽에 있었다. 이들에게 대동양이라 함은 대서양과 대비되는 개념이며, 오늘날 우리가 이야기하는 태평양을 가리키는

41 위와 같음.

명칭이 아니었다는 점에 유의할 필요가 있다.

당시 조선에서 태평양에 가까운 이름은 그 의역인 영해寧海 또는 태평해太平海였다. 또 순수한 중국식 표현인 창명종滄溟宗도 있었다. 후자의 사례는 이종휘(1731~1797)의 문집에 실린 "이마두남북극도기利瑪竇南北極圖記"에 나온다. 이 글에서는 '묵와랍니가세계墨瓦蠟泥加世界'와 '남아묵리가세계南亞墨利加世界' 사이에 창명종이 있다면서 이것이 '뭇 바다 중 으뜸衆海之宗'이라고 했다.42 이때 이종휘가 보았다는 '남북극도'는 리치의 〈곤여만국전도〉의 부도 중 하나인 〈적도남지반구지도赤道南地半球之圖〉였다. 조선 후기의 개인 문집이나 공적 기록들에서 '창명종'의 이름이 나오는 사례는 《수산집》이 거의 유일했던 것 같다.43

태평해라는 이름은 18세기 후반 조선에서 만들어진 〈천하도지도天下都地圖〉에 등장한다(〈그림 3-9〉).44 이 지도는 알레니의 〈만국전

42 李鍾徽, 《修山集》, 卷4 "利瑪竇南北極圖記". 이 문집(원문)도 한국고전종합DB에서 볼 수 있다.

43 한국고전종합DB와 국사편찬위원회의 한국역사정보통합시스템 및 한국사데이터베이스에서 '창명종'(滄溟宗)을 검색한 결과, 위의 《수산집》 기사만을 뽑을 수 있었다. 따라서 이들 DB에 수록되지 않은 자료에서 창명종에 관한 기사가 나올 가능성을 배제할 수 없다.

44 서울대학교 규장각한국학연구원 소장(古4709-78). 이 지도가 수록된 《輿地圖》의 서지사항에는 刊地·刊者·刊年이 未詳으로 되어 있으나, 〈天下都地圖〉에 대한 해설에서는 "18세기 말 정조대에 편찬된 서구식 한역 세계지도"로 보고 있다. 천기철 역, 《직방외기》에도 이 지도가 수록되어 있는데, "1623년 알레니가 그린 지도를 1770년대에 필사한 것"이라는 설명이 붙어 있다.

〈그림 3-9〉 조선의 〈천하도지도〉 (채색필사본, 18세기 후반 추정)

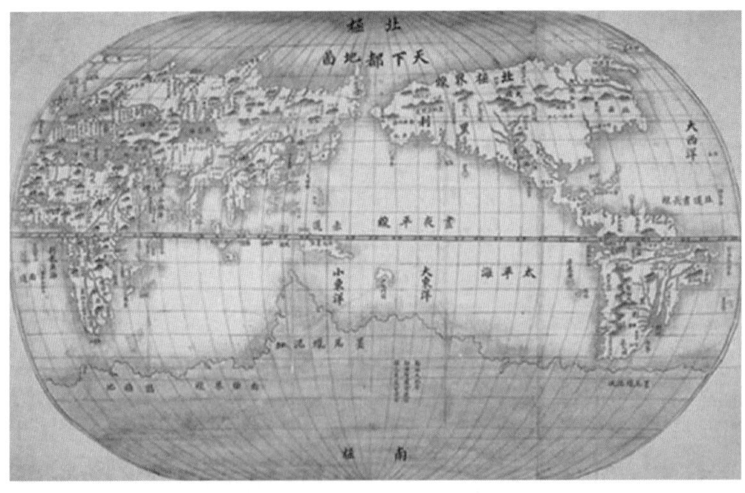

출처: 서울대학교 규장각한국학연구원 소장(古4709-78). 이 지도는 작자와 간행연도가 알려지지 않은 《輿地圖》(3첩, 31×21.5센티미터) 중 제1첩에 수록되어 있다.

도〉를 모사한 것으로서 국내 학계와 일반에 널리 알려져 왔지만, 두 지도의 차이점에 대하여는 크게 주목하지 않았다. 그런데 바다에 표기된 지명들과 그 배치를 보면 두 지도에는 상당한 차이가 있음을 알 수 있다. 가장 큰 차이는 〈만국전도〉에서 대칭 구도를 이루었던 대동양-소동양-소서양-대서양의 위치가 바뀌어 그 대칭이 흐트러졌다는 점이다. 즉, 〈천하도지도〉에서는 〈만국전도〉의 '대동양' 자리에 대서양을 갖다 놓고, 대동양과 소동양은 〈만국전도〉에서 '남해'가 있던 자리로 옮겨 놓았다. 한편 〈만국전도〉에서 적도 이남에서 대칭을 이루었던 서남해-남해-동남해의 구도가 〈천하도지도〉에서는 사라졌다. 이리하여 알레니가 표현하고자 했던 '세계'의 조화와 질서정연한 모습이 깨졌다.

〈천하도지도〉가 〈만국전도〉를 모사하면서도 바다에 표기되었던 주요 지명들을 생략하거나 그 위치를 바꾸어 놓은 이유에 대하여는 앞으로 검토가 필요하지만, 두 가지 점만은 미리 말해 두고자 한다. 첫째, '대서양'을 바다 이름으로 본다면 〈천하도지도〉가 제대로 표시한 것으로 볼 수 있다. 지구는 둥글기 때문에 동쪽 끝과 서쪽 끝은 하나의 바다(대서양) 일 수밖에 없다. 이를 근거로 삼는다면 대동양과 소동양·소서양도 바다의 이름으로 보아야 할 것이다. 둘째, 〈천하도지도〉에서는 '태평해'를 적도 부근으로 끌어올려 크게 표기함으로써 오늘날의 태평양에 좀 더 가까워졌다는 점이다. 이 점에서 조선 후기의 지식인들에게 태평해의 존재를 부각시키는 데 〈천하도지도〉가 기여하는 바가 있었을 것으로 생각된다.

전체적으로 볼 때 조선 후기의 위정자나 실학자를 포함한 지식인들의 바다에 대한 관심은 대단히 저조했다. 그들이 중국으로부터 전래된 한역 세계지도와 지리서에서 주목한 것은 바다가 아니라 대륙이었고 '땅'의 모양과 그 중심의 문제였다. 이른바 오대주설과 천원지방설, 지구설을 둘러싼 논쟁들이 그러했다.45 사실 조선의 식자층 안에서 바다에 대한 진지한 논의는 거의 없었다고 보아도 좋을 정도였다. 앞서 소개한 문헌과 지도들에서 나온 바다에 대한 기록들은 단

45 이러한 논쟁들이 지녔던 함의에 대하여는 임종태, "6장 지구와 상식: 서구 지리학과 중화주의적 세계상", 앞의 책, 참조.

편적이며 단속적이었다. 이는 오랫동안 중국과 연결된 대륙 중심적 사고의 반영이자 그 한계를 말해 준다. 조선 시대의 '해금' 정책 또한 위정자나 지식인들이 바다로 눈을 돌리는 것을 억제했을 것이다.

한편, 중국 중심의 천하 인식과 문명관을 고수하려는 조선의 양반 관료층과 사족은 예수회 선교사들이 만든 세계지도를 외면하고 오히려 과거의 전통으로 회귀하려는 모습을 보였다. 이리하여 나온 것이 17세기 이후 민간에 널리 유포되었던 원형 천하도였다. 〈그림 3-10〉의 지도가 그러한 유형에 속했다. 이 〈천하도〉는 내대륙內大陸-내해內海-외대륙外大陸-외해外海로 구성되었다.**46** 안쪽 대륙에는 중국, 조선, 인도, 서역 제국 등 현실적인 세계의 모습을 담았다. 그 대륙을 둥글게 감싸는 안쪽 바다에는 일본이나 류큐(유구)와 같은 실재 나라가 있는가 하면 외눈박이들이 산다는 일목국一目國이라든가 머리가 셋 달린 사람들이 산다는 삼수국三首國 등의 이름이 나온다. 바깥 대륙은 현실에 존재하지 않는 가상적인 나라들로만 채워졌다. 맨 바깥쪽 바다의 동쪽과 서쪽 끝에는 신령스러운 나무인 부상扶桑과 반격송盤格松이 그려졌다. 이 두 나무는 해와 달이 뜨고 지는 곳을 가리키는 상징물이었다.**47**

---

46 이 〈천하도〉는 조선 후기 민간에서 유행하던 목판본 서적류인 《地圖書》 안에 포함된 것이다. 이 책에는 서문, 여지도, 천하도, 중국도, 東國大摠, 유구국, 일본국, 8도(八道) 도별지도 등이 수록되어 있다. 서문에 따르면, '錦湖散人 河南 呂溫'이 펴낸 것으로 되어 있다.

47 이런 구성은 조선 후기에 유행한 〈천하도〉의 일반적인 모습이었다. 오상학(2015),

〈그림 3-10〉 조선의 〈천하도〉 (목판본, 1849)

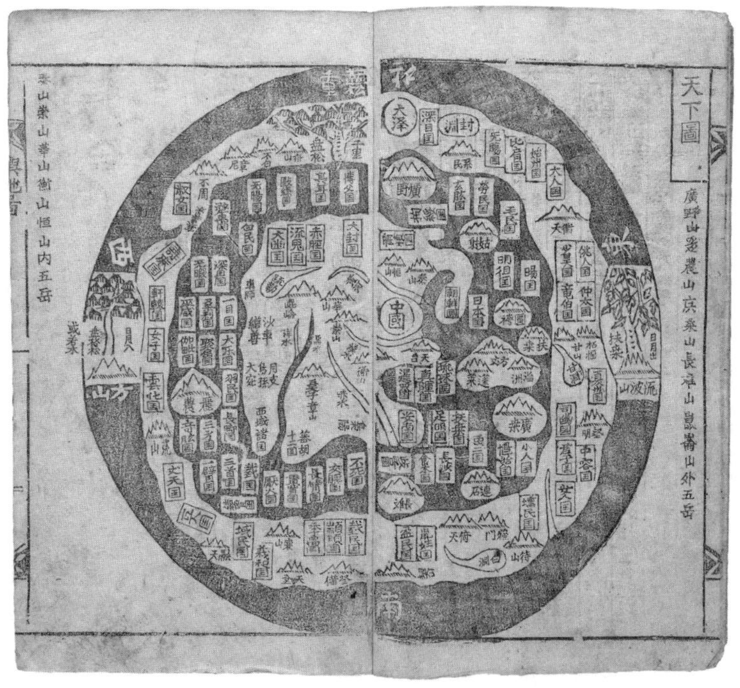

출처: 서울역사박물관 소장(유물번호: 서01380).
https://museum.seoul.go.kr/archive/archiveView.do?type=C&arcvGroupNo=3122&arcvMetaSeq=24674&arcvNo=72391

요컨대 〈천하도〉는 현실과 상상(또는 공상)의 세계가 한데 들어간 지도였다. 이러한 종류의 〈천하도〉는 동아시아에서 오직 조선에만 있었던 것으로 알려지고 있다. 기본적으로 이 지도는 천원지방설에 기초해 있다. 바깥 바다를 감싸는 둥근 테두리는 땅이 아니라 하

《천하도, 조선의 코스모그래피》, 문학동네 수록 도판 참조.

늘을 가리켰다. 지도 안의 가상 지명들은 대부분 중국 고대의 신화 모음집이자 지리서인 《산해경山海經》에 나오는 것들이다. 고려 시대부터 유학자들은 이 책을 황당한 이단 서적으로 취급해 왔다.

그런데 어떻게 조선 후기에 신화적인 서책에 근거한 〈천하도〉가 나오게 되었을까? 일본의 한 학자는 이 지도가 서양의 지리 지식에 대항하기 위해 신선 사상에 기초한 도교적인 세계관을 표현한 것으로 보기도 한다. 어떻든 〈천하도〉는 조선 후기의 사상계가 서양의 과학적 지식과 경험에 기초한 새로운 세계상을 받아들이기보다는 동양의 신화적인 세계 속에서 자족하거나 그러한 세계로 도피하고 있음을 보여 주는 하나의 사례임이 분명해 보인다.**48** 조선은 스스로 중화적 세계관과 그 바탕을 이루는 땅(대륙)에 갇혔다. 달리 말하면 조선의 지배층과 사족은 바다를 현실이 아닌 가상의 세계 속에 가둠으로써 그 바다를 통하여 아시아로 밀려오는 서양 문명의 실체를 외면하고 있었던 것이다. 그들에게는 바다가 단지 땅을 감싸는, 어둡고 두려운 금단의 영역일 뿐이었다.

---

48 이러한 문제와 관련해서는 오상학(2011), 《조선시대 세계지도와 세계인식》의 제3부 "17·18세기 원형 천하도와 전통적인 세계지도" 참조. 여기에서는 천하도의 세계인식을 ① 우주지적 표현: 천원지방과 삼재사상, ② 중화적 세계인식, ③ 신선사상의 반영으로 나누어 정리하고 있다.

3. 최한기, 해양의 시대를 예견하다

조선에서 바다에 대한 인식의 근본적 전환은 19세기에 들어와서야 가능해졌으니 그 선두에 선 인물이 최한기(1803~1877)였다. 그는 활발한 저술 활동 외에는 뚜렷한 행적을 남기지 않았는데, 30대에 자신이 쓴 《신기통神氣通》과 《추측록推測錄》을 합쳐 《기측체의氣測體儀》(9권 5책, 1836)라는 책을 펴냈다.**49** 여기에 실린 "바다의 선박이 두루 통한다海船周通"라는 글에서 최한기는 놀랄 만한 주장을 펼친다.

> 대개 처음 황량한 토지를 개간하기 시작한 이래 대륙에는 인물이 번성하여 뻗어 나갔지만 수만 리의 해양만은 그대로 공허하여 버리는 곳이 되었더니 명나라 이후로 서양 선박洋船이 두루 지구를 돌아다녔다. 이리하여 연해 지방의 여러 곳은 부두에 시장이 늘어서고 건장한 용사를 모아 요새를 설치하며 병사를 상선에 배치하여 천하의 견고한 방어지가 되었다. 여기에 이르러 세상의 경영이 크게 바뀌어 물산을 만국에 교역하여 통하고 모든 가르침이 천하에 뒤섞이고 육지의 시장이 변하여 바다의 시장이 되고 육지에서의 전쟁이 변하여 바다에서의 전쟁이 되었다. 이러한 변화에 대처하는 방법은 마땅히 변한 것을 가지고 변한 것을 막아야 하고, 변하지 않는 것을 가지고 변하는 것을 막으려 해

49 《기측체의》는 1836년 북경에서 간행한 것으로 알려졌는데, 그 출간 시기에 대한 의문이 제기되고 있다[권오영(2000), "새로 발굴된 자료를 통해 본 혜강의 기학", 《혜강 최한기: 동양과 서양을 통합하는 학문적 실험》, 청계, 63~66쪽].

서는 안 된다.50

최한기는 이 글에서 바야흐로 '해양의 시대'가 도래했음을 명쾌하게 설명하고 있다. 그는 앞으로 바다를 통한 교역이 활발해짐에 따라 시장 쟁탈전이 벌어질 수 있음을 예고한다. '육지의 시장陸市'이 변하여 '바다의 시장海市'이 되고, '육지의 전쟁陸戰'이 변하여 '바다의 전쟁水戰'이 된다는 표현은 16세기 이후 유럽의 해외 팽창에 따른 서세동점 현상을 정확히 짚은 것이라 하지 않을 수 없다. 최한기는 이러한 시대 변화에 대처하기 위해서는 조선도 마땅히 변화해야 한다는 점을 역설했다. 그 요체는 '실용實用'으로, 서양의 우수한 문물과 제도를 적극 수용하려는 자세를 가져야 한다는 것이었다.51

한편, 최한기는 《기측체의》를 펴낼 무렵 가까이 지내던 김정호(1804?~1866?)와 함께 〈지구전후도地球前後圖〉를 목판에 새겼다. 이것은 양반구형 세계지도였다. 〈지구전도〉에는 동반구인 아시아와 유럽, 아프리카, 오세아니아 대륙과 남·북극이 그려졌다. 〈지구후도〉에는 서반구인 아메리카 대륙과 그를 둘러싼 광활한 바다를 새겨 넣었다. 북아메리카는 조각난 것처럼 보이는데, 아직 이쪽 지역이

50 민족문화추진회 편(1979), 《국역 기측체의》 II, 민족문화문고간행회, 150~151쪽. 이 책에는 원문이 함께 수록되어 있다(인용문 원문, 70쪽).

51 최한기는 "東西의 取捨"라는 글에서 단언하기를, "오직 實用을 힘쓰는 사람은 이기고 虛文을 숭상하는 사람은 패하며, 남에게 취하여 이익을 삼는 사람은 이기고 남을 그르다 하여 고루한 것을 지키는 사람은 패한다"라고 했다(위의 책, 148쪽).

〈그림 3-11〉〈지구전후도〉(목판본, 1834)

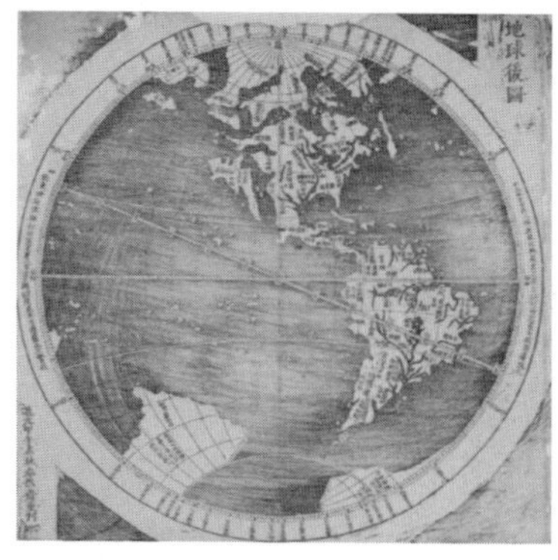

출처: 서울대학교 규장각한국학연구원 소장(古4709-15). 〈地球後圖〉의 왼쪽 밑을 보면, '道光甲午孟秋泰然齋重刊'이라고 새겨져 있다. 여기에 나오는 '태연재'에 대하여는 김정호의 堂號로 보는 설과 최한기의 당호로 보는 설로 나뉜다. 학계에서는 대체로 이규경의 《오주연문장전산고》에 나오는 "萬國經緯地球圖辨證說"을 근거로 최한기가 제작하고 김정호가 판각한 것으로 보고 있다[오상학(2011), 《조선시대 세계지도와 세계인식》, 318~319쪽].

조선에 제대로 알려지지 않았기 때문이었다(〈그림 3-11〉).

〈지구전후도〉는 최한기와 김정호의 독창적인 작품이 아니라 중국의 장정부莊廷敷(1728~1800)가 만든 〈지구도〉를 본뜬 것이었다.52 최한기는 이 작업을 하면서 어떤 생각을 했을까? 그는 각 대륙의 나라들과 더불어 바다를 유심히 보았을 것이다. 그의 표현대로 "물산을 만국에 교역하여 통하고 모든 가르침이 천하에 뒤섞이"는 통로가 곧 바다였기 때문이다. 그가 해양의 시대가 도래했음을 과감하게 주장할 수 있었던 것도 이러한 현실에 눈을 떴기 때문이었다. 바다의

52 정기준(2013), "5장 장정부 지도편: 〈만국경위지구도〉/〈지구전후도〉", 《고지도의 우주관과 제도원리의 비교연구》, 경인문화사 참조.

흐름이 세계를 하나의 유기체로 만들어 주는 것, 이것은 마치 사람 몸속의 '기氣'가 순환하여 하나의 생명체를 살아 움직이도록 하는 것과도 같다고 볼 수 있다. 최한기의 독자적인 '기학'이 혹 이런 데 바탕을 둔 것은 아닐까 하는 생각을 하게끔 한다.

중국으로부터 전래된 '서구식' 세계지도와 지리서 등을 통하여 지구가 하나의 덩어리로 움직인다는 사실을 알게 된 최한기는 이렇게도 말했다. "대개 천하가 두루 통하게 된 것은 명나라 홍치弘治 연간(1488~1505)의 일이다. 구라파 서해의 한 모퉁이에 있는 포르투갈布路亞 사람 엘카노嘉老가 처음으로 지구를 한 바퀴 돌았으니, 이것이 바로 천지가 개벽한 것이라 하겠다."**53** 최한기는 유럽 주도의 대항해 시대가 갖는 세계사적 의의를 직관적으로 꿰뚫고 있었다.**54** 그가 '천하공학天下共學'의 보편성을 지닌 '기학'을 수립하겠다는 의욕을 갖게 된 것도**55** 바다를 통한 동·서의 연결과 소통에 의하여 '조민유화兆民有和'의 대동세계를 이룰 수 있다는 낙관적 믿음과 의지에 따른 것이었다.**56**

---

53 崔漢綺, 《神氣通》 卷一, "天下教法就天人而質正"; 《국역 기측체의》, 원문 14쪽·번역 58쪽. 마젤란항해에서 끝까지 살아남았던 선장 엘카노(Juan Sebastian Elcano, 1476~1526)는 포르투갈이 아니라 스페인 항해가였다.

54 최한기가 말하는 '추측'(推測)은 인간의 인식 활동 전반을 꿰뚫는 원리라는 개념으로 사용되고 있다. 그것은 감각, 경험, 추론 모두와 관련을 맺는다고 한다〔박희병(2003), 《運化와 근대: 최한기 사상에 대한 음미》, 돌베개, 201쪽 주 54〕.

55 김선희(2014), "최한기를 읽기 위한 제언: 근대성과 과학의 관점에서", 〈철학사상〉 52, 83~84쪽.

56 권오영(2016), "최한기의 氣化論과 세계인식", 이우성 외, 《혜강 최한기 연구》,

최한기의 새로운 세계에 대한 관심은 《지구전요地毬典要》(필사본, 13권 7책)의 편찬으로 이어졌다. 이것은 우리나라에서 체계적으로 집필된 최초의 세계지리서이자 지도첩이었다. 이 책의 저술 목적은 지리지식에 대한 이해의 확대를 통해 '기화氣化', 즉 기의 운동을 깨닫고 이를 기반으로 '인도人道'를 터득하는 데 있었다.57 최한기는 아편전쟁 후 중국인의 위기의식에 촉발되어 편찬된 위원魏源의 《해국도지》와 서계여徐繼畬의 《영환지략》을 기초로 《지구전요》를 펴냈다. 총 13권 중 12권까지는 세계지지世界地誌로 구성되었다. 제 13권에는 천문도와 지도만을 따로 모았다. 여기에는 역상도曆象圖 23매, 제국도諸國圖 41매가 실려 있다.58

《지구전요》의 권1에 수록된 "해륙분계海陸分界"에서는 바다를 대양해大洋海, 대서양해大西洋海, 인도해印度海, 북빙해北氷海, 남빙해南氷海로 나눈 다음, 대양해에 대하여 다음과 같이 설명했다. 여기에서 말하는 대양해는 오늘날의 태평양을 가리킨다. 이때까지만 해도 바다에는 오직 '해海'만을 붙이고 있었다.

대양해는 아세아의 동쪽으로부터 남북아메리카南北亞墨利加의 서쪽에

사람의 무늬, 307~308쪽.

57 이원순(1992), "최한기의 세계지리인식의 역사성: 惠岡學의 지리학적 측면", 〈문화역사지리〉 4, 20쪽; 오상학(2011), 《조선시대 세계지도와 세계인식》, 창비, 327쪽.

58 국립중앙도서관 소장 《地毬典要》(卷1-13)는 온라인 열람이 가능하다(www.nl.go.kr/).

이르니 곧 중국의 동양대해東洋大海이다. 태서인들은 그 풍랑이 잔잔하다고 하여 태평해라고 불렀다. 그 표면의 광활함이 바다 중 최고로서 대개 지구의 반半을 두르고 있다. 미리견인米利堅人들이 말하기를, 그들이 중국 광동廣東에 차茶를 사러 올 때 이 바닷길을 이용하면 서로西路보다 3만 리 가깝지만 급처岋處를 지나는 것이 매우 위험한 데다 수만 리 광대함에 물과 음식을 구할 곳이 없어 그 길을 건너는 사람이 드물었다고 한다. 근래에는 포경선의 왕래가 많아졌다.59

이 인용문에 나오는 급처라 함은 '산이 끊겨 물결이 급하고 빠른 곳'으로 마젤란해협을 가리킨다. 바로 이 위험한 해협과 수만 리 광대한 바다 때문에 '대양해'를 건너는 사람이 드물었지만 근래에는 포경선이 많이 다닐 정도로 왕래가 활발해졌다는 것이다. 태평양을 '대양해' 또는 '동양대해'라고 한다든가 미국을 '미리견'으로 표기한 것 등은 《영환지략》의 기술을 그대로 옮겨 놓은 것이다.

〈그림 3-12〉는 경도 '130여 도餘度'에서부터 '210도'까지, 위도는 '남南 30도'에서부터 '북北 60도'까지를 보여 준다. 적도 위쪽에는 "대양해, 즉 동양대해 우명태평해大洋海卽 東洋大海 又名太平海"라고 표기하여 대양해가 곧 태평해임을 밝히고 있다. 이 지도는 《영환지략》에

59 《地毬典要》 卷一, "海陸分界", 《明南樓全集》 3권, 여강출판사, 1986, 239~240쪽. 이 문단의 번역은 노혜정(2005), 《〈지구전요〉에 나타난 최한기의 지리사상》, 한국학술정보, 126쪽을 참조하되 지명 중 '奧[粤]'와 '圾處[岋處]'의 오기는 바로잡았다.

〈그림 3-12〉《지구전요》의 〈동남양대양해각도도〉(東南洋大洋海各島圖)

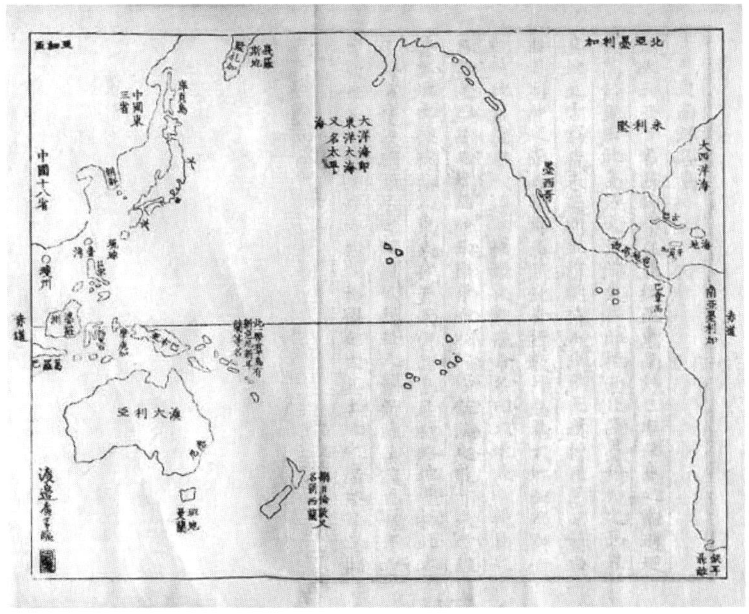

수록된 것을 그대로 옮겨 실은 것으로 19세기 전반까지 세상에 알려진 태평양의 모습을 조선에 소개하고 있다는 점에서 그 의미가 크다. 무엇보다도 전설의 남방 대륙인 마젤라니카墨瓦臘泥加가 사라졌다. 그 대신 오스트레일리아澳大利亞가 새로운 주洲로 편입되었다. 동남아시아와 북서쪽 태평양의 윤곽도 뚜렷해졌다. 남극과 북극을 제외하면 오늘날 태평양의 모습과 큰 차이가 없음을 알 수 있다.

최한기가 살았던 19세기는 그야말로 세계적 격동기였다. 산업혁명기에 접어든 유럽 열국과 미국은 전 세계를 누비며 시장 확장에 열을 올리고 있었다. 본격적으로 '극동'으로의 진출을 도모하던 그들은 이제 단순 교역이 아니라 국가 차원의 문호개방을 요구하고 나섰다. 그들의 압력은 일차적으로 중국에 집중되었지만, 한반도 주변 해역에도 이양선들이 출몰하면서 통상을 요구했다. 1832년 6월 영국 동인도회사의 소속 상선 로드 앰허스트Lord Amherst가 홍주洪州의 고대도古代島 앞바다에 정박하여 통상을 요구한 것이 대표적 예이다.

이때 충청감사 홍희근이 중앙 정부에 올린 "장계"를 보면, 대영국大英國의 위세가 등등하여 중국에 머리를 조아리지 않고 교역만을 요구할 뿐 아니라 세계 곳곳에 속지屬地를 두고 있다면서 "태평남양太平南洋에도 영국에 소속된 허다한 미개 지방이 있다"라는 이야기가 나온다.**60** 태평남양이라는 이름은 조선조 기록에 이때 처음 나오는데, 그것은 '태평해'의 '남양', 즉 적도 이남의 남쪽 바다를 가리킨다. 이곳에는 영국이 태평양 탐사 중 획득한 오스트레일리아와 뉴질랜드가 있었다. 이때 홍희근의 보고를 받은 중앙 정부의 대처는 통상을 요구하는 영국 배를 그냥 돌려보내는 것뿐이었다.

이로부터 7년 후 영국은 '아편전쟁'을 일으켜 중국의 문호를 개방시켰다. 이때 동원된 증기 철갑선 네메시스Nemesis는 동인도회사 소유의 무장상선이었다. 청국의 범선들은 그 상대가 되지 못했다. 네메시스는 그리스 신화에 등장하는 율법의 여신으로 세상의 절제와 복수를 다스린다고 해서 붙여진 것이었다. 이러한 이름 짓기는 문명과 계몽의 명분을 내세웠던 '대영제국'의 위선을 그대로 보여 주는

---

60 《純祖實錄》, 순조 32년 7월 21일조, "公忠監司洪羲瑾狀啓".

것이었다. 이제 동양을 상대로 한 서양 열강의 무력 사용은 거칠 것이 없었다. 일본은 '페리 원정대Perry Expedition'의 무력시위에 굴복하여 미국에 문호를 개방했다.

중국, 때론 일본을 통하여 들어오는 새로운 정보와 지식에 민감하게 반응하던 최한기는 자신이 살던 시대를 '변통變通'의 시기로 보았다. 이는 조선왕조가 문호를 개방하여 세계와 소통하면서 스스로 변화를 꾀하지 않는다면 패망의 길로 나아갈 수밖에 없다는 시대 인식의 발로였다. 그는 아편전쟁이 일어나기 전부터 이렇게 말했다.

> 몸을 닦고 집을 제어하고 마을에 거처하고 나라를 다스리는 데 창업과 수성과 패망의 나뉨이 있으니, 창업자는 미루어서 좋은 것을 택하고, 수성자는 그 규모를 지키고, 패망자는 스스로 좁힘으로써 잃어버린다. 61

그런데 세도집권기의 조선은 대내외의 위기 상황에 변통이 아니라 불통不通으로써 대처했다. 당대의 조선 지배층은 중국과 일본이 서양의 무력에 무너졌다는 소식을 듣고도 외부 세계와 담을 쌓은 채 홀로 '중화' 문명을 굳게 지키며 살아갈 수 있다고 믿었다. 이러한 그들의 태도는 병자호란 후 숭명배청사상과 북벌론의 연장선상에

---

61 崔漢綺, 〈推測錄〉 卷五, "家國成敗"; 민족문화추진회(1980), 《국역 기측체의》, 원문 29쪽·번역 66쪽.

놓여 있었다. 학계 일각에서는 이를 조선중화주의라고 치켜세우기도 하지만, 뒤집으면 그것은 문화적 자존감이 아니라 국난을 스스로 헤쳐 나갈 자신감을 상실했음을 보여 주는 표현으로도 볼 수 있다.[62] 조선왕조는 최한기가 적확하게 지적한 대로 변화해야 할 때에 변화하지 않고 스스로 좁히다가 결국 나라를 잃게 된다.

62 조선중화주의 또는 소중화론에 대한 비판적 시각에 대하여는 고미숙(2014), 《계몽의 시대: 근대적 시공간과 민족의 탄생》, 북드라망, 145~146쪽.

4장

문명적 교류 통로로의 태평양

1. 개항과 '세계대세론'

조선은 1876년에 일본과 강화도조약을 체결함으로써 굳게 닫혔던 문호를 개방했다. 고종은 아버지인 흥선대원군과 그를 지지하는 위정척사파의 강력한 반대에도 불구하고 일본과의 '구교舊交'를 회복하는 동시에 친정親政 체제를 구축했다. 그리고 두 차례의 수신사를 일본에 파견한 데 이어서 1881년에는 12명의 조사朝士와 수원隨員 및 역관들로 구성된 60여 명의 대규모 시찰단을 보냈다(일명 신사유람단). 그 목적은 '물정상탐物情詳探'이었다. 조선보다 앞서 서양에 문호를 개방하고 '왕정복고'를 내세우며 메이지 유신을 단행했던 일본의 실상을 파악하고자 했던 것이다. 도대체 일본에서는 어떤 일이 벌어지고 있는 것일까? 이제 막 국정을 책임진 고종과 그의 개방 정책을 지

지하는 신 집권층과 개화파는 궁금하지 않을 수 없었다.[1]

조선 지배층은 이때 처음으로 일본에 진지한 관심을 갖게 되면서 몇 가지 중요한 사실을 깨닫게 되었다. 첫 번째는 태평양이라는 바다의 존재였다. 아직 단정 짓기는 어렵지만, 조선 측 문헌에 '태평양'이라는 이름이 처음 등장한 것은 1880년 일본에 수신사로 파견되었던 김홍집(1842~1896)의 〈복명서〉로 보인다. 이에 따르면 김홍집은 그해 5월 28일(이하 음력) 고종에게 하직 인사를 올린 후 육로로 부산진까지 내려갔다. 6월 25일에 일본 기선千歲丸에 올라탔다. 이 배는 다음 날 부산진을 출발한 후 아카마가세키赤間關에서 하루를 묵은 후 세토 내해를 거쳐 고베에 도착했다. 이곳에서 '대양' 항해가 가능한 '대선大船/和歌浦丸'으로 갈아탄 후 요코하마로 갔다. 그런데 고베에서 내해를 빠져나가면 바로 태평양으로 나가게 된다. 이때의 상황을 김홍집은 다음과 같이 기록했다.

> 하늘과 물이 맞닿고 사방이 탁 트여 바람이 자고 파도가 잔잔할 즈음 갑자기 〔배가〕 몹시 울리고 흔들려 바로 설 수가 없는데, 이 바다를 일컬어 태평양이라고 한다天水相接 四望無際 風定浪息之時 尙震盪靡定 卽所謂太平洋也.[2]

1 허동현(1999), 《일본이 진실로 강하더냐》, 당대, 44~45쪽.

2 국사편찬위원회(1971), 《修信使記錄》(한국사료총서 제9집), 149쪽.

김홍집은 고베에서 요코하마로 가는 뱃길(대략 1,100리)에서 '태평양'이라고 일컫는 바다를 보았던 것이다. 조선이 바닷길을 연 후 처음 마주한 바다가 일본의 배후에 있던 태평양이었다. 상상의 지리적 공간이 실재적 공간으로 인식되는 순간이었다.

김홍집은 부산을 떠난 후 불과 11일 만에 뱃길로 요코하마에 당도했다(아카마가세키에서 하루, 고베에서 닷새 체류일 포함). 그리고 바로 기차를 타고 목적지인 도쿄에 도착했다. 조선 후기 통신사 일행이 부산에서 오사카의 요도우라淀浦까지는 해로로, 이어서 육로로 에도, 즉 도쿄에 이르기까지 3개월이 넘게 걸렸던 것을 생각해 보면 그야말로 세상이 달라진 것이었다.[3] 김홍집은 이른바 화륜선과 화륜거의 도입에 따른 교통수단의 혁명적 변화를 실감할 수 있었다.

두 번째는 태평양 건너편 '신대륙'에 자리 잡은 미국이라는 나라의 존재였다. 김홍집은 도쿄에 도착한 후 이곳에 한 달 정도 체류했다. 그에게 주어진 임무는 강화도조약 체결 이후의 제반 현안, 즉 인천 개항 건과 무관세 무역의 철폐 등을 일본 정부와 해결을 보는 것이었지만, 일본이 그의 '전권' 자격을 문제 삼으면서 협상은 진척되지 못했다. 이런 답답한 상황 속에서 김홍집은 도쿄 주재 청국공사관의 참찬관 황준헌黃遵憲(1848~1905)과 여러 차례 필담을 나눈바, 그것

---

3 1748년의 통신사 일정을 보면, 2월 12일에 부산을 출발하여 5월 21일 에도에 도착한 것으로 되어 있다. 상세한 일정에 대하여는 민족문화추진회(1977), 《국역 해행총재》 X, 민족문화문고간행회, 12~13쪽.

을 정리한 것이 《조선책략朝鮮策略》이다. 황준헌은 김홍집이 귀국할 때에 자신이 지은 《조선책략》과 더불어 《이언易言》을 증정하면서 조선의 개화 정책 추진과 미국과의 조약 체결을 권고했다. 《조선책략》에서는 미국이라는 나라를 이렇게 소개한다. "예의로써 나라를 세워 남의 토지를 탐내지 않고, 남의 인민을 탐내지 않으며, 남의 정사에도 관여하지 않는다." "미국은 항상 약소한 자를 거들어 도와주고 올바른 공론을 유지하여 유럽 사람들로 하여금 함부로 악한 일을 행하지 못하도록 한다. 그 나라의 힘은 태평양에 두루 미치고 그 상업은 홀로 태평양에서 번성한다." 이리하여 조선은 서양 열국 중 처음으로 미국과 국교를 맺게 된다.4

세 번째는 서세동점의 실체와 일본 조야의 '문명개화'에 대한 열기였다. 일본은 메이지 유신 후 '문명'의 표준을 동양(중국)에서 서양으로 바꾸고 있었다. 그 일에 앞장섰던 인물이 후쿠자와 유키치福澤諭吉(1835~1901)였다. 그런데 1881년 일본에 파견된 조사시찰단의 일원이었던 유길준(1856~1914)이 후쿠자와가 설립한 게이오의숙慶應義塾에서 수학한 후 국내로 들어와서는 《세계대세론世界大勢論》(국한문 혼용)이라는 책을 쓰기 시작한다. 이때가 1883년 1월인데, 그해 7월 유길준은 보빙사절단의 일원이 되어 미국으로 떠났다. 결국 《세

---

4 류영익·송병기·양호민·임희섭(1994), 《한국인의 대미인식, 역사적으로 본 형성과정》, 민음사, 58~62쪽; 송병기 편역(2000), 《개방과 예속: 대미수교 관련 수신사기록(1880) 초》, 단국대학교출판부, 50~51쪽.

계대세론》은 미완의 원고로 남았지만,[5] 초기 개화파가 일본의 영향을 어떻게 받고 있었는지를 잘 보여 주는 저술로서 주목을 받고 있다.[6]

먼저 눈길을 끄는 것은 책의 제목에 들어간 '세계'라는 용어이다. 조선에서 간행된 서책 제목에 '세계'를 넣은 것은 이것이 처음이 아닌가 생각된다. 앞서는 '천하'라든가 '지구' 또는 '만국'이라는 단어가 사용되었다. '세계'는 서양의 'world'를 번역한 것으로 보이는데, 아마도 일본에서 처음 그렇게 번역하여 사용했던 것이 아닌가 생각된다.[7] 이를테면 후쿠자와가 메이지 초기에 펴낸 계몽서 중 일반에서 가장 많이 읽혔던 지리서의 제목이 《세계국진世界國盡》(1869)이었다. 이 책의 서두에 소개된 지구도를 보면, 동반구를 '동東의 반세계半世界'로, 서반구를 '서西의 반세계'로 각각 표기하고 있다.[8] 《세계대세론》에 나오는 '대세론'이라는 표현도 흥미롭다. 당시의 세계가 어디로 가고 있는지를 알고자 했던 것으로 보이기 때문이다.

---

5 이 원고본은 유길준전서편찬위원회 편(1971), 《유길준전서》 Ⅲ, 일조각에 수록되어 있다. 이 책에 대한 해제는 한림과학원 편(2013), 《동아시아 개념연구: 기초문헌 해제》 Ⅱ, 선인, 104~110쪽.

6 박한민(2013), "유길준 《세계대세론》(1883)의 전거와 저술의 성격", 〈한국사학보〉 53; 이예안(2018), "유길준 《세계대세론》의 근대적 개념 이해와 개항기 조선: 우치다 마사오 《여지지략》과의 비교를 단서로", 〈한국학연구〉 64 참조.

7 '세계'의 어원과 일본에서의 용례에 대하여는 박근갑(2018), "문명의 시간", 〈문명과 경계〉 창간호, 포스텍 융합문명연구원, 113쪽 각주 14.

8 《世界國盡》, 권1, 목차 다음에 나온다(http://dcollections.lib.keio.ac.jp/ja/fukuzawa/a13/34).

메이지 시대 일본은 세계에 대한 정보와 지식을 중국이 아닌 서양을 통하여 직접 들여온다. 우치다 마사오内田正雄(1838~1876)의 《여지지략輿地誌略》이 그 대표적인 예이다. 서구적 문명관에 기초한 이 세계지리서는 1870년부터 출간되기 시작하여 1880년에 4편 12권으로 완간되었다(10권부터는 유고집이다). 20대 중반에 네덜란드로 유학을 다녀오면서 세계일주를 했던 우치다는 영국과 프랑스에서 발간된 서적들을 참고하여 《여지지략》을 펴냈다.[9] 이는 도쿠가와 막부 말기까지 지속되었던 중국 번역서들의 영향에서 벗어났다는 점에서 적지 않은 의의를 지녔다. 또한 《여지지략》은 당시 일본인의 손에 의하여 간행된 '유일'한 계몽적 세계지리서로서[10] 일본 내 소학교와 사범학교의 교과서로 사용되었다.[11]

---

9 우치다는 《여지지략》의 "범례"에서 자신이 네덜란드에서 유학할 때 입수한 다음의 두 서적에 기초하여 집필했다고 밝혔다. J. Goldsmith(1824), *A Grammar of General Geography for the Use of Schools and Young Persons: With Maps & Engravings*, London; Alexander Mackay(1861), *Manual of Modern Geography, Mathematical, Physical, and Political*, London. 《여지지략》에 수록된 각국의 인물, 풍속, 가옥, 산천 등의 형상을 담은 삽도(揷圖)들의 출처는 대부분 19세기 중반 프랑스에서 발간된 잡지(*Tour de Monde: nouveau journal des voyages*)였던 것으로 밝혀졌다. 増野惠子(2006), "見える民族・見えない民族 — 《輿地誌略》の世界觀", 《版畵と寫眞 − 19世紀後半出來事とイメージの創出 −》, 神奈川大學 21世紀COEプログラム, 53쪽.

10 海後宗臣 編(1965), 《日本教科書大系》 近代編 제15권, 東京: 講談社, 623쪽.

11 増野惠子, 앞의 논문, 50쪽. 《文部省第三年報》(1875)에 따르면 122,725부가 간행되었다고 한다(같은 논문, 각주 5).

유길준의 《세계대세론》은 그러한 《여지지략》(제 1권)의 내용을 상당 부분 옮겨 놓은 것으로 밝혀지고 있다.[12] 유길준은 우치다처럼 서양 '문명'을 기준으로 하여 세계를 바라보고 그러한 문명의 세계로 나아가고자 하는 욕망을 《세계대세론》에 담았다. 그 첫 부분에는 세계 각 지역의 인종과 종교, 언어, 정치, 의식주 등에 대해 서술했다. 그런 다음에 '개화'의 정도에 따라 야만, 미개, 반개, 문명이라는 '등급'을 매겼다. 이때 문명의 단계에 들어간 나라는 구주(유럽) 제국과 아메리카합중국이었다. 조선을 포함한 아세아 '동부'는 반개에 속했다. 이들 나라의 인민은 옛 법만을 지키려 하며 스스로 높이는 마음이 지나쳐서 자기 나라가 '세계 중 제일'이요 다른 나라는 모두 '이적'으로 본다고 했다.[13]

이 대목에서 유길준이 전하고자 하는 메시지는 분명했다. 중국은 이제 중화가 아니며 조선 또한 소중화가 아니다. 문명은 끊임없이 진보하여 그 끝이 어디인지를 알 수 없지만, 현 단계에서 볼 때 그 중심은 동양에서 서양으로 옮겨 갔다. 이제 조선은 구미 각국이 언제 어떻게 문명의 단계로 나아갔는지를 살펴서 그렇게 될 수 있도록 힘쓰지 않으면 안 된다는 것이었다.

《세계대세론》의 "세계역사 일반一班"을 보면, 서양이 동양을 앞서 나가는 계기로서 콜럼버스閣龍, 고롬뿌스의 '별세계別世界', 즉 신대륙

12 이에 대하여는 박한민, 앞의 논문, 51~61쪽 참조.

13 《유길준전서》 III, 31쪽.

발견에 주목하고 있다. 이때부터 구주 각국이 경쟁적으로 바다로 나아가 통상에 힘쓰게 되니 이를 가히 '세계상 일대 변혁'이라고 일컬을 만하다고 했다.14 이는 앞서 최한기가 '천지의 개벽'이라고 한 평가와도 다르지 않다. 두 사람은 바다를 통한 세계의 연결과 통상이 서양 문명을 키웠다고 보았다.

그런데 최한기의 경우, 당대에 서양이 동양을 앞섰다고 생각하지는 않았다. 그는 동·서의 문명적 우열을 가리지 않고 대등한 관점에서 서로의 장점을 수용하여 천하가 좀 더 나은 방향으로 나아갈 수 있기를 희망했다. 그에게는 동·서의 차별이나 대립보다는 소통과 화합이 중요했다.15 지금으로 보면 일종의 문화적 상대주의와도 같은 것이었다. 유길준은 이러한 생각과 달랐다. 그는 '개화의 등급'을 나누어서 서양이 동양보다 앞섰다고 보았다. 이러한 판단에는 일본에서 서양 문물을 접하고 후쿠자와에게 배운 문명론의 영향력이 작용했다고 볼 수 있다.16

이리하여 조선에서 일본을 본뜬 개화 운동이 시작되었다. 그러한 여론 조성에는 조선 최초의 근대신문으로 평가받는 〈한성순보〉가 활용되었다. 이 신문은 유길준이 《세계대세론》에 담고 있던 계몽적

---

14 위의 책, 54~55쪽.

15 박희병은 이러한 최한기의 입장을 '동서도기취사론'(東西道器取捨論) 또는 '동서도기참호론'(東西道器參互論)으로 볼 수 있다고 했다〔박희병(2003), 《운화(運化)와 근대: 최한기 사상에 대한 음미》, 돌베개, 152~155쪽〕.

16 후쿠자와와 유길준의 '문명'관에 대하여는 박근갑, 앞의 논문, 162~175쪽 참조.

주제들을 좀 더 구체적으로, 그리고 대내외 소식들과 한데 섞어서 내보냈다.17 그 주된 논지는 세계는 나날이 변하고, 서양은 크게 앞서나가며, 일본은 그 뒤를 따라가고 있으니, 조선도 변하지 않으면 안 된다는 것이었다.

〈한성순보〉는 창간호(1883. 10. 31.)의 "서序"에서 이르기를, "선박이 전 세계를 누비고 전선이 서양까지 연락되는 데다가 공법公法을 제정하여 국교를 수립하고 항만·포구를 축조하여 서로 교역하므로" 밖의 사정을 몰라서는 "우물에 들어앉아 제 것만 크다고 하는 격이다"라고 지적했다. 따라서 세계와 다른 나라들이 하루가 다르게 변화하는 사정을 알아야 한다고 했다. 이러한 취지에서 창간호는 오늘날과 같은 오대양, 육대주를 그려 넣은 〈지구전도地球全圖〉를 싣고 이에 대한 해설을 곁들였다. 태평양에 대하여는 다음과 같이 소개했다.

> 첫째는 태평양이니, 일명 대동양大東洋이라고 한다. 아세아와 오스트레일리아奧大利亞 2주洲의 동쪽, 아메리카주亞米利駕洲의 서쪽에 있다. 남북의 길이는 4만 리, 동서의 길이는 3만 리이며, 바다의 면적은 총 4억 5천만 방리方里이다. 결국 이 태평양 하나의 넓이가 실로 전 육지를 합한 크기와 같은 셈이다.18

17 유길준은 〈한성순보〉의 창간에 깊숙이 개입했었다〔김복수(2000), "유길준의 개화운동과 근대신문 창간에 미친 영향", 〈한국언론학보〉 44(4)〕. 미국으로 가는 보빙사절단에 포함되지 않았다면, 유길준은 〈한성순보〉의 편집 책임을 맡을 가능성이 높았다. 따라서 《세계대세론》의 집필은 신문 발간의 전 단계로 볼 수 있다.

태평양을 '대동양'이라고도 한 것은, 개항을 전후하여 중국에서 수입된 《해국도지》나 《영환지략》의 영향에 따른 것이었다. 이 무렵 일본에서는 태평양이라는 지명이 일반화되고 있었다. 〈한성순보〉에서도 그 영향을 받아 창간호 다음부터는 태평양으로만 표기한다. 조선인이 태평양을 '발견'하는 길목에는 서양의 '문명개화'를 본받고자 했던 메이지 일본과 일본 지식인들이 있었다. 이제 조선인은 그 바다를 통하여 미지의 세계로 나아가게 된다.

2. 안에서 밖으로: 조선사절단의 세계일주 기행

1) 사절단 구성과 여행 경로

개항기 서양에 파견된 조선사절단 중 여기에서 다루고자 하는 대상은 ① 1883년 미국에 파견된 보빙사절단, ② 1887년의 초대 주미전권공사단, ③ 1896년의 러시아 황제대관식에 파견된 축하사절단, ④ 1902년의 영국 국왕즉위식에 파견된 축하사절단이다. 이들 중 ②의 사행을 제외하고는 모두 세계를 한 바퀴 돌았다. 여기에 ②를 보탠 것은 ①의 사행 기록이 전혀 남아 있지 않기 때문이다. 그러니

18 〈한성순보〉의 원문(한문)과 번역문은 국립중앙도서관의 대한민국신문아카이브에서 찾아볼 수 있다. https://nl.go.kr/newspaper/publish_date.do

까 서양에 파견된 사절단이 그들의 기록을 남겨 오늘날까지 전해지는 것은 ②로부터 시작된다.

〈표 4-1〉은 각 사절단원의 직함과 나이, 외국 방문 경험과 외국어 습득 여부를 정리한 것이다. 이 표를 보면 알 수 있듯이 개항기 서양에 파견한 사절단 중 규모가 가장 크고 신진기예의 인사로 구성된 것은 보빙사절단이었다(총 10명). 여기에는 외국인 참찬관 로웰Percival Lowell, 魯越(1855~1916)과 수행원인 중국인 오례당吳禮堂(1843~1912)이 포함된다.[19] 이 두 사람을 제외한 8명이 조선인 사절인 셈인데, 그중 전권대신과 부대신 그리고 종사관을 포함한 5명이 20대였다. 이들은 이제 막 정치와 외교 무대에 등장했지만, 메이지 유신 후 서구적 근대화에 열을 올리던 일본을 방문하여 체류한 경험을 공유하고 있었다. 그들은 개항장인 요코하마와 수도 도쿄의 변화된 모습을 보면서 간접적으로나마 서양 문물을 체험했고 또 서양의 지리와 정치제도 등에 대한 기초적인 지식을 지니고 있었다. 특히 전권대신인 민영익(1860~1914)은 20대 중반이었지만 민비의 친정 조카로서 초기 개화 정책과 대외교섭의 중심에 서 있던 인물이었다.[20] 따라서 보빙사절단도 그와 함께 개혁·개방 정책을 추진해 나갈 인물들로

---

19 보빙사 일행이 샌프란시스코에 도착한 후 찍은 기념사진에서는 일본인 미야오카(宮岡恒次郎)가 등장하지만, 그는 공식 사절단원이 아니라 로웰의 개인 비서로서 채용되었다. 기념사진은 김원모(1999), 《한미수교사: 조선보빙사의 미국사행편(1883)》, 철학과현실사의 목차 뒤에 실려 있다.

20 노대환(2002), "민영익의 삶과 정치활동", 〈한국사상사학〉 18, 464~476쪽.

선발되었다고 볼 수 있다.

보빙사절단이 정치적 포부를 지닌 소장파 인물들로 구성되었다면, 서양 열국 중 처음으로 미국에 조선공사관을 개설할 목적으로 파견된 사절단은 다분히 실무형의 관료적 인물들로 짜였다고 볼 수

〈표 4-1〉 개항기 미국 및 유럽 파견 조선사절단의 구성원 비교

(*직함 / 성명 / 나이 / 외유 및 외국어 습득 경험)

미국							
보빙사절단 (1883)				초대 주미전권공사단 (1887)			
전권대신	閔泳翊	24	중국 · 일본	전권공사	朴定陽	47	일본
부대신	洪英植	29	일본	참찬관	李完用	30	육영공원
종사관	徐光範	25	일본	서기관	李夏榮	30	일본
수원	兪吉濬	28	일본		李商在	38	일본
	邊 燧	23	일본	번역관	李采淵	27	(영어 통역)
	高永喆	31	청국				
	崔景錫	?	?				
	玄興澤	?	?				
	吳禮堂	40	중국인 통역관				
외국인 참찬관	Percival Lowell	28	일본 체류 미국인	외국인 참찬관	Horace N. Allen	29	주한미국인 의료선교사
유럽							
러시아 황제대관식 경축사절단 (1896)				영국 국왕대관식 경축사절단 (1902)			
전권공사	閔泳煥	36	—	특명대사	李載覺	30	—
수원	尹致昊	31	일본 · 중국 · 미국	수원	李鍾應	50	漢語 역관
					高羲敬	30	일본/육영공원
2등참서관	金得鍊	45	漢語 역관		金祚鉉	42	영국/法語학교
3등참서관	金道一	?	러시아어 통역				
(수행원)	E. Stein	?	주한러시아 공사관 번역관	(수행원)	H. Goffe	?	인천 주재 영국부영사

참고: 김원모(1999), 《한미수교사: 조선보빙사의 미국사행편(1883)》, 철학과현실사; 한철호(1998), 《친미개화파연구》, 국학자료원; 이민원(2007), "조선특사의 러시아외교와 金得鍊-니콜라이 II 황제대관식 사행을 중심으로", 〈역사와 실학〉 33; 김원모(2002), "한국의 영국 축하사절단 파견과 한 · 영 외교관계", 〈동양학〉 32; 한국학중앙연구원 편, 《한국민족문화대백과사전》(http://encykorea.aks.ac.kr/)의 인명 검색. 나이는 그 나라의 관행에 따랐다.

있다. 초대 주미전권공사인 박정양(1841~1905)과 서기관 이상재(1850~1927)는 1881년 일본에 파견된 조사시찰단의 일원으로서 서양 문물에 노출된 바 있다. 참찬관 이완용(1858~1926)은 조선 최초의 근대식 교육기관인 육영공원 제1기생 출신이었고,[21] 서기관 이하영(1858~1929)은 개항장 부산의 일본인 상점에서 일하며 일본어를 습득하고 제중원 서기와 외아문 주사를 지냈다. 번역관 이채연(1861~1900) 또한 제중원의 주사를 지내면서 영어를 배웠다.[22] 주지하듯이 제중원House of Universal Helpfulness은 미국인 의료선교사 알렌Horace N. Allen, 安連(1858~1932)의 건의로 1885년에 개원한 우리나라 최초의 서양식 국립병원이었다. 그런데 이 기관의 설립자 알렌과 그와 함께 일했던 이하영, 이채연이 초대 주미공사단 일행에 합류했던 것이다.

1896년 러시아행 경축사절단은 이른바 을미사변과 아관파천을 배경으로 이루어졌다. 이때는 고종이 자신의 신변 안전을 위하여 러시아의 보호와 후원을 절실히 필요로 하던 때였다. 따라서 그는 왕실의 측근이라고 할 수 있는 민영환(1861~1905)을 특명전권공사로 임용하여 러시아와 막후교섭을 벌이도록 했다. 그러니까 '경축'사절단은 일종의 명분이었던 셈이었다. 민영환은 유학적 소양이 풍부한 학

21 김경미(1999), "육영공원의 운영 방식과 학원의 학습 실태", 〈한국교육사학〉 21, 579쪽.

22 박성래(2003), "한국 근대의 서양어 통역사(2), 1883년부터 1886년까지", 〈국제지역연구〉 7(1), 377~378쪽.

자적 관료이자 서양 문물에 일정한 관심과 식견을 갖춘 실무형 지식인이었다는 평가를 받기도 하지만 나라 밖으로 나가 본 경험은 없었다. 그는 중국과 미국에서 유학 생활을 마치고 돌아온 윤치호(1866~1945)와 러시아에 귀화한 김도일을 각각 영어와 러시아어 통역으로 대동했다. 그리고 한어漢語 역관인 김득련(1852~1930)을 함께 데리고 갔는데, 이는 그에게 사행 기록을 맡기기 위한 것이었다. 김득련은 조선 시대에 유명한 역관 가문(우봉牛峰 김씨) 출신으로 전통적인 외교 실무에 밝고 시문에도 능한 사람이었다.[23]

1902년 영국행 사절단은 에드워드 7세의 국왕 즉위를 축하하는 의례적인 외교사절이었다. 이때는 영일동맹이 체결된 직후로서 만주와 한반도를 둘러싼 국제정세가 심각하게 돌아가고 있었다. 그럼에도 불구하고 고종은 외유 경험이나 외교적 직무를 맡은 바 없는 종친 이재각(1873~1935)을 특명대사로 임명했다. 장헌세자의 현손으로 궁내부 특진관이었던 이재각은 사폐辭陛 시에 "나이가 어리고 지식이 얕아서 외국의 사무에 전혀 어두우므로全昧外國事務" 과연 대사의 직무를 제대로 수행할 수 있을지 걱정했다. 그는 예식원禮式院의 번역과장 고희경(1873~1934)과 참리관 김조현(1861~?) 그리고 무관 출신으로 시종원의 시어侍御를 지냈던 이종응(1853~1920)을 대동했

23 러시아행 사절단의 구성과 관련해서는 이민원(2007), "조선특사의 러시아외교와 金得鍊 - 니콜라이Ⅱ 황제대관식 사행을 중심으로", 〈역사와 실학〉 33, 205~211·227~232쪽. 윤치호는 김득련이 민영환의 '개인비서'(*private secretary*)라고 했다. 국사편찬위원회 편(1975), 《윤치호일기》 4, 167쪽.

다. 고희경과 김조현은 외유 경험이 있고 각각 영어와 불어를 구사할 수 있었지만, 이종응은 이재각과 마찬가지로 서양 사정에 어두웠다. 그럼에도 불구하고 이종응에게는 사행기록을 작성하는 임무가 주어졌다.**24** 이는 앞서 본 김득련의 역할과 같다고 볼 수 있다.

조선사절단의 세계일주 경로를 정리해 보면 다음과 같다(1887년의 주미전권공사단은 태평양항로를 이용하여 미국만을 다녀왔기에 여기에서 제외한다). 보빙사절단의 경우 미국에서 소기의 임무를 마친 후 두 그룹으로 나뉘어 귀국 길에 올랐다. 전권대신 민영익은 서광범, 변수와 함께 미국 정부가 제공한 군함U. S. S. Trenton으로 대서양을 건너 '세계일주' 항해를 한 반면, 전권부대신 홍영식은 나머지 수행원을 데리고 태평양을 다시 건너 귀국했다. 여행 기간은 출발지를 제물포로 보고 계산했다.

① 보빙사절단(민영익 일행): 1883년 7월 16일~1884년 5월 31일 (10개월 16일)

제물포 → 요코하마 → (태평양) → 샌프란시스코 → (미국 횡단철도) → **워싱턴 DC** → 뉴욕 → (대서양) → 마르세유 → 런던 · 파리 → (지중해 · 수에즈운하 · 홍해) → 아덴 → (인도양) → 싱가포르 → 홍콩 → 나가사키 → 제물포

24 영국행 사절단의 구성과 관련해서는 김원모(2002), "한국의 영국 축하사절단 파견과 한·영 외교관계", 〈동양학〉 32, 107~108쪽.

② 러시아행 경축사절단: 1896년 4월 1일~10월 20일 (6개월 20일)

제물포 → 상하이 → 요코하마 → (태평양) → 밴쿠버 → (캐나다 횡단철도) → 몬트리올 → 뉴욕 → (대서양) → 리버풀 → 베를린 → 모스크바 → 페테르부르크 → 모스크바 → (시베리아 횡단) → 블라디보스토크 → 제물포

③ 영국행 경축사절단: 1902년 4월 6일~8월 20일 (4개월 15일)

제물포 → 요코하마 → (태평양) → 밴쿠버 → (캐나다 횡단철도) → 퀘벡 → (대서양) → 리버풀 → 런던 → 파리 → 제노바 → (지중해 · 수에즈운하 · 홍해) → 아덴 → (인도양) → 싱가포르 → 홍콩 → 나가사키 → 제물포

이상 세 그룹의 여행 경로를 세계지도 위에 표시한 것이 〈그림 4-1〉이다. 그 경로를 보면, 보빙사절단은 당시 일반적인 세계일주 경로를 따라 이동했음을 알 수 있다. 즉, 일본의 요코하마를 기점으로 할 때, 이른바 동쪽 루트인 태평양 → (미국) 대륙횡단철도 → 대서양 → 유럽 → 지중해 → 수에즈운하 → 인도양을 거쳐 제물포로 귀환했다. 미국 횡단과 서유럽의 일부 도시를 들른 것을 제외하고는 바닷길을 이용했다. 1916년에 시베리아횡단철도가 완공될 때까지는[25] 육로보다는 해로를 이용하는 것이 비용이나 시간 면에서 훨씬

25 빌 로스 저, 이지민 역(2014), 《철도, 역사를 바꾸다》, 예경, 164~167쪽.

〈그림 4-1〉 조선/대한제국 사절단의 세계일주 경로

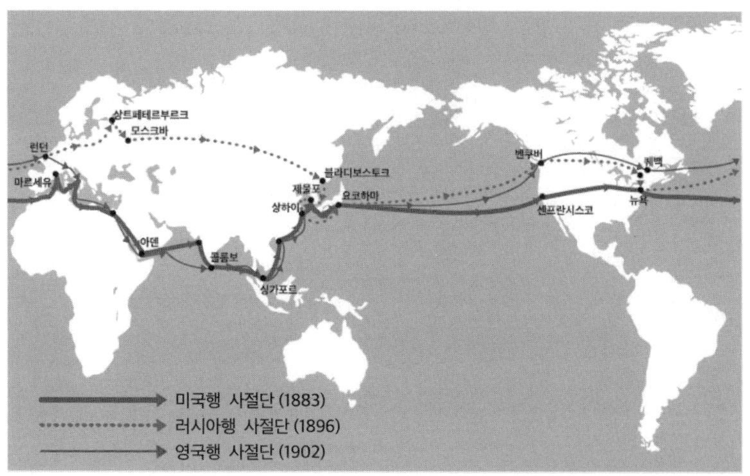

유리했다.

러시아행 사절단의 경우 태평양과 대서양을 건너 모스크바로 들어간 후 귀로에는 바닷길을 이용하지 않고 시베리아횡단 경로를 택했다. 이때에는 아직 철도가 완공되지 않았기 때문에 중간에 증기선과 마차로 갈아타야만 하는 험난한 여정이었다. 이처럼 불편한 경로를 선택한 이유는 당시 시베리아를 통하여 태평양 방면으로 뻗어 나오고자 했던 러시아 정부가 조선사절단에게 자신들의 철도건설 위업과 연변 도시의 발전상, 광대한 평원과 풍부한 자원을 보여 주고자 했기 때문이다.26

영국행 사절단은 대영제국의 영토와 식민지, 속령들을 연결하는

26 이민원, 앞의 논문, 237쪽.

이른바 전영령全英領 연락항로All-Red Route를 따라 이동하고 있음을 볼 수 있다. 즉, 이재각 일행은 요코하마에서 캐나다태평양철도회사 Canadian Pacific Railway, CPR가 운영하는 증기선 '암푸라씌호SS Empress of China'를 타고 밴쿠버에 도착한 후 CPR의 대륙횡단철도를 타고 퀘벡으로 이동, 이곳에서 다시 영국 상선 '누미안호SS Nubian'을 타고 리버풀로 들어갔다.27 그리고 귀로에는 영국이 관할하는 아덴Aden, 콜롬보Colombo, 싱가포르, 홍콩을 거쳐 나가사키에 도착한 후 제물포로 들어왔다.

한편, 여행 기간을 보면 보빙사 민영익 일행이 10개월 16일로서 러시아, 영국 사행의 거의 두 배를 넘는다. 이렇게 된 이유는 두 가지이다. 즉, 미국에서 장기 체류(3개월)를 했고, 귀국 시 미국 군함의 항해 일정에 따랐기 때문이었다. 이로 인해 뉴욕을 출발하여 제물포에 도착하는 데에만 꼬박 6개월이 걸렸다.28

여기에서 한 가지 간과할 수 없는 사실은 조선사절단들이 처음부터 세계일주를 계획하고 여정을 시작했던 것은 아니라는 점이다. 보빙사의 경우 원래 미국만을 방문하고 돌아올 예정이었으나 뜻하지 않게 미국 대통령 아더Chester A. Arthur의 권고와 배려로 미국 군함을 타고 귀국함으로써 결과적으로 세계를 한 바퀴 돈 셈이 되었다.29

---

27 李載覺 撰, 《西槎日記》(刊寫者, 刊寫年 未詳), 10, 19쪽.

28 그 구체적인 일정에 대하여는 손정숙(2007), "한국최초 미국외교사절 보빙사의 견문과 그 영향", 〈한국사상사학〉 29, 264~269쪽.

29 손정숙, 위의 논문, 263쪽.

러시아행 사절단은 당초 상하이에서 프랑스 선적의 배를 타고 인도양-수에즈운하를 거쳐 러시아로 들어갈 예정이었으나 상하이에 늦게 도착하는 바람에 할 수 없이 경로를 바꿔 태평양항로를 이용하게 되었다.30 시베리아 횡단도 예정에는 없던 일이었다. 조선사절단의 여행 일정 또한 그들 스스로가 짰던 것이 아니라 그들과 동행했던 외국인 참찬관 또는 수행원들의 안내에 따랐던 것이다.

2) 사행기록 분류와 특징

개항 후 해외에 파견된 최초의 사절단은 일본에 수신사로 갔던 예조참의 김기수(1832~ ?)였다. 그는 도쿄에 20일 동안 머물며 '개화'한 일본의 문물을 둘러보고는 《일동기유日東記游》와 《수신사일기》를 남겼다. 그 후 일본을 공식 방문한 사절단들은 거의 예외 없이 사행기록을 남겼다. 이는 앞서 중국(명/청)과 일본(막부)에 파견되었던 사신들이 남긴 조천록朝天錄이라든가 연행록燕行錄 또는 해행록海行錄 등의 전통을 따른 것이었다.

그렇다면 서양에 파견된 조선사절단들은 어떤 기록들을 남겼을까? 〈표 4-2〉는 앞에서 다룬 사절단의 기록을 형태별로 나누어 정리한 것이다.31 이 표를 보면 알 수 있듯이 서양에 파견된 최초의 사

---

30 민영환 저, 조재곤 편역(2007), 《해천추범: 1896년 민영환의 세계일주》, 책과함께, 4월 5일 자 기록(30쪽).

〈표 4-2〉 개항기 태평양 횡단과 세계일주 사행기록 분류

유형 / 사행	일기류	시가류	보고서류	복명기 (복명자)	기타 (개인 편지/일기류)
미국 (1883~1884)	—	—	—	(홍영식) (민영익)	G. C. Foulk 편지
미국 (1887~1889)	海上日記草 美行日記	—	美俗拾遺	(이완용) (박정양)	H. N. Allen 일기
러시아 (1896)	海天秋帆 環璆日錄	環璆唫艸	—	(민영환)	윤치호일기
영국 (1902)	西槎日記 西槎錄	셔유견문록	—	(이재각)	—

절단인 보빙사의 경우 귀국 후 고종을 알현하여 보고하는 '복명기'를 제외하고는 현재 어떤 기록도 남아 있지 않다. 이는 전례가 없는 일이었다. 과연 보빙사는 어떤 기록도 남기지 않았던 것일까? 아니면 통상적인 관례에 따라 사행기록을 남겼는데, 그 기록들이 어떤 이유로 사라져 버린 것일까? 후자일 가능성이 높다.

먼저 보빙사가 그들의 사행기록을 남겼다는 확실한 증거가 있다. 그것을 우리는 미국인 포크George C. Foulk, 福久(1856~1893)의 개인

31 이들 기록 외에 李範晉(1852~1911)의 《美槎日錄》이 학계에 보고된 바 있다. 이 일록에는 이범진이 주미공사로 임명된 1896년 6월 20일부터 이듬해 1월 31일까지의 일들이 기록되어 있다고 한다〔김철웅(2010), "주미공사 이범진의 미국 여정과 활동", 〈역사학보〉 205 참조〕. 한편, 1893년 시카고의 '콜럼비아 세계박람회'에 파견된 出品事務大員 정경원(鄭敬源, 1851~1898)의 문서들(일명 '정경원문서')이 공개되었지만, 그 문서를 사행기록으로 보기에는 어려운 측면이 있어 제외했다. 이민식(2006), "6장 완역 정경원문서", 《근대사의 한 장면: 콜럼비아 세계박람회와 한국》, 백산자료원, 170~247쪽. 여기에는 번역문과 원문이 함께 실려 있지만, 그 원본이 어떤 형태인지는 알 수 없다.

편지와 보고서에서 찾아볼 수 있다.32 포크는 해군 소위 시절 보빙사의 접대 및 안내를 맡은 수행원으로 선발되어 그들과 인연을 맺은 후 조선 주재 미국공사관부 무관으로 임명되어 민영익, 서광범, 변수 세 사람과 함께 미국 군함U. S. S. Trenton을 타고 6개월(1883. 12. ~ 1884. 5.) 동안 지구의 반 바퀴를 돌았던 사람이다.33

이 시기에 포크는 미국의 가족들에게 모두 12통의 편지를 보냈다.34 이들 편지는 민영익 일행의 '세계일주' 여정과 그들의 동태를 보여 주는 유일한 기록이라는 점에서 사료적 가치를 지닌다.35 포크는 그 편지들에서 자신이 보빙사 일행과 단 한순간도 떨어질 수 없다는 것, 그리고 이들에게 방문하는 나라와 도시 사정에 대하여 알아듣기 쉽게 설명해 주기 위하여 끊임없이 읽고 공부해야 한다는 것

---

32 포크가 남긴 개인문서들은 현재 미국 내 세 곳—국회도서관, 뉴욕 공공도서관, 버클리대학의 밴크로프트 도서관—에 소장되어 있다. 그 문서들의 대체적인 내용은 손정숙(2003), "구한말 주한 미국공사들의 활동과 개인문서 현황", 〈이화사학연구〉 30, 291~295쪽.

33 손정숙(2004), "주한 미국 임시대리공사 포크 연구(1884~1887)", 〈한국근현대사연구〉 31, 11~16쪽.

34 저자는 이들 편지(미국 국회도서관 소장, 마이크로필름 출력본)를 건양대 김현숙 교수로부터 제공받았다. 이 자리를 빌려 감사드린다. Samuel Hawley가 편집·출간한 *America's Man in Korea: The Private Letters of George C. Foulk, 1884~1887* (Lanham, MD: Lexington Books, 2008)에는 1884년 5월 21일 일본 나가사키 후쿠야(Fukuya)에서 쓴 편지부터 수록되어 있다. 따라서 그 앞서 쓴 10통의 편지가 빠져 있다. 왜 이렇게 편집했는지에 대한 설명은 따로 없다.

35 손정숙은 이들 편지를 활용하여 민영익 일행의 '세계일주' 여정을 소개한 바 있다〔손정숙(2007), 앞의 논문, 264~269쪽〕.

때문에 자신이 심한 정신적 스트레스를 받고 있다고 호소했다.36

한편, 민영익 일행의 입장에서 보면 포크는 여행 기간 내내 그들이 말을 걸 수 있는 유일한 상대였다. 양자 간 대화는 일본어로 이루어졌다. 포크는 1876년 해군사관학교를 졸업한 후 아시아함대에 파견되어 6년간 근무하는 동안 일본어를 습득하였고, 서광범과 변수 또한 1880년대 초 일본에 체류하면서 일본어를 배워 대화가 가능한 수준이었다.37 포크는 주로 서광범, 변수와 가까이 지냈던 반면, 민영익과는 다소 소원한 관계를 유지했다. 미국에서 2개월, 함상에서 6개월을 지내는 동안 세 사람을 유심히 관찰한 포크는 다음과 같은 기록을 남겼다.

〔1884년〕 5월 〔31일〕 트렌튼호는 민영익, 서광범, 변수 세 사람을 싣고 제물포에 도착했다. 나는 지난 8개월 동안 그들과 최대한 가까이 지내려고 노력했다. 사절단장인 민영익은 자기 나라의 발전을 위하여 모든 노력을 기울이겠다는 의향을 진지하게 표시한 바 있지만, 내가 그동안 살펴본바, 그는 심약하고 변덕이 심한 인물이었다. 그가 늘 손에 들고 다니는 유학 서적을 탐독하는 것을 보며 나는 애석하게도 그가

36 1884년 2월 29일 자 포크의 편지(Suez, Egypt 發).

37 그리피스(William E. Griffis)는 보빙사의 미국 방문 시 뉴욕의 빅토리아호텔로 찾아가 민영익·서광범·변수를 만나 한국의 역사와 관련된 대화를 나누었는데, 이때 서광범과 변수가 일본말을 할 줄 알았다고 했다. W. E. 그리피스 저, 신복룡 역주(1999), 《은자의 나라 한국》, 집문당, 210쪽.

〔서양 선진문물에 대한〕 관찰과 계몽을 위한 모처럼의 기회를 잃어버리는 것이 아닌가 하는 우려를 갖게 되었다. 한편 서광범과 변수는 백과사전에서 내가 번역해 준 자료 중 유용한 것들이 있으면 지칠 줄 모르고 노트하고 정리하는 열의를 보였다. 이 두 사람은 세계 주요 국가들의 정치와 진보의 역사에 대한 많은 정보a great mass of information를 가지고 귀국했다.[38]

요컨대 서광범과 변수는 서양 열국을 돌아보는 동안 조선의 진보와 개혁에 필요한 많은 정보를 담은 '노트들notes'을 갖고 귀국했던 것이다. 이뿐만 아니라 그들은 10개월 16일에 걸친 그들의 사행 여정과 주요 일정도 매일 기록하고 있었던 것으로 보인다.[39] 특히 서광범은 종사관으로서 사행을 기록해야 하는 의무를 지니고 있었다. 이 때문에 그는 매사에 적극적이었고, 미국에 체류하는 동안 간단한 영어를 익혀 인사말을 건넬 정도가 되었다고 한다.[40]

---

38 "Report of information relative to the revolutionary attempt in Seoul, Corea, by Ensign George C. Foulk, December 4-7, 1884", George M. McCune and John A. Harrison, eds. (1951), *Korean-American relations: Documents Pertaining to the Far Eastern Diplomacy of the United States*, I The Initial Period, 1883~1886, Los Angeles: University of Califonia press, pp. 106~107.

39 《승정원일기》, 고종 21년(1884) 5월 9일 자 민영익의 복명기를 보면, 그는 고종에게 뉴욕 출발 이후 제물포에 이르기까지의 여정을 날짜별로 상세하게 보고했다. 이는 매일매일 사행기록을 남기지 않았다면 불가능한 일이었다.

40 김원모(1999), 앞의 책, 91쪽.

그럼에도 불구하고 보빙사의 사행기록이 단 한 줄도 남지 않은 이유는 무엇일까? 이는 결국 갑신정변과 연관 지어 생각해 볼 수밖에 없다. 민영익이 귀국하여 고종에게 복명한 날짜가 1884년 6월 2일이었다. 갑신정변은 이해 12월 4일에 일어났다. 그 사이 한양 도성 안에는 '친청보수파'와 친일개화파' 사이에 언제 무슨 일이 터질지 모르는 팽팽한 긴장감이 감돌고 있었다. 문제는 민영익이 친청보수파에 합류함으로써 급진적 개혁을 추구하고자 했던 홍영식, 서광범 등과 대립하게 되었다는 것이다. 따라서 자신들의 해외 시찰 성과와 사행기록들을 객관적으로 평가하여 조선의 개화와 개혁 정책에 반영할 수 있는 여건 자체가 마련되지 못했다. 조정(주로 민씨척족)의 한편에서는 보빙사절단에 대한 적대감마저 드러냄으로써 신변 안전에 대한 위협마저 느낄 정도였다.[41]

갑신정변이 '삼일천하'로 끝난 후 홍영식은 참살당하고 서광범과 변수는 해외로 망명했다. 보빙사와 관련된 그들의 기록 또한 공식문서에서 사라졌다. 미국 방문 후 민영익 일행과 떨어져서 먼저 귀국한 홍영식의 '복명기'(1884. 12. 21.)가 관찬 사서인 《조선왕조실록》이나 《승정원일기》 등에서 삭제된 것이 그러한 사정을 말해 준다. 홍영식의 복명기는 100년이 지난 뒤에야 발굴되어 학계에 알려졌다.[42]

---

41 위의 책, 141~159쪽 참조.

42 김원모(1981), "자료: 遣美使節 洪英植復命問答記", 〈사학지〉 15, 단국사학회, 180~230쪽 수록.

조선사절단의 첫 미국행 사행기록의 공백은 그 후 워싱턴 DC에 조선공사관을 개설하기 위하여 파견된 박정양 일행에 의하여 어느 정도 메꾸어졌다. 그들은 먼저 태평양을 건너면서 〈해상일기초海上日記草〉(음, 1887. 10. 20. ~11. 15.)를 남겼다.**43** 부미전권대신 박정양과 참찬관 이완용이 함께 작성하여 고종에게 보고하는 형식을 취한 이 일기는 조선인 최초의 태평양 횡단 기록이라는 점에서 역사적 의의를 지닌다. 10월 27일 자 일기를 보면, 이렇게 되어 있다.

> 혹 바람, 혹 비, 혹 맑음. 계속 배는 나아갔다. 이곳부터 태평양이다. 하늘과 물이 맞닿아 사방을 둘러봐도 한 점 산색山色이 없다. 배의 흔들림이 어제보다 심하다.**44**

〈해상일기초〉에는 11월 2일 자 일기가 두 번 나온다. 날짜변경선 때문이었다.

> 맑음. 계속 배는 나아갔다. 이 대양은 곧 동/서반구가 나뉘는 곳이다. 그러므로 동구東毬에서 해가 들어가자 서구西毬에서 문득 해가 나온다. 비록 하룻밤을 묵더라도 오히려 똑같은 날이라고 한다. 그런고로 초 2

---

43 1책 7장 분량의 〈해상일기초〉(필사본)는 서울대학교 규장각한국학연구원에 소장되어 있다(奎 7722). 그 영인본이 《박정양전집》 6권(아세아문화사, 1995)에 수록되었다.

44 《박정양전집》 6권, 310~311쪽.

일을 두 번 쓴다.[45]

박정양은 같은 배에 탄 서양인으로부터 날짜변경선에 대한 설명을 듣고는 스스로 한탄하기를, "어찌 또한 〔세상〕 물정에 어둡지 않은가?"라고 한탄했다. 그 후에 태평양을 건너던 조선사절단들 또한 박정양과 마찬가지로 모두 놀랍고 신기로워했다. 그들은 이 날짜변경선을 지나면서 시간이 자연적인 것이 아니라 인위적이며 상대적이라는 것을 깨달았을 것이다.[46]

11월 6일에는 '삼유사도三維斯島, Sandwich Island의 음역'를 지나 하와이왕국布哇國 호놀룰루에 정박하지만 한밤중이라 내려서 구경하지 못했다. 배는 다음 날 오전 2시에 출항해서 북동방향으로 나아갔다. 그리고 11월 14일에 샌프란시스코에 도착했다. 19일간의 태평양 항해가 끝난 것이다.

박정양은 〈해상일기초〉와 별도로 《미행일기美行日記》(음, 1887. 9. 25. ~1889. 7. 24.)를 남겼다.[47] 박정양은 고종으로부터 주미공사관

---

45 위의 책, 311~312쪽.

46 조이스 채플린은 그의 저술 《세계일주의 역사》(이경남 역, 레디셋고, 2003)의 서문에서 "세계일주는 시간 여행이다. … 여행자는 지구에서 자신이 있는 자리만을 바꾸지만, 세계일주 여행자는 달력에서 날짜를 바꿀 수 있는 유일한 존재이다"라고 했다(12쪽).

47 《미행일기》의 원문은 《박정양전집》 6권 수록(327~548쪽). 한철호는 이 일기를 근간으로 하되, 미국사행 시의 다른 기록들 — 즉 〈해상일기초〉, 〈종환일기〉, 〈박정양서한〉 — 까지를 보충하여 번역본 《미행일기》(푸른역사, 2015)를 펴냈다.

개설, 조약체결국들과의 친선 도모, 조선 상민의 보호와 통상 진작, 미국 정부와 국민의 정형 파악 등의 임무를 부여받았는데, 《미행일기》는 그러한 임무 수행의 기록이었다.48 한편으로 박정양은 자신이 조선에 대한 종주권을 주장하는 청국의 압력을 받으면서 어떻게 '자주외교'를 펼쳤는지에 대하여도 상세한 기록을 남겼다.49 그는 또한 미국의 제도와 문물을 체계적으로 정리한 보고서 형식의 견문기인 《미속습유美俗拾遺》를 남겼다.50 어떻든 최대한 정치색을 배제하고 실무를 중시하는 박정양의 면모는 그의 사행기록에도 잘 드러나는데, 이 때문에 그의 기록은 오래 보존될 수 있었다.

1896년 러시아행 경축사절단은 공식 사행기록으로 《해천추범海天秋帆》을 남겼다.51 이는 특명전권공사 민영환이 역관 김득련의 《환

다음부터는 이 번역본을 인용한다.

48 한철호 역(2015), "해제", 《미행일기》, 푸른역사 참조.

49 《미행일기》의 초반부를 보면, 박정양이 주미청국공사관의 견제를 얼마만큼 심하게 받고 있었는지를 알 수 있다. 그가 워싱턴에 체류하면서 병을 얻었던 주된 이유도 청국의 압력을 어떻게 하면 무마시킬 것인가에 대한 고심 때문이었다고 볼 수 있다.

50 그 원문은 《박정양전집》 6권에 수록. 한철호는 이를 번역하여 《미속습유》(푸른역사, 2018)를 펴냈다.

51 《해천추범》은 1958년에 김희진(金喜鎭)이 '초록'(抄錄) 형태로 출간된 바 있으며, 1968년 국사편찬위원회에서 펴낸 《閔忠正公遺稿》에 그 전문이 수록되었다(〈海天春帆小集〉 포함, 69~142쪽). 이민수 역, 민홍기 편(2000), 《민충정공유고(전)》, 일조각에는 국편에서 간행한 '유고' 원문과 그 번역문이 함께 실려 있다. 조재곤은 2007년 《해천추범》에다 당시 사행기록을 맡았던 김득련의 《환구음초》와 《윤치호일기》를 보충하고 관련 사진들과 해설까지 추가하여 《해천추범: 1896년 민영환의 세계일주》(책과함께, 2007)를 펴냈다.

구일록環璆日錄》에 기초하여 작성한 것이다. 민영환이 그가 개인적으로 잘 알고 지내던 김득련을 사절단에 포함시켰던 주된 이유가 그에게 사행기록을 맡기기 위한 것이었다. 앞서 언급했듯이 러시아행 사절단은 처음부터 세계일주를 계획했던 것은 아니었지만, 결과적으로 세계를 한 바퀴 돈 셈이 되었다. 따라서 김득련은 이 점을 강조하기 위하여 그의 일기에 '환구環璆'라는 표현을 넣었다.52 보빙사의 세계일주 기록이 남아 있지 않기 때문에 《해천추범》과 《환구일록》은 조선사절단의 첫 세계일주 기행록이라는 의의를 지닌다. 한편 김득련은 러시아 사행 중 틈틈이 한시를 지어 그것들을 모은 《환구음초環璆唫艸》를 일본 교토에서 출간했다.53

러시아 사행의 기록에서 한 가지 주목할 점은 시간의 개념이 달라진다는 점이다. 《해천추범》과 《환구일록》에서는 날짜 기록을 할 때 양력과 음력을, 그리고 러시아에 체류 시에는 러시아력까지 병기했다. 김득련은 그 날짜 표기의 복잡함을 다음과 같이 재치 있게 표현했다.

---

52 리구이(李圭, 1842~1903)는 중국인 최초로 상하이에서 《環遊地球新錄》(1877~1878년, 4권 4책)을 출간해 일반의 관심을 끈 바 있는데, 한어 역관인 김득련 또한 이 책을 입수하여 보았을 가능성이 없지 않다. 《環遊地球新錄》의 초간본은 서울대학교 규장각한국학연구원과 국립중앙도서관에 소장되어 있다. 그 대체적인 내용에 대하여는 규장각의 '해제' 참조.

53 《환구음초》의 편집 겸 발행자는 井手力之助이며, 간행일은 明治 30年(1897) 8월이었다. 그 초간본은 일본 국립국회도서관 '디지털컬렉션'(http://dl.ndl.go.jp/info:ndljp/pid/894781)에서 볼 수 있다.

陽曆 七月七日(양력 7월 7일)

음력 양력 러시아력이 각기 다르니

한 해에 세 번이나 칠석이 돌아오네.

견우 직녀성이여! 오늘밤이 짧다고 한스러워하지 마오.

앞으로도 두 번이나 만날 기회가 있다네. 54

서양에서 기계시계가 발명된 14세기 이래 단일하고 공적인 시간의 역사에서 가장 중요한 진전은 19세기 후반 표준시standard time의 도입이었다. 이 일에 앞장선 것은 정부가 아니라 철도회사들이었다. 대륙횡단철도가 개통된 직후 미국에서만 약 80가지의 상이한 철도시간이 존재했는데, 이에 단일시간을 부여한 때가 1883년이었다. 그리고 이듬해 워싱턴 DC의 본초자오선 회의에 참석한 25개국 대표들은 그리니치를 자오선 제로로 확정할 것을 제안하고 전 지구를 한 시간 간격을 둔 24시간 대역으로 구획했다. 55 이때의 표준시 도입은 그것을 제정한 서양 열강의 지구적 팽창과 이를 뒷받침하는 운송 및 통신수단의 확산, 그리고 시계의 보급으로 서구적 근대에 편입된 사람들의 일상 속으로 서서히 파고들었다. 56

---

54 김득련 저, 허경진 역(2011), 《환구음초: 春波 김득련 시집》, 평민사, 116쪽. 이 번역집에는 앞서 본 초간본의 서문과 발문이 빠져 있다.

55 스티븐 컨 저, 박성관 역(2004), 《시간과 공간의 문화사: 1880~1918》, 휴머니스트, 42~44쪽.

56 조선은 1908년에 동경 127.5도를 기준으로 표준시를 정했다가 1912년에 동경 135

개항 이후 해외로 나간 조선사절단들은 그러한 시간의 규율에 먼저 적응해야만 했다. 그들의 이동 수단이 현지의 '시간표'에 따라 움직이는 증기선과 기차에 의존했기 때문이다. 《해천추범》은 다음과 같은 구절로 끝을 맺는다. "상트페테르부르크의 정오는 서울의 오후 7시 45분이다."[57]

세기가 바뀐 1902년 영국의 국왕즉위식에 경축사절단으로 파견된 이재각 일행은 공식 사행기록으로 《서사일기西槎日記》를 남겼다.[58] 아직 학계에 보고된 바 없는 이 일기는 '광무 6년 1월 30일 파사 조칙光武六年一月三十日 派使 詔勅'으로 시작된다. 그 내용은 다음과 같다.

> 대영국 대군주이며 오인도五印度를 겸하여 통치하는 황제가 즉위하는 대관예식의 경사스러운 날이 가까워졌다. 짐은 의양군 이재각을 특명대사로 임명하니 제때에 가서 하례 의식에 참석하라.[59]

이어서 4월 6일 경운궁에서의 사폐로부터 시작하여 8월 20일 인

도를 기준으로 한 표준시를 채택함으로써 조선과 일본은 같은 시간대에 놓이게 되었다. 이는 조선이 '일본제국'으로 편입되었음을 보여 주는 상징적 사건이었다. 홍성길 · 김영성 · 류찬수(2002), "한국 표준시 제도의 타당성에 대한 연구", 〈한국지구과학회지〉 23(6), 495쪽.

57 민영환 저, 조재곤 편역(2007), 《해천추범》, 책과함께, 208쪽.

58 《서사일기》는 현재 국립중앙도서관에 필사본이 소장되어 있다. 그 서지사항을 보면, 李載覺 撰, 刊寫者 · 刊寫年은 미상으로 처리되어 있다(청구기호: 한古朝63-18).

59 이재각 찬, 《서사일기》, 1쪽.

천항으로 들어와 한양에 이른 후 고종께 아뢰는 것으로 사행기록은 끝난다. 총분량은 34장이며 한문으로 작성되었지만, 인명과 지명은 원발음에 맞추어 한글로 썼다. 박정양의 〈해상일기초〉부터 이러한 기록 방식이 나오는데, 이는 서양의 인명과 지명을 당장 옮겨 적는 데에는 한글이 편리했기 때문이었을 것이다.

한편, 특명대사 이재각을 수행하여 영국에 다녀온 이종응도 사행기록을 남겼는데, 한문 일기체의 《서사록西槎錄》과 한글 기행가사인 《셔유견문록》이 그것이다.[60] 이들 자료는 이종응의 종손 집안에 소장되었다가 2002년 학계에 보고되었다.[61] 이종응은 《서사록》의 서문에서 밝히기를, "나도 비서의 책임을 맡아 〔이재각을〕 수행하면서 공사문서와 크고 작은 비용, 통과 여행한 여러 나라의 산천과 인물 풍속 등에 관한 특이한 견문, 서양 여러 나라의 장관을 널리 보고 들은 바를 빠짐없이 기록하게 되었다"고 했다. 그러면서, "이는 백 가지로 바쁜 시간 중에 정신을 집중해서 적어 둔 것이기에 이 기록을 책으로 엮게" 되었으니 "집안에 비치해서 집안 청년들이 이를 열람해 보고 그 당시의 장관壯觀과 고생스러움이 어떠했는가를 알게 할 뿐이다"라고 했다.[62]

---

60 김원모(2002), "이종응의 《西槎錄》과 《셔유견문록》 해제", 〈동양학〉 32, 127쪽. 이 해제에서는 이종응이 영국행 사행단에 포함되었던 것을 '이례적인 인사발탁'으로 보고 있다.

61 위의 논문, 133~215쪽. 여기에는 이 두 자료의 원문과 함께 번역문이 수록되었다.

62 위의 자료, 133쪽.

이 서문에서 볼 수 있듯이 이종응은 특명대사 이재각의 '비서' 역할을 맡아 사행기록을 매일매일 써 나갔다. 이재각은 그 기록에 기초하여 고종에게 보고할 《서사일기》를 작성했다. 이러한 사실은 《서사일기》와 《서사록》을 비교해 보면 확실하게 알 수 있다. 두 기록은 체제와 내용이 거의 같고, 주어를 달리하는 데서 오는 차이만이 있을 뿐이다. 이는 민영환의 《해천추범》이 김득련의 《환구일록》을 바탕으로 작성된 것과 같은 방식이다. 한편, 시문에 능했던 김득련이 《환구음초》라는 시집을 별도로 냈다면, 이종응은 《셔유견문록》을 따로 남겼다. 이 견문록은 우리나라에서 현전 최초이자 유일의 세계 기행가사라는 문학사적 의미를 지닌다는 평가를 받고 있다.[63]

3) 사행기록들의 한계와 문제점

이상으로 개항기 서양에 파견된 조선사절단의 태평양 횡단과 세계일주 기록들을 살펴보았다. 앞으로 이들 기록에 대한 보다 세밀한 비교, 검토가 이루어져야만 당시 조선 관료층의 '근대 세계'에 대한 인식의 추이와 그 특징을 드러낼 수 있을 터인데, 우선은 지금까지

---

63 김상진(2008), "이종응의 〈셔유견문록〉에 나타난 서구체험과 문화적 충격", 〈우리문화연구〉 23, 35쪽. 이종응이 이 견문록을 남긴 이유는 "자손들이 영국체험기를 보다 쉽게 읽을 수 있도록"하기 위함이라고 전한다〔김상진(2010), "〈셔유견문록〉에 나타난 서양, 그 열망의 공간", 〈한국언어문화〉 43, 10쪽〕.

그 기록들을 보면서 공통적으로 드러나는 몇 가지 한계 내지 문제점을 제시함으로써 앞으로 이 분야 연구의 토대로 삼고자 한다.

먼저 짚고 넘어갈 것은 바다海/大洋에 대한 인식의 문제이다. 이 문제는 강화도조약(1876)에 의한 '개항'을 어떻게 보느냐 하는 문제와도 결부되어 있다. 이때 항구를 연다는 것은 곧 바닷길이 열린다는 뜻이었다. 그리고 그 바닷길을 통하여 새로운 세계, 즉 서양 근대 문명과의 만남이 시작되었다. 이 문명은 이른바 대항해 시대에서 비롯된 것이었다. 15세기 말부터 본격화된 포르투갈과 스페인의 대양 진출과 지리상 '발견'이 서양의 근대 문명을 낳는 원동력이 되었던 것인데, 이는 곧 대륙(땅)에서 해양(바다)으로의 인식 전환이 낳은 결과였다.

그런데 개항기 조선사절단에게는 그러한 인식의 전환이 전혀 드러나지 않는다. 그들에게 바다는 단순히 대륙과 대륙 사이에 존재하는 자연적인 장애물에 지나지 않았다. 태평양 횡단기인 박정양의 〈해상일기초〉를 보면, "혹 바람, 혹 비, 혹 맑음. 하루 종일 배가 가다"가 반복적으로 등장한다. 이는 그 이후의 사행기록들에서도 크게 다르지 않다. 그들에게는 태평양이나 대서양이나 인도양이나 지중해나 홍해나 다 같은 바다일 뿐이었다. 그리고 무사히 항해를 마치면 안도하며 기뻐했다. 미국과 캐나다 그리고 일본이 경쟁적으로 태평양항로를 개설, 확장하고 새로운 기선들을 건조하여 바다에 그들의 '고속도로highway'를 놓고자 했던 의도를 조선의 관료나 지배층은 전혀 살피지 않았다. 요컨대 그들은 조선의 개항이 곧 바다를 통한 세계자본주의체제 편입이라는 문명적 패러다임의 변화를 제대로 이해하지 못했던 것이다.

다음으로 생각해 볼 것은 고종과 그의 특명을 받아 서양에 파견된 사절단들이 이른바 '자주외교'라는 명분만을 중시할 뿐 정작 국가의 주권을 수호하고 그 내실을 채우기 위한 '자주적인 근대화'라는 측면은 소홀히 하거나 아예 간과했던 것은 아닌가 하는 점이다. 조선이 중국의 '속방'이라는 국제사회의 통념을 깨트리려는 외교적 노력 못지않게, 아니 그보다 더욱 조선에 절실했던 것은 서양의 선진문물을 유심히 살피고 그것을 조선의 현실에 도입하여 활용하려는 자세와 노력이었다. 메이지 시대 서양에 파견된 일본사절단의 '학습자적 자세'가 조선사절단의 사행기록들에는 보이지가 않았다.

이와 더불어 지적할 것은 1880년대의 대미 외교와 1890년대 후반의 대러시아 외교에서 군사·재정 분야의 고문단 파견과 차관 교섭에 힘을 쏟았는데, 그러한 노력이 오히려 '자주외교'의 명분을 스스로 허물거나 약화시키는 측면이 있었다는 점이다. 특히 민영환 사행은 아관파천을 배경으로 러시아와의 비밀교섭에 치중했는데, 그 일차적 목적이 국가의 주권 수호가 아니라 왕실(고종) 보호에 있었다는 점은 새겨 보아야 한다.**64** 국가가 곧 왕실일 수 있지만, 때론 왕실이 국가의 주권을 위태롭게 할 수도 있었다.

19세기 후반 제국주의 열강의 세계 분할 경쟁이 절정에 달하고 있

---

64 이민원, 앞의 논문, 206~207쪽.

던 상황에 대한 조선사절단의 인식이 너무 안이했다는 점 또한 지적하지 않을 수 없다. 그들은 한반도를 둘러싼 청국과 일본, 그리고 러시아와 일본 사이의 경쟁과 대립 구도에서 조선/대한제국의 국권을 상실할지도 모른다는 위기의식 내지 절박감을 제대로 느끼지 못했던 것 같다. 민영익 일행은 러시아로 가던 길에 옛 폴란드의 수도 바르샤바에서 하루 묵게 되는데, 《해천추범》을 보면 그때의 감회가 이렇게 서술되어 있다.

> 들으니 이곳은 옛날에 가장 개화한 자주국이었는데 백여 년 전 정치가 점차 쇠약해지고 벼슬아치들이 백성을 능멸하고 학대하여 내란이 수차례 일어나도 능히 다스려 안정을 취할 수 없었다. 결국 러시아, 오스트리아, 프랑스 세 나라가 그 땅을 나누었으니 이것은 나라를 도모하는 자가 거울삼아 경계해야 할 것이다.[65]

민영환을 수행했던 윤치호는 "이 불쌍한 나라 — 세 마리 늑대에 의해 찢겨진 양처럼 인접한 세 나라에 의해 분할된 왕국 — 의 운명을 생각할 때 슬픔을 느낀다"고 했다.[66] 김득련은 한시를 지어 읊기를 "남은 백성들 나라 잃은 슬픔에, 때때로 봄바람에 눈물 흘리네"라고 했다.[67] 이들 세 사람은 폴란드의 망국을 안타까워하면서도 그것

---

65 민영환 저, 조재곤 편역(2007), 《해천추범》, 책과함께, 56~57쪽.

66 《윤치호일기》 4, 1896년 5월 18일조, 179쪽.

이 곧 조선의 미래가 될 수 있다는 우려와 경계 의식은 크지 않았다.

20세기에 들어서자 중국에서 발발한 '의화단사건'을 진압하기 위한 열강들의 출병으로 말미암아 동아시아 정세가 요동치는 가운데, 한반도를 둘러싼 러·일 간 각축은 이제 막바지에 접어들고 있었다. 1902년 1월 30일에 체결된 영일동맹은 사실상 러시아와의 전쟁을 예고하는 것이었지만, 그해 4월 영국에 파견된 조선사절단에게는 당시의 국제정세를 나름대로 파악하려는 노력이나 그러한 정세 변화에 대한 불안감 혹은 위기감이 전혀 나타나지 않는다. 68

전체적으로 볼 때 서양 열국에 파견되었던 조선사절단의 기록은 서양 근대 문명의 겉보기에만 치중한, 따라서 자본주의 문명의 본질이나 제국주의적 속성들을 제대로 파악하지 못한 피상적이며 단편적인 인상기가 아니었나 하는 생각이 들기도 한다. 이 점은 특히 러시아와 영국행 사행기록에서 도드라져 보이는데, 여기에는 그 나름의 이유가 있다. 첫 번째는 사행의 일차적 목적이 황제/국왕 즉위식이라는 국가적인 기획 행사에 참석하는 데 있었다는 점이다. 따라서 경축사절단은 국빈 예우의 접대를 받으며 화려한 궁정 연회에 참석

---

67 김득련 저, 허경진 역(2011), "폴란드의 옛 서울(波蘭國古都)", 《환구음초》, 45쪽.

68 김원모(2002), "한국의 영국 축하사절단과 파견과 한·영 외교관계", 〈동양학〉 32, 103~115쪽. 박노준은 이종응의 《셔유견문록》을 보고 "그저 자긍심과 포만감에 넘쳐 문명한 나라의 신기한 풍경을 그리기만 하면 될 뿐" 나라에 대한 걱정은 없었다고 평했다〔박노준(2003), "〈해유가〉와 〈셔유견문록〉 견주어 보기", 〈한국언어문화〉 23, 133쪽〕.

하거나 도시의 기념비적 건축물과 명소들을 둘러보았다. 이것은 고생, 고통의 어원을 갖는 '여행travel'보다는 즐겨 보는 '관광sightseeing'에 가까웠다. 69

두 번째는 러시아와 영국행 사절단의 기록을 한어 역관과 무과 출신이 맡았다는 점이다. 40대 중반을 넘어선 이들은 서양 사정에 어두웠을 뿐만 아니라 말도 통하지 않았다. 따라서 여행을 하는 내내 겉돌 수밖에 없었다. 그 답답한 사정을 김득련은 다음과 같이 읊었다.

본래 희랍 글자에 어두운데
어찌 여러 나라 글을 알랴.
사람 만나면 한번 웃을 뿐이니
백치 되는 것 면하기 어렵네. 70

김득련은 또 다른 시에서 자신이 '눈뜬장님'이며 '귀머거리에 벙어리'나 다름없다고 자조하고 한탄했다. 71 이처럼 말이 통하지 않고 현지 사정에 어두우니 경축사절단은 외국인 수행원이나 접대원들이 이끄는 대로 다닐 수밖에 없었다. 사절단은 자신들이 '보고 싶은 것'

69 아리야마 테루오 저, 조성운 외 역(2014), 《시선의 확장: 일본 근대 해외관광여행의 탄생》, 선인, 78쪽.

70 김득련 저, 허경진 역(2011), "객사에서 우연히 쓰다(旅枕偶題)", 《환구음초》, 평민사, 123쪽.

71 위의 책, 130쪽.

을 보는 것이 아니라 남들이 '보여 주는 것'을 구경했던 것이다. 따라서 혁명 전야의 러시아도 '태평성대'로 보였다.[72]

사실 언어 소통상의 문제는 비단 김득련이나 이종응의 문제만은 아니었다. 처음 서양에 파견된 보빙사절단의 경우 이중 통역을 위한 준비까지 철저히 하고, 또 홍영식이나 서광범 등은 일본어로 그들을 안내했던 포크와 직접 대화가 가능했다지만 여기에도 분명한 한계가 있을 수밖에 없었다. 이 문제와 관련하여 홍영식의 복명기 중 한 대목을 소개하면 다음과 같다.

상(고종): 그 나라〔미국〕를 처음 가 보았는데 마땅히 그 장점을 취할 바 있겠다.

홍영식: 신 등이 그곳에 도착한 이래 언어가 불통하고 문자가 같지 아니해서 이목으로 보고 들어서 파악할 수는 있어도 도무지 잘 이해하지 못했습니다. 그러나 기기의 제조 및 배舟, 차, 우편, 전보 등속은 어느 나라를 막론하고 급선무가 아닐 수 없습니다. 특히 우리가 가장 중요시할 것은 교육에 관한 일인데, 만약 미국의 교육 방법을 본받아 인재를 양성해서 백방으로 대응한다면, 아마도 어려움이 없을 것이므로 반드시 그 법을 본받아야 합니다.[73]

---

72 위의 책, 68~69쪽.

73 김원모(1999), 《한미수교사: 조선보빙사의 미국사행편(1883)》, 철학과현실사, 424쪽.

요컨대 홍영식 일행은 당시 서양 근대 문명의 상징인 제조업과 교통, 통신수단의 효용성은 충분히 인지하고 있었지만, 이러한 문명의 이기 뒤에 숨어 있는 서양의 과학과 기술에 대하여는 제대로 아는 바가 없었다. 따라서 홍영식은 미국식 실용 교육을 통한 다방면의 인재 양성의 필요성을 절감하고 이를 고종에게 아뢰었던 것이다.

이로부터 4년 후 워싱턴에 조선의 상주공관이 설치되었지만, 언어 문제로 정상적인 외교활동을 펼치기란 쉽지 않았다. 서기관이었던 이상재는 이때를 회고하기를 '상투잡이'의 '벙어리 외교'라고 했다. 그럼에도 불구하고 서양에 최초로 공관을 개설하고 태극기를 게양함으로써 조선이 당당한 자주독립국임을 서방에 알리기 위한 노력을 다했다고 했다. **74**

세 번째로 살펴볼 문제점은 경축사절단의 여정에 관한 것이다. 앞서의 〈그림 4-1〉을 보면 알 수 있듯이 그들이 지구를 한 바퀴 돌기는 했지만, 그것은 점(항구 도시)과 점(내륙의 대도시)의 연결에 지나지 않았다. 그 수단은 "주야불식 긔계운동—살갓튼 화륜선"과 "풍우 갓치 가는 기계—기차"였다. **75** 사절단원들은 스쳐 지나가는 풍경을 보며 이동하고, 도시에서 머물 때는 명소 유람을 했다. 그것도 아주 짧은 기간의 유람이었다. 러시아로 가는 길에 뉴욕에 들렀던 윤치호는 이렇게 한탄하며 아쉬워했다.

---

74 〈別乾坤〉(1926. 12.), 2호, 7~10쪽.

75 이종응, 《셔유견문록》, 170~171, 173쪽.

내가 오직 바라는 것은 세계를 축소시켜 놓은 듯한 이 도시 속 다양한 양식과 다면적인 삶의 모습들을 조용히 둘러볼 시간을 가졌으면 하는 것이다. 그러나 이 짧은 3일 동안에 이 도시에서 내가 무엇을 보고 들으며 알 수 있겠는가?[76]

런던에서는 더욱 아쉬웠다. "내가 이 고전적인 대도시classical metropolis에서 두 달이나 두 해가 아니라 단지 두 시간만을 보내야 한다는 것이 얼마나 애석한가!"[77] (박정양이 미국에 대하여 나름대로 체계를 갖춘 《미속습유》를 집필할 수 있었던 것은 단기간의 방문이 아니라 1년 가까이 미국에 체류했기 때문에 가능했다.)

네 번째로 지적할 것은 서양을 다녀온 사행기록들이 사실상 그 시대에는 거의 아무런 영향을 미치지 못했다는 점이다. 왜냐하면 그 기록들이 고종에게 보고된 후에는 공간되지 못하고 사라지거나 개인 소장으로만 전해 왔기 때문이다. 이리하여 태평양 횡단과 세계일주라는 당대의 진기한 경험이 조선 사회에는 널리 알려지지 않았다. 따라서 그 기록들은 당대 정부의 개화 정책이나 국민계몽에 어떤 영향도 미칠 수 없었다. 오직 김득련의 《환구음초》만이 일본에서 출간되어 조선인도 세계를 한 바퀴 돌았다는 사실을 알렸을 뿐이다. 지식과 경험, 그 기록들이 당대에 공유되고 전승되지 못한다면 역사

76 《윤치호일기》 4, 1896년 5월 9일조, 174~175쪽.

77 위의 책, 1896년 5월 16일조, 177쪽.

는 앞으로 나아갈 수 없는 법이다.

한편, 고종은 해외에 파견된 사절단들이 귀국할 때마다 궁으로 불러들여 복명을 받았지만 과연 그가 얼마나 진지하게 그들의 이야기를 듣고 정부의 시책에 반영하려 했는지에 대하여도 적지 않은 의문을 갖게 한다. 서양에 파견된 사절단의 복명기 — 즉 홍영식(1883), 민영익(1884), 이완용(1888), 박정양(1889), 민영환(1896), 이재각(1902) — 를 차례로 보면, 한 가지 특징이 있다. 전체적으로 시기가 내려올수록 복명기의 분량이 짧아지고 그 내용 또한 빈약해진다는 점이다. 예컨대 홍영식의 복명기는 총 2,840자에 달하는데, 이재각의 복명기는 441자에 그쳤다.**78** 복명이 묻고 답하는 식으로 진행되는 만큼 그 분량이 짧다는 것은 고종의 물음이 그만큼 적었음을 말해준다.

한반도를 둘러싼 러·일의 각축과 막후 협상이 전개되던 상황 속에서 고종은 대한제국을 선포하고 서양 열국에 상주공관을 세우는 등 '자주독립'의 면모를 대내외에 과시하려는 의욕을 보였다. 1902년 영국 국왕의 즉위식에 경축사절단을 보냈던 것도 그러한 하나의 예를 보여 준다. 이때는 러일전쟁이 예견되던 시점임에도 불구하고 고종은 그 긴박함을 제대로 인식하지 못하고 있었던 듯하다. 특명대

78 홍영식을 제외한 나머지 사람들의 복명기는 《조선왕조실록》과 《승정원일기》에 등재되어 있다. 국사편찬위원회의 한국사데이터베이스에서 찾아볼 수 있다. 복명기 중 고종과의 문답 부분에 한정하여 자수(字數)를 계산했다.

사 이재각의 복명 시 고종은 영일동맹에 대한 영국 측 입장이나 현지 언론의 반응 등에 대하여는 묻지 않고 오로지 영국 황제를 몇 번이나 알현했는지, 그들의 접대는 어떠했는지, 오고 가며 무엇을 구경했는지 등을 묻고는 물러가라고 했다.79

당시 국내의 〈데국신문帝國新聞〉에서는 "이군허행李君虛行"이라는 기사를 내고, 이재각 일행이 거액의 여비(4만여 원)를 들이고도 대관예식은 참석하지 못하고 돌아왔으니 여비만 날린 셈이라고 꼬집었다.80 한편, 〈황성신문〉은 "내치수 외교돈內治修 外交敦"이라는 논설에서, 우리나라가 외국에 공사를 주재시키지만 아무런 소득이 없이 도리어 수모만 당하고 있다면서, 내치가 뒷받침되지 않는, 그리고 국가의 이익을 제대로 챙기지 못하는 정부(사실상 고종)의 겉치레식 외교를 정면으로 비판했다.81 당시는 국가의 존망까지 우려되는 상황이었지만, 고종과 위정자들이 그러한 위기를 타개할 대책을 내놓지 않고 오로지 '외교', 즉 외세에 의존하여 황실만을 유지하려는 태도에 대한 실망감이 그러한 논설로 표출되었던 것이다.

---

79 《승정원일기》, 고종 39년(1902) 7월 18일조. 여기서 돌이켜 보면 고종이 해외사절단의 경험과 보고를 정부 시책에 반영하려는 의지를 보였던 것은 개항에서부터 임오군란 발생 직전까지로서 일본에 '조사시찰단'(朝士視察團)을 파견할 때(1881)가 가장 의욕이 높았던 것이 아닌가 생각된다. 이와 관련해서는 허동현(1999), 《일본이 진실로 강하더냐》, 당대 참조.

80 〈제국신문〉, 1902년 8월 22일 자.

81 〈황성신문〉, 1901년 12월 16일 자.

4) 일상으로의 복귀

개항기 서양 열국에 파견되었던 조선사절단들은 아직 준비되지 않은, 낯설고 긴장된 시간과 공간 속으로의 여행에서 제자리, 즉 익숙하고 편안한 곳으로 되돌아왔을 때 안도의 한숨을 내쉬며 기뻐했다. '부국강병 분쟁 시에 서양에 제일'인 런던을 다녀왔던 이종응은 서울로 되돌아왔을 때의 심회를 다음과 같이 읊었다.

> 가던 날이 어졔 갓고, 오난 날이 금일일세
> 긔ᄎᆞ 타고 입경하야, 복명 후에 근친覲親하니
> 천덕天德일셰 천덕일셰, 황뎨폐하 만셰틔평
> 경ᄉᆞ로다 경ᄉᆞ로다, 부모임 슈복강녕
> 쳐ᄌᆞ가 무탈ᄒᆞ니, 경ᄉᆞ로다 경ᄉᆞ로다
> 셔양국이 좃타한덜, 고국산쳔 갓틀소냐
> 동방뎨국 만천년에, 일월이 명낭ᄒᆞ다[82]

아무리 '인간[세계의] 천상天上'이라 해도 그것은 '만니타국萬里他國'의 '이상異常'한 곳으로서, 그곳에서는 '심혼心魂'이 사라지는 '객회客懷'를 느낄 뿐이었다. 그러기에 돌아올 때에는 하루 천 리를 가더라도 "어서 가자 밧븨 가셰"라는 조급증이 났다.[83] 정도의 차이는 있지

82 이종응, 《셔유견문록》, 183쪽.

만 다른 사절단 일행도 이종응과 비슷한 심사를 토로했다.[84]

일 년 가까이 외유하고 돌아온 민영익이, "나는 어둠 속에서 태어나 밝은 곳으로 들어갔다가 이제 또다시 어두움 속으로 되돌아왔다"는 소감을 밝혔다지만[85] 결국은 조선의 현실에 안주하는 태도를 보였던 것도 단순히 권력 유지의 측면이라든가 사상적 관점에서만 해석될 일은 아닌 듯하다. 민영익은 낯선 시간과 공간 속에서 파노라마처럼 펼쳐졌던 서양 문명에 대하여 혼란스러움과 더불어 이질감 내지 거부감을 느꼈을 수 있다. 어쩌면 그는 '광명 세계'의 강렬한 빛이 그 자신은 물론 오백 년간 지탱해 온 조선왕조의 정체성을 한 순간에 흔들어 놓을 수 있다는 두려움마저 지녔던 것은 아닐까 하는 생각이 든다. 그러기에 그는 귀국길에 줄곧 '유교 서적'을 손에서 놓지 않았던 것이다.[86]

보빙사의 참찬관으로 민영익 일행을 수행했던 로웰은 1883년 말 조선에 들어와 융숭한 대접을 받는데, 그는 이때 '고요한 아침의 나

---

83 위의 책, 171·176~177·182쪽.

84 박정양은 미국에 1년간 체류하면서 병을 얻었는데, 귀국 길에 올라 일본에 다다르자 "마음과 정신이 다시 상쾌하고 몸도 가벼워진 듯해서 오랜 병이 다 낫는 것 같다"고 했다(한철호 역, 앞의 책, 172쪽).

85 민영익이 초대 주한미국전권공사 푸트(Lucius H. Foote)에게 했다는 그 유명한 말은 다음과 같다. "I was born in the dark; I went out into the light, and I have returned into the dark again; I cannot as yet see my way clearly, but I hope to soon.", "Foote to Mr. Frelinghuysen", June 17, 1884, FRUS(1884), p. 126.

86 김원모(1999), 앞의 책, 140쪽.

라'에 대한 인상을 다음과 같이 묘사했다.

> 그곳에는 마치 동화 속 궁전처럼 거의 모든 것이 몇 세기 전 그대로 고이 간직돼 있다. 그곳에서는 변화란 의미 없는 것이며 시간은 정지해 있다. … '살아있는 화석화', 즉 모든 것이 변하는 세상에서 몇백 년 전의 옷, 예절, 사고방식 그리고 생활양식 등이 옛 모습 그대로 간직되어 있는 것이다.[87]

민영익이 간직하고자 했던 것, 그리고 이종응이 익숙하게 느꼈던 것이 바로 이와 같은 '옛 모습'이었다. 그들은 서양의 경이로운 문물에 찬탄을 보냈지만, 조선이 그들과 같이 변하는 것에는 본능적인 두려움을 느꼈다.[88] 홍영식이나 서광범처럼 그 두려움을 떨치고 급진적 변혁을 시도한 인물들도 있었지만, 이들은 자신들이 원하는 변혁을 추동할 만한 역량과 비전 그리고 열성적 지지자들을 아직 확보하지 못한 소수에 지나지 않았다.

전통적 농업사회에 기반을 두고 자연적인 질서 — 이는 사계절과 낮, 밤이 주기적으로 바뀌는 순환적인 것이었다 — 에 순응하며 살아온 사람들에게 있어 기계적 시간 — 이는 직선적인 것으로서 끊임

---

87 퍼시발 로웰 저, 조경철 역(2001), 《내 기억 속의 조선, 조선 사람들》, 예담, 17쪽.

88 윤치호는 민영익의 성격을 세 마디로 표현한 바 있다. 즉, 자만심(*conceit*), 인색함(*stinginess*), 그리고 완고함(*obstinacy*)이다. 《윤치호일기》 4, 165쪽.

없는 변화, 즉 발전을 요구한다—이 작동하는 산업사회로의 이행이란 감당하기 어려운 혼란과 긴장 그리고 고통을 수반하는 것이었다. 그것은 마치 근대 문명의 상징인 기차의 굉음이 시간이 멈춘 듯한 한가로운 농촌사회를 소란스럽게 만들어 속도의 경쟁으로 내모는, 그리하여 이 자족적 사회를 그 근저에서부터 파괴, 좀 더 온건하게 표현하면 해체시키는 것과도 같았다.

3. 밖에서 안으로: 한양 도성 안의 '양인촌'

"서울(한양)은 조선 그 자체이다." 개항 후 한양을 둘러본 서양인들이 한결같이 하는 말이었다. 그들은 나가사키나 홍콩, 또는 상하이에서 배를 갈아탄 후 제물포항에 내렸다. 그러고는 가마를 타고 남대문으로 들어왔다. 경인철도가 놓이기 전까지는 그랬다.

1902년 겨울, 한국 주재 이탈리아영사로 부임한 카를로 로제티는 나중에 펴낸 그의 책 《꼬레아 꼬레아니》에서 이렇게 썼다.

> 파리가 프랑스 그 자체인 것처럼 서울은 바로 한국이다. 서울은 한반도 전 국민의 열망의 대상으로서 성공을 원하는 모든 사람들이 몰려드는 중심지이며 국가 활동의 모든 소식이 퍼져 나가는 진원지이다. **89**

---

89 까를로 로제티 저, 서울학연구소 역(1996), 《꼬레아 꼬레아니: 백년 이태리 외교

주지하듯이 한양은 조선왕조의 건국과 더불어 조성된 도시였다. 천도 후 설치된 한성부의 관할 구역은 도성 안과 성저십리城底十里였다. 즉, 북쪽의 백악산과 남쪽의 목멱산, 서쪽의 인왕산과 동쪽의 낙타산을 연결하는 약 18킬로미터의 도성 내부 지역과 도성으로부터 사방 10리에 이르는 외곽 지역이었다. 그 외곽은 동쪽으로는 중랑천, 서쪽으로는 양화나루와 불광천, 남쪽으로는 한강에 이르렀다. 이러한 관할 구역은 갑오개혁으로 행정구역이 개편될 때까지 변함없이 유지되었다.90

한양 도성 내에 외국인 거주가 합법화된 것은 조청상민수륙무역장정朝淸商民水陸貿易章程(음, 1882. 8. 23.)이 체결된 이후였다. 임오군란 후 조선에 대한 '종주권'을 강화한 청국이 조선 정부에 강요한 이 조약에 따라 청국 '상민'들이 한성에 거주하면서 교역에 종사할 수 있게 되었다. 그 후 일본과 서구 열강도 이 조항을 들어서 한양 도성 내로 진입했다. 개항장에 이어서 수도까지 외국에 개방되었다.

1897년 4월 1일 자 〈독립신문〉의 "각부 신문"란에는 한성부 관할 내의 외국인 거주자에 대한 통계가 발표되었다(〈표 4-3〉 참조). 이에 따르면 일본인이 1,758명으로 가장 많고, 다음이 청국인으로 1,273명이었다. 청일전쟁 후 청국인이 크게 줄어든 자리를 일본인이 메꾸면서 순위가 바뀌었다. 임오군란 후 한양 도성으로 밀려들

관이 본 한국과 한국인》, 숲과나무, 47쪽.

90 문동석(2013), 《한양, 경성 그리고 서울》, 상상박물관, 23쪽.

〈표 4-3〉 한양 거주 외국인 통계[91]

구분 \ 국가	일본인	청국인	서양인					합계*
			미국	러시아	영국	프랑스	독일	
가호(家戶)	(622)	(110)	(40)	(22)	(41)	(7)	(7)	(849)
남자(명)	1,035	1,236	47	56	25	23	6	2,428
여자(명)	723	37	48	1	12	5	3	829
*합계(명)	1,758	1,273	95	57	37	28	9	3,257

* 합계에서 가호는 제외

어 온 청국인들은 수표교와 서소문 일대를 중심으로 자리를 잡아 특권을 누렸다. 일본인들은 남산의 북측 산록을 중심으로 거주지를 형성한 후 점차 그 범위를 넓혀 갔다. 청국인의 경우 거의 남자로 나타나는데, 이는 그들 가족이 중국 또는 서울에 가까운 제물포에 살고 있었기 때문이다.

한양 도성 안의 서양인은 226명으로 외국인 전체(3,257명)의 7% 정도였다. 이들 가운데 미국인이 95명으로 가장 많고, 이어서 러시아(57명), 영국(37명), 프랑스(28명), 독일(9명) 순이었다. 러시아인은 한 명을 뺀 나머지가 남자인데, 이들 대부분은 고종의 '아관파천' 후 서울에 들어온 군사 교관이거나 호위병이었을 것이다. 미국인은 남자(47명)에 비해 여자(48명)가 한 명 더 많게 나타난다. 이것

91 〈독립신문〉(1897. 4. 1.), "셔울 오셔(五署) ᄌᆞᄂᆡ(字內)에 ᄂᆡ외(內外) 계(契)에". 여기서 자내는 도성 안팎을 각 營에서 갈라 맡아 경계, 호위하던 구역 안을 가리킨다. 이 시기 한성부의 관할 구역은 전체를 5서(署)로 나누고, 그 밑에 47방(坊), 288계(契), 775동(洞)이 있었다.

은 그들이 서울에서 가정을 꾸리고 있었음을 말해 준다. 미국인의 다수는 조선에 정착하려는 선교사였고, 그중에는 미혼 여성들도 있었다. 이들 선교사가 서울에 도착하면 가장 먼저 하는 일이 한국어 배우기였다. 그들의 일차적 선교 대상은 상류층이 아니라 일반 민중이었다. 따라서 이들과 의사소통을 할 수 있어야 했다.

1886년에 육영공원의 교사로 초빙된 호머 헐버트Homer B. Hulbert, 紇法(1863~1949)가 서울에 온 지 5년 만에 한글로 된 《ᄉᆞ민필지》라는 계몽적 인문지리서를 펴냈다.**92** 그는 이 책 서두에서 이렇게 말한다. "죠선 언문이 즁국 글ᄌᆞ에 비ᄒᆞ야 크게 요긴ᄒᆞᆫ 것마는 사ᄅᆞᆷ들이 긴ᄒᆞᆫ줄노 아지 아니ᄒᆞ고 도로혀 업수히 넉이니 엇지 앗갑지 아니리오(띄어쓰기 저자)."**93** 1870년대 후반부터 성서의 한글 번역에 공을 들여 온 선교사들은 원음에 가깝게 표기할 수 있는 한글의 우수성을 일찍 깨닫고 있었다. 개화기 서양 문물과 지식에 대한 접근이 주로 '번역'을 통하여 이루어졌다는 점을 고려할 때, 헐버트의 작업은 매우 의미 있는 일이었지만 이에 대한 조선 지배층의 자각은 무디기만 했다.**94**

---

92 이 책의 출간이 갖는 의의는 그것이 우리나라 최초의 지리 교과서이자 미국 지리학의 '직수입'이었다는 점이다. 권정화(2013), "헐버트의 사민필지와 미국 근대 지리교육의 굴절된 투영성", 〈사회과학교육연구〉 15 참조.

93 《ᄉᆞ민필지》(연세대 소장본), 1~2쪽.

94 《ᄉᆞ민필지》는 띄어쓰기를 하지 않아 오늘날도 읽기가 쉽지 않다. 따라서 당시 한문에만 익숙해 있던 식자층은 선뜻 그 책에 손이 가지 않았을 것이다. 1895년 學部 편집국에서 漢譯《士民必知》(英國紇法記, 白南奎·李明翔 共譯, 金澤榮 撰)

개항기 서울의 인구는 대략 20~30만 명 정도로 추산된다. 청일 전쟁 후 한국의 상황을 관찰하여 기록을 남겼던 이사벨라 버드 비숍의 《한국과 그 이웃 나라들》에는 이런 기록이 나온다.

> 1897년 2월 실시된 세밀한 인구조사a careful sensus에 따르면, 서울 도성 안의 인구는 144,636명, 도성 밖의 인구는 75,189명으로 총 219,815명이었다. 이 중에 남자의 숫자가 11,079명 더 많았다. 95

이 기록과 앞의 〈독립신문〉 기사를 종합해 보면, 한성부는 1897년 2월에 인구조사를 실시했던 것 같다. 이 무렵 한성부는 대대적인 도시정비사업을 벌이고 있었다. 그 책임자는 한성판윤 이채연이었다. 그는 초대 주미전권공사인 박정양을 따라 워싱턴 DC에 체류한 바 있던 인물이었다. 그는 1896년부터 한성판윤을 역임하면서 도시 개조사업을 벌이는가 하면, 전차 부설사업 추진에 핵심적 역할을 맡았고, 한성 내 거주민을 위한 위생 및 교육 시설에도 관심을 기울였다. 그는 '실무형 개화 관료'로서 한성을 근대적인 도시로 만들고 싶어 했다. 96

를 펴냈던 것도 그 때문이었다.

95 Isabella L. Bird(1898), *Korea and her neighbors: A narrative of travel, with an account of the recent vicissitudes and present position of the country*, New York: F.H. Revell Co., p.38의 각주 1; 신복룡 역주(2019), 《조선과 그 이웃 나라들》(개정판), 집문당, 29쪽 원저자 각주 4.

이상의 논의를 종합하면, 1897년 현재 한성부 관할 내의 인구는 총 219,815명이고,[97] 그 가운데 외국인이 3,257명이었다. 이는 전체 거주민의 1.5% 정도였다. 이들 중에 서양인이 226명이었다. 이들 대부분은 한데 모여 살았다. 그 마을을 '양인촌洋人村'이라고 하는데, 정동貞洞, Chong Dong이 바로 그곳이었다. 이곳이 어떤 곳이었는지를 알기 위해서는 〈그림 4-2〉(부분도)를 참고할 필요가 있다.

원래 이 지도는 〈영국 왕립아시아학회 한국지부 저널*Transactions of the Korea Branch of the Royal Asiatic Society*〉 제 2권 제 2호(1902)에 수록되었던 것이다. 캐나다 출신의 선교사 게일James Scarth Gale, 奇一이 한양의 연혁을 다룬 논문 "Hanyang(Seoul)" 앞에 나온다. 한양 도성과 그 주변을 보여 주는 이 지도를 누가 언제 만들었는지는 알 수 없다. 제목도 없었는데, 그 후 〈한성부지도〉로 널리 알려졌다. 한 연구에 따르면, 1898년 전국의 토지를 측량하기 위하여 설치한 관서인 양지아문量地衙門에서 미국인 측량기사 크럼Raymond Krumn을 초빙하여 1900년에 완성한 것으로, 자료적 가치가 대단히 높다고 평가된다.[98]

〈그림 4-2〉에서 우리가 눈여겨볼 것들을 차례로 설명해 보고자 한

---

96 장경호(2013), "고종대 한성판윤 이채연의 정치 성향과 활동", 〈향토서울〉 85 참조.

97 서울특별시사편찬위원회 편(2002), 《개항 이후 서울의 근대화와 그 시련(1876~1910)》, 서울특별시, 252쪽. 이에 따르면, 서울의 인구는 조선 전기에는 10만 명, 조선 후기에는 18만~20만 명 정도였다고 한다. 개항 이후에도 20만 명 정도인데, 유동 인구를 고려하면 30만 명에 이를 것으로 보고 있다.

98 이진호(1991), "한성부지도와 육조의 역사지리연구", 〈향토서울〉 50, 272쪽.

〈그림 4-2〉〈한성부지도〉 중 정동(Chong Dong) 일대 모습(1900년경)

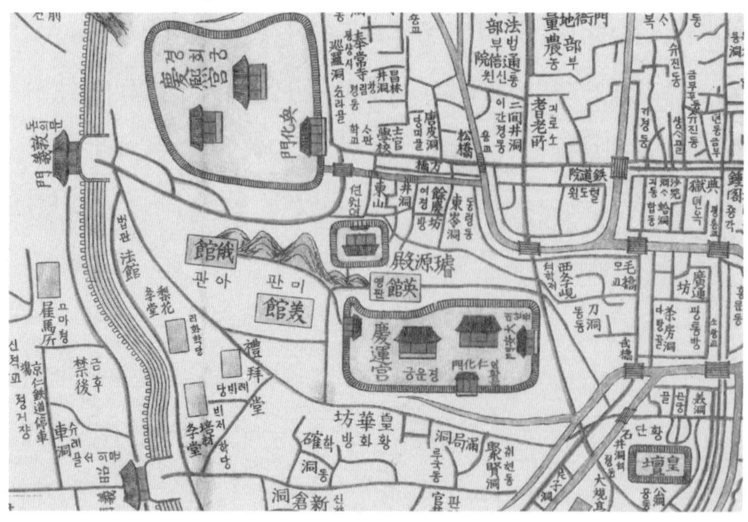

출처: James Scarth Gale(1902), "Hanyang(Seoul)", *Transactions of the Korea Branch of the Royal Asiatic Society*, 2(2)의 앞쪽에 실려 있다. 원래는 무채색의 동판본인데(45 × 45센티미터), 좀 더 쉽게 알아볼 수 있도록 색을 입혔다. 이 채색 지도에는 〈한성부지도〉(63 × 63센티미터 확대)라는 제목이 붙여져 낱장으로 판매되고 있다(경세원, 1998). 위의 지도는 그중 정동 부근만을 보여 준다.

다. 먼저 가운데 노란색으로 표시된 경운궁慶運宮(오늘날 덕수궁)이다. 임진왜란 후 한때 선조가 거처하는 행궁行宮으로 사용되었던 이 궁은 한동안 왕실의 관심에서 벗어나 있었다. 그런데 아관파천 후 고종이 이곳에 자리를 잡으면서 경복궁을 대신하게 되었다. 비극적인 '을미사변' 후 자신의 신변 안전을 무엇보다도 우선시했던 고종의 선택이었다. 그 후 고종은 경운궁 건너편에 황단皇壇을 세우고 대한제국을 선포함으로써 스스로 황제의 자리에 올랐다. 이제 한양은 '황성皇城'이 되었다. 그리고 경운궁을 품은 정동은 정치의 중심지로 부각되었다.

다음은 서양 각국의 공관이다. 경운궁 바로 위쪽에는 영관英館(영국공사관), 서쪽에는 미관美館(미국공사관)과 아관俄館(러시아공사관)이 있다. 그리고 아관 길 건너편에 법관法館(프랑스공사관)이 보인다. 독일영사관과 이탈리아영사관은 정동과 붙어 있는 서소문동에 있었다. 넓게 보면 이곳도 '대정동大貞洞'에 속한다.99 가장 늦게 한국과 국교를 맺은 벨기에의 영사관도 정동에 있었다가 회현동 쪽으로 이전하였다. 이리하여 정동은 '공사관구역Legation Quarter' 또는 '공사관거리Legation Street'로 알려졌다.100

세 번째는 교육 및 종교 관련 건물이다. 지도에서 '미관' 서쪽을 보면, 례배당(정동제일교회)과 빈지학당(배재학당), 리화학당(이화학당)이 나온다. 정동에 가장 먼저 자리 잡은 것은 미국공사관(1883)이었는데, 그 후 한양에 들어온 선교사들이 공관 주변에 하나둘 거처를 정하면서 선교 구역이 정해졌다. 정동의 가운데 길을 경계로 동쪽 편에는 '미국 장로교 선교기지'가, 그 건너편 성벽 아래에는 '미국 감리교 선교기지'가 각각 들어섰다. 그런데 대한제국의 선포를

99 앞서 소개한 게일의 논문 "Hanyang(Seoul)"에는 '소정동'(Little Chung Town)과 '대정동'(The Foreign Settlement)이라는 구분이 나온다. James Scarth Gale (1902), "Hanyang(Seoul)", *Transactions of the Korea Branch of the Royal Asiatic Society*, 2(2), p. 31.

100 보다 자세한 것은 이순우(2012), 《정동과 각국공사관: 근대 서울의 역사문화공간》, 하늘재 참조.

전후하여 경운궁이 확장되면서 장로교 선교기지는 대부분 궁궐로 편입되었다. 이곳에 있던 언더우드학당과 정동여학당, 새문안교회 등은 정동 밖으로 옮겨 갔다.101

개항기의 정동은 근대문물의 전시장이었다. 이곳에 거주하는 서양인들 — 외교관이거나 선교사 또는 사업가 등 — 의 일상생활은 그 자체로서 한양에 살던 사람들의 이목을 끌기에 충분했다. 대한제국 선포 후 시행된 도시개조사업의 핵심은 경운궁을 중심으로 한 방사선도로의 신설과 기존 도로의 확대 및 정비 등이었다. 철도, 전차, 전기, 전등 등 모든 문명의 이기들이 정동을 중심으로 하여 설치되었다. 이리하여 정동에서 서소문로 그리고 남대문으로 이어지는 지역은 한양에서 가장 서구적인 면모를 지니게 되었다.102

이러한 정동이 도성 밖의 세상과는 어떻게 연결되고 있었을까? 이 문제와 관련하여 〈그림 4-2〉에서 눈여겨볼 것이 서쪽 성벽 밖 경인철도 '졍거장'이다. 배재학당 뒤편의 소의문을 나서면 바로 그 정거장이 나온다. 여기에서 기차를 타면 두 시간 만에 제물포에 닿을 수 있었다. 경인철도 개통(1899) 이전에는 마포와 양화진 가도로 진입하여 제물포와 연결되었다. 이때에는 꼬박 하루를 잡아야 했다. 한

---

101 보다 자세한 것은 이덕주(2002), 《개화와 선교의 요람 정동이야기》, 대한기독교서회 참조.

102 비숍은 정동에 경운궁이 없었다면, 이곳이 한국이라는 것을 알 수 없을 정도라고 했다. 그는 또 서울 외관의 빠른 변화에 놀라움을 드러냈다. 신복룡 역주(2019), 《조선과 그 이웃 나라들》, 448~451쪽.

양과 거의 동시에 외국에 개방된 제물포는 일본인 일색의 부산이나 원산과 달리 '국제적'인 모습을 띠고 있었다. 개항 이전 한적한 어촌이었던 제물포에는 일본인, 청국인, 서양인들의 독자적인 조계지가 설정되어 있었다. 여기에 외국인과 한국인들이 함께 살 수 있는 '잡거지雜居地' — 또는 조선지계朝鮮地界라고도 한다 — 가 더해졌다. 이는 영국과의 조약 체결 시, 조계 밖 10리 이내에서 외국인의 토지 및 가옥 소유를 허용한 데 따른 것이었다.**103** 항구 위쪽에는 미국계의 타운선양행陀雲仙洋行, Townsend & Co, 독일계의 세창양행世昌洋行, Edward Meyer, 영국계의 함릉가양행咸陵加洋行, Homele Ringer & Co. 등이 자리 잡고 있었다. 이들이 미국 및 유럽과의 무역을 독점했다.**104**

한양에 접한 제물포는 조선인(대한인)이 세계로 나아가는 출구이자 세계가 조선(대한제국)으로 들어오는 입구였다. 이곳에서 배를 타면 중국의 상하이나 홍콩, 일본의 나가사키나 고베로 갈 수 있었다. 이곳에서 대양항해가 가능한 여객선으로 갈아타면 인도양와 태평양으로 빠져 나간다. 한 달 정도면 제물포에서 샌프란시스코에 갈 수 있었다. 따라서 제물포에는 한국(서울)과 관계를 맺은 서양인들이 다수 거주하고 있었다. 한편, 제물포는 연안항로를 따라 진남포, 목포, 군산, 마산, 부산, 원산 등지로 연결되었다. 내륙철도가 부설되기 전에는 각 개항장을 통하여 내륙으로 들어가는 것이 훨씬 시

---

103 이영호(2017), 《개항도시 제물포》, 민속원, 7~9쪽.

104 까를로 로제티 저, 서울학연구소 역, 앞의 책, 357~358쪽.

간이 덜 걸리고 편했다.

요컨대 개항기 한양 내 서양인들의 집단 거주지였던 정동은 한국의 정치와 외교의 중심이며 서양 근대문물을 수용하는 창구이자 국내에 전파하는 발신지로서, 한국의 근대화, 즉 서양화의 기원과 그 특색을 보여 주는 상징적 공간이었다. 이 작은 공간에서 이루어지는 일들은 조선왕조를 지탱해 온 성리학적 가치체계와 반상제 질서를 뿌리부터 흔들어 놓기 시작했다. 그 파장은 서울에서 가까운 도시로, 그리고 내륙으로 점차 퍼져 나갔다. 교통과 통신수단의 발달은 그러한 변화에 속도를 더했다. 세계로부터 고립되어 있던 한국(서울)이 서서히 변화의 물결에 휩쓸려 들어갔다. 그 충격에 따른 혼란과 당혹스러움은 불가피한 것이었다.

'양인촌' 정동이 한국 근대사에 던진 파장을 몇 가지로 나누어 살펴보기로 하자. 첫 번째로, 정동은 신학문의 발상지였다. 서양(주로 미국인) 선교사들이 1880년대 중반 정동에 발을 들여놓으면서 벌인 첫 사업이 교육기관 설립이었다. 배재학당과 이화학당이 그 대표적인 예이다. 이들 '미션 스쿨mission school'의 학생 모집은 초기에 부진했다. 불과 몇 명에서 몇십 명 단위로 늘어나는 데 10년 가까이 걸렸다. 그런데 청일전쟁 후 그 숫자가 갑자기 늘어나서 몇백 명 단위로 올라갔다. 청국의 패배는 조선 사회를 충격에 빠트렸다. 이른바 갑오개혁으로 인한 과거제 폐지는 청년들로 하여금 '신식' 학교로 눈을 돌리게 만들었다. 배재학당의 경우, 정부 보조금까지 받게 되면서 등록한 학생 수가 200명 수준으로 올라왔다. 이 학당을 설립한

아펜젤러는 배재학당을 대학교 수준으로 끌어올리려고 했다. 그만큼 의욕이 넘쳤다.105

그렇다면 배재학당에서 어떤 교육이 이루어지고 있었을까? 그 현장을 직접 살폈던 비숍은 이렇게 말했다. "배재대학Pai Chai College에는 세 개의 학과가 있다. 중국 고전과 셰필드Sheffield의 《세계사》 등을 가르치는 국한문과, 소규모의 신학과, 그리고 영어과이다. 영어과에서는 강독, 문법, 작문, 철자법, 역사, 지리, 수학, 화학원론, 자연철학 등을 가르친다. 미국에서 교육을 받은 서재필 박사는 최근에 배재학당에서 매주 한 번 특강을 실시하고 있다. 그는 세계지리와 유럽의 정치사 및 교회사를 가르쳐 학생들의 열정을 불러일으키고 있다. 애국심과 더불어 명예의 전통을 지닌 영국 공립학교의 정신과 같은 것이 학생들 사이에서 길러지고 있다."106 비숍은 배재학당에서 지적·정신적·도덕적으로 성숙해 가는 한국 청년들의 밝은 미래를 보고자 했다.

두 번째로 정동은 선교의 요람이었다. 개항 후 서울에 들어온 서양인들은 "한국에 종교는 없다"고 생각했다. 그들은 한양 도성 안에

---

105 이만열 편(1985), 《아펜젤러: 한국에 온 첫 선교사》, 연세대학교출판부, 330~335쪽의 〈배재학당의 첫 연례보고서(1888~89)〉, 370~371쪽의 〈1895년 배재학교와 정부가 맺은 협정서〉, 387~390쪽의 〈1897년의 연례보고서(일부)〉 참조.

106 Isabella L. Bird, *Korea and her neighbors*, pp. 388~389; 신복룡의 역주본에는 약간의 오역이 있다(400~401쪽).

서 인상적인 종교 건축물이나 상징물을 보지 못했다. 유교는 정치사상이거나 도덕적 규율로 인식되었고, 불교는 한국의 현실에 힘을 미치지 못하는 '산속' 사찰에 지나지 않으며, 일반 민중은 샤머니즘에 빠져 있다고 보았다.107 이 종교적인 '공백' 상태에 기독교를 주입할 수만 있다면 하는 바람이 생겨났다. 문제는 조선 정부가 기독교(개신교)의 포교를 합법적으로 인정하지 않고 있다는 것이었다. 따라서 선교사들은 교육과 의료사업을 통하여 한국인의 호감을 얻는 데 힘을 쏟았다.108

그런데 청일전쟁 후 경복궁에 억류되다시피 한 고종이 서양인 선교사들에게 기대면서 그들의 전도 활동 또한 자유로워졌다. 이를 상징하는 건축물이 1897년 말에 '봉헌식'을 가진 '벧엘예배당', 즉 정동제일교회였다. 고딕양식의 이 교회 건물은 500명을 수용할 수 있었다. 이듬해 5월에는 명동대성당이 '축성식'을 가졌다. 이제 한양은 도성 안 어디에서나 그 두 건물을 볼 수 있는 '종교적'인 도시로 변모해 갔다.

세 번째로 정동은 근대적 '여론public opinion' 형성의 진원지였다. 이

---

107 신복룡 역주, 앞의 책, 11쪽, 52~58쪽; 까를로 로제티 저, 서울학연구소 역, 앞의 책 중 유교/불교/샤머니즘에 대한 기술, 122~158쪽 참조.

108 아펜젤러는 〈1889년 연례보고서(일부)〉에서 이렇게 썼다. "한국에 있는 선교사는 변칙이다. 그는 아무런 조약상의 권리 없이 한국에 있는 것이다. 그는 의사나 교사로 환영받았고, 그런 자격으로 소유지를 사고 개량할 권리를 가진다." 이만열 편, 앞의 책, 328~329쪽.

를 이끈 것은 한글 신문이었다. 서재필Philip Jaisohn의 〈독립신문〉 창간에 이어서, 그가 가르쳤던 배재학당 학생들이 〈협성회회보〉를 만들더니 우리나라 최초의 일간신문인 〈미일신문〉을 발행하기 시작했다. 대한 광무 2년(1898) 4월 9일 자 창간호 논설에서는 이렇게 말한다.

> 대범 셔양 졔국셔 온 국즁에 신문 다소를 가지고 그 나라 열니고 열니지 못홈을 비교ᄒᆞ거늘 도라보건ᄃᆡ 우리 나라에 신문이 얼마나 되ᄂᆞ뇨 과연 붓그러온 바라 … 특별히 ᄆᆡ일신문은 우리가 쳐음 시쟉ᄒᆞ니 우리 나라 ᄉᆞ천년 ᄉᆞ긔에 쳐음 경ᄉᆞ라 엇지 신긔ᄒᆞ지 안으이오 아무조록 우이〔리〕 신문이 문명 진보에 큰 긔쵸가 되기를 우리ᄂᆞᆫ 간절히 바라노라

이 논설에서는 신문의 역할로서 나라의 개방성과 국민에 대한 계몽을 들고 있다. 여기서 개방성은 국민의 여론 형성과 관련되며, 계몽의 내용으로는 "ᄂᆡ외국 시셰 형편과 국민에 유죠ᄒᆞᆫ 말과 실젹ᄒᆞᆫ 소문을 만히 긔지ᄒᆞᆯ 터"라고 했다. 요컨대 국민을 깨우쳐 그들이 여론 형성의 주체로 나서도록 하겠다는 것이다. 이것은 과거 사림士林이 나라를 이끌던 공론公論과는 확연히 구분되었다. 서재필이 그러했듯이, 배재학당 학생들도 일반 국민과의 소통을 위해서는 무엇보다도 한글 매체가 중요하다는 점을 정확히 인식하고 있었다. 따라서 그들은 우리나라 4천 년 역사에서 처음 보는 한글로 된 일간신문을 내기로 결정했던 것이다.

〈미일신문〉의 창간과 관련하여 우리가 주목해야 할 것은, 그 시점이 '만민공동회' 운동이 본격화되는 시기와 맞물려 있었다는 사실이다. 우리나라 최초의 가두시위demonstration라고 볼 수 있는 제 1차 만민공동회는 1898년 3월 10일에 정동과 서너 블록 떨어진 종로에서 개최되었다. '만 명'이 모였다는 이 집회에서 연사로 등장한 사람은 현공렴, 홍정후, 이승만, 조한우, 문경호 5명이었다. 이들 중 조한우를 제외한 네 명은 배재학당 내의 토론단체인 협성회에서 간부 또는 회원으로 활동하고 있었다.[109] 그리고 당일 집회에서 회장으로 뽑힌 사람은 쌀장수 현덕호였다.[110] 신학문을 배운 학생들과 시전의 '장사치'가 만민공동회의 첫 장을 장식했던 것이다.[111] 이것은

---

109 〈협성회회보〉 1898년 1월 1일 자, 1월 15일 자, 1월 22일 자, 2월 5일 자, 2월 12일 자, 2월 19일 자, 2월 26일 자 "회즁잡보" 참조.

110 〈독립신문〉, 1898년 3월 12일 자 "잡보".

111 《윤치호일기》 5, 1898년 3월 10일 자를 보면, 당시 독립협회 회장 이완용과 부회장 윤치호는 민중집회가 과격해질 상황을 우려하여 독립협회가 그 전면에 나서지 않는다는 조건으로 제 1차 만민공동회 개최에 동의했다. 따라서 서재필은 그가 지도하던 협성회의 열성 회원들을 연사로 등단시켰다. 협성회는 "우리 회원들은 인민을 위하야 가로샹에 나가 연셜함이 가홈"이라는 주제를 가지고 찬반 토론을 벌인 바 있다(〈협성회회보〉 1898년 1월 1일 자 "회즁잡보"). 1897년 11월 학부에 보고된 한양 내의 공립학교(각국 외국어학교와 소학교 포함) 생도는 1,100명에 달했다(〈협성회회보〉 1898년 1월 8일 자 "니보"). 여기에 각종 사립학교 생도까지 포함하면 1,500명 선을 넘었을 것으로 추측된다. 갑오개혁 후 '신학문'을 배운 이들이 한양 도성 내의 여론 형성과 대중 집회에 적극 나서며 만민공동회 운동은 성공적으로 진행될 수 있었다. 기왕의 연구들은 이 점을 간과하거나 제대로 평가하지 못했던 것 같다.

한성부 내의 일반 시민이 정치의 장으로 들어서는 역사적인 장면이었다. 만민공동회가 그 후 '의회' 개설 운동에 앞장섰던 것은 익히 알려진 사실이다.[112]

네 번째로 정동은 기독교(개신교)에 바탕을 둔 문명개화론의 발신지였다. 청일전쟁 이후 조선은 역사적 전환기에 들어섰다. 오랫동안 '동양'을 지배해 왔던 중국 중심의 세계 질서가 한순간에 무너져 내리면서 '문명'을 바라보는 기준이 달라지기 시작했던 것이다. 일본은 청일전쟁을 대륙 대 해양, 야만 대 문명의 전쟁으로 세계에 선전한 바 있다. 그런데 일본이 이 전쟁에서 일방적으로 승리하면서 조선의 지배층과 지식인들은 충격과 혼란에 빠졌다. 전통적 화이華夷의 구분이 뒤바뀌는 상황에서 조선은 어디로 어떻게 나아가야 할지에 대하여 고민하지 않을 수 없게 된 것이다.

이러한 상황에서 새로운 대안으로 제시된 것이 이른바 기독교 문명개화론이었다. 1880년대에 조선의 개화파들이 주장했던 문명개화론이 일본에서 들어온 것이었다면, 이번의 문명개화론은 선교사들이 앞장서서 한국인에게 제시한 것이었다. 그 전파 매체가 한글로 된 〈조선크리스도인회보〉와 〈그리스도신문〉이었다. 개화기 미국 선교단을 대표하는 두 인물, 즉 감리교단의 아펜젤러와 장로교단의

112 협성회는 "우리나라에셔 샹하 의원을 셜립함이 정치샹에 급선무로 결졍홈"이라는 주제를 가지고 찬반 토론을 벌인 바 있다(〈협성회회보〉 1898년 1월 8일 자 "회즁잡보").

언더우드가 1897년에 각각 창간한 이 두 신문에서 주장하는 바를 요약하면 이렇다. 기독교는 모든 학문과 문명진보의 근원이며, 근면한 노동과 삶을 통해 '부귀복락'을 가져다주며, 서양 열강을 부강케 한 원인이며, 여러 미未개화, 반半개화된 나라가 교화된 원인이며, 사람의 마음을 밝히고 자유롭게 한다는 것이다. 한마디로 기독교(개신교)가 문명개화의 시작이요 끝이라는 논리요 믿음이었다.[113]

그런데 이러한 기독교 문명개화론은 비단 선교사들의 주장에만 그친 것이 아니었다. 청일전쟁 후 한국 민중에게 가장 큰 영향력을 미치고 있던 〈독립신문〉과 이를 따라 했던 〈미일신문〉에서도 종종 그러한 기사들을 볼 수 있다. 예컨대 1898년 5월 28일 자 〈미일신문〉의 "론셜"은 이렇게 시작한다. "지금은 대한에도 예슈 그리스도를 밋ᄂᆞᆫ 동포가 만히 잇스니 밋ᄂᆞᆫ 형뎨ᄌᆞᄆᆡ를 ᄃᆡᄒᆞ여션ᄂᆞᆫ 우리가 그 교를 가지고 더 말치 아니ᄒᆞ여도 아시ᄂᆞᆫ ᄇᆡ어니와 우리가 특별히 밋지 안ᄂᆞᆫ 동포들을 위ᄒᆞ야 예슈교가 나라 문명부강과 독립ᄌᆞ쥬의 근본이 되ᄂᆞᆫ 쥴을 ᄭᆡ닷게 ᄒᆞ노라."[114]

이 글에 나오는 문명부강과 독립자주는 청일전쟁 후 한국인에게 새롭게 제시된 국가적·민족적 과제이자 목표였다. 그리고 이를 달성하기 위한 방법으로 한국인의 기독교화가 제창되기 시작했다. 그

113 류대영(2009), 《한국 근현대사와 기독교》, 푸른역사, 101~102쪽.

114 토론단체인 협성회는 "우리나라 종교를 예수교로 함이 가홈"이라는 주제를 가지고 토론회를 벌인 바 있다(〈협성회회보〉 1898년 1월 1일 자 "회중잡보").

본보기는 세계에서 으뜸가는 '문명부강국' 미국이었다. 요컨대 서양 문명의 근본을 이루는 기독교의 수용을 통해서만 한국이 근대화를 달성하여 문명국의 반열에 오를 수 있다는 것이었다. 이제 근대화는 서구화요, 서구화는 곧 기독교를 통한 미국화라는 등식이 성립되었다. 한국의 기독교 '신화'는 이렇게 탄생했다.

끝으로, 정동은 서양 열강의 이권 '침탈' 통로였다. 아관파천 후 정동의 각국 공사관과 영사관은 고종을 상대로 치열한 이권 획득 경쟁을 벌였다. 이때 알짜 이권 — 운산금광 채굴권, 경인철도 부설권, 서울의 전차 부설권과 전기수도 시설권 등 — 을 챙긴 나라가 미국이었고, 그 중심에는 이미 잘 알려져 있듯이 알렌이란 인물이 있었다. 그는 선교와 외교 그리고 이권(재물)이 어떻게 연결되는지를 상징적으로 보여 주었다. 조미수호조약이 체결된 후 조선에 첫발을 들여놓았던 알렌은 의료선교사로서 고종과 민비(명성황후 추존)에게 접근했고, 워싱턴 DC에 한국공사관을 개설하는 일을 거들었다. 그 후 정동에 있는 미국공사관으로 자리를 옮겨 공사의 자리에 올랐다. 고종은 알렌을 통하여 미국의 환심을 살 목적으로 그에게 이런저런 이권을 챙겨 주었다. 알렌은 이러한 고종의 의도를 누구보다도 잘 알고 있었다.**115**

---

115 한국에서 펼쳤던 알렌의 활동에 대하여는 Fred Harvey Harrington(1944), *God, Mammon, and the Japanese: Dr. Horace N. Allen and Korean-American Relations, 1884~1905*, Wisconsin University Press; 이광린 역(1973), 《개화기의 한미관계: 알렌 박사의 활동을 중심으로》, 일조각 참조.

러일전쟁 후 미국은 일본과의 비밀각서(일명 태프트-가쓰라 밀약)를 통하여 한국의 주권을 일본에 넘겼다. 이때 알렌은 미국의 경제적 이익을 극대화하기 위해 친러, 반일 정책을 취해야 한다고 시어도어 루스벨트 대통령에게 건의했지만 받아들여지지 않았다. 결국 알렌은 전권공사의 자리에서 해임되었고, 얼마 후 정동의 미국공사관마저 철수했다. 이때 고종의 특사로 미국에 파견되었던 헐버트는 이렇게 말했다. "우리에게는 그〔고종〕보다 더 잘할 수가 없다. … 세계 어느 곳을 가도 미국의 자본을 투자할 수 있는 길이 이보다 더 넓게 트인 곳은 없다." 그런데 미국은 고종 황제의 간절한 호소를 외면하고 "한국을 낭떠러지로 밀어뜨린 제일의 장본인이 되었다".**116**

이른바 '을사보호조약'이 체결된 직후에 미국의 외교관들은 손을 털고 서울을 떠났지만, 선교사들은 그대로 한국에 남았다. 그들은 '정교분리'를 내세워 한국인의 시선을 국권 수호가 아닌 '영혼 구제'로 돌렸다. 이리하여 평양에서 대부흥 운동이 일어나고, 이어서 백만구령 운동이 펼쳐졌다. 선교사들에게는 한국이라는 나라의 주권보다는 한국인을 대상으로 한 문명화, 기독교화가 우선이었다.**117** 그들은 진정으로 서울 또는 평양이, 비록 이들 도시가 일본의 지배하에 놓이더라도, 동양의 예루살렘이 될 수 있기를 원했다.

---

116 H. B. 헐버트 저, 신복룡 역(2019), 《대한제국멸망사》(개정판), 집문당, 411~412쪽.

117 류대영, "3장 20세기 초 한국 교회 부흥현상에 관한 재검토", 앞의 책 참조.

브루스 커밍스는 그의 저술 《미국 패권의 역사: 바다에서 바다로》에서 하와이의 역사에 대하여 서술하는 가운데, 선교사들은 태평양에서 미국 팽창의 삼두마차 가운데 선구자였다면서 이렇게 말했다. "선교, 외교, 그리고 자본주의는 동시다발적이었고, 종종 같은 사람이 한꺼번에 추구했다. 그리고 마주치는 원주민에 대해서는 모두 한결같은 의견이었는데, 그들이 문명화되어야 한다고, 다시 말해 '근대화'되어야 한다고 생각했다."[118] 이러한 커밍스의 지적은 한국에도 잘 들어맞았던 것으로 볼 수 있다. 아펜젤러나 언더우드가 의식적으로 그러한 '팽창'에 뜻을 같이했다고 보기는 어렵지만,[119] 그들이 주창했던 한국의 문명화, 곧 기독교화는 결과적으로 한국에 대한 미국의 영향력을 유지하고 확장시키는 굳건한 토대가 되었기 때문이다.

---

118 브루스 커밍스 저, 박진빈·김동노·임종명 역(2011), 《미국 패권의 역사: 바다에서 바다로》, 서해문집, 320쪽.

119 박정신은 이렇게 말한다. "미국의 제국주의는 미국 사람들의 종교적 선민의식에 뿌리를 두고 있으므로 무력보다는 종교적으로 채색된 '하나의 훌륭한 영적 제국주의'인 것이다"〔박정신(2016), "언더우드와 아펜젤러: 역사의 그들, 그들의 역사", 《개항기 서울에 온 외국인들》, 서울역사편찬원, 213쪽〕.

4. 최남선, 바다(태평대양)를 품다

개항 후 바닷길이 열리고 사람과 상품의 이동에 따른 문물 교류가 이루어지면서 바다와 문명에 대한 담론이 형성된다. 그러한 논의의 장을 제공한 것은 언론 매체, 즉 신문과 잡지였다. 1880년대에는 정부 기관인 박문국에서 발행한 〈한성순보〉와 〈한성주보〉가 세계지리와 역사에 대한 기초 지식을 일반에 소개하면서 바다의 중요성을 일깨웠다. 1890년대에는 민간신문의 시대가 열리면서 바다와 문명을 연결시키는 글들이 올라온다. 이를테면 〈독립신문〉(1898년 11월 11일 자)에는 "문명은 세계 바람과 조수"라는 제목의 투고문이 실렸다. 그 내용인즉 바다를 통하여 불어오는 문명의 바람에 맞서는 것은 세계의 대세에 역행하는 것으로 국가의 멸망과 개인의 불행을 초래한다고 말한다.

1900년대에는 이른바 애국계몽운동과 맞물려 잡지의 시대가 열리면서 본격적으로 바다와 문명에 대한 담론이 펼쳐진다.120 이때 그 중심에 섰던 것이 월간지 〈소년〉(1908. 11. ~1911. 5., 통간 23호)이었다. 근대적 종합잡지의 '효시'이고 잡지다운 잡지의 시초로 평가받는 〈소년〉은 창간 당시 만 18세의 소년인 최남선이 거의 혼자

120 서양의 라틴어(*civis*, *civilis*, *civilitas*)에 기원을 둔 '문명'(*civilization*) 개념이 개항 후 조선에 수용→확산→변화 및 균열하는 과정에 대하여는 노대환(2011), "3장 한국에서의 '문명' 개념의 수용", 《문명》, 소화 참조.

편집하고 기사를 작성한 '1인 잡지'였다는 점에서도 주목을 받고 있다.**121**

어떻게 그런 일이 가능했을까? 70~80쪽 분량의 잡지를 어떻게 혼자서 발행할 생각을 하고, 실제로 그렇게 했느냐 하는 것이다. 〈소년〉의 발간은 최남선의 존재를 당대 '신문화 운동'의 주역으로 끌어올리며 세간의 주목을 받았던 만큼, 이에 대한 연구는 (국) 문학에서부터 언론학, 역사학, 지리학에 이르기까지 다방면에서 활발하게 이루어져 왔다. 그런데 정작 〈소년〉이 어떻게 세상에 나올 수 있었는가에 대한 배경적인 검토는 소홀했던 것이 아닌가 하는 생각이 든다. 따라서 〈소년〉지의 체제와 내용 및 그 밑바탕에 깔린 사고에 대한 분석에도 한계가 있을 수밖에 없었다(이러한 문제에 대한 검토는 다음 기회로 미루고자 한다).

최남선 자신의 회고에 따르면, 그는 열 살부터 국내와 중국에서 발행되던 신문을 읽기 시작한 후 하루도 거르지 않았던 '신문잡지광'이었다. 일본인이 세운 경성학당에서 일본어를 배운 후에는 일본에서 발간되는 신문과 잡지를 구해서 보았다.**122** 그 가운데 주목해야 할 것이 〈태양太陽〉(1895. 1. ~1928. 3.)이라는 잡지였다. 이것은 청일전쟁 후 일본을 대표하는 출판사로 성장하여 '국민 지식의 공급자'

---

121 박용규(2011), "최남선의 현실 인식과 〈소년〉의 특성 변화: 청년학우회 참여 전후의 변화를 중심으로", 〈한국언론학보〉 55(1), 462쪽.

122 최남선(1910), "〈少年〉의 旣往과 및 將來", 〈少年〉 3~6, 12~13쪽. 총 13쪽에 달하는 이 글은 〈소년〉의 창간 배경과 목적 및 당시의 상황을 잘 설명해 준다.

임을 자임하던 박문관博文館에서 발행한 종합잡지였다. 박문관은 〈태양〉의 창간과 동시에 〈소년세계〉라는 잡지를 세상에 내놓았다. 소년을 대상으로 한 이 잡지는 창간된 해에만 200만 부가 팔릴 정도로 인기를 끌었다고 한다. 〈태양〉도 매월 10만 부 정도를 발행하고 해외에까지 배포했다.[123]

최남선의 〈소년〉은 그러한 〈태양〉과 〈소년세계〉의 영향을 크게 받았던 것으로 보인다. 그는 두 차례 일본 유학(1904년 가을~1905년 1월, 1906년 4월~1908년 6월)을 하지만 정규교육은 제대로 받지 않았다. 제2차 유학기에는 와세다대학 고등사범부 역사지리과에 입학하지만 한 학기 만에 그만두었다. 이 대학의 정치학과 학생들이 주도하는 연례적인 모의국회 행사에서 대한제국의 황실을 모독한데 반발했던 것이다. 이때가 1907년 3월 하순이었다.[124]

그 후 귀국할 때까지 최남선은 "도서관에 다니면서 내외 문헌의 섭렵에 힘썼다"고 하는데, 이때 그가 다닌 도서관은 박문관 창업자의 유지에 따라 건립된 오하라大橋 도서관이었다. 일반 사회의 지식 계발에 도움을 주기 위하여 만들어진 이 도서관에는 최신의 잡지와 신문들을 비치한 '잡지열람실'이 따로 마련되어 있었다.[125] 최남선

---

123 鈴木貞美 編(2001), 《雜誌 〈太陽〉と國民文化の形成》, 京都: 思文閣出版 참고. 이 책은 〈太陽〉에 대한 '본격적인 연구'를 위한 공동연구의 성과물로 23편의 개별논문을 싣고 있다.

124 이진호(1986), "최남선의 2차 유학기에 관한 재고찰: 연보 재정립을 위한 제언", 〈새국어교육〉 42, 113~124쪽.

은 거의 매일 이곳을 드나들었다. 그리고 귀국 후 바로 신문관을 세우고 〈소년〉지를 발행했다. 일본에서 사전 계획과 준비를 했기에 그런 일이 가능했다고 보아야 할 것이다.

〈소년〉은 잡지 속에 사진과 삽화를 넣는다든가 언문일치의 문장을 구사함으로써 독자에게 친근하게 다가가려고 했다. "평이한 문자, 강건한 언론, 진귀한 기사"는 풍부한 삽화와 더불어 〈소년〉지를 돋보이도록 만들었다.**126** 이런 형태의 편집은 최남선이 도쿄에서 지낼 때 박문관에서 발행한 잡지들과 오하라 도서관의 잡지열람실에서 보고 듣고 배웠던 것일 수 있다.

〈소년〉지에 자주 등장한 표어를 꼽는다면, 네 가지를 들 수 있다. 첫 번째는 잡지의 제호인 소년이요, 두 번째는 창간호의 첫 페이지에 실린 "해海에게서 소년에게"에 나오는 바다이며, 세 번째는 그 바다를 통하여 밀려오는 신문명이고, 네 번째는 구舊조선을 대체할 신新대한이었다. 이 단어들로 연결되는 메시지는 이렇다. "구세대와 절연한 소년들이 바다를 통하여 세계를 알고 문명화된 서양과 함께 호흡함으로써 새로운 대한을 건설하자"는 것이다. 〈소년〉지는 이런 메시지를 반복적으로 독자에게 내놓았다.

그런 기획물 중 대표적인 것이 〈소년〉 창간호에서부터 12회에

---

125 坪谷善四郎(1942), 《大橋圖書館四十年史》, 博文館, 46~48쪽. 이 도서관의 존재에 처음 주목한 것은 류시현의 《최남선연구》(역사비평사, 2009)이다(40 ~ 41쪽).

126 〈少年〉(1908. 12.), 1~2, "소년 광고".

걸쳐 연재된 〈해상대한사海上大韓史〉였다.127 "이와 같은 저술은 원래 아국에 유례가 없는 바"였기에128 참고할 자료의 부족으로 말미암아 미완성으로 끝나고 만다. 그 자신이 고백한 이런 어려움에도 불구하고 최남선이 〈해상대한사〉의 집필에 착수했던 것은 오로지 대한 소년의 '해사海事 사상'을 고취하기 위해서였다. 그의 말을 빌리면 이렇다. "우리의 종족이 중앙아시아, 바꾸어 말하면 대륙 중 진眞대륙에 장장 기만리 동안을 육로로만 종래한 고로 조선祖先의 육상적 유전성이 해상모험심을 나딜 틈이 없도록 한 종성種性, 달리 말하면 국민성"을 바꾸어야만 신대한 건설의 희망이 보인다고 말한다.129

요컨대 최남선은 땅에서 바다로, 대륙에서 해양으로의 근본적이며 획기적인 인식 전환, 즉 패러다임의 전환을 요구했다. 대항해 시대 유럽인들이 대양Ocean을 발견하여 세계를 그들의 무대로 만들었듯이 신대한의 소년들도 그렇게 먼 바다로 나아가야만 미래가 열린다고 말한다. 이는 곧 바다를 어두운 곳, 두려운 곳, 무서운 곳으로 보고 바다로 통하는 길을 걸어 잠갔던 조선인의 전통적 의식을 뒤집는 반란이자 도전이었다.130 〈소년〉지 창간과 〈해상대한사〉 발표

---

127 〈해상대한사〉는 2003년 도서출판 역락에서 펴낸 《육당최남선전집》 제5권(역사), 4~65쪽에 수록되어 있다. 아래에서는 이 전집에 수록된 것을 인용한다.

128 《육당최남선전집》 제5권, 4쪽.

129 《육당최남선전집》 제5권, 6쪽.

130 한자문화권에서 바다('海')가 지니는 의미는 "어둡고 혼미하여 아무것도 보이지 않는 곳"이었다〔김창경(2006), "中國 先秦諸子의 물과 바다에 대한 인식", 〈동북아 문화연구〉 10, 8~9쪽〕. 이러한 이미지는 조선 시대의 해금(海禁) · 공도

가 지니는 일차적 의의가 여기에 있었다. 그 배경에는 청일전쟁 후 일본에 널리 퍼진 해국론海國論과 해사사상이 작동하고 있었다는 점 또한 간과해서는 안 될 것이다.[131]

한편, 일본 체류기 최남선은 일본 국운의 상승이 미국에 의한 개항과 그들의 영향에 따른 것이었음을 깨닫는다. 태평양에서 불어오는 문명의 바람에 일본이 기민하게 대응하면서 열강의 반열에 오르게 되었다고 본 것이다. 그는 이렇게 말한다. "일본은 원래 동양의 한편에서 가장 미개한 자이러니 지금 황제인 메이지 시대에 이르러 닫혔던 문을 열고 막혔던 길을 뚫어 지난 사오십 년을 상하 일심으로 죽기를 무릅쓰고 새 사업을 경영하여 오늘의 지위를 얻게 되었다."[132]

최남선은 '가까운 동쪽 이웃近東鄰' 일본에 이어 '먼 동쪽 이웃遠東鄰' 미국으로 이야기를 옮기면서, 미국이 콜럼버스 등 '용감한 소년'들이 모험 탐색한 결과로 비로소 널리 세상에 알려진 나라로 광활한 국토와 풍부한 자원에 바탕을 두고 근대적 산업 발달과 무역 확장을 꾀하고 있다고 했다. 그리고 장차 파나마운하가 개통되면 대서양과 태평양을 연결시켜 세계 최강국으로 부상할 것이라면서 이렇게 말한다.

(空島) 정책과 맞물리며 바다는 기피의 대상이 되었고, '왜구'(倭寇)와 '양이'(洋夷)의 침범 시에는 두려움의 대상이었다.

131 竹村民郎(1999), "十九世紀中葉日本における海洋帝國構想の諸類型-創刊期〈太陽〉に關連して", 〈日本研究〉 19, 277~292쪽 참조.

132 《육당최남선전집》 제 5권, 23~24쪽.

> 이와 갓히 합중국이 태평양상에서 세력을 발전하야 가난 형태는 우리 국민이 수유須臾라도 방심치 못할 것이오. 또 일본의 새 문화가 만히 그 나라에서 엇어온 것과 갓히 우리나라도 이 나라로부터 엇을 것이 만흔즉 더욱더욱 우리와의 관계가 친밀하야 갈 것이 요연瞭然하오.**133**

이에 앞서 최남선은 우리가 일본으로부터 배울 것이 '일부분'이라고 했는데, 이제 미국으로부터는 '만흔' 것을 배우고 또 그들과 '친밀'해야 한다고 말한다. 이러한 지적에는 메이지 시대 일본의 문명개화가 미국에 의한 개항과 그 영향에 따른 것으로서 일본은 결국 미국의 아류일 수밖에 없다는 인식이 바탕에 깔려 있었다. 따라서 우리가 배우고 따라야 할 나라가 있다면 일본이 아니라 미국이라는 것이었다.

일본에 체류할 때 최남선은 그 배후에 있던 태평양과 미국을 발견했다. 그는 자기 또래인 대한의 소년들에게 이렇게 외쳤다. "태평의 저 대양 크나큰 물, 우리의 운동 터로 삼자!" 이 대양에 비한다면 한반도와 일본 열도 사이의 해협은 실개천에 지나지 않는다고 말한다. 그에게 바다란 곧 태평양이었다. 그는 이 광활한 바다 너머에 있는 미국을 바라보고 있었다.

비단 최남선만 그리했던 것은 아니었다. 다음은 1910년 4월 17일자 〈대한매일신보〉(한글판)에 실렸던 시구이다. 지은이는 '영은생'

---

133 《육당최남선전집》 제5권, 26쪽.

으로 되어 있다.

태평양 널은 물에, 슌풍 맛나 돗츨 돌고
둥둥 쪄셔 오는 ᄇᆡ야, 향ᄒᆞᄂᆞᆫ 곳 어ᄃᆡ매뇨
뭇노니, 문명을 실엇거든 한반도로

태평양은 이제 조선인이 세계로 나아가는 길목이자 세계를 바라보는 창이며 서양 문물을 받아들이는 통로로 인식되고 있었다.

5장

패권적 경쟁 대상으로의 태평양

1. '구미태평양'과 일본의 도전

지구상—우주 또한 마찬가지이다—의 어떤 곳에 이름을 붙이는 일은 그 지역에 대한 특정 세력 내지 집단의 영향력 행사와도 밀접한 관련을 맺는다. 역사적으로 그러한 사실을 적나라하게 보여 준 것은 이른바 대항해 시대 유럽인들이 일컫던 '지리상의 발견'이다. 그것이 땅이든 바다이든, 그들은 그들이 발견한 곳이 곧 그들의 소유물임을 주장했다.

에스파냐 출신의 탐험가이자 정복자인 발보아Vasco Núñez de Balboa, (1475~1519)는 다리엔 지협에서 '남해Mar del Sur, South Sea', 즉 오늘날의 태평양을 바라보며 이렇게 선언했다(1513. 9. 29.).

> 나는 카스티야 왕의 이름과 왕권을 위하여 이 바다와 땅과 해안과 항구와 섬들을 합법적으로 영원히 인수하노라. … 이 바다와 땅은 세계가 지속되는 한 영원히, 세상에 존재하는 모든 살아 있는 것들에 대한 최후의 심판까지 카스티야 왕의 것이다.[1]

이로부터 6년 후 마젤란 일행이 태평양을 횡단하면서 세계는 바닷길을 통하여 하나로 연결되고, 멕시코의 아카풀코와 필리핀의 마닐라를 연결하는 갤리온 무역이 성립한다. 이리하여 태평양은 '스페인의 호수Spanish Lake'가 되었다.[2]

그 후 네덜란드와 영국, 러시아, 프랑스 등 유럽 국가들은 그들이 지원하는 탐험을 통하여 발견한 태평양 일정 지역의 소유권을 정당화시킨다. 여기에는 몇 가지 공통점이 있었다.

① 강대한 지역의 부와 자원을 독점하거나 최소한 통제하고 조정하려는 국민국가의 — 단지 개인 모험가가 아니라 — 열망

② 이런 적나라한 욕망을 이교도에게 문명과 계몽을 가져다준다고 묘

---

1 도널드 프리먼 저, 노영순 역(2016), 《태평양: 물리 환경과 인간 사회의 교섭사》, 선인, 106쪽; 김성준(2019), 《유럽의 대항해시대》, 문현출판, 151쪽.

2 영국 태생의 지리학자 O. H. K. Spate는 태평양에 대한 그의 고전적인 3부작의 첫 권 제목을 *The Spanish Lake*(Minneapolis: University of Minnesota Press, 1979)로 잡았다. 그는 마젤란의 항해가 유럽에서 15세기까지 영향을 미쳤던 '프톨레믹 세계(Ptolemaic world) — 이것은 곧 '태평양이 없는 세계'를 의미한다 — 의 최종적인 종식을 가져왔다고 평가했다(p. 57).

사해 고결한 이타주의라는 가면으로 가리기

③ 현지인으로 하여금 제국주의적 지배를 수용하도록 만들기

④ 그리고 이것이 불가능하다면, 도전하는 이들이 태평양 현지인이든 동료 제국주의자이든 그들 모두를 잠재우기에 충분한 군사력 확보하기[3]

여기서 우리는 아리프 딜릭이 만들어 낸 '구미태평양Euro-American Pacific'이라는 개념에 주목할 필요가 있다. 그의 설명을 간추리면 이렇다. 물리적·지리적 개념으로서의 태평양은 이 지역에 대하여 말해 주는 것이 거의 없다. 중요한 것은 어떤 지역구조 창설에서 드러나는 인간의 활동과 그들의 이데올로기이다. 따라서 "무엇이 태평양인가What is the Pacific"라는 질문에 답하고자 할 때 "누구의 태평양이며 그리고 언제Whose Pacific—and When"라는 것을 특정할 필요가 있다. 이러한 관점에서 보면 태평양은 유럽과 미국의 '발명품invention'이다. 다시 말하여 태평양은 구미의 세계구상에 입각하여 개념화됨으로써 발명되었다는 것이다. 그들의 세계구상이란 이 지역 주민들을 새로운 세계 목록 속에 포함시키고 하나의 지역구조로써 이들을 하나로 묶어 내는 관계를 창출한다. 이때의 지역구조는 그 지역 내적인 필요의 산물이라기보다는 새 구상의 기본정신인 초기 자본주의 질서의 요구를 표현하는 것이었다.[4]

3 도널드 프리먼 저, 노영순 역, 앞의 책, 104쪽.

요컨대 유럽인과 미국인들은 하나의 전 지구적 경제를 창안하면서 기존의 지역 경제를 자신의 요구에 종속시킴과 동시에 이데올로기적 헤게모니를 창출해 왔다는 것이다. 그리하여 16, 17세기의 태평양이 '스페인의 호수'였다면, 18, 19세기의 태평양은 '영국의 호수'가 된다. 여기에 결정적으로 기여한 인물이 '캡틴 쿡Captain James Cook'(1728~1779)이다. 그는 세 차례의 탐험을 통하여 태평양의 대체적인 윤곽을 드러냈다. 무엇보다도 쿡은 '미지의 남방대륙Terra Australis Incognita'이 존재하지 않는다는 사실을 밝혀내고, 태평양의 섬들을 탐사하여 정확한 해도를 작성했다. '샌드위치'(하와이) 섬들도 이때 '발견'되었다. 영국은 쿡의 대탐사에 힘입어 오스트레일리아와 뉴질랜드를 그들의 식민지로 편입시켰다.[5] 이제 태평양에서의 주도권은 스페인에서 영국으로 넘어갔다.

이 무렵 영국으로부터 독립한 신생 미국은 '명백한 운명Manifest Destiny'을 내세워 서부 개척에 나섰다. 그리고 19세기 중엽 캘리포니아에 도달함으로써 바다(대서양)와 바다(태평양) 사이의 대륙국가를 완성했다. 미국의 팽창은 여기에서 멈추지 않았다. 그들은 이제 태

4 Arif Dirlik(1992), "The Asia-Pacific Idea: Reality and Representation in the Invention of a Regional Structure", *Journal of World History* 3(1); 우리말 번역으로는 아리프 딜릭(1993), "아시아·태평양권이라는 개념: 지역구조 창설에 있어서 현실과 표상의 문제", 〈창작과비평〉 21(1) 참조.

5 태평양의 지리적 발견 과정에 대하여는 Thomas Suarez(2004), *Early Mapping of the Pacific: The Epic Story of Seafarers, Adventurers, and Cartographers Who Mapped the Earth's Greatest Ocean*, Singapore: Periplus 참조.

평양을 건너 아시아로 진출할 수 있는 길을 모색했다.6 때마침 남북전쟁이 종결되면서 대륙횡단철도가 완성되고 태평양을 건너 중국으로 직행하는 대양항로Ocean Highway까지 개설되었다.7 미국 내에서는 급격한 산업화에 따른 시장 개척의 요구 또한 커져 갔다.

이러한 상황에서 발생한 것이 미서전쟁美西戰爭, American-Spanish War(1898)이다. 미국은 노쇠한 제국 스페인과의 싱거운 전쟁을 통하여 쿠바를 '독립'(실질적으로는 보호령)시키고 필리핀, 괌, 푸에르토리코 등 스페인령 식민지들을 획득하는 한편 하와이와 사모아를 병합했다. 미국은 단 한 차례의 전쟁을 통하여 카리브해를 지배하고 북태평양의 주도권을 장악함으로써 '무한한 해양제국'으로 떠올랐다.8

이 무렵 미국의 대외 팽창을 주창하는 여론 형성과 정책 결정에 결정적 영향을 끼친 인물은 알프레드 마한Alfred T. Mahan(1840~1914)과 시어도어 루스벨트Theodore Roosevelt(1858~1919)였다.9 당대에 해

6 미국의 대륙국가에서 해양제국으로의 성장 과정에 대하여는 브루스 커밍스 저, 박진빈·김동노·임종명 역(2011), "2장 바다로부터 빛나는 바다까지: 명백한 운명", 《미국 패권의 역사: 바다에서 바다로》, 서해문집 참조.

7 J. Maurice Dempsey & William Hughes, eds. (1871), *Our Ocean Highways: A Condensed Universal Hand Gazetteer and International Route Book, by Ocean, Road, Or Rail*, London: E. Stanford, lxxii~lxxiii.

8 브루스 커밍스 저, 박진빈 외 역, 앞의 책, 237쪽.

9 이 두 사람의 관계와 역할에 대하여는 마이클 J. 그린 저, 장휘 역(2018), "3장 나는 미국이 태평양 연안의 패권국이 되기를 희망한다: 시어도어 루스벨트 시기의 대전략", 《신의 은총을 넘어서: 1783년 이후 미국의 아시아 태평양 대전략》, 아산정책연구원 참조.

군 전략가이자 해양 사학자로서 이름을 날린 마한은 '해양력sea power'이라는 개념에 기초하여 해군의 존재 이유가 해상교통로와 무역 신장을 위한 제해권 확보임을 명확히 했다. 그는 대서양과 태평양을 양쪽에 끼고 있는 미국이 해군 육성에 각별히 신경을 써야 한다고 주장했다. 그는 태평양에서 하와이와 필리핀이 지니는 전략적 중요성에 주목하는 한편, 아시아 국가들이 언제든 미국에 잠재적 위협이 될 수 있다는 점에 대하여도 주의를 환기시켰다.[10]

이러한 마한의 주장은 당시 유력한 정치가로 성장하고 있던 루스벨트의 관심과 지지를 이끌어냈다. 하버드대학의 졸업 논문으로 〈1812년 〔미영〕해전〉을 집필했던 루스벨트는 마한 못지않게 대규모 해군 건설과 미국의 세계적 역할 제고에 대한 남다른 열정을 지니고 있었다. 그는 1897년 4월 윌리엄 매킨리 대통령에 의하여 국방부 해군담당 차관으로 임명되자 마한에게 편지를 보내 '내 방식대로 한다면' 당장 하와이제도를 복속시키고 니카라과운하를 건설하며 서인도제도에서 스페인을 쫓아낼 것이라고 말했다.[11] 이듬해 스페인과의 전쟁이 벌어지자 루스벨트는 해군차관직에서 사퇴한 후 러프 라이더Rough Rider라는 의용대를 조직했다. 그리고 쿠바의 산티아고전투에서 승리를 거두며 국민적 영웅으로 떠올랐다.

---

10 위의 책, 126~136쪽.

11 Henry J. Hendrix 저, 조학제 역(2010), 《시어도어 루스벨트의 해군 외교: 미 해군과 미국 세기의 탄생》, 한국해양전략연구소, 38쪽.

1901년에 암살된 매킨리 대통령의 자리를 이어받은 루스벨트는, "미국이 태평양 연안의 지배 세력이 되기를 원하고, 항상 햇빛이 비치는 위대한 공화국인 이 서양의 거인이 세기의 여명에 위대한 국가를 향한 경주를 시작하기를 원한다"고 했다. 몇 년 후 샌프란시스코를 방문한 루스벨트는 "새로운 세기에는 태평양 무역과 태평양에 대한 지배가 세계사에서 무한한 가치를 가지게 될 것"이라고 말했다.[12]

유럽의 제국주의 국가들과는 스스로를 차별화시켜 왔던 미국이 19세기 말부터 해외 식민지 개척에 적극 나섰던 것은 무엇보다도 경제적 필요성 때문이었다. 필리핀의 병합을 놓고 미국 내에서 한창 논쟁이 전개되던 시기에 인디애나주 출신 상원의원 앨버트 베버리지Albert J. Beveridge는 다음과 같이 말했다. "필리핀은 영원히 우리 것이다. 그리고 필리핀 너머에는 바로 중국이라는 무한한 시장이 있다. 우리는 양쪽 모두 포기하지 않을 것이다. 우리는 오리엔트에서 수행해야 할 우리의 사명을 거부하지 않을 것이다." 대륙에서의 정복사업을 끝낸 미국은 이제 태평양으로의 진출을 그들의 '사명'으로 내걸었다.[13]

이런 가운데 일본이 청국 및 러시아와의 전쟁에서 승리하여 동아시아의 신흥강국으로 부상하면서 구미태평양에 대한 위협적 존재로

---

12 브루스 커밍스 저, 박진빈 외 역, 앞의 책, 252쪽.

13 박진빈(2006), 《백색국가 건설사: 미국 혁신주의의 빛과 그림자》, 앨피, 114~115쪽.

인식되기 시작했다. 이른바 탈아론에 입각하여 서구식 문명개화를 추구하던 메이지 일본이 이제는 아시아·태평양 지역에서 구미 열강과 동등한 지위와 지분을 요구하고 나섰던 것이다. 일본의 팽창에 대한 미국의 우려는 하와이 병합을 결정할 때 명확해졌다. 1898년 3월 공화당 상원의원 쿠시먼 데이비스Cushman K. Davis는 그 필요성을 다음과 같이 말한 바 있다. "하와이를 합병해야 하는 가장 중요한 이유는 미국이 이미 소유한 것들을 보호하는 데 필요한 유리한 근거지를 확보하기 위함이다. 새로운 영토를 확보하고 운송을 증진하고 상업을 증가시키는 것이 중요한 이유가 아니라, 미래에 아마도 적대적이고 강력한 군사력을 가진 외국 세력이 그 지역을 획득하는 것을 방지하기 위한 예방 조치이다."[14] 이 보고서에서 말하는 미래의 적대적 세력이라고 함은 일차적으로 일본을 가리켰다.

메이지 시대 일본은 국내의 '과잉인구' 문제를 해결하기 위하여 해외 이민을 장려했는데, 그 대상지 중 하나가 하와이였다. 1885년부터 본격화된 정부 주도의 '관약官約' 이민은 1893년까지 26회에 걸쳐 총 229,069명에 달했고, 이어서 민간회사를 통한 '민약民約' 이민이 1899년까지 40,208명이었다. 이들 가운데 상당수는 계약기간 만료 후 미국 본토로 재이주하거나 일본으로 돌아왔다. 그런데도 1900년 당시 하와이 거주 일본인 및 그 후손은 모두 61,111명으로서 전체 인구의 40%를 차지했다. 당시 하와이 원주민은 전체의 26%, 백인

---

14 마이클 J. 그린 저, 장휘 역, 앞의 책, 139쪽.

Caucasian이 17% 정도였다.[15] 하와이의 정치와 경제를 주도하던 백인, 특히 대규모 사탕수수 농장을 경영하던 미국인 사업가와 이들과 연계된 선교사들의 입장에서 보면 일본계 이민자들을 경계하지 않을 수 없었다.

일본인 이주자들은 새로운 정착지에서 그들만의 공동체를 이루어 삶을 꾸리며 일본인으로서의 정체성과 모국에의 귀속 의식을 강하고 지니고 있었다. 그들은 때로 백인 농장주에 맞서 태업이나 파업을 일으키기도 했다. 노동 이민의 특성상 하와이 거주 일본인들의 대다수는 독신 남자였고,[16] 이들은 자신의 수입 중 상당 부분을 본국의 가족에게 보냈다. 메이지 시대 일본의 위정자와 지식인들은 그들의 영토와 경제력을 확장하는 한 수단으로서 국내의 '과잉인구'를 해외로 '진출'시킨다는 의식을 갖고 해외 이민을 적극 장려했다. 그러니까 하와이는 태평양 방면으로 진출을 염두에 두고 있던 일본의 전초기지와도 같았다.

미국이 내부의 병합반대론을 무릅쓰고 상·하 양원의 합동결의안에 의거하여 하와이를 미국의 영토로 편입시켰던 것도 그 때문이었다. 이 과정에서 일본은 두 차례에 걸쳐 미국의 합병 조처에 항의하였다. 그 요지인즉 일본이 하와이왕국과 체결했던 조약이 무효가 되

---

15 이토 히로코·신형진(2017), "하와이 닛케이(日系)의 사회인구학적 변천, 1900~1910", 〈아세아연구〉 60(1), 247~251쪽.

16 위의 글에 따르면, 관약이민(官約移民)은 약 80%가 젊은 남성이었다(248쪽).

어 이곳에 거주하는 일본인의 권리가 위태로워지고 태평양의 '현상status quo'이 깨어진다는 것이었다. 미국은 이러한 항의를 일축했다.[17]

그 후 일본은 영국과 동맹을 체결하고 러시아와의 전쟁에서 승리함으로써 서구 열강과 대등한 위치를 확보했다. 이제 일본은 대외적으로 그들의 진로와 목표를 새로이 정립해야 했다. 그 방향을 놓고 일본 정부와 군부의 의견은 둘로 나뉘었다. 이른바 북진론北進論 대 남진론南進論이 그것이다. 북진론은 주로 군부 내 육군 측에서 나왔는데, 그들은 한반도와 만주 나아가 중국으로 진출을 도모함으로써 대륙국가의 위상을 확보하고 국운을 신장시키고자 했다. 해군 측에서는 섬나라인 일본의 안전 보장을 위해 연해 방비와 그 기초로써 해군력의 충실을 기하며 태평양 방면으로 경제적 발전을 도모하고자 했다. 육군이 대륙 방면으로의 공세적 팽창 정책에 역점을 두었다면, 해군에서는 일차 본토 방위에 집중하면서 신중하게 '세계적 발전'을 기하되 그 방향은 대륙이 아닌 해양 쪽이어야 한다는 논리를 폈다.[18]

이러한 논쟁에는 언론과 지식인들도 가담했다. 당시 남진론에 앞장섰던 인물 가운데 한 사람인 다케코시 요사부로竹越與三郞(1865~1950)는 1910년에 출간한 《남국기南國記》에서 다음과 같이 말했다. "우리의 장래는 북北에 있지 아니하고 남南에 있고, 대륙에 있지 아니하고 바다에 있다. 일본 인민이 주목해야 할 것은 태평양으로써

17 조웅(1997), "1898년 미국의 하와이 병합과 논쟁", 〈미국사연구〉 5호, 68쪽.
18 조명철(2008), "근대일본의 전쟁과 팽창의 논리", 〈사총〉 67호 참조.

우리의 호소湖沼로 삼는 대업大業에 있다.” 이러한 선언적 주장은 곧 구미태평양에 대한 일본의 도전이었다.19

2. 미일전쟁설의 생성과 유포

태평양을 사이에 둔 미일관계사 분야의 세계적 권위자인 이리에 아키라入江昭는 그의 저술 《20세기의 전쟁과 평화》에서, 구체적 사례로서의 전쟁과, 추상적 개념 혹은 보통명사로서의 전쟁에 대하여 이렇게 설명한 바 있다.

> 그러나 실제로 일어났던 전쟁이 모두 ‘전쟁’은 아니다. 현실적으로 싸움을 하지 않을 때라도 국가의 지도자나 민중의 마음속에 ‘전쟁’은 존재하는 것이다. 그것은 예측되는 전쟁에 대한 불안이나 준비라는 형태를 취하는 경우도 있고, 훨씬 막연한 전쟁관인 경우도 있다. 혹은 나아가 추상적으로 인간관계나 집단관계에서 전쟁이라는 개념이 사용되는 경우도 있다.20

19 竹越与三郎(1910), 《南國記》, 東京: 二酉社, 12쪽. 메이지·쇼와 시대 언론인이자 역사평론가·정치가이기도 했던 다케고시는 《二千五百年史》(1896)라는 저술에서 제국 일본의 등장을 예언하는 문명사적 정통성을 서술하여 일반의 주목을 받은 바 있다. 이에 대하여는 고야스 노부쿠니 저, 이승연 역(2005), 《근대 일본의 오리엔탈리즘: 동아·대동아·동아시아》, 역사비평사, 31~34쪽.

20 이리에 아키라 저, 이종국 역(1999), 《20세기의 전쟁과 평화》, 을유문화사, 24쪽.

한편, '참여관찰자'로서 20세기의 역사를 개관했던 에릭 홉스봄은 "단기 20세기the Short Twentieth Century에는 … 총성이 들리지 않고 포탄이 터지지 않을 때조차 사람들은 세계전쟁을 의식하며 살았고 또 사고했다"고 말한다.21

20세기의 세계사가 그러했지만, 특히 일본 근대의 역사는 전쟁에 대한 기억으로 점철되었다. 메이지 시대의 청일전쟁과 러일전쟁, 다이쇼 시대의 제 1차 세계대전, 쇼와 시대의 이른바 만주사변과 중일전쟁, 나아가 미일전쟁에 이르기까지 5~10년 주기로 전쟁이 일어났다.22 메이지 유신 때 출생한 일본인이라면, 20대에 '일청전쟁'을 겪은 후 70대 후반에는 '대동아전쟁'의 패전 현장을 지켜보아야 했다. 전쟁에 의한 대외 팽창을 국가 정책의 최우선 순위에 올려놓았던 군국주의 일본의 통치 체제하에서 일반 국민의 삶과 의식, 그리고 그들의 일상생활이 어떤 형태로든 전쟁 — 그것이 추상적이든 구체적이든 — 과 연결되지 않을 수 없었다. 20세기의 전쟁이 총력전의 형태를 띠고 있었다는 점을 고려하면 더욱 그러하다.

이제 우리는 일본이 그들의 '최후의 성전聖戰' 대상으로 삼았던 미

---

21 Eric Hobsbawm(1996), *The Age of Extremes: A History of the World, 1914~1991*, New York: Vintage Books, p. 22; 번역서로는 이용우 역(1997), 《극단의 시대: 20세기의 역사》, 까치글방, 38쪽.

22 도쿄대학 명예교수인 하라 아키라(原朗)는 일본이 1868년부터 1945년까지 77년간 거의 5년에 한 번꼴로 전쟁을 겪었던 시대임을 강조한 바 있다. 하라 아키라 저, 김연옥 역(2015), 《청일·러일전쟁을 어떻게 볼 것인가: 동아시아 50년전쟁(1894~1945) 다시보기》, 살림, 19쪽.

국과의 전쟁 예측, 즉 추상적이지만 일본의 국가 지도자들이나 일반 국민의 의식 속으로 파고들었던 미일전쟁설이 발생하게 된 역사적 배경과 그 초기 양상을 살필 차례이다. 그 발단은 '백색국가' 미국의 인종적 편견과 증오에서부터 비롯된다.

1) 태평양 연안의 배일 운동: '캘리포니아-일본 전쟁'

태평양전쟁에서 미국의 승리가 예상되던 1944년 초 미국 내 진보적 작가이자 저널리스트로 활동하던 캐리 맥윌리엄스는 그의 저술《편견 — 일본계 미국인: 인종적 무관용의 상징》에서 첫 장 제목을 '캘리포니아-일본 전쟁(1900~1941)'으로 달았다. 그러니까 일본의 진주만 공격이 있기 전에 캘리포니아와 일본 간에는 반세기에 걸친 '선전포고 없는 전쟁undeclared war' 상태가 지속되고 있었다는 것이다. 이 전쟁은 캘리포니아에 뿌리를 내린 백색 미국인들과 일본인 이주자 집단 간에 벌어진 '인종전쟁'이었다. 그것은 정치적·경제적 이해관계에 기초한 특정 집단의 선전·선동과 이를 옹호하는 일방적 여론, 그리고 '황화론'과 같은 인종적 이데올로기가 결합한 아주 특이한 집단현상이었다. 23

---

23 Carey McWilliams(1944), *Prejudice — Japanese Americans: Symbol of Racial Intolerance*, Boston: Little, Brown and Company, pp. 14~15. 맥윌리엄스는 특히 이때의 '인종전쟁'이 지녔던 정치적 성격에 주목했다. 그러니까 샌프란시스코에 포진한 아일랜드계와 백인 토착 출신들(*The Irish and the Native Sons*)이 정치적 목

그 진원지인 샌프란시스코에서는 1900년 5월 7일에 첫 배일 집회가 개최되었다. 이 지역의 노동조합이 후원한 집회에서 스탠퍼드대학의 사회학 교수인 로스Edward A. Ross는 일본인 이주민을 반대해야 하는 이유로 다음 네 가지를 제시한다.

① 그들(일본인 이주자들)은 미국에 동화되지 않는다.
② 그들은 저임금으로 일한다. 따라서 미국인 노동자들의 현 임금 기준을 떨어뜨린다.
③ 그들은 생활수준이 미국인 노동자들보다 훨씬 낮다.
④ 그들은 미국 민주주의제도에 적합한 정치적 감각이 결여되었다. **24**

19세기 중반 중국인 이주에서부터 비롯된 미국 내(주로 서부 지역)의 인종적 · 문화적 갈등과 노동시장에서의 경쟁적 관계가 〈중국인 이민배척법*Chinese Exclusion Act*〉(1882)을 낳은 바 있는데, 그러한 공격의 표적이 20세기에 들어서면서 급증하던 일본인 이주민들로 바뀌었던 것이다. 따라서 로스가 꺼낸 이야기들은 이미 중국인들에게 반복해서 적용되었던 상투적인 비난이었으며, 그러한 주장의 근저에는 유색인종들이 '백색국가' 미국의 정체성을 교란하고 타락시킨다는 인종차별주의가 깔려 있었다. **25** 로스의 자극적 발언은 〈중국인

적을 위하여 배일 운동을 촉발시키고 지속적으로 끌고 나갔다는 점을 강조한다.

24 위의 책, 17쪽.

이민배척법〉을 일본인에게도 적용시키도록 촉구하자는 결의안 채택으로 연결되었다.

샌프란시스코를 중심으로 전개된 캘리포니아의 배일 운동은 러일전쟁 발발 후 일본을 지지하고 후원하는 국민적 여론에 밀려 잠시 소강상태에 들어갔다. 그런데 이 전쟁이 일본에 유리하게 전개되자 미국 내의 우호적 여론은 일본에 대한 경계와 공포심Japanphobia으로 바뀌어 나갔다. 이러한 여론 조성에 앞장선 것은 역시 샌프란시스코의 정치가와 노동조합 지도자들, 그리고 지역 언론이었다.

1905년 2월 23일 자 〈샌프란시스코 크로니클〉지는 첫 면 전면에 다음과 같은 헤드라인을 달았다: "일본(인) 침공 — 시간의 문제 — 미국을 위하여Japanese Invasion — The Problem of the Hour — For United States." 이 제목만을 보면, 일본(인)의 미국 침공이 시간문제라는 인상을 주도록 되어 있다. 그 밑에 박스로 처리된 특집 해설의 요지를 간추리면 이렇다. "1880년에 캘리포니아 거주 일본인은 86명에 지나지 않았지만, 현재는 이 작다란 갈색인들the little brown이 미국 내에 최소 10만 명 이상 살고 있는 것으로 추산된다. 일본 내에서 최하위 계층에 속하는 이들은 중국인과 마찬가지로 미국에 동화될 수 없다. 러일전쟁 후에는 그 갈색 물결이 미국이 감당할 수 없을 정도로 쏟아져 들어올 것이다. 한편, 일본은 그들 나라를 일시적으로 방문하는 여행객을 제외하고는 백인을 무척 싫어한다. 그들은 산업적으로 태평양

25 박진빈(2005), "20세기 초 미국의 팽창과 미국인 만들기", 〈역사교육〉 96 참조.

반대편의 외국인 악마the foreign devil를 수용할 여지도 없고 환영하지도 않는다. 이제 우리도 자기 보호적 애국주의self-protective patriotism라는 일본의 코드를 수용할 때가 되었다고 본다."

요컨대 일본과 마찬가지로 미국도 자국의 산업과 노동자를 보호하기 위하여 더 이상 일본인 이주자를 받아들여서는 안 된다는 것이었다. 이러한 주장은 미국 태평양 연안의 배일 운동이 기본적으로 경제 문제에서 비롯되었음을 보여 준다. 그들이 더욱 우려한 것은 일본이 러시아와의 전쟁에서 승리할 때 미국 서부에 거주하는 일본인들이 본국의 지원을 받아 도시의 상업이나 농장 경영에서 토착 백인들의 경쟁자로 떠오를 가능성이었다. 이런 점에서 보면 배일 운동은 인종 문제인 동시에 계급 문제이기도 했다. 26

〈샌프란시스코 크로니클〉은 앞서 소개한 특집이 미국 내의 언론과 일반인들의 주목을 끌었다고 자평하고는 몇 가지 사례를 소개했는데, 그중에 흥미로운 것은 〈뉴욕 이브닝 포스트〉의 다음과 같은 논평이었다.

〈샌프란시스코 크로니클〉은 일본인 이민에 대한 섬뜩한 기사에서 "또 다른 아시아 문제가 미국을 위협한다"라고 선언했다. "제국의 서편 문"

---

26 브루스 커밍스는 "캘리포니아의 신일본"이라는 소제목하에서 이 지역의 반중국적 열기가 노동조합에서 가장 강했다면, 반일본 운동은 그들의 성공에 위협받은 중산층 혹은 중하층 백인에게서 비롯됐다고 본다(브루스 커밍스 저, 박진빈 외 역, 앞의 책, 350쪽).

에서 원래의 황화the original yellow peril에 대항하여 오랫동안 용맹한 수호자임을 자임해 왔던 샌프란시스코의 경세가들alarmists은 이 나라에서 중국인들의 숫자가 줄어들면서 불편한 마음을 키워 왔다. 그들은 이제 두 번째 아시아 문제가 첫 번째보다 훨씬 더 심각하다는 것을 우리로 하여금 믿도록 하고 있다. … 이러한 크로니클의 경고는 애국적이다. 그 작다란 갈색인들이 러시아를 채찍질할 때면 캘리포니아는 그들의 자비에 맡겨질 것이다.[27]

이 논평은 미국 서부 태평양 연안의 백인 거주민들이 급증하는 일본인 이민에 갖고 있던 불편한 마음과 경계심에 다소 냉정한 태도를 보이면서도, 한편으로는 러시아를 굴복시킨 일본이 미국, 특히 캘리포니아에 위협적일 수 있다는 데에는 동의하고 있다. 요컨대 미국인들이 일본인 이민을 바라보는 시선에는 중국을 대신하여 아시아의 '신흥' 강국으로 떠오르는 일본의 팽창에 대한 시기와 우려감이 배어 있었다.[28]

1906년 4월 18일, 대지진이 샌프란시스코를 덮쳤다. 그 순간 현

---

27 *San Francisco Chronicle*(1905. 3. 13.), "Nation's Press Gives Warning: Representative Newspapers Decry Jap Invasion".

28 〈샌프란시스코 크로니클〉의 1905년 3월 13일 자 특집기사 제목은 "People Becoming Aroused to Brown Peril"이었다. 여기에서는 '황화'(黃禍) 대신에 '갈화'(褐禍)를 쓰고 있다. 중국(인)과 구분하여, 일본(인)의 위협을 좀 더 강하게 드러내려는 의도가 있었다고 보인다.

장에 있었던 한 작가는 이렇게 묘사했다. "샌프란시스코가 사라졌다! 남아 있는 것이라고는 추억, 그리고 외곽의 주택 약간뿐이다."29 이 지진의 여파가 채 가시지 않은 그해 10월 11일, 샌프란시스코의 시교육위원회는 "중국인과 일본인 학생만을 위한 분리학교의 설립을 위해 실제적 노력을 기울이기로 결정하였다"는 특별 결의안을 발표했다. 그 이유로는 시내 공립학교의 학생 과잉 해소와 '몽골 인종' 학생과의 접촉에 따른 미국 학생의 감성적 피해 예방이 제시되었다. 샌프란시스코의 25,000명 학생 가운데 일본인 학생은 93명에 불과했지만, 이들은 모두 차이나타운 소재 동양인학교로 옮겨 가야만 했다.30 재미일본인협회Japanese Association of America는 대중집회를 열어 시 당국의 조처에 항의하고, 일본인들은 자녀를 격리학교에 보내기를 거부했다. 일본 국내에서도 분노에 찬 비난과 더불어 정부 차원의 보복을 단행해야 한다는 목소리가 나왔다. 일본인들은 무엇보다도 그들이 중국인과 같은 열등 인종 취급을 받는 데 분개했다. 러일전쟁의 승리로 말미암아 '일등 국가'의 '일등 국민'이 되었다는 자긍심이 모멸감으로 바뀌었다.

이런 가운데 〈샌프란시스코 이그재미너〉지는 캘리포니아주 하원 의원인 헤이즈Everis A. Hayes의 다음과 같은 자극적 발언을 실었다.

---

29 Jack London, *Collier's Weekly*(1906. 5. 5.); 존 캐리 편, 김기협 해설·역(2006), 《역사의 원전》, 바다출판사, 551쪽에서 재인용.

30 유기식(2002), 《미국의 대일이민정책연구》, 태일사, 18~19쪽.

이 기사는 반일·반한동맹Anti-Japanese Korean League이라는 단체에서 내세우는 아시아인 배제법을 옹호하는 헤이즈의 연설 장면과 함께 게재되었다.

> (미국 연방) 상원과 하원의 많은 의원들은 일본인 이민에 반대하는 어떠한 법안도 일본과의 전쟁으로 이어질 것이라는 강한 공포감을 갖고 있다. 만약 우리가 전쟁을 해야 한다면, 지금 당장이라도 그렇게 하자. 우리는 준비가 되었고, 그들은 그렇지 않다. 31

이때부터 〈샌프란시스코 이그재미너〉는 미일전쟁을 부추기는 듯한 기사를 연달아 내보냈다. 1906년 12월까지 나온 기사 제목들만 보면, "런던은 미·일 간 전쟁을 예언한다", "일본은 이 도시(샌프란시스코)의 조처에 반항한다", "(일본) 대전함의 항해: 미국은 화산 위에서 잠자고 있다", "엉클 샘이 일본에 무릎을 꿇게 된다고 예측하다", "(미국) 정부는 일본의 태도를 점점 더 우려스럽게 지켜보고 있다", "유럽 모든 나라는 일본이 우리와 싸울 것을 기대한다" 등과 같다. 32 이들 기사는 그 표제에서 알 수 있듯이 합리적인 판단이나 해

---

31 *The San Francisco Examiner*(1906. 9. 17.), "If Japan Wants War, Let's Have It".

32 *The San Francisco Examiner*(1906. 9. 30.), "London Prophesies War Between U. S. and Japan"; (10. 26.), "Japan Protests Against This City's Action"; (10. 27.) "The Great Battle Ship Voyage: America is Sleeping on a Volcano"; (11. 24.), "Predicts Uncle Sam Must Kneel to Japan"; (12. 2.), "Government

설이라기보다는 다분히 "그럴 것이다"라는 예언이나 예측 또는 기대감에 의존하고 있다.

이러한 미일전쟁설에 대한 보도 방식이나 태도와 관련하여 주목할 것은 미서전쟁(1898)을 전후하여 미국 신문계에서 대두한 이른바 황색저널리즘이다. 그 선두에 섰던 인물이 '신문왕'으로도 알려진 윌리엄 랜돌프 허스트William Randolph Hearst였다. 샌프란시스코 출신인 허스트는 은광 개발로 부를 쌓은 그의 아버지가 소유한 〈샌프란시스코 이그재미너〉지의 경영권을 넘겨받아 언론계에 뛰어든 후, 1895년 뉴욕으로 진출하여 〈뉴욕 저널〉과 〈선데이 저널〉을 창간했다. 이 두 신문은 조지프 퓰리처Joseph Pulitzer가 경영하던 〈뉴욕 월드〉 및 〈선데이 월드〉와 판매 부수 경쟁을 벌이면서 대중의 관심을 끌기 위한 선정주의로 빠져들었다. 이런 가운데 쿠바의 독립운동과 메인호 침몰사건이 터지자 허스트와 퓰리처는 쿠바 뉴스를 경쟁적으로 보도하면서 스페인과의 전쟁을 부추겼고, 이는 결국 미서전쟁으로 이어졌다.**33**

러일전쟁 후 샌프란시스코를 중심으로 한 미일충돌설의 대두에도 이 지역 신문들의 선정주의적 심리가 작동하고 있었다고 볼 수 있다. 특히 허스트는 그의 전국적 신문망을 통하여 미일전쟁설을 유

Views Attitude of Japan with Growing Concern"; (12. 16.), "All Europe Looks for Japan to Fight Us".

33 차배근(2014), "8장 황색신문기(1892~1913)", 《미국신문발달사, 1690~1960》, 서울대학교출판문화원 참조.

포, 확산시키는 데 앞장섰다. 이때 등장한 인물 중 하나가 해군 장교로 미서전쟁에 참전하여 스페인 함대와의 교전 중 포로로 잡힌 후 언론의 대대적인 보도로 일약 '국민적 영웅'이 되었던 리치몬드 홉슨Richmond P. Hobson이었다. 그는 전역 후 허스트의 후원을 받아 미국 각지를 돌아다니며 강연을 하는 한편, 유력 신문과 잡지들에 기고한 글에서 일본의 전격적인 미 본토 침공에 대비하여 해군을 획기적으로 강화해야 한다고 역설했다(〈그림 5-1〉 참고).

1907년 중반에 접어들면 미국과 유럽의 언론들은 미·일 간 충돌이 피할 수 없는 일이 되었다는 보도를 내놓는다. 이 무렵 뉴욕에서 발행되는 주간지 〈리터러리 다이제스트*The Literary Digest*〉는 "미일 문제를 바라보는 프랑스의 시각"이라는 기사에서, 프랑스의 보수층에서 상당한 영향력을 갖고 있다는 〈에클레어*Eclair*〉의 다음과 같은 논평을 소개한다.

> 우리는 일본의 육·해군 전력 증강이 미국의 안전과 평화에 상당한 위협이 될 것으로 본다. 그 상황은 다음과 같다: 두 강대국은 태평양의 헤게모니를 탐하고 있고, 둘 중 하나가 그 야망을 포기하지 않는 한, 충돌을 피할 수 없다. 나는 전쟁이 내일 당장이라든가 내년 또는 10년 이내에 벌어진다고 단언하고 싶지 않지만, 그것이 결국 현재의 문제를 해결하는 유일한 방책으로 입증될 것임은 틀림없어 보인다.[34]

---

34 *The Literary Digest*(1907. 7. 27.), XXXV., No. 4, "Foreign Comments".

〈그림 5-1〉 "만약 일본이 우리를 공격한다면"

If Japan should Attack Us

A FORMER NAVAL OFFICER SHOWS HOW SAN FRANCISCO MIGHT BE CAPTURED AND OCCUPIED BY THE MIKADO'S ARMY AND HOW THE JAPANESE FLEET WOULD AT LENGTH BE DESTROYED AND THE INVADERS FORCED TO SURRENDER

출처: *The San Francisco Call*, 1906.9.23.

이어서 말하기를, 러일전쟁에 막대한 군비를 쏟아부은 일본이 현재 재정난을 겪고 있지만, 그럼에도 불구하고 일본은 신속하고도 결정적인 공격에 의하여 태평양의 패권을 차지할 수 있는 좋은 기회가 온다면 그것을 결코 놓치고 싶어 하지 않을 것이라고 했다. 35

35 위의 글.

〈리터러리 다이제스트〉는 이러한 논평과 함께 당시 일본에서 크게 인기를 끌고 있던 만화잡지 〈도쿄 퍽東京パック, *Tokyo Puck*〉의 카툰을 게재했다.36 1900년 중국에서 벌어진 의화단사건에 빗대어 "미국의 단비團匪들The American Boxers"이라는 표제하에 실린 네 컷의 삽화와 그 밑에 달린 영문 캡션은 매우 자극적이었다(〈그림 5-2〉 참고).

① 일본인 은행가들을 칼로 찌르다.
② 양키 악동들이 일본인 숙녀들에게 돌을 던지다.
③ 만약 〈도쿄 퍽〉이 〔일본의〕 수상이었다면, 그는 군함을 파견하여 샌프란시스코를 날려 버렸을 것이다.
④ 비인도적인 미국의 교육가들

이러한 〈도쿄 퍽〉의 카툰은 캘리포니아의 토착 미국인들 못지않게, 미국인들에 대한 일본 내의 감정 또한 얼마만큼 격앙되고 있었는지를 잘 보여 준다. 다만, 일본 정부는 자국 내 언론을 적절히 통제함으로써 미국인들에 대한 일본 국민의 분노가 외교적인 문제로까지 번지는 상황으로 나아가지 않도록 세심한 주의를 기울였다.

한편, 캘리포니아주의 배일이민 문제가 미·일 두 나라의 국민적

---

36 〈도쿄 퍽〉에 대하여는 윤기헌(2017), "한일병탄 시기 일본 대중잡지에 나타난 조선에 대한 인식: 풍자만화잡지 〈도쿄 퍽〉을 중심으로", 〈동북아 문화연구〉 50, 357~367쪽 참조.

〈그림 5-2〉 〈도쿄 퍽〉의 “미국의 단비(團匪)들”

THE AMERICAN BOXERS
(1) Stabbing Japanese bankers.

(2) Yankee rascals throwing stones at Japanese ladies.

(3) Were *Tokyo Puck* a Prime Minister he would send a war-ship to blow up 'Frisco.

(4) The inhuman American educators.

FIRE-EATING CARTOONS IN THE TOKYO "PUCK."

출처: *The Literary Digest*, XXXV., No.4(July 27, 1907), p.115, “Fire-Eating Cartoons in the Tokyo 〈Puck〉.” 이 기사에서는 위의 만화들이 〈도쿄 퍽〉에 언제 실렸는지에 대한 언급이 없다. 그 내용으로 보아 각각 다른 호에 실렸던 삽화들을 한데 모아 놓은 것으로 보인다.

감정을 자극하면서 전쟁불사론으로까지 번지자 시어도어 루스벨트 대통령은 연방정부 차원의 대응책을 강구하지 않을 수 없었다. 그는 샌프란시스코 교육위원회에 압력을 넣어 동양학생 분리 정책의 취소를 요구하는 한편, 육군장관 태프트William H. Taft를 도쿄에 파견하여 일본 정부와 협상을 벌이도록 했다.

1907년 9월 하순 일본에 도착한 태프트는 천황, 전・현직 수상,

그리고 외상 등을 잇달아 만나서 이민 문제에서부터 만주 문제, 한국 문제, 필리핀 문제 등을 폭넓게 논의했다. 이때 태프트는 "일본과 미국 간의 전쟁은 근대 문명에 도전하는 범죄가 될 것이다"라고 말하면서 양국 간 현안들을 외교적 방법으로 풀어 가자고 했다. 고무라小村壽太郎 외상은 이때 일본이 이민 문제에서 양보할 수 있다는 의사를 밝히면서, 그렇지만, "미국의 압박에 굴복하는 방식으로는 조약을 체결할 수 없으며, 일본인 스스로가 제한하는 방식으로 가능하다"고 했다.[37] 이른바 면목외교面目外交였다. 그 결과 일본이 자발적으로 이민 축소와 규제를 실시하는 신사협정Gentleman's Agreement이 체결되었다.[38]

2) 가상의 적국: 오렌지전쟁계획과 제국국방방침

20세기 초 태평양의 동·서 양편에서 각각 세력을 확장하고 있던 미국과 일본은 서로를 가상 적국으로 상정하고 그에 따른 군사전략을 수립하기 시작했다. 미국 대통령의 군사 자문기관인 육·해군 합동위원회The Joint Army and Navy Board에서는 이른바 오렌지전쟁계획War

---

37 최정수(2010), "특사 태프트의 제2차 대일방문과 미일조약체제, 1907~1908", 〈동북아역사논총〉 29, 15~16쪽. 이 논문에서는 태프트의 일본 방문 시 '한국—이민 문제 교환'이 이루어졌다고 보고 있다.

38 簑原俊洋(2016), 《アメリカの排日運動と日米關係: 〈排日移民法〉はなぜ成立したか》, 東京: 朝日新聞出版, 44~47쪽. 여기에서는 일미신사협정(日米紳士協定)이 일본이 '자주적'으로 전개한 '면목외교의 승리'라는 점을 강조한다.

Plan Orange을 수립했다. 여기서 오렌지라 함은 일본을 가리키는 익명의 색깔 코드였다. 미국의 코드는 블루blue였다. 다분히 공세적 성격을 띠었던 그 전쟁계획은 극비리에 추진되었기 때문에 대외적으로 전혀 알려지지 않았지만, 역사상 가장 성공을 거둔 전쟁계획 중 하나로 평가받기도 한다.39

일본이 미국의 가상적국으로 상정되는 계기는 러일전쟁이었다. 이 전쟁에서 일본의 승리는 서방세계에 큰 충격이었고, 그들에게 황화론Yellow Peril이 현실화되는 것이 아닌가 하는 우려와 의구심을 안겨 주었다. 특히 러일전쟁의 막바지를 장식한 러시아 발틱함대의 궤멸은 미서전쟁 후 태평양 진출에 적극적이었던 미국의 군부와 전략기획가들을 긴장시켰다. 이런 가운데 태평양 연안 지역에서 일본인 이민배척 운동이 전개되고, 일부 언론에서는 공공연히 미·일 충돌의 가능성에 대하여 언급하기 시작했다. 이러한 사태는 미·일 두 나라의 국민 정서를 자극하면서 '전쟁공포war scare'의 심리까지 발동하자 시어도어 루스벨트 대통령은 일본 정부와 외교적 해결책을 강구하는 한편, 자국의 해군위원회에 일본과 충돌할 가능성에 대비한 군사적 검토에 착수하도록 했다.

이리하여 나온 것이 바로 오렌지전쟁계획이었다. 이 계획에서는

---

39 Edward S. Miller(1991), "Introduction", *War Plan Orange: The U.S. Strategy to Defeat Japan, 1897~1945*, Annapolis, Md.: Naval Institute Press; 김현승 역(2015), 《오렌지전쟁계획: 태평양전쟁을 승리로 이끈 미국의 전략, 1897~1945》, 연경문화사, 13~14쪽.

역사적으로 미국과 일본은 우호 관계를 유지해 왔으나 언젠가 두 나라 사이에 전쟁이 발발하게 될 것이며, 이 전쟁은 동맹국이 참전하지 않는 양국만의 전쟁이 될 것으로 예상했다. 미일전쟁은 극동의 영토와 주민 및 자원을 지배하려는 일본의 야욕에서 비롯되며, 미국은 이에 맞서 아시아에서 서방국가의 영향력을 유지할 수 있도록 하는 수호자가 되어야 한다는 것이다. 이러한 전제에서 출발한 오렌지계획은 그 후 30년 동안 태평양에서 미국의 전쟁 목표를 어떻게 정의할 것인지, 그리고 미국의 국방 재원과 병력이 점점 줄어들고 전진 배치가 취약해지는 상황에서 증강되는 일본제국의 해군에 어떻게 맞설 것인지에 대한 논의를 거듭하면서 가상적이며 추상적인 것에서부터 실제적이며 구체적인 것으로 모습을 갖추어 나갔다. 그 결과 실제 태평양전쟁을 승리로 이끈 군사전략의 지적 기초가 마련될 수 있었다. **40**

오렌지계획은 국제정세의 변화와 군비 상황, 군사전략 및 무기체계의 급속한 발전에 따라 수정 및 보완을 거듭하는데, 그 첫 번째 단계의 개략적 모습을 보여 주는 것이 〈그림 5-3〉이다.

그 시기를 보면 1907년부터 1914년까지로 잡혀 있다. 1907년은

---

40 결론적으로 오렌지계획은 당시 '미 해군의 공통된 인식을 집대성하여 기록한 일종의 신조집'이라 할 수 있으며, 이러한 인식은 미 해군장교단 내에서 지속적으로 계승·발전되었다. 나중에 니미츠(C. W. Nimitz) 제독은 "일본과의 태평양전쟁은 해군대학의 전쟁연습에서 예측한 대로 전개되었다"고 말했다(위의 번역서, 19~22쪽).

〈그림 5-3〉 미국의 오렌지전쟁계획 (1907~1914)

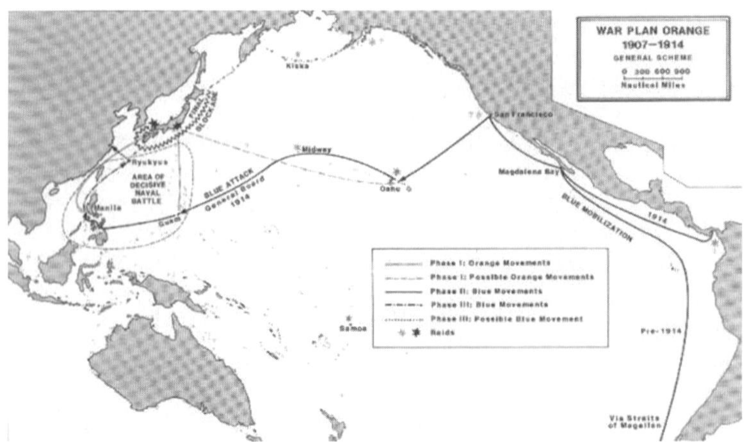

출처: Edward S. Miller(1991), *War Plan Orange: The U.S. Strategy to Defeat Japan, 1897~1945*, p.34, Map 4-1.

미국 서부 지역에서 배일 운동이 고조되면서 미일충돌설이 유포되던 때이고, 1914년은 파나마운하가 개통된 해이다. 물론 이해에 제1차 세계대전이 발발하지만, 미국의 대일전략 수립에는 파나마운하의 개통이 그 전쟁보다 더 큰 의미를 지녔다. 이 운하의 완공으로 미 해군의 가장 큰 고민거리였던 대서양함대와 태평양함대의 연결을 최단 거리로 이뤄 냄으로써 두 함대의 전략적 운용을 극대화할 수 있었기 때문이다.

〈그림 5-3〉은 초기 오렌지전쟁계획을 압축적으로 보여 주는 동시에 그 이후 작전계획의 기본골격을 이룬다. 러일전쟁 후 미 해군이 주도한 대일전쟁계획은 3단계로 짜였다. 제 1단계Orange Movements는 일본의 선제공격이다. 지도상에서 그 루트를 보면, 일본 본토에서

필리핀과 괌을 타격하는 것으로 되어 있다. 또 하나의 가능성Possible Orange Movements은 하와이제도의 오아후를 바로 공격하는 것이었다. 이 시기에 미국은 필리핀이나 괌, 그리고 하와이에 적절한 군사기지를 마련하지 못하고 있었다. 따라서 일본의 대대적인 공격이 시작되면 미 주둔군과 해군은 얼마간 버티다가 퇴각할 수밖에 없다고 예상한다.

제 2단계Blue Movements는 미국의 반격이다. 그 루트를 보면 미 해군의 주력인 대서양함대가 마젤란해협을 돌아 샌프란시스코까지 북상한 후에 하와이로 진격하는 것으로 되어 있다. 그 길이는 지구의 절반 정도를 도는 먼 거리였다. 이때는 하와이뿐만 아니라 미국 본토의 서해안도 일본의 공격에 노출되어 있었던 셈이다. 따라서 미·일 간 충돌이 발생하면 일본의 해군 전력이 태평양에서 우세한 것으로 평가되었다. 루스벨트는 그러한 평가에 대한 국민적 우려를 잠재우는 한편 일본에 선제적 경고를 보내기 위하여 두 가지 조처를 취했다. 하나는 다음 장에서 보게 될 '대백색함대'의 편성과 세계순항이고, 다른 하나는 파나마운하의 개통을 최대한 앞당기는 것이었다.**41** 어떻든 하와이까지 온 미 대서양함대는 미드웨이와 괌을 거쳐 필리핀의 마닐라까지 진격하는 것으로 되어 있는데, 문제는 태평양의 경우 그 범위와 영역이 광대하여 어떠한 공세 전략도 실행하기가

41 시어도어 루스벨트의 파나마운하 개통 노력에 대하여는 박진빈(2010), "제국과 개혁의 실험장: 미국의 파나마 운하 건설", 〈미국사연구〉 32 참조.

쉽지 않았다는 점이다. 전진기지 건설과 함대 정비, 병력 및 보급품 보충 등 당시로서는 그 어느 것도 쉽지 않은 문제였다. 오렌지계획 수립에서 가장 큰 난관으로 여겨졌던 것이 바로 그런 문제였다.

제3단계는 마닐라에서 류큐를 거쳐 일본 본토를 공격하는 것인데, 이때는 일본의 주력함대와 결전을 벌여 단번에 격파하고 해양통제권을 장악한다는 구상이었다. 지도에 괌과 마닐라 그리고 류큐를 둘러싼 점선이 보이는데, 이 해역이 바로 양국 함대 간 결전 구역Area of Decisive Naval Battle이었다. 이 결전에서 미국이 승리하면 일본 본토에 대한 마지막 해상봉쇄Final Blockade를 통해 일본의 항복을 유도해 낸다는 계산이었다. 그러니까 제2단계의 고비만 넘어서면 제3단계에서는 미국의 우위로 전쟁을 끝낼 수 있으리라고 예상했던 것이다.42

요컨대 오렌지계획은 태평양을 무대로 한 해전이었고, 따라서 전쟁의 승패는 오로지 해군력에 의하여 결정된다고 본 군사전략이었다. 시어도어 루스벨트가 그의 대통령 재임기 동안 해군력 증강에 온 힘을 쏟았던 것도 이러한 판단 때문이었다. 그는 태평양의 서편에서 강력한 라이벌로 부상하는 일본을 견제하기 위해서는 해군력 강화 외에 다른 길이 없다고 보았다.

한편, 일본은 1907년 4월에 국방 문제에 대한 개략적이고 장기적

---

42 초기 오렌지전쟁계획이 수립되는 과정과 그 내용에 대하여는 에드워드 S. 밀러 저, 김현승 역, "4장 대전략(Grand Strategy)", 앞의 책, 64~75쪽 참조.

인 방향을 설정한 '국방방침'을 제정했다. 이 방침은 세 가지 문건 — 즉 〈제국국방방침〉, 〈국방에 필요한 병력〉, 〈제국군의 용병강령〉 — 으로 이루어졌다. 이들 문건은 당시 육군 수뇌부(야마가타 아리토모 원수山縣有朋 元帥)가 발의한 후 참모총장과 해군 군령부장이 상호 협의하여 작성하고 내각총리대신의 열람을 거쳐 천황이 최종 재가하는 절차를 거친 '극비' 문서였다. 43 이것은 일본 정부(내각)와 군부의 정책적 통일을 이루기 위한 '정전략일치政戰略一致'의 원칙과 더불어 러일전쟁 후 국제정세의 변화에 따른 새로운 군사전략의 골격을 담고 있다는 점에서 역사적인 문건이었다고 볼 수 있다. 44

그 문건 중 미국과 관련된 대목들만을 골라 소개하면 다음과 같다. 첫 번째로 살펴볼 것은 〈제국국방방침〉이다. 이 문서는 총 6개의 항목으로 구성되어 있는데, 제 1항에서는 메이지 초기에 정해진 '개국진취開國進取'의 국시에 따라 러일전쟁기 만주 및 한국에 부식扶植한 이권과 아시아의 남방 및 태평양 건너편으로 성대하게 뻗치고

---

43 이들 문서가 작성된 배경과 그 과정 및 내용에 대하여는 일본 방위성의 방위연구소 전사부(戰史部)에서 발간하는 〈戰史研究年報〉 3호(2000년 3월)에 게재된 中尾祐次의 "(史料紹介)帝國國防方針, 國防ニ要スル兵力及帝國軍用兵綱領策定顚末" 참조. 여기서 소개된 〈제국국방방침〉은 防衛廳防衛研修所戰史室(1975), (戰史叢書)《大本營海軍部 · 聯合艦隊》1권, 東京: 朝雲新聞社, 112~120쪽에 수록된 바 있다. 이하에서는 원자료의 출처와 그 내용을 온전히 소개하고 있는 中尾祐次의 "사료소개"를 인용한다.

44 조명철(1997), "일본의 군사전략과 '국방방침'의 성립", 〈일본역사연구〉 59, 1997; 박영준(2004), "러일전쟁 직후 일본 해군의 국가구상과 군사전략론", 〈한국정치외교사논총〉 26(1) 참조.

있는 '민력民力'의 발전을 옹호함은 물론 더욱 이를 확장함으로써 제국시정의 대방침으로 삼지 않으면 안 된다는 점을 강조했다. 여기에서 주목할 것은 태평양 건너편 '민력'의 발전과 확장이라는 대목이다. 이때 민력은 곧 하와이와 미주 대륙에 형성된 일본인 이주민 사회를 가리킨다. 앞서 지적했듯이 메이지 일본은 '평화적인' 대외 팽창의 일환으로 해외 이민을 적극 장려한 바 있다. 그 목표는 세계 속에 '신일본'을 만들자는 것이었다. 흥미롭게도 러일전쟁 후 미국 내 배일 운동에서 단골 소재 중의 하나가 일본인 이민자들은 대부분 군인 출신으로 평시에는 일본의 '정탐꾼'이며 전쟁 발발 시에는 '군인'으로 돌변한다는 것이었다. 어떻든 제국의 국방방침을 열거하는 제1항에서 해외 '민력'에 대한 언급이 들어갔다는 것은 이래저래 눈여겨볼 대목이다.

〈제국국방방침〉의 제3항에서는 군사상 일본의 역사를 돌아볼 때 도쿠가와 시대를 제외하곤 늘 '진취적'이었고, 특히 최근의 청일전쟁과 러일전쟁에서는 모두 '공세'를 취하여 전국의 대첩을 이룬 만큼 앞으로도 그러한 일본인의 성격을 더욱 고취·발휘시켜야 한다고 했다. 이에 따라 〈제국군의 용병강령〉에는 다음과 같은 문장이 나온다. "제국군은 공세로써 본령으로 한다. 즉, 해군은 적수에 대하여 힘써 기선을 제압하고 그 해상세력을 섬멸하는 것을 목적으로 한다."

〈제국국방방침〉의 제4항에서는 국방의 책정에서 먼저 필수적인 '아적수我敵手'를 상정해야 하는데, 그 제1의 상대로서 러시아를 지목한 데 이어 미국에 대한 언급이 나온다. 그 대목을 그대로 옮기면 다음과 같다(원문은 〈그림 5-4〉 참고).

미국은 우리의 우방으로서 이를 보유保維해야 하지만, 지리와 경제, 인종 및 종교 등의 관계로부터 관찰하면 타일他日 극심한 충돌을 일으키지 않는다는 보장이 없다.

이처럼 하나의 문장이지만, 그 안에 함축된 의미는 크다. 왜냐하면 미일충돌의 이유로서 지리, 경제, 인종, 종교의 문제가 거론되

〈그림 5-4〉 일본의 〈제국국방방침〉(1907년 4월)

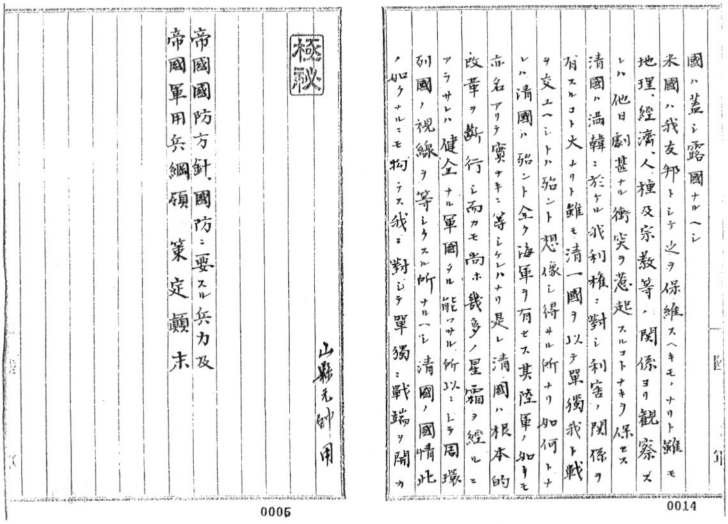

極秘

帝國國防方針、國防ニ要スル兵力及
帝國軍用兵綱領 策定顛末

山縣元帥用

0006

國ハ蓋シ露國ナルヘシ
米國ハ我友邦トシテ之ヲ保維スヘキモノナリト雖モ
地理、經濟、人種及宗教等ノ関係ヨリ観察ス
レハ他日劇甚ナル衝突ヲ惹起スルコトナキヲ保セス
清國ハ満韓ニ於ケル我利権ニ對シ利害ノ関係ヲ
有スルコト大ナリト雖モ清一國ヲ以テ單獨我ト戦
ヲ交ユヘシトハ殆ント想像シ得サル所ナリ如何トナ
レハ清國ハ殆ント全ク海軍ヲ有セス其陸軍ノ如キモ
亦名アリテ實ナキニ等シケレハナリ是レ清國ハ根本的
改革ヲ断行シ而カモ尚ホ幾多ノ星霜ヲ經ルニ
アラサレハ健全ナル軍國タル能ハサル所以ニシテ周環
列國ノ視線ヲ等シクスル所ナルヘシ清國ノ國情此
ノ如クナルニモ拘ラス我ニ對シテ單獨ニ戦端ヲ開カ

0014

출처: 일본 국립공문서관 아시아역사자료센터 소장(https://www.jacar.archives.go.jp/das/image/C14061024500). 왼쪽에 '極祕'라고 찍힌 문서(0006)는 당시 육군 수뇌부(야마가타 아리토모 원수)가 발의한 후 천황의 최종 재가까지 받은 것이다. 미국에 대한 언급은 오른쪽 문서 두 번째 줄부터 나온다(0014).

고 있기 때문이다. 여기에서 지리는 태평양을 사이에 둔 미·일 양국의 대치 상황을 가리키며, 경제는 미국의 문호개방 정책의 표적이 되고 있던 중국과 만주 시장의 개방 문제와 연관된다. 인종과 종교는 백인종 대 황인종, 기독교 대 비기독교라는 이항 대립의 의미를 내포하고 있다. 따라서 미·일 두 나라의 '극심한 충돌'은 피할 수 없는 운명처럼 된다. 러일전쟁 후 서방 언론에서 미일전쟁의 '필연성'을 거론할 때에 일본 정부는 그것을 극구 부인했지만, 내부적으로는 그 필연성을 수용하고 이에 대비하고 있었던 것이다.

〈제국국방방침〉의 제 5항에서는 제국군의 병비兵備 표준을 제시하는데, "해군의 병비는 상정想定 적국 중 우리 해군이 작전상 가장 중요시해야 할 미국의 해군에 대하여 동양에서 공세를 취할 수 있는 수준으로 할 것"이라고 했다. 이에 따라 〈국방에 요하는 병력〉이라는 문서에서는 최신식·최정예의 함대를 구성하기 위하여 준공 후 9년 미만의 전함(2만 톤급) 8척과 장갑 순양함(1만 8천 톤급) 8척을 주간主幹으로 하는 이른바 8-8함대의 편성을 제시했다.

요컨대 미국과 마찬가지로 일본도 장차 예상되는 일미전쟁은 태평양을 무대로 한 해전이 될 것으로 예상하고 해군 주력을 육성하는 데 총력을 기울이고자 했다. 이리하여 두 나라는 경쟁적으로 군비확장에 나섰다. 문제는 최신식 함대를 건조하는 데에는 엄청난 비용이 들어가는데, 러일전쟁으로 고갈된 일본의 재정이 그것을 감당할 수 없었다는 점이다. 이에 해군 측에서는 육군의 군비를 최대한 줄임으로써 그 문제의 돌파구를 찾고자 했다.

이러한 상황을 후지와라 아키라의 《일본군사사》에서는 다음과 같이 기술한다. "러시아를 가상적국으로 하여 '육주해종陸主海從'의 국방방침을 주장하는 육군과, 미국을 가상적국으로 하여 '해주육종海主陸從'의 국방방침을 주장하는 해군의 대립은, 결과적으로 미국과 러시아 쌍방을 가상적국으로 하여 육군과 해군을 모두 증강시킨다는 것으로 타협되었다. 그러나 이것으로 국방의 방침을 정하여 중점적 군비를 추진하려는 당초의 목적은 상실되었다. 강대국 러시아와 미국을 동시에 적으로 하는 군비확장에 돌입하여 국민에게 과도한 부담을 지우게 되었던 것이다. 또한 이것은 육·해군의 경쟁과 대립을 격화시켜 국책을 혼란시키는 원인이 되기도 했다."[45]

3) 미일전쟁의 시나리오: 대백색함대와 《무지의 만용》

러일전쟁 후 미국과 일본이 각각 공세적인 군사계획을 극비리에 수립하는 가운데 시어도어 루스벨트 대통령은 "우리의 모든 전투함을 태평양으로의 훈련 항해에 보내기" 위하여 대서양함대에 태평양 진입을 명령했다. 이리하여 '대백색함대Great White Fleet'의 세계일주 항해가 시작되었다. 1907년 12월 16일 미국 버지니아주 햄프턴 로즈

---

45 후지와라 아키라(藤原彰) 저, 서영식 역(2013), 《日本軍事史》 上, 제이앤씨, 185쪽. 저자인 아키라는 태평양전쟁이 발발하던 해(1941)에 육군사관학교를 졸업하고 중국 전선에 투입된 바 있으며, 전후에는 도쿄대학 문학부 사학과를 졸업한 후 히토츠바시대학 사회학부 교수를 지낸 특이한 경력의 학자이다.

Hampton Roads 항에서 출발한 백색함대의 규모는 전함이 16척, 구축함이 6척, 급탄선 등 보조 함선이 5척이며, 이들 함선에 탑승한 승조원은 14,000명에 달했다. 단일함대로는 사상 최대였다. 모든 함선은 햇빛 반사작용에 의한 냉각 특성을 이용하기 위하여 하얀색으로 도장되었다. 이는 세계일주 항해 중 열대지방을 통과할 때 함선 내부의 온도를 떨어트리기 위한 조처였다.

루스벨트가 당시 미 함대의 주력인 대서양함대를 태평양으로 파견하기로 결정한 데에는 몇 가지 목적이 있었다. 첫 번째는 러일전쟁 후 일본의 대외 팽창을 견제하기 위한 일종의 무력시위였다. 이는 루스벨트의 지론인 평화를 위한 '위협외교corecive diplomacy'의 수단으로써 '대백색함대'를 활용하려는 것이었다. 두 번째는 미일전쟁설에서 종종 제기되고 있던 필리핀과 하와이, 그리고 태평양 연안에 대한 미국의 방비가 소홀하다는 일반국민의 인식을 불식시키려는 것이었다. 특히 배일이민 문제로 일본의 공격에 무방비로 노출되어 있다는 캘리포니아 주민들의 '공포감War Scare'을 해소시킬 필요가 있었다. 세 번째는 두 대양, 즉 대서양과 태평양을 동시에 방위하기 위한 해군 강화의 필요성을 국민들에게 알림으로써 새로운 군함 건조에 대하여 비판적인 의회에 압력을 넣으려는 것이었다. 네 번째로 대양해군을 지향하는 미 해군의 전략 수립과 함대 운용상의 실제 경험을 축적하려는 것이었다. **46**

---

46 Henry J. Hendrix 저, 조학제 역(2010), "서언", "제 7장. 대백색함대와 미국의

미 함대의 세계순항은 세 구간으로 나누어 볼 필요가 있다. 제 1구간은 대서양의 햄프턴 로즈에서 남미 대륙의 남단 마젤란해협을 돌아 태평양의 샌프란시스코에 이르는 구간이다(1907. 12. 16. ~1908. 5. 6., 14,556마일). 제 2구간은 샌프란시스코에서 태평양을 횡단하여 필리핀 마닐라에 이르는 구간이다(1908. 7. 7. ~11. 7., 16,336마일). 세 번째는 마닐라에서 인도양과 지중해를 거쳐 출발지인 햄프턴 로즈로 돌아오는 구간이다(1908. 12. 1. ~1909. 2. 22., 12,455마일). 총 14개월에 걸친 43,347마일(약 7만 킬로미터)의 항정이었다(〈그림 5-5〉 참조).

미국의 대서양함대가 '연습 순항'을 위하여 태평양으로 진입하게 되리라는 최초의 소식이 전해진 것은 1907년 8월이었다. 이때 〈뉴욕 선*New York Sun*〉지는 "드디어 미 해군은 일본과의 전쟁을 위하여 태평양으로 향하는구나!"라는 기사를 내보냈다. 〈런던 타임스〉는 미국이 "제정신을 잃었다"라고 빈정거렸다.**47** 이 시점에서는 대서양함대가 샌프란시스코로 회항한다는 것까지만 일반에 공개되었다.

이런 가운데 대서양함대가 햄프턴 로즈를 출발하여 대서양을 남하하기 시작하자 세계의 언론은 물론 각국 정부 차원에서도 그 향방에 큰 관심을 보였다. 몇 가지 예를 들어 보자. 먼저 파리에 주재하

세기 탄생", 《시어도어 루스벨트의 해군 외교: 미 해군과 미국 세기의 탄생》, 한국해양전략연구소 참조.

47 秦郁彦(1969), "日露戦争後における日米および日露危機(3)", 〈アジア研究〉 15(4), アジア政経學會, 65쪽에서 재인용.

〈그림 5-5〉 대백색함대의 세계일주 항로(1907.12.~1909.2.)

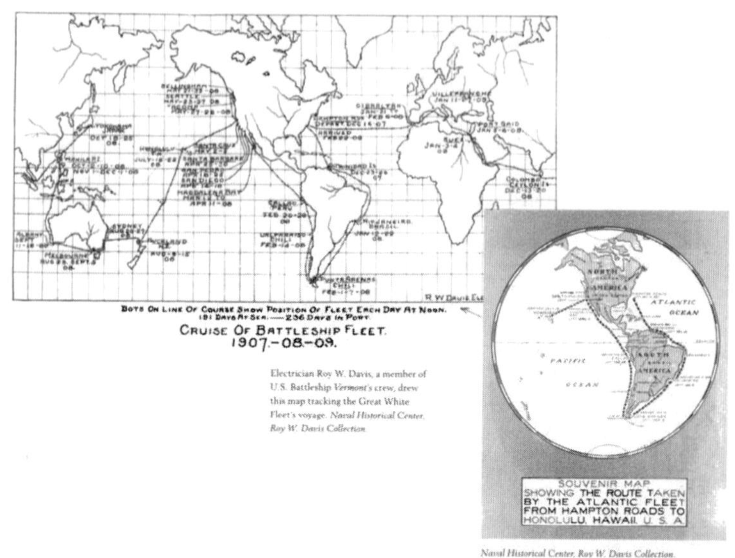

출처: Michael J. Crawford ed.(2008), *The World Cruise of the Great White Fleet: Honoring 100 Years of Global Partnerships and Security*, Washington, D.C.: Naval Historical Center, Dept. of the Navy, p.5.

던 일본대사(쿠리노 신이치로栗野愼一郎)는 본국 정부에 보낸 보고에서, "프랑스 외상이 나에게 자국사람 중 열에 아홉은 일미전쟁의 불가피함을 믿고 있다"는 취지의 말을 했다고 전했다. 이 무렵 신문과 잡지들은 미 함대가 회항 도중 일본에 기습을 당하여 단 1척의 군함도 돌아가지 못할 것이라는 예언적 보도를 내놓고 있었다. 전쟁이 임박했다는 정보로 파리 시장에서 일본 공채가 폭락하는 사태까지 벌어졌다.**48**

이탈리아 황제는 주미대사로 옮겨가는 일본공사(다카히라 고고로

高平小五郎)에게 일미전쟁이 일어나면 일본은 역시 러시아의 발틱함대를 격파했던 도고 헤이하치로東鄕平八郞의 지휘하에서 싸울 것인가라고 물었다. 러시아가 관리하는 하얼빈에서는 일본 함대가 마닐라를 이미 점령했다는 기발한 소문까지 유포되었다. 백색함대가 리우데자네이루에 입항할 때에는 일본인이 미 함선을 폭파할 음모를 꾸미고 있다는 소문이 돌아 브라질과 미 해군이 경계 태세에 들어가기도 했다. 이 무렵 일본인들은 미국의 입국 제한으로 남미 대륙으로 이주를 추진하고 있었다.49

일본이 미 함대를 공격할 것이라는 정보의 출처는 독일이었다고 밝혀졌다. 러일전쟁이 끝난 후 영국과 프랑스·러시아 및 일본은 상호 중첩된 양국 간 조약에 의하여 동맹 관계를 형성하고 있었기 때문에 독일이 국제적으로 고립되는 상황이 벌어지고 있었다. 독일제국의 황제 빌헬름 2세는 미·일 간 갈등을 부추겨 미국과 협력 관계를 구축하려고 했다. 그는 미국이 백색함대의 출동으로 대서양 연안 방위에 공백이 생기자 독일 함대를 보내 대신 지켜 줄 수 있다고 루스벨트에게 제안했다. 물론 루스벨트는 그 제안을 받아들이지 않았다. 한편으로 빌헬름 2세는 황색인(일본)과 결탁한 영국을 '백인의 배신자'라고 비난하고, 가까운 장래에 독영전쟁의 도래를 예고하여 국제적인 파장을 일으키기도 했다.50

---

48 위의 논문, 65~66쪽.

49 위의 논문, 66쪽.

대백색함대는 중남미 대륙의 국가들 — 즉 브라질, 아르헨티나, 칠레, 페루, 멕시코 등 — 을 '친선' 순방하며 아메리카 대륙에 대한 유럽의 간섭을 배제하는 먼로 독트린이 공허한 약속이 아님을 보여주었다. 그리고 일차 목적지인 샌프란시스코에 입항하면서 이곳 시민들의 열렬한 환영을 받았다. 최대의 축하 행사는 해군 육전대 병사들과 해병대원들의 시가지 퍼레이드였다. 이 행렬에는 수병 8천 명이 동참했으며, 50만에 달하는 시민들이 그 장관을 보기 위해 몰려들었다. 이때의 기념비적인 행사는 태평양으로 향한 미 해군의 '전향적 변화'를 예고하는 것이었다. **51**

1908년 3월에 미국 정부는 백색함대가 샌프란시스코 도착 후 세계순항에 나서게 될 것이라고 공식 발표했다. 그러자 일본은 곧바로 주미대사를 통하여 미 함대의 일본 방문을 초청했고, 루스벨트는 이를 흔쾌히 받아들였다. 일본은 공식적인 이 초청을 통하여 캘리포니아를 중심으로 한 미국 내의 배일 열기를 냉각시키고 서방세계에서 떠돌고 있던 미일전쟁설을 진정시킴으로써 미일관계 개선의 기회로 활용하려고 했던 것이다.

---

50 William H. Hale (1934), "Thus Spoke the Kaiser", *Atlantic Monthly* (1934. 5 · 6). 이 기사의 인용과 해석에 대하여는 위의 논문, pp. 66~67, 73; Ralph R. Menning and Carol Bresnahan Menning (1983), "'Baseless Allegations': Wilhelm II and the Hale Interview of 1908", *Central European History* 16 (4), (Dec., 1983), pp. 368~397 참조.

51 Henry J. Hendrix 저, 조학제 역, 앞의 책, 302쪽.

샌프란시스코에서 출항한 미 함대는 하와이에 들른 후 항로를 남쪽으로 잡아 영연방의 일원인 뉴질랜드와 오스트레일리아를 방문했다. 러일전쟁 후 일본의 위협에 노출되었다고 생각하던 두 나라는 미 함대를 대대적으로 환영했다. 오클랜드에서는 10만 명, 시드니에서는 50~60만 명의 군중이 몰려들었다. 그리고 북상하여 필리핀에 잠시 들른 후 일본으로 향했다.

1908년 10월 16일 아침, 미 함대는 일본 함대 전함 16척의 안내를 받으며 요코하마항으로 들어왔다. 일본은 수개월 동안 '관민일체'로 준비한 대대적인 환영 행사를 벌였다. 수만 명의 어린이가 미국 노래를 부르고, 영어를 할 수 있는 1천 명의 대학생이 미 승조원들의 안내를 맡았으며, 고위급 장교단은 메이지 일황이 주관하는 오찬에 초대되었다. 이 오찬에서 일황은 이번 방문을 계기로 미국과 일본의 유대가 공고해지기를 희망했다.[52] 청일, 러일전쟁을 치르며 메이지 시대 최대의 잡지로 성장한 〈태양*The Sun*〉은 "그렇게 깊던 의혹도 이로써 눈 녹듯 해소되니 … 일본 국민이 지난 50년 동안 미국의 은의恩誼에 대한 감격의 정이 일시에 분출한 것"이라고 썼다.[53]

미 함대의 요코하마 기항에 따른 외교적 성과는 바로 나타났다. 워싱턴에서 일본대사는 태평양의 위대한 두 함대는 극동에서 서로 상호 이익을 위해 협조하게 되었다고 말했다. 그리고 얼마 후 미 국

---

52 위의 책, 303~305쪽.

53 〈太陽〉(1908. 11.), 東京, 博文館; 秦郁彦, 앞의 논문, 68쪽에서 재인용.

무장관 엘리후 루트와 주미일본대사 다카히라 고고로 사이에 '공문' 교환에 의한 합의가 이루어졌다. 이른바 루트-다카히라 협정Root-Takahira Agreement(1908. 11. 30.)이 그것으로, 모두 5개의 조항으로 이루어져 있다. 각 조항의 골자를 보면, ① 태평양에서 상업상의 자유와 평화 증진, ② 태평양의 현상 유지 및 청국에서의 상공업 기회균등주의 옹호, ③ 태평양에서의 상호 영토 존중에 대한 강고한 결의, ④ 일체의 평화 수단에 의한 청국의 독립과 영토 보전 및 열국의 상공업상 기회균등주의 지지, ⑤ 앞서 말한 현상 유지 및 기회균등주의가 침박侵迫받는 상황이 발생할 때 그에 대한 대응 조처를 위한 의견 교환 등이었다.**54**

이 문안으로만 보면, 미국의 외교적 승리라고 할 수 있다. 왜냐하면 미서전쟁 후 미국이 태평양상에서 획득한 영토 보전(필리핀과 괌 포함)에 대한 확약과 더불어 청국에 대한 문호개방 및 상공업상의 기회균등주의가 관철되었기 때문이다. 루스벨트의 무력시위에 의한 '위협외교'가 성과를 거둔 것이다. 일본은 러일전쟁에서 소진된 국력이 회복될 때까지는 어떤 형태로든 미국과의 충돌을 원하지 않고 있었다.

한편, 대백색함대의 태평양 진입 후 서방세계에서는 미일충돌에 대한 다양한 견해와 주장 그리고 시나리오들이 나오기 시작했는데,

---

54 (일본)外務省 編(2007), 《日本外交年表竝主要文書》上, 東京: 原書房, 312~313쪽.

그 결정판은 루스벨트 퇴임과 동시에 뉴욕과 런던에서 출간된 《무지의 만용*The Valor of Ignorance*》이었다.**55** 이 책의 저자는 중국 혁명가 쑨원孫文이 가장 신뢰하는 '외국인' 혁명동지이자 그가 '하늘 아래 가장 위대한 군사이론가'라고 평가한 미국인 호머 리Homer Lea(1876~1912)였다.**56**

30대 후반에 세상을 뜬 호머 리의 삶에는 몇 가지 주목할 점이 있다. 그는 꼽추, 두통, 시력 저하 등의 후천적 신체장애에도 불구하고 스스로 그러한 장애를 극복하며 다채롭고 긴장된 삶을 살았다. 콜로라도주 덴버 출생이지만, 10대 후반에 그의 가족이 캘리포니아로 이주한 후 로스앤젤레스에서 고등학교를 마치고 샌프란시스코의 스탠퍼드대학을 다녔다. 이 두 도시는 앞서 보았듯이 미국 내 배일 운동의 거점이었다. 호머 리는 일찍부터 유럽과 미국의 전쟁사에 관심을 가지고 있었고, 대학 시절에 미서전쟁이 발발하자 이 전쟁을 지지하는 캠페인을 벌이기도 했다.

한편, 호머 리는 고등학교 시절 중국인 장로교회의 목사이자 〈중서일보中西日報, *Chinese American Daily Paper*〉의 발행자인 응푼추伍盤照, Ng

---

55 *The Valor of Ignorance*의 초간본(New York and London: Harper & brothers Publishers, 1909)은 다음 웹 사이트에서 볼 수 있다. https://openlibrary.org/works/OL7662951W/The_valor_of_ignorance

56 호머 리 저, 한상일 역·해설(2012), "해설: 호머 리 — 삶과 사상과 행동", 《무지의 만용》, 기파랑, 17쪽. 이 번역본은 원본의 각 Chapter에 임의로 제목을 달아서 전체적인 내용을 파악하기 쉽도록 했다. 다음부터의 본문 인용은 이 번역본을 활용하되, 중요한 구절이나 표현에서는 원문을 병기한다.

Poon Chew(1866~1931)와 친교를 맺으면서 중국의 개혁 운동에 관심을 갖게 되었다.57 이른바 의화단사건으로 중국에 대한 열국의 군사 개입이 이루어지던 1900년에 중국으로 건너가 9개월 정도 체류했다. 그는 이때 보황회保皇會를 이끌던 캉유웨이康有爲에 의하여 '중국군 육군 중장'으로 임명되었다. '병사 없는 장군'일 뿐이었지만, 그 후 샌프란시스코로 돌아와서 중국의 개혁파를 지지하고 후원하는 운동을 전개했다. 그러다가 쑨원의 혁명노선을 지지하면서 그와 더불어 활동했다. 호머 리는 신해혁명에 의하여 중국 난징에서 공화제 정부가 수립되는 현장을 목격한 후 세상을 떠났다.58

호머 리는 3권의 책을 남겼다. 중국의 농촌을 배경으로 한 소설 《붉은색 연필*The Vermilion Pencil*》(1906)과 《무지의 만용》(1909), 그리고 《색슨의 날*The Day of Saxon*》(1912)이다. 《무지의 만용》이 태평양의 지배권을 둘러싼 미·일 간 충돌 문제를 다루었다면, 《색슨의 날》에서는 유럽에서 독일의 부상과 영국의 위기를 예견하였다. 이어서 러시아의 팽창을 예상하는 《슬라브족의 쇄도*The Swarming of the Slavs*》를 낼 계획이었지만, 이는 구상으로만 끝났다. 이들 저술을 통하여 호머 리가 주장하고자 했던 바는 게르만족, 슬라브족, 일본 종족이 각각 유럽과 서아시아 그리고 태평양에서 팽창을 도모하게 되면 앵글로

---

57 〈공립신보〉(1908. 6. 3.), "雄辯家 伍盤照君의 演說을 來聽ㅎ、시오". 이 기사에서는 응푼추를 中西日報 사장이자 동·서양 학문에 박식다문한 웅변대가로 소개하고 있다.

58 한상일, "해설: 호머 리 — 삶과 사상과 행동", 앞의 책 참조.

색슨의 후예인 영국과 미국은 중국과 연대하여 지역적 균형을 유지하는 동시에 세계질서를 이끌어나가야 한다는 것이었다.[59] 요컨대 호머 리의 저술에는 20세기 초 서구 사회에 팽배한 인종론적 관점이 깔려 있었다.

이제 《무지의 만용》을 좀 더 깊이 살펴보기로 하자. "머리말"에서 저자는 다음과 같이 말한다. "이 책을 위한 원고의 거의 모든 부분은 포츠머스조약 체결 직후에 완성되었다. 하지만 이 책의 가설과 결론을 입증 또는 반증할 만큼 충분한 시간을 가지려고 오늘까지 출판을 미루어 왔다. 중요치 않은 점을 제외하고는 원래의 저술 그대로이다. 그 이후 전개된 사건들은 집필 당시 나의 확신을 입증해 주고 있기 때문에 지금 이 책을 대중 앞에 내놓는 것이 합당하다고 생각한다."[60] 그러니까 이 책의 원고는 서방세계에서 미일전쟁설이 본격적으로 제기되기 이전인 1905년 9월경 거의 '완성'되었으며, 그 후의 사태 전개는 자신이 세워 놓은 '가설'과 '결론'에 대한 확신을 갖도록 했기에 출판에 부쳤다는 것이다.

《무지의 만용》은 총 2부 21장으로 구성되었다. 제 1부 〈상무정신 Militancy의 쇠퇴와 서반구의 지배〉에서는 전쟁 일반론에 대한 저자의 관점과 소신을 피력하고 있다. 그에 따르면, 인류의 역사에서 인구의 증가, 인종 간 갈등, 문명·문화의 차이, 생존 자원의 필요, 영

---

59 위의 글 참조.

60 《무치의 만용》, 29쪽.

토적·경제적 확장 등으로 전쟁은 불가피했고 앞으로도 그럴 것이다. 평화와 번영은 오직 물리적 힘, 즉 군사력에 의지하며, 평화 시기에 그 힘을 준비하지 않으면 안 된다. 그러면서 미국인들은 '거리에 대한 맹신the Valor of Distance' 때문에 국가의 안보를 소홀히 하고 있다고 지적한다. 그들은 미국 본토가 거대한 두 대양, 즉 대서양과 태평양에 의하여 보호받고 있기 때문에 안전하다고 믿고 있다는 것이다. 이러한 맹신에 대하여 저자는 다음과 같이 비판한다.

> 인간의 지혜와 발명의 재능은 한때 광대무변했던 세계를 점차 작고 가까운 이웃으로 만들었다. 그래서 이제 많은 나라는 아무리 멀리 떨어진 곳에서도 전쟁을 수행할 수 있게 되었다. 수송의 어려움은 극소화되었다. 대양은 이제 더는 먼 곳의 나라를 공격하는 데 방해가 되는 것이 아니라, 오히려 원정을 가능하게 만들고 있다. 61

이 문제가 지니는 심각성을 인식시키기 위하여 저자는 구체적 예시를 든다. "이제 대서양은 '조그만 개울a small stream'에 지나지 않는다. 유럽 열강의 함대는 먼로 대통령이 역마차를 타고 워싱턴에서 보스턴까지 갔던 시간보다 더 빨리 대서양을 건널 수 있다. 태평양 역시 더는 옛날처럼 끝없는 광대함 속에 숨겨져 있지 않다. 일본은 로스앤젤레스에서 샌프란시스코까지 군대가 행군하는 것보다 더 짧

---

61 위의 책, 74쪽.

은 시간 안에 병력을 캘리포니아에 상륙시킬 수 있다. 독일과 일본의 상선들은 선전 포고와 함께 즉시 군용 수송선으로 전환될 것이고, 그렇게 되면 한 달 안에 25만 명의 병력을 태평양이나 대서양 해안에 상륙시킬 수 있다." 이어서 저자는 다음과 같이 말한다.

> 오늘날 대양의 거대한 성벽은 완전히 사라졌다. 다만 그것에 대한 환상만이 남아 있을 뿐이다. 환상 속에서 생각하는 국가 방위와 그러한 환상 속에서 태어난 평화의 꿈으로는 이 나라를 지킬 수 없다. 서반구에서 미국의 주권을 둘러싸고 있는 위험과 어려움을 극복하고 우리가 더 확실한 평화를 누리기 위해서는 철혈the blood and iron의 군사적 준비 이외의 다른 길은 없다.[62]

요컨대 호머 리가 말하는 '무지의 만용'이란 근본적으로 '거리에 대한 맹신'에서 비롯되고 있음을 거듭 강조하고 있다. 태평양과 대서양은 더 이상 미국의 안보를 지켜 줄 수 있는 '성벽'이 되지 못한다. 따라서 미국이 자랑할 수 있는 '유일한 고립상태'라는 것은 거리가 아니라 전투함대와 기동육군에 의해서만 보장된다는 결론에 다다르게 된다.[63]

제 2부 〈상무정신의 쇠락과 태평양 지배〉에서는 추상적인 전쟁론

---

62 위의 책, 75~76쪽.

63 위의 책, 71쪽.

에서 더 나아가 실제 전쟁 그 자체, 즉 미일전쟁의 가능성에 대하여 논하고 있다. "오늘의 시점에서 검토한다면 미국이 직면하게 될 국제적 전쟁은 다른 어떤 나라보다도 일본과 벌어질 가능성이 가장 크다."64 왜 그러한가? 이 문제에 대하여 저자는 다음과 같은 근거를 제시한다.

① 인종적으로 미국과 일본 두 국민 사이에는 어떠한 관련성도 없다.
② 윤리적 또는 시민적 이상이 미국과 일본처럼 상반된 나라도 없다.
③ 종교가 다를 때에는 인종적 차이가 적대감을 낳는다.
④ 태평양 패권을 둘러싼 미・일 간 갈등은 다른 어떤 나라보다 크다.
⑤ 두 나라는 아시아와 태평양 연안의 부와 시장을 놓고 상호 경쟁적인 관계에 놓여 있다.

요컨대 일본과 미국은 인종적・윤리적・종교적 측면에서 상호 배타적이며, 아시아・태평양 지역의 패권을 놓고서는 정치적・경제적으로 서로 대립하고 있다. 이러한 문제들을 근본적으로 해결하기 위해서는 결국 평화가 아니라 전쟁에 의존할 수밖에 없다. 일본은 미국과의 전쟁에 대비하여 만반의 준비를 착실히 하고 있었다. 그런데 정작 미국은 감상적 평화주의와 고립주의에 빠져 있다. 이것이 바로 '무지의 만용'이다.

---

64 위의 책, 172쪽.

일본이 '태평양의 쇼군'이 되겠다는 결심을 굳히게 된 근거는 육군과 해군의 우위가 주는 일종의 불가사의한 힘이다. 과거 역사를 보면, 지중해 지배는 해안가에 살면서 서로 싸우는 나라들에만 영향을 미쳤고, 대서양 지배는 오직 인류의 일정 부분에만 영향을 미쳤다. 그러나 태평양 지배는 세계 전체와 직접 관련될 것이다. 태평양은 지구 표면의 34%를 차지하며, 인류의 절반 이상이 이 바다의 어딘가에 살고 있다. 그리고 지구의 미개발 자원의 3분의 2가 태평양 연안의 육지에 묻혀 있다.

> 태평양의 진정한 의미를 결정하는 것은 이러한 방대한 인구와 이용되지 않은 부의 결합이다. 미래의 세계가 한 나라, 또는 국가들의 연합에 의해 정치적으로나 군사적으로, 또는 산업적으로 어떻게 지배될지는 태평양을 누가 지배하느냐에 의해 결정될 것이다.[65]

이제 일본이 태평양의 주도권을 장악하기 위해 제거해야 할 강대국은 오직 하나, 미합중국만이 남아 있다. 일본은 그들이 원하는 때에 원하는 장소에서 전쟁을 개시할 것이다. 그들은 미국의 태평양 방어체계의 무기력함, 육군의 완전한 결핍, 대서양과 태평양에 분산된 해군력 등 미국의 허점을 파악하고 있다. 일본은 전쟁 개시의 명분으로 미국 내의 배일 운동을 들고 나올 것이다. 이 나라에서 일

65 위의 책, 205쪽.

본인 이주자들은 '인종적 문둥이'나 '폭도'처럼 취급받으며 격리되고 있었다. 이러한 대우는 현행 조약에서 보장된 일본인의 권리와 면책권에 모순되는 것으로서 '개전 이유 casus belli'가 된다. 미일전쟁의 근본 원인은 일본제국의 '자연적 팽창'에 있음에도 불구하고 그 책임은 미국에 돌아가도록 하는 것이다.[66]

일본은 미국과 전쟁이 개시되면, 서태평양의 필리핀을 점령한 후 중부 태평양의 하와이로 진격하고, 이어서 북태평양의 알래스카와 남태평양의 사모아로 향할 것이다. 미국의 해군은 이러한 일본의 공격에 제대로 대응할 수 있는 체계와 준비를 갖추지 못하고 있다. 이리하여 일본은 태평양의 제해권을 확보하고, 그 다음에는 미국 본토로 진입을 시도할 것이다. 모든 전쟁이 그래 왔듯이, 미일전쟁의 최종 승패는 육전으로 결정될 것이다. 일본이 즉시 전투에 투입할 수 있는 군대는 125만 명이 넘는다. 일본군의 전투 능력과 효율성은 러일전쟁에서 입증된 바 있다. 이에 맞서야 하는 미국이 태평양 연안에 동원할 수 있는 정규군은 겨우 2만 명에 지나지 않는다.[67] 일본은 미 대륙의 서부까지 장악하게 될 것이다. 그 결말은 다음과 같이 묘사된다.

샌프란시스코의 봉쇄에 뒤이은 불가피한 종말은 미국의 완전한 재기

---

66 위의 책, 193~196쪽.

67 위의 책, 236~237쪽.

불능으로 나타날 것이다. … 전장의 패배에서 살아남은 병사들은 사방에 흩어지고, 미국은 분열하고, 계급과 지역갈등으로 민중 봉기와 폭동이 일어나 지리멸렬해지면서 수습할 수 없는 상태로 빠져들 것이다. 본질로서 이질적인 다수 인종으로 구성된 미국의 공화주의는 완전히 해체될 것이다. 그리고 권력은 결국 군주정치의 손에 들어가고, 인민은 허영과 무지의 대가를 치르게 될 것이다.[68]

미일전쟁에서 일본의 승리는 비단 미국의 영토뿐만 아니라 건국 이래 미국이 지켜온 공화제도와 그 정신까지도 무너뜨린다는 것이다. 이는 곧 근대 이후 바다를 통하여 세계를 제패했던 서양 문명의 몰락을 의미했다. 호머 리는 《무지의 만용》이라는 그의 저술을 통하여 미국 국민, 나아가 서방세계에 이러한 경고 메시지를 던지고자 했던 것이다.

그렇다면 《무지의 만용》 출간 당시의 반응은 어떠했을까? 먼저 이 책의 "서문"을 쓴 채피Adna R. Chaffee 장군은, "만세Hail! 《무지의 만용》!!"이라고 한 다음에 이렇게 말했다. "원고를 주의 깊게 읽고 난 후 느낀 소감은 이 책이 출간되면 연방정부나 주정부의 관리는 물론 재야의 많은 지식인들에게도 관심을 불러일으킬 것이라는 점입니다. 지금까지 그 누구도 정부의 관리나 지식인들에게 이 책에 담긴 21개의 장 속에서 찾아볼 수 있는 것과 같은 일련의 중요한 그림들

68 위의 책, 307쪽.

을 제공한 적이 없기 때문입니다."

한편 이 책을 우리말로 번역한 한상일의 "해설"에 따르면, 당시 미국의 여론을 지배하고 있던 감상적 평화주의자와 먼로 독트린을 추종하는 고립주의자들은 호머 리의 주장을 일고의 가치도 없는 것으로 혹평했다고 한다. 미 군부 내의 군사전략가들도 호머 리의 경고는 실현 가능성이 없는 하나의 '공상'이라고 비웃었다. 한편으론 호머 리의 경고에 귀를 기울일 필요가 있다는 목소리도 나왔다. 예컨대 〈뉴욕 타임스〉는 호머의 책이 미국 사회에 만연한 "무지의 만용을 날카롭게 지적했다"고 평가하면서, "필리핀, 하와이, 〔미국〕 서부 해안 등 전선을 지키고 있는 야전 장교들을 분발케 하는 계기" 또한 만들었다는 점에 의미를 부여했다는 것이다.69

출간 당시 《무지의 만용》에 대한 반응은 미국보다 일본에서 더 크게 나타났다. 미국에서는 태평양전쟁이 발발한 이듬해에야 그 재판본이 나왔던 반면에, 일본에서는 1911년에 《일미필전론日米必戰論》으로 번역되어 출간 6개월 만에 22판이 인쇄될 정도로 큰 호응을 얻었다.70 이 책의 번역자(모치즈키 고타로望月小太郎)는 말하기를, 본서의 원명原名은 《무지의 용기無智의 勇氣》이나 그 전편全篇이 목적하는 바가 일미 양국의 장래에 일어날 대충돌에 있기 때문에 이 점

69 한상일, "해설", 위의 책, 23쪽.

70 위의 책, 24쪽. 여기에서는 번역서가 1910년에 출판되었다고 했는데, 초판본의 서지사항을 보면 그 발행일이 明治 44년(1911) 2월 13일로 되어 있다.

을 명료하게 드러내기 위하여 책 제목을 《일미필전론》으로 바꾸었다고 말했다.71 그런데 같은 해에 《일미전쟁日米戰爭》이라는 제목을 달고 또 다른 번역서가 나왔다.72 그만큼 일본 내의 반응이 뜨거웠다. 어쩌면 일본의 관료와 군부 그리고 일반 대중은 이 번역본을 보면서 미국을 위협할 수 있는 일본의 '잠재력'에 고무되었던 것은 아닐까 하는 생각이 든다. 어떻든 그 후 일본 내에서도 일미전쟁의 미래를 그리는 소설이나 수필, 또는 평론들이 등장하면서 그 계보가 성립되었다.

러일전쟁을 전후한 시기 미국의 인종주의자들이 내세웠던 백색국가론—이를 확장하면 '백인 태평양White Pacific'이 될 수 있다—이나73 나중에 일본의 팽창주의자들이 외쳤던 (대)동아공영권론이나 한 가지 공통된 목표가 있었으니, 그것은 이 시기 세계제국으로 성장하고 있던 미국과 일본이 각각 아시아-태평양 지역을 배타적으로 지배하려던 욕구였다. 따라서 그들이 다양한 형태로 정당화시켰던

---

71 ホーマー・リー 著, 望月小太郎 譯(1911), 《日米必戰論》, 東京: 英文通信社, 2쪽.

72 ホーマー・リー 將軍 著, 斷水樓主人 譯(1911), 《日米戰爭》, 東京: 博文館. 이 책은 위의 번역서보다 8개월 뒤에 출판되었다. 斷水樓主人(池亨吉)은 자신의 번역서 앞에 '〔호머〕 리 장군'의 최근 서한을 게재하고, "범례"(凡例)에서는 자신이 孫逸仙으로부터 직접 받은 日文 번역의 판권을 갖고 있다고 밝혔다. 孫逸仙(孫文)은 호머 리로부터 원서의 한문 및 일문 번역 판권을 넘겨받았다고 한다.

73 권은혜(2014), "20세기 초 미국 서부의 반 일본운동과 아시아인 이민 배제 주장에서 드러나는 초국적 반 아시아 인종주의", 〈서양사론〉 120호, 28쪽.

지역, 인종, 문명 간 충돌론은 지역적 나아가 세계적인 '패권' 장악이라는 정치적 의도를 숨기기 위한 수사이자 담론에 지나지 않았다는 점을 간과해서는 안 될 것이다.[74]

3. 한국 언론의 보도와 반응

러일전쟁 후 국권 상실의 위기 속에서 대한제국(이하 한국)에서는 이른바 애국, 즉 '국가/국민 만들기' 계몽운동과 맞물리며 신문과 잡지의 시대가 열리고 독서 공중reading public이 형성되면서 근대적 담론장이 만들어졌다.[75] 이 시기에 '민족 언론'을 대표하던 것이 〈대한매일신보〉(1904~1910)와 〈황성신문〉(1898~1910)이었다.

영국인 베델Ernest T. Bethell, 裵說을 발행인으로 한 〈대한매일신보〉의 경우 치외법권적 지위를 누리며 항일운동의 선봉에 섰다. 이 신문은 영문판과 국한문판에 이어서 순한글판까지 3종의 신문을 동시에 발행함으로써 당시 가장 영향력 있는 언론 매체로 주목받았다.

---

74 이와 관련해서는 임종명(2018), "아시아-태평양 전쟁기, 식민지 조선의 인종 전쟁 담론", 〈사총〉 94호 참조. 이 논문에서는 객관적인 생물학적 '인종'(*race*)은 존재하지 않으며, '인종주의'(*racism*)와 마찬가지로 역사적인 또는 문화적인 산물이라는 발리바르(Etienne Balibar)의 명제로부터 출발하여, 이른바 대동아전쟁기에 유포된 인종전쟁론은 제국 일본의 패권 담론이었다는 결론을 끌어내고 있다.

75 채백(2015), 《한국언론사》, 컬처룩, 138~140쪽.

1907년 5월의 한글판 출간은 〈대한매일신보〉의 독자층 범위를 한문 해독 능력이 떨어지거나 아예 없던 '하층민', 즉 평민과 여성으로까지 확대시킴으로써 '국민 만들기'의 효과를 최대한 높이려 했던 것으로 볼 수 있다. 이 신문의 전반적인 논조는 1890년대 후반기 〈독립신문〉이 그러했던 것처럼 한국 인민을 서방세계와 같은 '문명개화'의 방향으로 이끌려는 것이었다.

한편, 개신유학 계열의 〈황성신문〉은 국한문판으로 발행되었으나 한글은 토씨를 다는 정도에 그쳐 사실상 지배층인 양반 유생들의 '계몽'에 힘을 쏟고자 했다. 그들은 보수 유림처럼 서양 문명을 전면적으로 배격하지는 않았지만, 그렇다고 문명개화론자처럼 유교를 부정하지도 않았다. 요컨대 〈황성신문〉은 유교를 근본에 두고 황실과 지배층 중심의 신新·구舊 또는 동東·서西 절충적이며 점진적인 개혁을 추진하고자 했다는 점에서 〈대한매일신보〉의 성격과 대조를 이루었다. 이러한 두 신문의 차이는 미일전쟁설을 보도하는 데에도 영향을 미쳤다.

1908년 5월 현재 〈대한매일신보〉는 국한문판 8,143부, 한글판 4,650부, 영문판 463부 총 13,256부를 발행하고 있었다. 이 무렵 〈황성신문〉이나 〈뎨국신문〉의 발행 부수는 대략 2~3천 부 수준이었다.[76] 국한문 혼용의 〈황성신문〉이 양반과 유생 등 식자층을

---

76 한국언론사연구회 엮음(2004), 《대한매일신보 연구》, 커뮤니케이션북스, 342~347쪽.

대상으로 했다면, 한글로 된 〈데국신문〉은 하층 민중과 여성층이 그 대상이었다. 그런데 〈대한매일신보〉는 국한문판과 한글판을 동시에 발행함으로써 국민 전체를 구독층으로 포섭하고자 했다.

1) 〈대한매일신보〉의 기사 분석

1906년 후반부터 미일전쟁설에 대한 '외신' 보도를 간간히 게재하던 〈대한매일신보〉는 1908년에 들어서면서 그에 관한 기사들을 집중적으로 내보냈다. 이때의 소재는 두 가지였다. 첫 번째는 샌프란시스코 대지진(1906. 4. 18.) 발생 후 태평양 연안에서 번져 나간 일본인 이민배척 운동이고, 두 번째는 시어도어 루스벨트 대통령이 야심차게 발진시킨 '대백색함대'의 세계일주(1907. 12. ~1909. 2.) 항해였다. 이러한 소재들이 미일전쟁설과 어떻게 연결되고 있었는지를 보여 주는 것이 다음의 〈표 5-1〉이다.

이 표는 〈대한매일신보〉 국한문판에 미일전쟁설이 집중적으로 보도되었던 1908년 1월 1일부터 2월 28일까지 두 달 동안 그와 관련된 기사 제목들을 날짜순으로 정리해 놓은 것이다. 이 표의 분류란에서 ①은 미국 내(주로 캘리포니아주)에서의 일본인 이민배척 운동과 관련된 기사이고, ②는 태평양에서의 미국 군비 및 함대 이동과 관련된 기사이며, ③은 미일전쟁설을 제목으로 내건 기사들이다. ①과 ②의 기사들은 ③의 미일전쟁설을 뒷받침하는 논거로 연결되었다.

기사들의 출처를 보면, 미국 내 배일 운동의 근거지인 샌프란시

〈표 5-1〉〈대한매일신보〉(국한문판) "外報"란 美日, 米日 관계기사(1908.1.1.~2.28.)

번호	날짜	제목	출처	분류
1	1.4.	日人退逐	미국 씨아틀電	①
2	1.5.	[美] 太平洋艦隊	-	②
3	1.8.	亞人排斥의 同盟	桑港(샌프란시스코)電	①
4	1.9.	米國沿岸防禦	倫敦(런던)電	②
5	1.11.	[美] 移民法 內容	路透(로이터)電	①
6	1.14.	美國陸軍卿 演說	倫敦電	③
7	1.15.	日人排斥運動	倫敦電	①
8	1.18.	[美日]戰爭 目的	美國某信	③
9	1.18.	[美日]戰爭 豫言	美國某信	③
10	1.18.	美艦出發의 景況	美國某信	②
11	1.19.	[日] 臺灣軍事準備	紐育電	②
12	1.26.	世界最大軍艦	美國通信	②
13	1.28.	日人上陸禁止	路逐[透]電	①
14	1.29.	美艦乘 俄將	伯林電	②
15	1.30.	[美日]戰爭 希望說	倫敦電	③
16	2.6.	日本의 開戰準備	紐育電	③
17	2.7.	美艦回航 原因	美國포트랜드電	②
18	2.8.	東洋人 排斥	美國포트랜드電	①
19	2.9.	美國戰備論	桑港츄리쏘新聞	③
20	2.11.	[亞細亞人]排斥會 決議	桑港電	①
21	2.12.	美艦出帆	紐育電	②
22	2.13.	亞細亞人排斥會	(美國ᄉᆞ토루地方)	①
23	2.14.	太平洋艦隊	紐育電	②
24	2.16.	海軍根據	紐育電	②
25	2.19.	美日戰爭迫近	紐育電	③
26	2.21.	米艦歡迎	紐育電	②
27	2.23.	米日戰爭說	華盛頓電	③
28	2.25.	米日戰爭準備	華盛頓電	③
29	2.26.	米日戰爭	倫敦電	③
30	2.26	日本軍力調査	-	②
31	2.27.	美艦新編	伯林電	②
32	2.29.	美日戰爭必成	(法國新聞記者)	③

스코와 시애틀 또는 포틀랜드 등 태평양 연안 도시와 뉴욕 및 워싱턴 DC에서 발간되는 신문들, 그리고 영국의 〈로이터Reuter, 路透 통신〉 등이 주를 이루며 베를린, 파리, 상트페테르부르크의 신문들과 〈마닐라馬尼剌 통신〉이 인용되곤 했다. '미국 모신某信'이라고 하여 그 출처를 명확하게 밝히지 않는 예도 있었다. 배일 문제와 미일전쟁설에 관계된 기사들임에도 불구하고 다른 상대편인 일본 측 신문 기사들은 눈에 띄지 않는다.

요컨대 〈대한매일신보〉의 미일관계 기사들은 서방세계, 특히 미국 측의 여론, 그중에서도 대일 강경론자들의 입장을 한국인에게 전달함으로써 미·일 양국의 충돌이 불가피하다는 인상을 주고자 했다고 볼 수 있다. 그 주된 논거 중 하나가 일본인 이민 문제였는데, 이 문제는 청일전쟁 후 서구 사회에 퍼지고 있던 황화론과 연결되며 인종충돌론으로 발화될 소지를 안고 있었다.

1908년 2월 9일 자 〈대한매일신보〉에 실렸던 "미국전비론美國戰備論"에서는 장차 미일전쟁 발발 시 태평양 연안에 거주하는 '십만'의 일본인이 그들의 모국을 위해 싸우게 될 것이라고 주장했다. 또한 말하기를 "금일 미국의 해군력이 세계 제 2위에 있으나 태평양 연해 군력軍力으로 말하면 일본의 차위次位가 될 터이라"고 했다. 그 이유인즉 미 함대의 주력이 대서양 방면에 있는데, 이들 함대가 태평양으로 이동하고자 하면 최소 3개월이 걸리며 태평양 연안의 해군기지가 대함대를 수용할 준비와 시설을 갖추지 못했기 때문이라는 것이다. 따라서 미국은 일본인 이민자들을 단속하고 경계하는 한편, 태평양 방면의 군비를 신속하게 증강해야 한다는 결론에 도달한다.

〈대한매일신보〉(국한문판)에 실렸던 〈표 5-1〉의 기사들은 한글판에 쉽게 풀어 나오면서 긴박감과 생동감을 더했다. 〈표 5-2〉는 미일전쟁과 직접 관련된 기사들만을 추린 것이다. 2월 26일 자 기사 "려송에셔 젼징을 황겁히 녁이는 틔도"를 보면, 이렇게 시작된다.

> 미일젼징이 될 긔미가 과연 뎍실ᄒᆞᆫ지는 아지 못ᄒᆞ거니와 미국 함디가 태평양으로 출발ᄒᆞ던 수월 전부터 세계 각국에셔 쥬목ᄒᆞ던 문뎨가 오늘날 려송에셔 ᄯᅩ 니러낫도다

이어서 전하기를, '려송', 즉 필리핀 마닐라의 미군 군사기지에서

〈표 5-2〉〈대한매일신보〉(한글판)의 미일전쟁 관계 기사(1908.1.1.~2.28.)

번호	날짜	제목	출처
1	1.18.	미국함디의 발졍ᄒᆞᆫ 일	미국 통신
2	1.30.	일미관계 주의	론돈 뎐보
3	2.7.	일미기전 쥰비	늬우욕[뉴욕] 뎐보
4	2.9.	미국젼징 예비론	상항 츌리쏘신문
5	2.14.	미일젼징셜	파리스 뎐보
6	2.19.	[미일]젼징 불원(不遠)	늬우욕 뎐보
7	2.23.	미일젼징되는 근인	워쉉돈 뎐보
8	2.25.	미일젼징 쥰비	화셩돈 뎐보
9	2.26.	려송에셔 젼징을 황겁히 녁이는 틔도	아메리킨 이불 늬우스
10	2.26.	미일교젼 측관	론돈 뎐보
11	2.27.	일본젼투력 됴사	론돈 뎐보
12	2.28.	미국졍부 젼징쥰비	늬우욕 뎐보
13	2.29.	미일젼징셜	법국 신문긔쟈

는 주야 불문하고 포대를 건축하며 대포를 제조하고 계엄을 실시하여 '외국인', 즉 일본인 비밀 정탐원의 활동을 각별히 경찰하고 있다고 했다. 그리고 필리핀 사람들 중에는 전쟁이 곧 일어난다고 보고 곡식을 매점하거나 재산을 홍콩으로 보내고 은행 문을 닫는 일들이 벌어지고 있다고 했다. 한편 "다수ᄒᆞᆫ 인민들은 동양 ᄒᆞᆫ 쪽의 ᄒᆡ가 몬져 쓰ᄂᆞᆫ 나라에 잇ᄂᆞᆫ ᄏᆡ가 ᄍᆞ르막ᄒᆞᆫ 황인죵을 념려치 아니ᄒᆞ고 상업 ᄉᆞ무와 태평세월의 됴흔 흥치를 쟝구히 ᄒᆞ라 ᄒᆞᄂᆞᆫ도다"라고 했다. 이 기사는 일본인들이 먼저 전쟁을 일으키지나 않을까 염려하면서도 동시에 그들을 멸시하는 인종차별적 태도를 드러내고 있다.

이러한 태도는 〈대한매일신보〉의 1908년 1월 22일 자 논설 "일본 이민"에 잘 나타난다. 이 기사에서는 태평양 연안의 밴쿠버, 샌프란시스코, 유타주 등에서 벌어지고 있던 '인종 폭동' 사태를 거론하면서 말하기를, 인종이 다르면 '결단코' 함께 살 수 없음에도 불구하고 일본인 이주자들이 계속 늘어나기 때문에 미국과 캐나다에서 '인종 폭동'이 일어나고, 이것이 그들 나라의 국민감정을 자극하여 결국 전쟁으로까지 이어지게끔 한다는 논리를 펼친다.

그렇다면 이 시기 〈대한매일신보〉가 국권 보존을 위해 내세우는 논리는 무엇이었는가. 그것은 서양의 발달된 문명을 하루라도 빨리 배우고 받아들여 개명화의 길로 나아가야 한다는 것이었다. 이것은 개항 후 문명개화론자들의 일관된 주장으로서 새로울 것이 없다. 다만, 이때 달라지는 것이 있다면 태평양을 통하여 동아시아 방면으로 정치적·경제적·군사적으로 힘을 뻗치고 있던 미국의 존재를 확연히 깨닫고, 그 힘을 빌려 한국의 국권을 회복할 수 있는 가능성을 모색하기 시작했다는 점이다. 미일전쟁설에 대하여 한국인이 민감하게 반응했던 것도 바로 이 때문이었다. 이들에게는 지역이나 인종 간 갈등보다는 '문명화', 곧 서구화(좀 더 좁히면 미국화)를 통한 국가와 민족의 보존이 무엇보다도 우선시되었다.

2) 〈황성신문〉의 기사 분석

개신유학 계열의 〈황성신문〉에서도 일본인 이민 문제와 미일충돌설에 대한 '외신' 보도들을 소개했는데, 〈대한매일신보〉와 비교해 볼 때 그 빈도가 현저히 낮을 뿐 아니라 미일 개전의 가능성을 부인하는 기사들을 내보내곤 했다.[77] 예컨대 1907년 2월 11일 자 1면 외보란에 실린 "일미개전설의 변명"이라는 기사가 그러하다.

> 화성돈전華盛頓電을 거한즉 일미 간에 개전된다는 설이 전파함으로 미국 대통령 루스벨트 씨가 육군경 다후드 씨로 하여금 그 무근無根의 설說됨을 변명케 하였더라

77 국사편찬위원회의 한국역사정보통합시스템(www. koreanhistory. or. kr)과 국립중앙도서관의 대한민국신문아카이브(www. nl. go. kr/newspaper/)의 검색 기능을 활용하여 1906년부터 1910년까지 '미일전쟁/일미전쟁' 또는 '미일개전/일미개전'을 제목으로 단 기사를 검색해 보면, 〈대한매일신보〉가 총 34건, 〈황성신문〉이 총 11건 나온다. 이 통계는 두 신문의 전체적인 경향성을 보여 준다. 물론 이 외에도 다양한 방식으로 미일전쟁에 관한 기사들을 검색해 볼 수 있다.

그리고 다음 날 똑같은 제목의 기사에서 다음과 같이 전했다.

화성돈전을 거한즉 미국 대통령 루스벨트 씨가 일본 매일〔신문〕 전보통신원에게 대하여 다음 보도를 본사에 송교함을 공허公許하였는데, 미국 정부는 일미전쟁설을 일소에 붙이노니 미국 정부에서 이에 대하여 하등의 사事를 준비함도 무無하며 또 하등의 사事를 계획함도 무無하고 태평양 및 대서양의 미국 함대는 여余의 취임 시부터 시행하던 연습을 계속 시행할 뿐이라 하였더라

위의 두 기사에서 볼 수 있듯이 시어도어 루스벨트 대통령은 자신의 각료인 육군장관 태프트를 통하여, 그리고 일본 신문 특파원과의 회견을 통하여 미일전쟁설이 전혀 근거가 없다는 것과 미 함대의 기동 훈련이 평소 예정되어 있던 것임을 미・일 두 나라 국민에게 알림으로써 양국의 감정이 악화되는 것을 예방하고자 했다.

〈황성신문〉은 미국 대통령의 그러한 발언을 국내에 전함으로써 항간에 유포되던 미일개전설이 낭설일 수 있음을 내비쳤다. 〈대한매일신보〉가 1908년 1월 초부터 미일전쟁의 불가피성과 임박함을 연일 보도할 때에도 〈황성신문〉은 이에 제동을 거는 외신을 내보냈다. 이해 2월 23일 자 외보란에 실린 "미국대사의 일미관계론"이라는 단신 기사가 그러하다.

〔미국〕 뉴욕전을 거한즉 주영미국대사가 런던 연회에서 연설하여 말

하기를, 미국과 일본은 친밀한 우인友人인 고로 양국 간에 개전될 이유가 무無하다 하였다더라

〈황성신문〉의 이러한 보도가 다분히 의도적인 것이었음은 일본인 이민 관련 기사들을 통해서도 확인된다. 1908년 1월 10일 자 "이민 문제와 미국"을 보면 다음과 같다.

뉴욕전을 거한즉 미국 국무성에서 명언明言하여 이민 문제로 일본 정부의 소답所答이 가히 만족할 자라 하고 또 워싱턴 및 뉴욕에서 보도하는 바를 거한즉 일본 정부에서 포와(하와이) 및 미국에 대하여 이민 금지하는 명령을 발하였다더라

이 기사에서는 미·일 두 나라 사이에 이민 문제에 대한 협상이 원만하게 진행되고 있음을 알리고자 했다. 그해 1월 14일 자 "미국의 태도"에서는 파리 주재 미국 총영사가 미국 내 일본 상인의 지위에는 '호발毫髮'도 변함이 없으며 또 미국의 이민 제한책은 미국 노동자의 임금 하락을 방지하기 위한 조처일 뿐이라는 말을 전했다. 이는 배일이민 문제가 인종 문제와 결부되는 것을 차단하기 위한 발언이었다.

여기에서 우리는 〈황성신문〉이 왜 〈대한매일신보〉의 미일전쟁설 띄우기에 찬물을 끼얹는 듯한 '외신' 기사들을 지면에 실었을까 하는 의문을 갖게 된다. 당시 배일이민 기사와 미일전쟁설에 대하여

가장 예민하게 반응했던 것은 일본 정부였다. 왜냐하면 이런 문제들이 공공연히 거론되면 될수록 일본의 대미외교는 그만큼 어려워질 뿐만 아니라 자칫 국제적 고립에 직면할 수 있었었다. 특히 한국 내 미일전쟁설 유포는 이곳 민심을 소란케 하고 의병 항쟁을 부추기면서 열강의 이목을 끌 수 있었다. 일본으로서는 이러한 사태가 그들의 한국 병합에 지장을 초래하거나 그 시기를 늦춰야만 하는 상황으로 빠져드는 것을 우려하지 않을 수 없었다. 〈대한매일신보〉의 미일전쟁설 보도는 바로 그러한 상황 전개를 노렸을 수 있다. 그러기에 일본은 이 신문의 발행자인 베델을 한국에서 추방하기 위하여 그들이 취할 수 있는 모든 조처를 강구하는 동시에 〈황성신문〉을 통하여 미일전쟁설이 한갓 뜬소문에 지나지 않음을 알리고자 했던 것이다.

주지하듯이 일본은 러일전쟁 후 한국의 언론을 통제하기 위한 일련의 조처를 취했고, 그 결과 국내의 신문과 잡지들은 통감부의 검열과 단속하에 놓여 있었다. 〈황성신문〉은 그러한 통제에서 벗어날 수 없었다. 따라서 이민 협상의 타결이라든가 미일전쟁설을 부인하는 〈황성신문〉의 '외신' 기사들은 일본 측에서 제공하는 보도를 그대로 옮겼을 가능성이 높다.

다음 기사들은 일본의 한국 병합을 앞둔 시점에 〈황성신문〉에 실렸던 것이다. 이 무렵 미국에서는 일본에 대하여 우호적이었던 시어도어 루스벨트 대통령의 퇴임 후 배일이민 문제가 다시 불거지면서 미일전쟁설이 고개를 들고 있었다.

미국 국무경 놋크스 씨는 전 탁지(재무) 장관 쇼우 씨와 참모장 벨 씨의 일미전쟁 연설이 일본인의 악감을 향기響起할까 염려하여 연합통신사에 변명하기를 쇼우 씨의 소론은 단순히 항해보조航海補助 문제를 의론함에 불과함이오 벨 장군의 연설한 바는 상지詳知치 못하나 이 또한 군비 확장을 주창한 자인즉 결코 양국 국교에 호말毫末도 관계될 바 무無하다 한 후 거듭 일본 이민은 목하 전연 만족한 상태에 재한즉 여하한 선동이 있어도 변동이 확무確無하리라 하였다더라(1910. 3. 2., "일미전쟁 부인")

동경東京 국제신문협회에서는 미인米人의 일미전쟁설 창도함에 대하여 본일 대회를 열고 양국 간에 전쟁할 이유가 무無하다 단결斷決하였다더라(1910. 3. 17., "일미전쟁 부인")

미국의 신문왕이란 칭호를 지닌 가주加州 의원 하스트 씨는 각지 신문을 휘동揮動하여 일미전쟁의 부득면언不得免焉 할 이유 및 미국 해군력의 미약점을 통론하여 여론을 환기한다더라(1910. 7. 10., "전쟁열 고취")

위의 첫 번째 기사는 신임 태프트 행정부의 국무장관 녹스Philander C. Knox가 일미전쟁설을 전면 부인하고 일본인 이민에도 아무런 문제가 없다는 점을 강조하는 발언을 전했고, 두 번째 기사는 도쿄의 '국제신문협회'가 주최한 대회에서 일부 미국인들이 피트리는 일미전쟁설이 근거 없는 것임을 단호히 밝혔다는 것이며, 세 번째 기사에서는 미국 내 배일 여론과 전쟁열 고취의 중심에는 '신문왕' 허스트William R. Hearst가 있음을 콕 집어 말하고 있다. 이들 기사는 그 출처를 밝히지 않았는데 그 표현이나 내용으로 미루어 일본 측 신문 기사들을 인용했을 것으로 짐작된다.**78**

이 무렵 미국 내 배일 운동의 진원지에서 발행되던 〈샌프란시스코 콜*The San Francisco Call*〉은 일본 정계 및 금융계 지도자들과의 회견 내용을 한 면 전체에 실었다. 이 회견에서 일본 수상 가쓰라桂太郎는 "일본과 미국 사이에 전쟁은 결코 일어날 수 없다"고 단언했다. 일본산업은행 총재 소에다添田壽一는 "일본인은 미국인을 감탄하고 존경하며 사랑하기에 미국이 일본을 실망시키지 않기를 바란다"고 했다. 일본은행 총재 마츠오松尾臣善 남작은 "이 나라가 미국에 대하여 어떤 형태로든 공격적 태도를 취한다는 것은 상상조차 할 수 없다"고 했다. 체신대신이자 철도원 총재인 고토後藤新平 남작은 "개국 이래 우리 국민은 미국을 가장 우호적인 나라로 여겨 왔기에 나쁜 감정이나 적대적인 태도를 가질 이유가 없다"고 했다. 이들 인터뷰의 기사 제목은 "〔미일〕전쟁설은 아무런 근거가 없다War talk is groundless"였다.**79**

---

78 계몽운동기 국내 신문들은 日米/日美/米日/美日戰爭을 혼용했는데, 〈황성신문〉의 경우 日米戰爭 또는 日米開戰을, 〈대한매일신보〉는 美日戰爭을 주로 많이 썼다.

79 이 인터뷰 기사는 1910년 9월 26일 자 *The San Francisco Call*지의 5면에 실렸다. 그러니까 일본이 조선을 병합한 직후에 미국민들에게 최대한 우호적인 메신지를 보냈던 것이다.

3) 국가주의 대 동양주의 논쟁

러일전쟁 후의 세계정세와 미일전쟁설을 바라보는 〈대한매일신보〉와 〈황성신문〉 편집진의 인식 틀은 이른바 국가주의 대 동양주의로 뚜렷이 구별된다. 동양주의라는 말을 처음 꺼낸 것은 〈대한매일신보〉였다. 이 신문은 그 용어에 대하여 다음과 같이 정의했다.

> 동양쥬의라 ᄒᆞᄂᆞᆫ 쟈는 무엇이뇨 동양 졔국이 일톄로 단결ᄒᆞ여 서양의 셰력이 동으로 번져오ᄂᆞᆫ 거슬 막는다 ᄒᆞᄂᆞᆫ 뜻이니라[80]

이른바 서세동점, 즉 서양 세력이 동양으로 밀려오니 동양 각국은 하나로 뭉쳐 그 물결을 막아내야 한다는 것이었다. 그런데 세계를 동, 서로 나누는 이러한 구분은 단순히 지리적인 데에 그치는 것이 아니라 인종적이며 문명적이기도 했다. 이른바 백인종 대 황인종, 기독교 문명 대 유교 문명, 물질문명 대 정신문명과 같은 대립 구도의 설정이었다.

이러한 동양주의적 사고의 원출처는 일본이었다. 메이지 초기 일본 외교의 최대 현안이자 목표는 불평등조약의 개정과 국가 독립의 보전이었다. 이를 위하여 한편으론 서양 열강의 '만국공법'을 따르면서, 다른 한편으론 아시아 내부의 연대를 지향하고 구미 열강과

---

80 〈대한매일신보〉(한글판, 1909. 8. 8.), "동양쥬의에 ᄃᆡ한 평론".

대립하는 자세를 보였다. 전자의 경우는 아시아를 벗어나자는 탈아론과 정부 주도의 '구미협조외교'로 연결되고, 후자는 민간 차원의 아시아연대론으로 이어졌다. 이때 아시아라는 지리적 구분은 일본의 대외 팽창에 따라 그 범위가 넓어지는데, 20세기 초까지는 주로 '동양 삼국', 즉 일본과 청국 및 한국을 가리켰다. 청일전쟁 후 러·일 간 갈등이 표면화되던 1898년에 도쿄에서 창립된 정치결사체인 동아동문회東亞同文會의 경우, "일·청·한 삼국은 교제한 지 오래되었으며, 문화가 상통하고, 풍속과 교령이 서로 같다"면서 지역 협력의 필요성을 강조했다. 이 단체가 표방한 목적은 첫째로 지나支那를 보전하고, 둘째로 지나와 조선의 개선을 돕는 것이었다. 그러니까 일본 주도의 동아시아 연대론이었던 셈이다. **81**

이러한 연대론에 인종적 색채가 가미된 것은 러일전쟁을 치르면서부터이다. 이 전쟁을 계기로 서방세계에서 황화론이 널리 유포되자 이에 맞서 일본 내에서는 백화론白禍論에 근거한 인종동맹론이 대두했다. 장차 구미 열강과 아시아 사이의 인종적 충돌은 피할 수 없으니 아시아인끼리 뭉쳐야 한다는 것이었다. 이러한 주장은 동·서 문명의 조화 불가능성을 제창하는 것으로까지 나아갔다.

---

81 스벤 사아러(Sven Saaler) 저, 김종학 역(2008), "국제관계의 변용과 내셔널 아이덴티티 형성: 1880년대~1920년대의 '아시아주의'의 창조", 〈한국문화〉 41호, 서울대학교 규장각한국학연구원, 137~139쪽.

> 동서東西의 문명은 그 원질原質을 달리하며, 발달의 역사를 달리하여 각각 특유의 색채를 가지기 때문에 인위적으로 이를 조화시키는 것은 도저히 불가능한 일이다. … 만일 유럽이 백인 중심적인 자부심을 가지고 동양에 임하여 서구 문명으로써 아시아의 문명을 대체하려고 한다면, 양자 간의 충돌은 끝내 피할 수 없을 것이다.[82]

러일전쟁 후 제국의 대열에 합류한 일본은 서방세계의 집중적 견제를 받게 되자 유색인종으로서 자기 정체성을 강화하는 한편, 아시아인들과의 연대 내지 협조를 통하여 그 위기를 돌파하려고 했던 것이다. 문제는 그러한 연대가 일본을 '맹주'로 하는 불평등한 구조로써, 이는 곧 아시아에 대한 침략과 지배로 이어질 수 있었다는 점이다. 요컨대 일본이 제창한 아시아연대론, 나아가 아시아주의는 유일한 비非서구·비백인·비기독교권 제국인 일본의 국제적 고립감에서 배태된, 그리하여 오직 일본의 위기 극복과 독립 보전이라는 자기중심적 목표를 달성하기 위한, '탈아론'과는 또 다른 형태의 패권적 수사이자 명분이었을 뿐이다.[83]

그 첫 희생양이 러일전쟁 후 일본의 '보호국'으로 편입된 대한제국

82 〈太陽〉(1908), 14권 3호(臨時創刊號 6), "黄白人の衝突"; 스벤 사아러, 위의 논문, 27~28쪽에서 재인용.

83 한정선(2019), "오만한 일본, 불안한 제국: 다이쇼 시대(1912~1926) 일본의 국가정체성 변화와 대외정책", 〈일본비평〉 20호, 서울대학교 일본연구소, 251~254쪽.

이었다. 이러한 상황에서도 한국의 정부 관료와 식자층이 공공연히 일본이 내세우는 아시아연대론, 나아가 아시아주의에 동조하는 행태를 보이자 〈대한매일신보〉가 이러한 세태를 꼬집고 비판하면서 꺼낸 말이 바로 동양주의였다.**84** 1908년 12월 17일 자 "기기괴괴奇奇怪怪한 회명會名"이라는 논설은 이렇게 시작된다.

> 금일 한국인이 세계주의를 창唱함이 가호可乎아? 왈曰 불가하다. 동양주의를 창唱함이 가호可乎아? 왈曰 불가하다.

그러고는 '천하만국 대동정부'가 생겨 세계가 한 국가를 만들고 한 정부를 섬겨 인류가 그 밑에서 생활한다는 이 범박한 세계주의는 그저 '어리석은 사람癡人의 꿈속 말說夢'에 지나지 않으며, '황백화복설黃白禍福說'을 내세워 황인은 황인과 단결하며 백인은 백인과 단결해야 한다는 주장 또한 오활迂闊한 인종주의에 지나지 않는다고 했다. 그런데도 최근 전국에 걸쳐 동양주의의 기치를 내건 단체들, 예컨대 동아개진교육회라든가 동양실업장려회 또는 동양애국부인회 등이 생겨나고 있다면서,**85** 이러한 동양주의가 구치久熾하면 한국의 생명

---

84 일본의 아시아연대론과 한국 측 반응에 대하여는 김현철(2015), "근대 일본의 '아시아' 주의와 민간단체의 한반도 진출 구상", 〈한국동양정치사상사연구〉 14권 1호; 전상숙(2014), "근대적 전환기 일본의 "아시아연대론"에 대한 한국의 인지적 대응: 국권 인식을 중심으로", 〈동아연구〉 67호 참조.

85 이들 거명된 단체들 가운데 "彼最 可笑者는 東洋愛國 四字로 爲名훈 會라 東洋

이 영절永絶한다고 개탄했다. 따라서 "지금에는 온 천하인이 세계주의를 창唱할지라도 한국인은 오직 국가주의를 창함이 가可하며 온 천하인이 모두 인종주의를 창할지라도 한국인은 오직 국가주의를 창함이 가하니" 그래야만 절체절명의 위기에 처한 나라를 구할 수 있다고 역설했다.

해가 바뀌어 일본의 한국 병합이 현실로 되어 가던 시점에 〈대한매일신보〉는 "동양주의에 대한 비평"이라는 논설을 통하여 이 문제에 대한 자신의 입장을 보다 분명히 했다(1909년 8월 8일과 8월 10일자). 그 첫 대목에서는 동양주의에 대하여 정의하기를, "동양제국이 일치단결하여 서력西力의 동점東漸함을 막는다 함이니라"고 했다. 그런데 이러한 논리를 펴는 사람들을 '나라를 그르치는 자誤國者'이자 '외국에 아첨하는 자媚外者'들로서 세계정세에 어두운 국민을 혼돈 속으로 몰아넣고 있다고 통렬히 비판했다. 요컨대 "국가는 주主요 동양은 객客이어늘 금일 동양주의 제창자를 살피건대 동양이 주主되고 국가가 객客되어 … 한국이 영망永亡하며 한족이 영멸永滅하여도 단지 국토가 황종黃種에게만 귀歸하면 이를 낙관이라 함이 가可할가"라고 묻고는 단연코 이는 불가하다고 했다.86 한마디로 나라가 망하

愛國 云云이 韓國을 愛ᄒᆞᆷ인가 淸國을 愛ᄒᆞᆷ인가 日本을 愛ᄒᆞᆷ인가 抑 東洋諸國을 幷愛ᄒᆞᆷ인가 嗚乎라 烈女ᄂᆞᆫ 壹夫를 從ᄒᆞ며 義士ᄂᆞᆫ 壹國을 愛ᄒᆞ나니 娼妓的 面目을 擡ᄒᆞ고 許多國을 愛ᄒᆞᄂᆞᆫ 會여"라고 꼬집었다. 〈대한매일신보〉(국한문판, 1908. 12. 17.), "奇奇怪怪한 會名".

86 백동현은 이 논설의 집필자를 신채호로 보고 있다〔백동현(2001), "대한제국기 언

는데 무슨 인종이며 지역을 말하느냐는 것이다. 지금은 일본이 동양주의=아시아주의를 내세워 한국의 국혼을 빼앗으려 하니 오히려 이것을 경계하고 두려워해야 함이 마땅하다고 했다.[87]

〈대한매일신보〉가 이처럼 동양주의에 대한 비판에 집중했던 것은 일본과의 '합방'을 추진하는 친일 세력들을 성토하는 한편, '민족지'를 표방하는 〈황성신문〉이 일본의 '보호국' 통치에 순응 내지 협조하는 태도를 보임으로써 국민적 여론을 오도하고 있다는 판단에 따른 것이었다. 앞서 보았듯이 〈황성신문〉의 미일전쟁설에 대한 소극적이며 때론 부정적인 보도 태도의 배경에는 당시 통감부의 언론 통제뿐만 아니라 일본과의 연대 내지 동맹을 바라던 신문 편집진의 의도도 작용하고 있었다.

이 문제와 관련하여 〈황성신문〉의 논설 "유식자有識者의 대일논형對日論衡"을 꼼꼼히 살펴볼 필요가 있다(1907. 10. 9.). 여기서 논형이라 함은 시시비비를 가린다는 의미를 담고 있다. 이 논설이 나온 시점은, 이른바 헤이그밀사사건으로 인한 고종의 강제 퇴위와 '한일신협약' 체결, 군대 해산, 〈보안법〉과 〈신문지법〉 등이 공포된 직후였다. 일본은 이러한 일련의 조처를 통하여 한국인의 저항 의지를

론에 나타난 동양주의 논리와 그 극복", 〈한국사상사학〉 17호, 514쪽 각주 3].

87 정낙근은 유독 대한제국 후반기에 와서 지식인들 사이에 널리 부각된 '동양주의' 인식은 대한제국의 항일투쟁 의지를 마비시킨 일종의 아편 역할을 한 것으로 평가했다[정낙근(2002), "한말 자강운동론자들의 국제정세 인식", 〈한국동양정치사상사연구〉 1권 1호, 157쪽].

무력화시키고 강제 병합의 길로 나아가고자 했다. 한국인은 이제 일본에 굴복하느냐 아니면 저항하느냐의 갈림길에 서 있었다.

이러한 때에 "유식자의 대일논형"에서는 당시 국내에 팽배한 위기의식과 이에 기초한 배일사상과 운동을 '천박한 의상意想'이자 '편협의 우견愚見'이라면서 "소위 유식자는 … 세계의 대세를 감鑑하고 동양의 이해를 찰察하야써 한일韓日의 관계를 강구하야 양국의 결합이 필요됨을 주창"한다고 했다. 이어서 말하기를, "대저 동양의 형세상으로 논할진대 일본이 아국我國을 타수他手에 불위不委코져 함은 실로 그 자위의 필연에 출出함이오 목금 아국我國도 또한 일본을 배척하고는 능히 독립을 유지치 못할 것은 자명한 도리인즉 양국의 결합을 견고케 하는 것이 쌍방으로 당연한 이세理勢라"고 주장했다. 그러면서 어떠한 나라이고 유식자는 항상 소수이고 천견자淺見者가 다수를 차지하는데, 특히 한국의 경우 "능히 동양의 형세를 달관達觀하며 자국의 지위를 자량自量하는 자 심선甚尠한지라 어찌 유식자의 유감이 아니리오"라고 한탄했다.

이때 〈황성신문〉은 일본이 자국의 이익과 동양 평화 및 세계 여론을 의식해서라도 한국을 병탄하는 어리석음을 범하지는 않을 것이라는 낙관적인 견해에 기초하여 '유식자'인 자신들은 보통 국민의 '오해'를 풀기 위하여 노력할 터이니 일본 당국자와 관료들은 한·일 양국 국민을 공평하게 대함으로써 두 나라의 관계가 원활하고 동양 평화가 이루어질 수 있기를 바란다는 말로 논설을 끝냈다.

이처럼 〈황성신문〉은 20세기 초 약육강식의 험난한 세계정세 속에서 한국인의 자력에 의한 독립이 불가능한 만큼 결국 '동문동종'의 국가이면서 '세계일등국'의 반열에 오른 일본의 보호와 지도하에서 한국인의 실력을 쌓아 국권 회복의 길로 나아가야 한다는 인식을 지니고 있었다.[88] 또한 한·일 두 나라의 연대는 서구 열강의 아시아 침략과 지배에 대응하기 위해서도 꼭 필요하다고 보았다.

〈황성신문〉의 그러한 인식은 "대미국경영동방문제對美國經營東方問題하야 경고아동방제국警告我東方諸國"이라는 논설에서 잘 드러난다(1909. 2. 21.). 그 첫 대목은 다음과 같다.

> 태평양의 해권海權 문제로 장래 동서양의 대경쟁이 있을 것은 일반 세인世人이 무불예언無不預言하는 바어니와

여기에 나오는 해권은 알프레드 마한이 고안한 'sea power' 개념의 일본어 번역을 차용한 것으로서 주목된다.[89] 그리고 태평양의

---

88 안종묵(2002), "황성신문 발행진의 정치사회사상에 관한 연구", 〈한국언론학보〉 46(4); 노대환(2017), "대한제국 말기(1904~1910) 〈황성신문〉의 현실 인식과 대응 양상의 변화: 〈대한매일신보〉와의 비교를 중심으로", 〈이화사학연구〉 54호 참조.

89 エー・テー・マハン 著, 水上梅彦 譯(1899), 《太平洋海權論》, 東京: 小林又七; 이 책은 A. T. Mahan의 *The Interest of America in Sea Power, Present and Future*(Boston: Little, Brown and company, 1897)를 번역한 것이다. 한국 내에서 海權이라는 표현이 처음 사용된 것은 1899년 2월 6일 자 〈황성신문〉 "俄日論續"에서 "日本이 握東方海權하야 勢力이 充足하니 俄國이 其奈何哉리오"라고 한 것이 아닌가 싶다.

제해권을 둘러싼 갈등의 주체를 미국과 일본이 아니라 서양과 동양으로 치환하는 것도 눈여겨볼 필요가 있다. 이 논설에서는 시어도어 루스벨트의 말을 인용하면서 '태평양 시대Pacific Age'라는 용어도 사용한다. 그러니까 이제 세계는 태평양의 제해권을 놓고 동·서양의 대경쟁이 벌어지고 있는바 그 결과에 따라서 "인류를 통어할 일대제국統人類而爲一大帝國이 만들어진다"고 예상했다. 이러한 운명적 결판의 시기에 "아 동방제국이 일층 경척어차警惕於此하여 서로 제휴하고 서로 부조하여 공동 발달과 공동 이익을 주의하여 순치보거脣齒輔車의 세勢가 완전 견고하면 아 동문동종同文同種의 행복을 향유할 기망이 있으려니와 만약 서로 시의를 품고 능학凌虐을 가하여 결렬이 일심日甚하면 저 서인西人의 팽창한 제국주의로 하여금 대편리를 득케 함이니 가불염재可不念哉며 가불계재可不戒哉아"라고 했다.

〈황성신문〉의 이러한 논조야말로 〈대한매일신보〉가 통렬하게 비판을 가했던 동양주의의 참모습을 드러내는 것이었다. 두 신문이 세계정세를 바라보는 기본 인식의 차이, 즉 동양주의 대 국가주의는 장차 미일전쟁이 벌어진다면 한국이 어느 편에 서야 하는가를 결정짓는 잣대가 된다. 즉, 동양주의에 따른다면 러일전쟁 때와 마찬가지로 미일전쟁에서도 '동양'의 보전을 위하여 당연히 일본과 제휴하고 부조해야만 한다. 실제로 〈황성신문〉은 러시아와 미국을 동양을 위협하는 서양 세력으로 보고 있었다.

고종의 강제 퇴위 후 국내외 정세를 바라보는 〈황성신문〉과 〈대한매일신보〉의 견해 차이는 당시 의병 운동을 바라보는 데에도 잘 나타난다. 〈황성신문〉이 의병을 나라에 화를 가져오고 백성에게 해를 입히는 '폭도'로 규정했다면, 〈대한매일신보〉는 극히 예외적인 경우를 빼 놓고는 '의병'이라는 용어를 사용하면서 이들의 활동에 동정적 또는 우호적이었다.90 일본과의 연대 가능성을 차단했던 〈대한매일신보〉의 입장에서 보면 이 시기 일본에 대한 저항 이외의 다른 방법이 없었다. 흥미로운 것은 〈대한매일신보〉가 의병 활동을 보도하면서 때론 '전쟁'이라는 표현을 쓰기도 했다는 것이다.91 한국의 의병 활동을 한·일 간 전쟁으로 보고자 했던 것이다. 이렇게 되면 한국의 의병은 국제법상 일종의 교전단체로 볼 수 있다.92 〈대한매일신보〉가 1907년 후반부터 미일전쟁에 관한 기사를 집중적으로 보도한 데에는 '의병전쟁'을 부추기려는 의도가 담겨 있었을 수 있다. 일제 통감부와 일진회 측에서 〈대한매일신보〉를 '지방 적당賊黨의 주동자'로 지목한 것도 그 때문이었다.93

---

90 김헌주(2018), "1907년 이후 한국 언론의 '暴徒' 담론 형성 과정: 〈대한매일신보〉와 〈황성신문〉을 중심으로", 〈역사학보〉 240호 참조.

91 〈대한매일신보〉(한글판, 1907. 8. 7.), "원주의 전쟁"; (1908. 2. 25.), "평양전쟁"; (1909. 4. 28.), "김씨전사"; (1909. 11. 11.), "풍긔전쟁" 참조.

92 〈대한매일신보〉(한글판) 1909년 7월 28일 자에 게재된 "고의병총대장 이인영(李麟榮) 씨의 사적"이 다분히 그러한 의미를 담고 있다. 이인영은 1907년 10월 16일 대한관동창의장(大韓關東倡義將)의 명의로 발표한 격문에서 의병은 순수한 애국혈단(愛國血團)이므로 열강도 이를 만국공법에 입각하여 전쟁단체로 인정해야 한다고 선언한 바 있었는데, 신보에서도 이 점을 지적하고 있다. 이인영의 격문과 관련해서는 오영섭(2002), "한말 13도창의대장 이인영의 생애와 활동", 〈한국독립운동사연구〉 19호, 220~221쪽.

93 통감부는 1907년 10월 9일 서울 주재 영국 총영사(H. Cockburn)에게 〈대한매일

미일전쟁설에 대한 〈대한매일신보〉와 〈황성신문〉의 보도 방식과 태도는 여러모로 대조적이었지만 한 가지 일치되는 것이 있었다. 그것은 다름 아닌 미·일 간 갈등과 대립의 이면에 아시아-태평양 지역의 패권 문제가 자리 잡고 있었음을 지적하는 점이다. 예컨대 〈대한매일신보〉는 "미국 활동"이라는 기사에서, "미국이 자래로 문라주의門羅主義를 지켜 자수自守에 힘쓰고 침략을 불사不事하더니 근년부터는 열강의 진보를 목도하고 이에 군비를 확장하여 태평양의 패권을 장악코자 함은 세인의 공인하는 바"라고 했다. 여기서 문라주의는 먼로 독트린Monroe Doctrine을 가리킨다. 미국이 이제 고립주의를 탈피하고 다른 열강과 마찬가지로 적극적 군비 확충을 통하여 태평양의 패권을 장악하려 한다고 했다. **94** 〈대한매일신보〉는 또 다른 기사에서, 미·일 두 나라가 전쟁 준비에 급급한 것은 이민 문제 때문이 아니라 청국과 만주의 '개방' 문제 때문이라고 보았다. 곧 중국에 대한 미국의 문호개방 정책을 일본이 무시하고 만주를 '침탈'함으

신보〉의 발행인 베델을 '치안방해혐의'로 고소했다. 이때 증거로 제출된 자료는 영자신문(*Korean Daily News*)의 의병 관계 기사들이었다. 이들 기사의 내용을 검토한 박선영은 이 신문이 대체로 객관적인 보도로써 한국인의 대일 무장투쟁에 대한 반대 입장을 '선명'하게 보여 준다고 했다〔박선영(2008), "〈대한매일신보〉 영문판의 성격: 영국 자유무역제국주의와의 관련을 중심으로", 〈언론과 사회〉 16(1), 116~120쪽)〕. 그런데 이들 기사가 외국인들을 상대로 하는 만큼 한국인의 무장투쟁에 동조하는 논조를 펴기가 어려웠다는 점을 고려해야 한다. 따라서 국내 독자 대상의 〈대한매일신보〉(국한문판/국문판)의 의병 관계 기사들을 함께 검토할 필요가 있다.

94 〈대한매일신보〉(국한문판, 1909. 9. 26.), "미국활동".

로써 미·일 간 긴장이 고조되고 있다는 것이다.95

〈황성신문〉은 1909년 7월 1일부터 15일까지 총 13회에 걸쳐 연재한 "우내대세宇內大勢와 한국"이라는 논설에서 19세기 말 이후 세계정세 전반을 개관하고 한국의 현상과 진로에 대하여 논하였다. 이 글을 쓴 사람이 누구인지는 알 수 없지만, 그 내용과 논조 및 표현 등으로 미루어 볼 때 일본 유학생 출신의 '기자'가 아닌가 싶다.96 어떻든 이 논설의 전체적인 내용에 대하여는 별도의 분석이 필요하다. 여기에서는 미일관계를 다룬 대목만을 골라 그 논지를 정리해 보면 다음과 같다.

미국에 의한 일본의 문호개방 후 40여 년간 두 나라는 '불문동맹국不文同盟國', 즉 명문 조약이 없지만 사실상 동맹국이나 다름없었다. 그런데 러일전쟁 후 일본을 바라보는 미국인들의 시각은 공포와 의구심으로 바뀌었다. 최근의 미일충돌 문제는 표면상으로 보면 하나의 이민사건에 불과하나 그 이면에는 일본의 제국주의에 대한 의구심이 자리 잡고 있다. 즉, "미국의 여론이 일시에 비등하여 주전론을 주창함에 지至한 소이所以는 비타非他라 일본인의 발흥에 대한 감념感念이 일변한 때문이라"는 것이다. 그런데 미국만이 그런 것이

95 〈대한매일신보〉(국한문판, 1908. 3. 21.), "미일전쟁설".

96 〈황성신문〉(1909. 7. 3.), "우내대세와 한국(속)"의 본문 말미에 "본기자"(本記者)라는 말이 나오지만, 그가 누구인지는 밝히지 않았다. 7월 14일 자 "우내대세와 한국(속)"에서는 이 논설을 끝으로 '絶筆'한다고 했다. 정황상 이 논설을 집필한 '記者'는 본래 〈황성신문〉의 편집진이 아니라 일시 초빙되었던 것일 수 있다.

아니라 독일과 영국까지도 일본을 시기하고 견제하기 시작했으니 바야흐로 일본도 이제 '근신 시대勤愼時代'에 들어섰다고 했다.97

한편, 러일전쟁 후 구미 열강의 중국에 대한 태도는 평화적·경제적 세력주의로 바뀌었는데, 특히 미국의 경우 시어도어 루스벨트 대통령 시대부터 중국 경영에 열중하여 암암리에 '위대한 세력'을 점령함에 이르렀다. 루스벨트의 '주견主見'에 따르면, 미국은 20세기의 최신 부강국이라 매년 생산물이 남아돌아 해외로 수출해야 하는 상황인데, 중국 대륙은 4억 인민이 구매력을 가지고 있고 그 문명 정도는 아직 유치하니 이곳에서의 무역 경쟁에서 미국이 우위를 점하는 것으로 '국시國是'를 정했다는 것이다. 미국은 중국에 대하여 오로지 상공업상 세력주의요 결코 영토적 야심이 없으니 중국으로부터 가장 큰 신뢰를 받고 있다. 따라서 미국은 장차 해군을 확장하여 태평양의 해상권을 장악하고 중국 대륙에서 웅비를 도모코자 하는 '패심霸心'을 갖고 있다고 했다.98

요컨대 미국은 루스벨트 대통령의 재임기에 태평양의 주도권을 장악하여 중국 대륙으로의 경제적 진출에 힘을 쏟고자 했는데, 일본이 러일전쟁에서 승리한 후 한반도와 만주를 지배하고 나아가 중국 본토까지 넘보려고 하자 결국 미일전쟁설이 터져 나오게 되었다는 것이다. 미일관계에 대한 이러한 인식과 판단은 오늘날의 관점에서

97 〈황성신문〉(1909. 7. 8.), "우내대세와 한국(속)".
98 〈황성신문〉(1909. 7. 10.), "우내대세와 한국(속)".

보더라도 손색이 없다고 할 수 있을 만큼 객관적인 분석이었다는 점에서 주목할 만하다. 99

---

99 이 논설을 쓴 '기자'는 당시 일본 신문이나 잡지에 실린 미일관계 기사와 해설을 나름대로 종합·정리할 수 있는 수준을 지녔던 것으로 추측해 볼 수 있다. 저자는 "우내대세와 한국"이라는 논설을 집필한 사람은 당시 일본에서 대학을 다니던 우양 최석하(友洋 崔錫夏)이었을 것으로 짐작하고 있다. 이러한 추론의 근거는 그가 도쿄에서 발행되던 유학생 잡지에 기고한 "日本文明觀"이 "우내대세와 한국"의 일부 내용과 겹칠 뿐만 아니라 문장이나 표현에서도 유사점들이 보이기 때문이다. "일본문명관" 또한 장편의 '논설'인데 〈大韓學會月報〉 8호(1908. 10. 25.)와 9호(1908. 11. 25.), 그리고 〈大韓興學報〉 1호(1909. 3. 20.)와 2호(1909. 4. 20.)에 나뉘어 실렸다. 최석하는 〈太極學報〉 12호(1907. 7. 24.)에 "天下大勢를 論흠"이라는 글을 싣기도 했다. 〈대한학회월보〉 6호(1908. 7. 25.)의 "卒業生寫眞附錄"에 따르면, 최석하는 平北 郭山人으로 28세이며, 明治大學 法律科에 特待生으로 입학한 후 1908년 7월 13일에 졸업한 것으로 되어 있다. 그는 일본에서 유학생 단체들을 이끌며 伊藤博文과 가까워져 친일 성향을 의심받기도 했으나, 한편으론 안창호·이갑 등과도 친한 서북 세력의 지도적 인물이었다. 최석하는 1913년 7월 중국에서 병사했다〔최기영(2015), 《중국관내 한국독립운동가의 삶과 투쟁》, 일조각, 48~49쪽〕.

제 3 부

한인 디아스포라와 외신대한外新大韓의 건설

6장

경계를 넘다

추방과 망향

경계境界란 '안'과 '밖'을 나눌 때 생겨나는 것이다. '밖'이 없으면 '안'도 없다. 디아스포라diaspora는 그러한 경계를 넘어 흩어진다는 뜻을 지녔다. 우리말로는 이산離散이라고 한다. 그런데 이러한 번역은 디아스포라라는 역사적 현상의 한 국면을 표현한 것에 지나지 않는다. 디아스포라의 전체 줄거리는 추방, 이산, 정착 그리고 망향望鄕이라는 네 단계로 이루어진다.

조상 대대로 살던 곳에서 쫓겨나는 것이 추방이다. 이는 스스로의 선택이 아닌 누군가의 강요와 핍박에 의한 것이다. 쫓겨난 그들은 한 방향이 아닌 여러 곳으로 흩어진다. 그 후 각각 어딘가에 뿌리를 내리지만, 현지의 이방인에 대한 배제와 차별 속에서 그들끼리 한데 모여 살게 된다. 그들은 고향의 언어와 역사에 대한 기억을 공유한다. 여러 곳에 흩어진 공동체들은 하나의 관계망을 형성한다. 서로 떨어진 그들을 결속시키는 힘은 다시 고향으로 돌아가고자 하는 꿈이다. 귀향은 먼 미래의 약속일 뿐이지만, 이것을 포기하지 않도록 하는 것이 망향이다. 디아스포라의 민족주의는 이렇게 탄생했다.[1]

한민족의 디아스포라는 19세기 중엽부터 대략 한 세기 동안 진행되었다. 그 발단은 북방의 경계인 압록강과 두만강을 건너는 것에서 시작되었다. 이때 월경越境은 목숨을 건 탈출이었다. 기근과 같은 자연재해와 봉건적 수탈을 더는 견딜 수 없는 상황에서 고향을 등졌던 것이다. 20세기에 들어서 바다를 건너 하와이와 신대륙으로의 이동이 시작되었다. 이는 합법적 '이민'의 형태를 띠었지만, 실상은 부채를 짊어진 계약노동이었다. 그들 또한 고향을 떠나야만 하는 절박함을 안고 있었다.[2]

1910년의 '망국'은 나라 밖으로 이주를 부추겼다. 이때부터는 사회적 · 경제적 동기에 정치적 동기가 더해졌다. 식민지 시대가 끝날

---

1 Kevin Kenny(2013), *Diaspora: A Very Short Introduction*, New York: Oxford University Press; 케빈 케니 저, 최영석 역(2016), 《디아스포라 이즈(is)》, 앨피 참조. 이 책에서는 이주(*Migration*), 관계(*Connection*), 귀환(*Return*)이라는 세 틀을 가지고 디아스포라의 역사를 개관하고 있다.

2 계몽운동기 국내 신문들이 나라 밖에 살고 있던 동포에 대하여 말할 때 관용적으로 쓰던 표현 중 하나가 '離親戚 棄墳墓'였다. 즉, 친척과 떨어지고, 조상의 분묘를 버린다는 뜻이다. 이는 혈연과 지연에서 멀어진다, 또는 끊어진다는 말이다. 땅에 뿌리를 박고 살아가는 유교 사회에서 그것은 곧 인륜을 저버린다는 의미를 지녔다. 인간 된 도리를 다하지 못할 정도의 절박함이 없다면 '離鄕去國하고 萬里他邦'으로 떠날 수는 없는 일이었다. 〈황성신문〉(1906. 12. 17.), "桑港共立新報"; (1907. 4. 2.), "致謝北美韓國同胞".

무렵 국외 한인은 4~5백만 명에 달했다. 전체 인구의 6분의 1 수준이었다. 그들은 만주, 시베리아, 중국 본토에서부터 하와이와 미주 대륙 그리고 카리브해까지 넓게 펴져 있었다. 그들은 모든 것이 낯선 땅에서 배제와 차별, 때로는 박해를 받으면서도 언젠가는 고향으로 돌아간다는 꿈을 안고 살았다.

미국의 역사학자 케빈 케니는 디아스포라의 개념과 역사를 잘 정리한 입문서에서 이렇게 말한다.

> 모든 디아스포라 의식은 실제든 상상이든 고향과 연결되어 있다. 고향 땅은 이민자들과 그들의 조상이 떠나온 곳을 의미하는 경우가 많다. 어떻게 보면 고향이 없기 때문에 고향이라는 개념에 더 강렬하게 집착하게 된 것인지도 모른다. 디아스포라는 민족주의의 원천이다. 기본적으로 이주자 사회는 고향을 돕고자, 고국이 외세의 지배에서 벗어나 독립 민족국가를 건설하도록 지원하고자 한다. 한마디로, 디아스포라는 세계 곳곳에 퍼져 있는 같은 기원을 가진 사람들을 연결하고 그 관계를 강화시키는 정치적·문화적 실천이다.[3]

한민족의 디아스포라는 유대인이나 아르메니아인 또는 아일랜드인과 비교할 때 그 진행된 시기가 무척 짧았지만 우리 역사에 강렬한 흔적을 남겼다. 러일전쟁 후 대한제국이 일본의 '보호국'으로 전

---

3 Kevin Kenny, 앞의 책, p. 52; 번역서로는 92쪽.

락하자 그들은 나라 밖에서 조국의 국권 회복과 새로운 국민국가 건립의 필요성을 제시했다. 망국 후에는 해외의 한인사회를 하나로 묶는 대한인국민회를 결성하고 '무형정부'임을 대내외에 선포했다. 대한제국을 대체하는 대한민국의 건립은 이러한 외신대한外新大韓의 노력과 비전에서 비롯되었다.

1. 유민: 구대륙 내의 이동

한반도는 지리적으로 자연 경계를 이루고 있었다. 반도라는 특성상 삼면이 바다였고, 대륙과 연결된 북쪽은 압록강과 두만강이 빗장처럼 가로지르고 있었다. 조선왕조는 건국 초기부터 해금 정책에 의하여 바다를 닫았고 대륙과의 통로 또한 굳게 막았다. 나라의 경계를 넘는 것은 범월犯越이라 하여 국법으로 엄히 다스렸다. 그런데도 조선 후기에 들어서면 압록강과 두만강을 몰래 건너는 사람들이 생겨났다. 이것을 월강越江 또는 도강渡江이라고도 했다.

그 건너편은 청나라가 그들의 발상지라고 하여 봉금封禁으로 묶어 놓은 곳이었다. 이른바 만주滿洲, Manchuria였다. 이 지명은 서구와 일본이 제국주의적 야심을 위해 주로 사용한 하나의 근대적 창조물a modern creation이었다. 중국인들은 '만주' 이전에 관동關東, 동삼성東三省 또는 동북 지역이라고 불렀다. 여기에서는 근대 이후 제국주의 열강의 각축장이자 여러 민족의 이산, 정착, 유리流離와 탈출, 방황

등으로 다중적 정체성이 형성되고 경험되어 왔던 역사적·현재적 장소라는 의미가 담겨진 만주라는 지명을 그대로 사용한다.[4]

오랫동안 '빈 공간'으로 인식되었던 만주로 조선인이 이주하기 시작한 것은 17세기부터지만, 그 대부분은 산삼 채취나 수렵, 벌목 또는 춘경추귀春耕秋歸 형태의 일시적 체류였다. 그런데 1860년대 이후 상황이 달라졌다. 이때부터는 조선을 떠나 만주에 정착하려는 이주자들이 늘어나고, 그 지역도 북간도나 서간도를 점차 벗어나서 북만주 쪽으로 확대되었다. 토지를 소유하지 못한 조선인들에게 만주는 희망의 땅이었다. 그곳에 이주한 이들이 밭을 개간하고 논농사를 시작하여 점차 촌락을 형성해 나갔다. 1890년대에 들어서면 두만강 대안의 연변지구에만 조선인 개척민이 대략 8천 호, 3만 5천 명에 이르렀다고 한다.[5] 1910년에는 재만 조선인의 숫자가 간도성에만 약 15만 명, 다른 지방에 5만 명, 총 20만 명에 달했던 것으로 추산되었다.[6]

그렇다면 한말에 어떤 사람들이 만주로 이주하고 있었던 것일까? 먼저 경제적 배경과 동기로는 북부 변경 지역의 지형과 기후의 불리함, 자연재해와 전염병, 지방관의 수탈과 과중한 세금 등이 지적되

4 김경일·윤휘탁·이동진·임성모 저(2004), 《동아시아의 민족이산과 도시: 20세기 전반 만주의 조선인》, 역사비평사, 17쪽.

5 유지원 외 (2011), 《이민과 개발: 한중일 3국인의 만주 이주의 역사》, 동북아역사재단, 119~120쪽.

6 김경일 외 저, 앞의 책, 31쪽.

고 있다. 사회적 배경으로는 인구의 증가, 상업 발달로 인한 농촌 분해와 풍속의 변화, 새로운 이상향의 추구 등이 거론된다.7 그 어느 쪽이든 한 가지 분명한 것은 그들이 조상 대대로 살아 왔던 고향에서 떠날 수밖에 없었다는 점이다. 농본사회였던 조선에서 고향을 떠난다는 것은 곧 삶의 뿌리가 뽑히는 것을 의미한다. 그들을 가리켜 떠돌이 백성, 즉 유민流民이라고 했다. 이들 중 일부가 새로운 삶의 희망을 찾아서 나라의 경계를 넘어섰던 것이다.

이 무렵 만주와 두만강 대안의 연해주에서는 '개발'의 움직임이 일어나고 있었다. 그 발단은 러시아의 동진이었다. 이른바 대항해 시대 이후 유럽의 서세동점은 19세기 중엽 '극동Far East'으로 밀려 왔다. 영국이 '아편전쟁'을 통하여 중국을 굴복시키자 서양 열강이 그 뒤를 따라 중국으로 몰려왔다. 그 통로는 바다였다. 즉, 대서양-인도양항로를 이용하거나 미국처럼 바로 태평양을 건너 들어왔다. 그런데 러시아만은 육로를 이용할 수밖에 없었다. 지중해와 인도양으로 향하던 그들의 남하 정책이 영국의 견제로 좌절되었기 때문이다. 러시아는 결국 시베리아를 넘어 동쪽 끝에 다다랐다. 중국이 바다를 통하여 들어온 서구 열강에 시달리는 틈을 타서 프리모르스키 지역Primorsky Krai, 즉 연해주를 획득한 것이다.

청일전쟁을 전후하여 한반도와 만주, 시베리아를 답사하고 《한국과 그 이웃 나라들》이라는8 책을 펴냈던 이사벨라 버드 비숍은 러

7 유지원 외, 앞의 책, 91~98쪽.

시아가 차지한 동부 시베리아에 대하여 이렇게 기술했다. "88만 평방마일의 면적에 금, 아연, 납, 석탄, 원유 등 무한한 자원이 매장된 아무르와 연해 지역Maritime을 포함한 동부 시베리아 지역은 러시아어로 태평양제국이라고 부른다. 1860년에 중국이 러시아어로 만추리아라고 불리는 이 지역을 러시아에 양도했을 때, 중국은 아마도 이 지역의 농업적 가능성과 천연자원의 매장에 대하여 무지했을 것이다."[9]

러시아는 그들이 차지한 연해주를 개척하기 위하여 한국인들의 이주를 장려했다. 그 결과 이 지역 곳곳에 한인촌이 형성되기 시작했다. 1882년 당시 한인 이주자는 10,137명으로 현지의 러시아인(8,385명)보다 많았다. 러일전쟁 종결 후에는 시베리아의 한인 이주자들이 더욱 늘어났다. 일본의 강압에 의한 '보호'조약 체결과 그 후의 군대 해산 및 의병 탄압으로 말미암아 정치적 망명도 속출했다. 이들 가운데 많은 이들이 블라디보스토크로 모여들면서 이곳은 러시아 영내 한인 민족운동의 거점으로 성장했다. 한반도가 일본의 영토로 편입될 무렵 시베리아 거주 한인은 대략 8~10만 명에 달했

---

8 Isabella Bird Bishop(1898), *Korea and Her Neighbors: A Narrative of Travel, with an Account of the Recent Vicissitudes and Present Position of the Country*, New York: F. H. Revell Co.. 국내의 번역본으로는 이인화 역(1994), 《한국과 그 이웃 나라들: 백년 전 한국의 모든 것》, 살림; 신복룡 역주(2019), 《조선과 그 이웃 나라들》(개정판), 집문당 등이 있다. 저자는 이들 번역본과 원본을 함께 살피며 인용한다.

9 신복룡 역주, 《조선과 그 이웃 나라들》, 245쪽.

던 것으로 추정된다.10

러시아의 동방 진출은 동아시아 3국을 긴장시켰다. 청국은 봉쇄했던 만주로의 이주를 점차 허용하는 방향으로 나아갔다. 러시아의 연해주 개발에 맞서는 동시에 중국 관내의 인구 증가와 기근에 대한 해결책이었다. 그 결과 한인漢人들이 대거 만주로 들어왔다. 1840년에 170만 명이었던 이 지역 인구가 1860년대에 300만 명으로 늘어나더니 1890년대 말에는 500만 명을 넘어섰다. 이로부터 10년 후에는 그 숫자가 3배로 늘어나 1,500만 명에 달했다. 또 다른 통계에 따르면, 19세기 말엽에서 20세기 초에 걸쳐 약 2천만 명에 달하는 관내 한인이 만주로 이주했던 것으로 나타난다.11 당대 아시아 대륙 내의 인구 이동으로는 최대 규모였다.

1880년대가 되면 조선인들의 만주 및 연해주 이주 또한 비교적 자유로워진다. 이미 개항으로 바닷길이 열린 상황에서 육로만 통제할 수는 없는 일이었기 때문이다. 원산에서 바로 블라디보스토크로 가는 항로가 개설되어 있는데 두만강을 건너지 말라고는 할 수 없었다. 이리하여 국가들 사이의 경계가 허물어져 갔다. 개항이 갖는 역사적 의미가 이런 것이었다.

1890년대에 들어서면 만주와 연해주 곳곳에 한인 정착촌이 생겨

---

10 러시아 영내로의 한인 이주 배경과 실태는 반병률(1997), "노령 연해주 한인사회와 한인민족운동(1905~1911)", 〈한국근현대사연구〉 7, 67~79쪽 참조.

11 유지원 외, 앞의 책, 48~49쪽.

났다. 청일전쟁 발발 후 연해주의 한인 정착촌을 답사한 비숍은 이렇게 진단했다.

> 한국에 있을 때 나는 그들이 세계에서 제일 열등한 종족the dregs of a race이며 그들의 상태에 희망이 없다고 간주한 적이 있었다. 그런데 이곳 프리모르스크(연해주)에서 내 견해를 수정할 만한 상당한 이유를 보게 되었다. 이곳의 한국인들은 스스로 부농층으로 성장하는 동시에 근면성과 좋은 행실을 위한 뛰어난 자질을 계발하고 있다. … 그들의 성공과 일반적인 태도는 한국 내의 동포들이 정직한 행정을 펼치는 정부 밑에서 그들의 소득을 보호받을 수만 있다면 천천히 성숙한 사람men으로 발전할 수 있을 것이라는 희망을 나에게 안겨 주었다.[12]

요컨대 한국인의 자질과 자치 능력은 다른 문명국 사람들과 비교할 때 뒤떨어지지 않지만, 조선의 국왕과 지배층이 그들의 잠재력을 계발하는 데 실패했다고 봤던 것이다. 무엇보다도 백성들의 정당한

---

12 Isabella Bird Bishop, *Korea and her neighbors*, p. 236. 이 문단에서 번역에 어려움을 느끼게 만드는 것은 '*men*'(원문이 이탤릭체)이다. 앞선 두 번역본에서는 이 단어를 '인간' 또는 '진정한 의미의 시민'으로 번역했다. 저자는 비숍이 이 단어를 쓸 때 'grow into a man'(어른이 되다)이라는 의미를 담고자 했던 것이 아닌가 생각한다. 빅토리아 시대 영국인들은 종종 동양인을 '어린아이'에 비유했다. 대표적 예가 키플링(Joseph Rudyard Kipling, 1865~1936)이다. 그는 1899년 발표한 〈백인의 짐〉(*The White Man's Burden*)이라는 시에서 동양인을 "반은 악마, 반은 어린애"(*Half devil and half child*)로 표현했다.

'소득earnings', 즉 생산 활동을 정부가 보장하고 보호해야 하는데, 조선에서는 지배층의 '탐욕'으로 백성들의 생산 의욕을 떨어뜨리고 사회의 기풍마저 타락시키고 있다는 것이 비숍의 판단이었다.

2. 이민: 하와이와 신대륙으로의 이동

유럽인 주도로 대항해 시대가 열린 후 구대륙에서 신대륙으로 이동이 시작되었다. 소수의 정복자와 그들을 따라다니는 모험가, 군인, 상인, 선교사들이 대서양을 건넜다. 얼마 후에는 아프리카에 살던 사람들이 노예로 끌려 들어왔다. 1,100만 명에 달했던 그들이 '해방'된 후에는 유럽인의 이주가 본격화되었다. 1820년대부터 100년 동안 5,500만 명이 신대륙으로 들어왔다. 그들 대부분의 행선지는 미국이었다. 주로 개인 또는 가족 단위의 자립형 이민이었다. 바야흐로 대륙 간 이민 시대가 열렸다.[13]

19세기 중반에는 미국 서부에서 철도와 광산 개발이 활발하게 이루어졌다. 중국인 '쿨리coolie'들이 그 현장에 투입되었다. 이리하여 아시아에서도 신대륙으로의 이주가 본격화했다.[14] 이때 중간 기착

---

13 케빈 케니 저, 최영석 역, 앞의 책, 48~60쪽.

14 브루스 커밍스 저, 박진빈 · 김동노 · 임종명 역(2011), 《미국 패권의 역사: 바다에서 바다로》, 338~343쪽.

지가 하와이였다. 17, 18세기 유럽 자본이 투입되어 카리브해에서 성황을 이루었던 설탕 산업이 하와이로 옮겨 왔다. 미국인 선교사 후손들이 주로 경영하는 하와이 사탕수수농장에서는 중국인 노동자들을 먼저 고용했다. 이들 중 일부가 계약노동이 끝나면 임금이 훨씬 좋은 미국 본토로 이동했다.[15]

한편, 20세기 초에는 대한제국의 백성, 즉 대한인들이 태평양을 건너 신대륙으로 이주할 수 있는 길이 열렸다. 먼저 중국인 노동자를 들여왔던 하와이의 사탕수수 농장주협회는 미국 정부의 중국인 입국 제한법령에 따라서 일본인들로 대체했다. 이때 메이지 정부는 노동이민의 송출을 통하여 외화를 획득하는 한편, 태평양의 전략적 요충지인 하와이에 '신일본'의 뿌리를 내리려는 의도를 갖게 된다. 이리하여 일본인들이 대거 하와이로 들어왔다. 이곳 전체 인구의 40%를 차지할 정도가 되었다.[16] 미국은 1898년에 하와이를 병합하고 일본인 이민을 제한했다.

하와이의 사탕수수농장주협회는 이제 한국인 노동자를 들여오기로 결정했다. 아직 '이민'이라는 개념조차 없던 시기에 이 일을 성사시키려면 누군가 고종과 대한제국 정부를 설득하는 데 나서야 했다. 황실과 특별히 가까웠던 주한미국공사 알렌이 그 일을 맡았다. 하와

---

15 위의 책, 315~317쪽.

16 이토 히로코·신형진(2017), "하와이 닛케이(日系)의 사회인구학적 변천, 1900~1910", 〈아세아연구〉 60(1), 247~251쪽.

이의 한인 이주사를 꼼꼼히 다루었던 웨인 패터슨은 이렇게 말한다.

> … 그〔알렌〕는 고종과의 20여 년에 걸친 친분과 고종이 신뢰하는 고문으로서의 막강한 영향력을 적극 활용했다. 이민권을 미국에 부여하면 어떤 장점이 있는지, 즉 이를 통하여 얻을 수 있는 이득, 한국에서의 기근의 구제, 고종의 위신 상승, 미국과의 보다 친밀한 관계 등을 열거하면서 설득했다. 이러한 과정에서 알렌은 워싱턴 정부로부터의 지시, 즉 한국 내정에 간섭하지 말라는 지시에도 아랑곳하지 않고, 한국의 국왕에게 거짓말을 하거나 한국에 새로운 관청을 순식간에 설립하는 등, 일을 추진해 나가는 데 주저함이 없었다.[17]

알렌은 고종을 설득할 때 중국인들이 못 들어가는 하와이에 한국인은 들어갈 수 있다면서 이번 일이 성사되면 한미관계에도 도움이 될 것이라는 암시를 줬다. 고종은 후자에 좀 더 마음이 끌렸던 듯하다. 이때 한반도와 만주를 둘러싸고 러일관계가 긴장 국면에 접어들면서 미국의 역할에 기대를 걸어야 하는 상황이었다.[18] 이리하여 고종은 알렌이 추천하는 데쉴러David W. Deshler, 大是羅에게 한인 노동자를 모집하여 해외로 보내는 사업에 대한 독점적 권한을 부여하게 되

---

17 웨인 패터슨 저, 정대화 역(2002), 《아메리카로 가는 길: 한인 하와이 이민사, 1896~1910》, 들녘, 80쪽.

18 위의 책, 77~80쪽.

었다.[19]

한편으로 알렌은 하와이의 주지사 돌Stanford B. Dole에게 보낸 편지에서, "한국인들은 참을성이 많고, 일을 잘하며, 말을 잘 듣는 인종이며, 그들은 오랜 복종의 세월을 살아와서 다루기가 쉬우며, 틀림없이 중국인보다는 더 가르치기가 쉽다"고 했다. 알렌은 또 말하기를, "소수의 한국인이 하와이섬에 도착하는 것만으로도 농장주들에게는 하늘이 내린 선물이 될 것이다"라고 했다.[20] 이때 하와이 농장주들이 계산에 넣었던 한인 이주자들의 역할은 사탕수수농장에 안정적인 인력을 공급하고, 더불어 일본 노동자들의 잦은 파업과 농장 이탈 현상을 견제하려는 것이었다.[21]

1902년 12월 22일, 하와이로 가는 첫 이민단 122명이 제물포항을 출발했다. 그들은 고종이 새로 만든 수민원綏民院에서 발행한 '여행장'(오늘날의 여권)을 소지한 후 일본 선적의 증기선을 타고 한반도 남해를 돌아 나가사키에 도착했다. 이곳에서 행해진 신체검사에서 20명이 탈락했다. 합격한 사람들은 태평양을 건너는 미국 선적의 증기선S. S. Gaelic으로 갈아탔다. 이 배는 고베와 요코하마를 거쳐

---

19 그 〈임명장〉에는 이렇게 적혀 있었다고 한다. "大韓國 役夫 國外雇傭事는 米國人 大是羅로 掌理케 할 事/ 光武 六年 十一月 十五日 (印)." 알렌은 이러한 알선의 대가로 상당한 커미션을 챙길 수 있었다〔오인환 · 공정자(2004), 《구한말 한인 하와이 이민》, 인하대학교출판부, 60쪽〕.

20 웨인 패터슨 저, 정대화 역, 앞의 책, 85쪽

21 위의 책, 33~42쪽.

1903년 1월 13일 새벽 하와이 호놀룰루에 도착했다. 여기서 다시 신체검사를 받고 16명이 탈락했다. 최종 입국이 허용된 사람은 86명이었다(남자 성인 48명, 여자 성인 16명, 어린이 22명). 이들이 우리나라 최초의 공식적인 해외 이민이었다.22

하와이로 가는 길은 순탄치 않았다. 태평양을 건너야 했기 때문이다. 일본 요코하마에서 하와이 호놀룰루까지만 해도 직선거리로 6,300킬로미터였다. 제물포에서 출발한 사람들은 일본의 나가사키나 고베에 머물면서 신체검사를 받은 후 큰 배로 갈아타고 태평양을 건넜다. 이러한 과정은 이민 첫 세대인 최해나崔海羅(1880~1979)의 구술자료에 잘 나타난다. 양반 출신인 그녀는 결혼 후 "대한서 지내려 했지만 나라가 분주하니깐 어떻게 살 수 없어" 남편과 함께 하와이로 가기로 결심한다. 그녀의 남편인 함호용咸鎬墉(1868~1954)도 양반 출신이었다.23 최해나는 나중에 남편의 성을 따라 '함해나 Hannah Chur Ham'로 이름을 바꾸었다.

최해나는 고베의 임시거처인 유숙소에서 보낸 생활을 노년에 이렇게 회고한다. "신호神戶는 일본말로는 '고베'라고 하는데 갔더니 큰

---

22 제1차 이민단의 여정에 대하여는 오인환·공정자, 앞의 책, 95~99쪽.

23 국외소재문화재재단 편(2013), 《미국 UCLA 리서치도서관 스페셜 컬렉션 소장 함호용 자료》(*Ho Young Ham papers special collections of Research Library*), 서울: 국외소재문화재재단. 이 자료는 함호용의 외손녀 줄리엣 오 부부가 2006년 UCLA 도서관에 기증한 것으로, 함호용 자신의 일기를 포함한 원고 105점, 복식류 63점, 공예품 36점, 서적류 269점, 편지류 291통, 희귀자료 196점, 여권과 스크랩 등이 포함되어 있다.

집이 있었어. 꼭 스테이블stable(마구간) 같은 집인데 바닥에 러그rug를 깔았어. 일본말로는 다다미라고 불렀지. 그때가 3월이었는데 비가 억수로 왔어. 모두들 거기로 신들을 신고 흙을 철벅 철벅대며 들어왔지. 두 내외 있는 사람, 아들딸 있는 사람, 한 방에 열씩 스물씩 있었는데 이불을 가져온 사람들은 바닥에다 그냥 깔고 잤어. 물이 철벅 철벅한 그 위에서 말이야. 그 이불이 흙 천지가 되었지. 돗자리를 가져온 사람들은 돗자리 깔고 자고 … 이렇게 숭악하게 어떻게 살어, 대한으로 도로 갔으면 했지."**24**

최해나는 고베에서 그렇게 일주일을 지낸 후 '몽고리아Mongolia'라는 배를 탔다. 미국 선적의 이 배는 14,000톤급의 대형 여객선(전장 188미터, 폭 20미터)으로 1,800여 명(일등 350명, 이등 68명, 3등 1,400명)을 수용할 수 있었다. 대개 외교관이나 사업가 또는 부유한 여행객들이 이용하는 일등선실은 배의 상층에 위치하며 전용 식당과 사교실, 끽연실, 음악실 등이 따로 마련되어 있었다. 주로 이민자들을 수용하는 3등 선실steerage은 배의 하층에 위치하며 화물칸과 붙어 있었다. 객실 겸 화물 창고였다.**25**

---

24 "Ho-Young Ham Paper, 1837~1987"(UCLA Special Collection); 안형주(2014), 《1902년, 조선인 하와이 이민선을 타다: 안재창의 가족 생애사로 본 아메리카 디아스포라》, 푸른역사, 43~44쪽에서 재인용. 한국이민사박물관의 상설 전시자료에도 〈최해나 육성 증언〉이 들어가 있다. 번역은 조금씩 다르다.

25 三浦昭男(1994), 《北太平洋定期客船史》, 東京: 出版協同社, 100~106·230~231쪽.

그 객실에서 지냈던 최해나의 이야기를 다시 들어 보자. "배 기름 냄새가 지독했고 소, 말을 함께 실어서 소, 말 냄새까지 나서 구역질이 절로 나왔어. 그 와중에 밥을 먹으라고 박이가 땡땡이를 땡땡 치면 사람들은 가서 밥을 가져와 먹었지. 하지만 나는 구역질이 심했고 내외가 드러누워, 열흘을 굶고 있으니까 기운이 하나도 없어서 그전에 대한 땅에서 가져간 삼蔘이라는 약을 칼로 갈아 그 가루를 조금씩 물하고 같이 먹었어. 그렇게 삼 가루를 일주일 반, 열흘 정도 먹으면서 지내다 호놀룰루에 오니깐 머리가 흔들흔들하고 … ."[26]

이제 태평양은 상상의 지리적 공간에서 구토와 배 멀미를 동반하는, 그것도 하루 이틀이 아니라 열흘씩이나 지속되는 체험의 공간으로 바뀌었다. 그 광활한 바다는 동양과 서양, 구대륙과 신대륙을 가르는 지리적 경계이자 문명적 경계이기도 했다. 이민자들은 이 경계를 '물고개水嶺'라고 말했다. 이 고개를 넘어야만 미국 영토에 발을 디딜 수 있었다. 가녀린 양반집 규수였던 최해나는 1905년 5월 18일 하와이 호놀룰루에 도착했다. 그녀는 남편과 함께 마우이섬 '부네네Puunene'의 사탕수수농장에 배치됐다. 그들 앞에는 또 다른 고난이 기다리고 있었다. 집단 캠프 생활과 힘든 노동이었다. 그들이 처음에 기대했던 것과는 크게 달랐지만 '계약노동'이었던 만큼 현실에 적응할 수밖에 없었다.[27]

---

26 〈함하나(최해나) 육성 증언〉, 한국이민사박물관 전시자료.

27 계약노동이란 이주민의 뱃삯을 포함한 제반 경비(100달러 정도)를 농장주 측에서

1903년 1월 3일부터 1905년 8월 8일까지 총 64차례에 걸쳐 태평양을 건너 하와이에서 새로운 삶을 시작한 한인은 모두 7,415명에 달했다. 미국 국립문서기록관리청에서 넘겨받은 그들의 명단은 인천의 이민사박물관 벽에 새겨져 있다. 하와이 이민이 갑자기 중단된 것은 러일전쟁에서 승기를 잡은 일본의 압력과 대한제국 정부의 체계적인 이민 정책의 부재 때문이었다. 일본 정부는 하와이의 노동시장에서 한국인이 일본인과 경쟁하는 것을 처음부터 탐탁하게 여기지 않았다.**28**

한편, 러일전쟁이 한창 진행되던 1904년 11월부터 국내 신문에 멕시코로 이주할 "농부모집광고"가 실렸다. 이 광고에서는 멕시코가 미국의 이웃에 있는 부강한 나라로서 세계 중의 '극락국'이라고 선전했다. 일종의 국제이민 브로커인 영국인 마이어스John G. Myers와 일본의 대륙식민회사가 결탁한 이 불법 사업에 한인 지원자들이 몰렸다. 1905년 4월 초 1,033명의 한인이 제물포항을 떠났다. 당시 한국에서 송출된 단일 이민으로는 규모가 가장 컸다. 그들은 40여 일의 항해 끝에 멕시코 유카탄반도에 내린 후 25개 이상의 에네켄

제공하고 그 대신 일정 기간(3~4년) 농장에 갇혀 노역에 동원되는 것이었다. 사실상 부채노예인 셈이었다. 이러한 노동계약제는 하와이가 미국에 합병된 후 폐지되었지만, 알렌은 한국 정부와 미국 정부 그리고 하와이 당국에 이러한 사실을 숨기고 한인 이주의 길을 텄다(웨인 패터슨 저, 정대화 역, 앞의 책, 49~54쪽).

28 하와이로의 이민 송출이 중단된 배경과 그 과정에 대하여는 위의 책, "13장 한국인 이민을 중지시킨 일본" 참조.

농장에 분산, 배치되었다. 그들은 사실상 부채노예Peon 또는 Peon de Campo로서 농노와 다를 바 없었다. 4년 후 그들은 계약노동에서 풀려 자유의 몸이 되지만, 농장에서의 고립된 생활로 말미암아 현지 사회 적응과 일자리 찾기에 어려움을 겪게 된다. 그들 중 일부는 미국 자본의 유입으로 호황을 맞이한 쿠바로 건너가 정착했다.29

한편, 20세기 초 하와이로 떠난 한인들은 노동이민의 특성상 20~30대 독신 남자들이 대부분이었다. 이 문제를 해결하기 위하여 '사진 혼인'이 이루어졌다. 1910년부터 1924년 사이에 대략 1천 명 내외의 신부들이 하와이와 미국 본토로 건너갔다.30 이들은 재미한인사회의 안정적 발전에 크게 기여한다.31 이민이 아니라 유학을 목적으로 미국으로 건너간 한인들도 적지 않았다. 조미수호조약 체결 후부터 일제 식민통치기에 이르기까지 1천 명에 가까운 유학생이 미

---

29 오인환·공정자, "부록: 구한말 멕시코 이민 출항에 관한 연구: 이민선, 이민모집, 광고, 정구 공문 등을 중심으로", 앞의 책. 이 분야의 선구적인 업적으로는 이자경(1998), 《한국인 멕시코 이민사: 제물포에서 유카탄까지》, 지식산업사가 있다.

30 이덕희(2003), 《하와이 이민 100년, 그들은 어떻게 살았나》, 중앙 M&B, 118~122쪽. 이 글에서는 하와이에 들어온 '사진 신부'의 숫자가 기왕에 추산된 1천 명보다 훨씬 적은 700명 미만으로 보고 있다. 아직은 자료가 제한되어 있다는 점, 그리고 미국 본토로 직접 들어온 사진 신부까지를 포함하면 1천 명 내외로 볼 수 있을 것이다.

31 사진 혼인이 이루어졌음에도 불구하고 제1세대 이민자들 가운데는 홀아비가 많았고, 이것이 미주 한인사회의 성장과 발전에 하나의 큰 장애 요인이 되었다. 고정휴(2004), "대한인동지회 회원 분석: 1930년대 하와이 '會籍'을 중심으로", 〈한국민족운동사연구〉 40 참조.

국으로 들어갔다.32 그들 중 상당수는 공부가 끝난 후에도 미국에 정착하여 초기 한인사회를 이끌어 가는 역할을 맡았다.

이렇게 보면 20세기 초반에 대략 1만 명의 한인들이 하와이와 아메리카 대륙으로 건너갔음을 알 수 있다. 노동이민자들은 대체로 조선왕조에서 소외되거나 억압받던 몰락 양반이거나 하층민이었다. 농촌에서 밀려난 도시 노동자와 일용잡역부, 군인, 하급 관리, 농민, 수공업자, 광부, 목공, 머슴, 승려 등이었다.33 이들의 교육 수준은 대체로 낮았던 것으로 이해된다.34 국내에서 주로 개항장과 철도 연변의 도시들에 거주하던 그들은 하와이에 도착하자마자 각처의 사탕수수농장에 분산, 배치되어 집단생활에 들어갔다. 노동계약

---

32 홍선표(2001), "일제하 미국유학연구", 〈국사관논총〉 96, 180쪽에서는 식민지 시대에 미국으로 간 한인 유학생 숫자를 650~800명 정도로 보고 있다. 여기에 한말의 유학생과 총독부의 비자 없이 미국에 들어간 유학생까지를 합하면 대략 1천 명 수준에 이를 것으로 추산된다.

33 Bernice B. H. Kim(김봉희) (1937), "The Koreans in Hawaii", M. A. Thesis, University of Hawaii, pp. 85~86. 하와이로 이주한 한인들이 서울, 인천, 수원 등의 도시에 거주하면서 다양한 직종에 종사했던 점은, 특정 지역 농촌 출신이 지배적이었던 중국이나 일본의 이민들과는 대조적이었다. Wayne Patterson(1996), "Upward Social Mobility of the Koreans in Hawaii", *Korean Studies* 3, pp. 85~86.

34 하와이 노동이민자들 가운데 65%가 문맹이었다고 한다〔김원용(1959), 《재미한인오십년사》, 미국 캘리포니아주 리들리, 7쪽)〕. Wayne Patterson은 한인 이주자의 교육 수준(문자해독률 40%)이 그 당시 국내의 평균 수준이나 중국 및 일본의 이주자들보다 훨씬 높았던 것으로 이해하고 있다(Wayne Patterson, 앞의 논문, p. 86).

이 끝나면 그들은 도시로 진출하거나 미국 본토로 건너갔다.

한편 처음부터 미국 유학을 꿈꾸고 하와이의 노동이민 모집에 응하는 사람도 있었다. 1905년에 자신의 나이를 속이고 하와이 이민 대열에 끼어든 차의석Easurk Emsen Charr(1895~1986)이 그런 사례였다. 그는 나중에 미국 시민권을 획득하고 《금산*The Golden Mountain*》이라는 영문 자서전을 냈다. 이 책에서 미국은 '기회의 땅'이자 '약속의 땅'으로 묘사된다. 차의석은 이렇게 말한다. "오, 미국! 오, 크고 아름다운 나라! 오, 금산의 땅! 오, 그 나라에서 태어났더라면 얼마나 좋았을까!"[35]

하와이 이주자들은 집단농장의 가혹한 노동조건, 언어장벽과 문화갈등, 인종차별 등 숱한 어려움을 극복하고 한인사회의 기반을 닦았다. 그들은 다인종, 다민족 사회에서 유색인종인 데다 소수민족이었다. 그들은 본국 정부의 보호도 받지 못했다. '틈새적 존재'인 그들은 스스로 생존 방식을 터득해야 하는 상황에 놓였다. 국가로부터 소외받고 사회로부터 고립된 한인들은 그들만의 교회와 학교를 만들고 자치단체를 꾸리는 한편, 한국의 풍습과 언어, 역사를 보존하면서 민족적 정체성을 지켜 나가고자 노력했다. 이렇게 하여 서반구에 한인공동체가 형성되었다.[36]

---

35 김욱동(2012), 《한국계 미국 이민 자서전 작가》, 소명출판, 194쪽.

36 고정휴(1996), "미주지역 독립운동에 관한 회고와 전망", 〈한국사론〉 26, 국사편찬위원회 참조. 이 논문에서는 초기 한인의 이민사, 생활사에 대한 연구성과와 그 의의에 대하여 다룬 바 있다.

3. 태평양상의 한인 네트워크 형성

20세기 초 해외의 한인공동체들은 북태평양 위에 세 개의 꼭짓점을 만들어 냈다. 서편 끝자락의 블라디보스토크, 동편 끝자락의 샌프란시스코, 그 한가운데인 호놀룰루였다. 러일전쟁 발발 후 한국의 주권이 위태로워지자 이 세 곳에서 발간된 한인 신문들은 국권 수호와 신대한 건설의 신호탄을 쏘아 올렸다. 이 무렵 국외에 광범하게 유포된 미일충돌설은 그들에게 고무적으로 받아들여졌다. 청국 및 러시아와의 전쟁에서 승리하여 동아시아의 패자로 부상한 일본을 견제하고 굴복시킬 수 있는 나라로 미국이 떠올랐다. 그들은 신대륙에서 발흥한 미국의 힘이 태평양을 넘어 동아시아에 미칠 파장에 주목하면서 한국의 독립 가능성을 타진하기 시작했다. 절망적인 순간에 그들은 새로운 희망의 빛을 찾아 나섰다. 그들은 추방과 망명자 의식을 공유하면서 자기들 사이에 하나의 관계망을 만들어 가는 한편, 국내 동포와 연결을 시도했다.

1) 블라디보스토크의 한인촌

블라디보스토크Vladivostok. 海蔘威 또는 海港/江東는 연해주로 불리는 프리모르스키 지역Primorsky Krai 남단의 항구 도시이다. 그 이름에서 블라디vladi는 '정복하다'라는 뜻이고 보스토크vostok는 '동쪽'을 뜻한다. 이처럼 '동방을 정복하다'라는 뜻의 블라디보스토크에는 19세기 중엽 러시아의 적극적인 동진 의지가 담겨 있었다. 1860년 중국으로부터 넘겨받아 무역항 및 해군기지로 개발된 이 도시는 러시아가 동아시아와 태평양 방면으로 진출하는 관문으로 부상했다.[37]

청일전쟁 발발 직후 블라디보스토크를 방문했던 이사벨라 버드 비숍은 이렇게 말했다. "새로움, 진보, 희망이 블라디보스토크 시민의 특징이다. 이것은 미국 서부개척 시대와 같은 측면을 가지고 있다. … 그러나 널리 퍼진 군국주의의 열풍은 미국 서부의 연상을 압도하고 있다. 메마른 해안 위에 제일 먼저 세운 건물은 군 병원과 막사이며, 도시에 가까워질수록 막사는 복잡해진다. 여성은 압도적으로 적다. 대포와 군수 차량의 둔탁한 바퀴 소리, 아침부터 밤까지 이어지는 갈색 대대의 행군 모습, 계속되는 북과 나팔과 트럼펫 소리 등은 이곳이 곧 이제 막 성장하고 있는 야심 찬 거대한 러시아의 태평양 연안 수도라는 사실을 깨우쳐 준다."[38]

1896년 니콜라이 2세의 대관식에 참석했던 조선사절단은 시베리아를 거쳐 블라디보스토크에 도착했는데, 당시 특명전권공사 민영환을 따라갔던 김득련은 이렇게 읊었다.

---

37 정은혜(2019), "경관을 통해 살펴본 문화역사 관광지로서의 블라디보스토크 고찰: 신한촌과 아르바트 거리를 중심으로", 〈한국도시지리학회지〉 22(2), 63~77쪽.

38 I. B. 비숍 저, 신복룡 역주(2019), 《조선과 그 이웃 나라들》(개정판), 집문당, 224쪽.

〈블라디보스토크에 도착하다〉(到海參威)39

러시아 영토의 동쪽 끝자락
블라디보스토크 항구가 배를 숨길 만하네.
삼국의 경계가 맞닿은 요충지라서
수륙에 병사를 주둔시키면 필승할 계책일세.

삼 년 예산으로 철도를 완성하니
열흘이면 페테르부르크까지 통한다네.
심원한 계책에다 온 힘을 쏟아부으니
동양으로 직행하려면 반드시 이곳을 지나야 하리.

러시아의 동진 정책에서 블라디보스토크와 시베리아횡단철도 건설이 지녔던 지정학적 의미를 조선사절단은 고단한 여정을 통하여 깨닫게 되었다. 러시아 정부는 이러한 효과를 노리고 민영환에게 시베리아를 경유하는 귀국 노선을 권했던 것이다.

비숍에 따르면, 1897년에 블라디보스토크의 인구는 2만 5천 명 정도였다. 그 가운데 한인이 3천 명이었다. 이들은 도시에서 1마일 떨어진 곳에 자신들의 정착지를 마련하고 포터와 짐마차꾼으로 생활했다. 중국인은 2천 명이었다. 그들 대부분은 상점 운영, 고기와 생선, 과일, 야채, 그 밖의 생활필수품을 독점했다. 일본인들은 많

39 김득련 저, 허경진 역(2011), 《환구음초》, 평민사, 157쪽.

지 않지만 높은 급료를 받는 가사 노동자로 일했다. 비숍은 나가사키에서 배를 타고 블라디보스토크 항구에 내리자마자 그의 짐을 향해 달려드는 한인들과 부딪쳤다고 한다.40

블라디보스토크의 한인들은 자신들이 모여 사는 구역에 개척리開拓里라는 이름을 붙였다. 러시아인들은 그곳을 고려인촌이라는 뜻을 담은 '카레이스카야 슬라보드카'라고 불렀다. 태평양을 바라보는 언덕 위에 세워진 최초의 한인 집단 거주지였다. 이들은 한민회韓民會라는 자치기구를 운영하면서 공동체 생활을 일구어 나갔다. 러일전쟁이 끝난 뒤에는 더 많은 한인들이 연해주로 이주하였다. 이들 대열에 정치적 망명객들, 이를테면 신채호라든가 홍범도, 유인석 등이 합류하면서 블라디보스토크는 연해주 일대의 독립운동 기지로 주목받게 되었다. 이곳은 나중에 도시 외곽으로 옮겨지면서 신한촌新韓村으로 이름이 바뀌었다.

2) 호놀룰루의 '한인 지구'

북태평양의 중심에 자리 잡은 하와이는 1898년 미국에 병합되었다. 그것은 영토로 가장한 식민지였다. 당시 윌리엄 매킨리 대통령은 "우리는 캘리포니아만큼, 그 이상으로 하와이가 필요하다"고 말했다. 이후 하와이는 미국이 아시아로 진출하는 중간 거점이자 디딤돌

---

40 I. B. 비숍 저, 신복룡 역주, 앞의 책, 217, 222쪽.

이 됐다. '태평양에서 가장 훌륭하고 넓은 항구'인 진주만Pearl Harbor에는 미 해군기지가 들어섰다. 이것은 하와이를 경제적으로 지탱했던 '설탕만큼 값진 진주'였다. 41

하와이가 미국의 영토로 편입된 후 10년마다 인구조사가 이루어졌다. 1903년부터 1905년 사이에 하와이로 집단 이주한 한인들은 1910년에 그 대상에 들어갔다. 이때 실시된 인구조사에 따르면, 하와이 거주 한인은 4,533명으로 전체 인구의 2.4%였다. 그들 중 한국 출생이 4,172명이며 하와이 출생은 361명이었다. 성별로 보면 남자가 3,931명, 여자가 602명이었다. 그들의 주거 분포를 보면 하와이섬Big Island이 1,525명으로 가장 많고, 그 다음으로 호놀룰루가 자리 잡은 오하우섬에 1,024명이 살고 있었다. 42

하와이의 한인들은 그들보다 먼저 정착한 중국인이나 일본인에 비하면 수적 열세임에도 불구하고 현지에 가장 빠르게 적응하면서 도시로 몰려들었다. 1920년에는 전체 한인의 27%가 호놀룰루에 살고 있었다. 여기에는 경제적 문제 못지않게 자녀들에 대한 교육열도 작용했다. 1906년경부터 호놀룰루 시내에 감리교단에서 운영하는 한인 기숙학교와 교회가 함께 자리 잡은 '한인 기지Korean Compound'가 형성되었다. 43

---

41 브루스 커밍스 저, 박진빈 외 역, 앞의 책, 323~325쪽.

42 이덕희(2003), 《하와이 이민 100년, 그들은 어떻게 살았나?》, 중앙 M&B, 29~31쪽.

43 위의 책, 43~45, 123쪽.

한편, 이민 초기 하와이 전역의 사탕수수 농장으로 흩어졌던 한인들은 각각 자신들이 살고 있는 지역을 중심으로 다양한 성격의 단체를 만들었다. 그리고 각 농장 캠프에는 자치기구인 '동회洞會'가 있었다. 이들 대표자 30명이 1907년 8월 말 호놀룰루에 모여 5일 동안의 연속 회의 끝에 한인합성협회를 조직했다. 이것은 하와이 한인 전체를 망라한 통일단체였다. 그들은 "조국의 국권 광복운동을 후원하며 재류동포의 안녕을 보장하며 교육사업을 증진하기 위하여 우리들의 힘을 모아서 단결한다"는 결의안을 채택했다. 44

3) 샌프란시스코의 한인공동체

19세기 중엽 미국은 멕시코와의 전쟁에서 승리하고 캘리포니아를 그들의 영토로 편입하였다. 이리하여 마침내 미 대륙이 '완성'되고 태평양으로 진출할 수 있는 길이 열렸다. 그 역사적 의미에 대하여 커밍스는 다음과 같이 기술한다.

> 캘리포니아는 새로움이 계속 솟아나는 곳이어서 자연 그대로의 금, 다인종의 터전 샌프란시스코, 철도, 지중해 같은 미국의 바다, 거대한 수확기에 산더미처럼 쌓인 금빛 곡식 낟알, 향 짙은 오렌지와 레몬나무 밭, 과일 통조림, 그 외에도 수없이 많은 것들이 나온다. 미국은 이

44 김원용 저, 손보기 편(2004), 《재미한인 50년사》, 혜안, 83~85쪽.

제 국내에서 이루어지는 특별한 형태의 원거리 무역을 형성했고, 이를 세계 전체를 대상으로 하는 무역으로 확장할 것이다. 그러나 무엇보다도 중요한 것은 미 대륙이 물리적으로 합쳐졌다는 것이다. 지구상에서 하나의 깃발 아래 대서양에서 태평양에 이르는 영토를 통합한 나라는 예전이나 지금이나 없기 때문이다.[45]

캘리포니아를 '정복'한 미국은 태평양을 그들의 '호수'로 만들어 해상제국으로 거듭나고자 했다. 그 출구가 샌프란시스코였다. 이곳은 미 대륙을 횡단하는 철도의 종점이자 요코하마를 거쳐 상하이와 홍콩으로 가는 여객선의 출발점이기도 했다. 이는 블라디보스토크가 시베리아횡단철도의 종착점이자 태평양으로 나아가는 출구가 되었던 것과 흡사하다.

한편, 미국이 개척한 태평양항로를 이용하여 중국인, 일본인, 그리고 한국인들이 샌프란시스코로 들어왔다. 이곳에 첫발을 들여 놓은 한국인은 평안도의 인삼 장수였다. 이들은 중국 경내에서 행상을 하다가 1840년대 말 골드러시의 붐을 타고 캘리포니아로 품팔이를 떠난 중국인들을 따라와서 꽤 짭짤한 수입을 올렸다고 한다.[46] 조미수호조약이 체결된 후에는 외교사절단, 유학생, 정치 망명객들이 샌프란시스코를 통하여 미국으로 들어왔다. 1883년 보빙사절단의 일

---

45 브루스 커밍스 저, 박진빈 외 역, 앞의 책, 182쪽.

46 〈대한매일신보〉(1907. 4. 11.), "共立協會의 詳報".

원이었던 유길준은 '상항桑港'에 대하여 다음과 같은 기록을 남겼다.

> 이 항구의 지형이 반도의 한 모퉁이에 자리 잡고 있어서, 큰 바다를 바라보고 높은 산을 등지고 있다. 높이 솟은 푸른 절벽과 넘실거리며 흐르는 물결 사이에 울긋불긋한 고층 건물이 즐비한 광경은 부유함을 서로 자랑하며 호사스러움을 서로 다투니, 참으로 일대 명승지며 웅대한 도시다. 커다란 두 강의 흐름을 따라 내륙 천여 리까지 운송이 편리하고, 남쪽으로 파나마와 통하고 동쪽으로 아시아까지 항해하여 외국과의 무역이 번성하므로, 이곳이야말로 온갖 물자가 모여드는 항구다.47

이 문단의 마지막 글귀는 그 원문("此地가 百貨의 吐納ᄒᆞ는 港口라")이 보다 실감이 난다.48 샌프란시스코는 남쪽으로 파나마 지협과 연결되어 유럽과 통하고, '동쪽'(사실은 서쪽)으로는 태평양 건너편 아시아와 통하여 동·서양의 온갖 상품과 재화를 빨아들이고 내뿜는 천혜의 무역항이자 군사적 요새였던 것이다.

20세기 초 하와이로 이주한 한인들 중 일부가 보다 높은 임금 또는 학업을 위하여 미 대륙에 발을 디디면서 샌프란시스코에도 한인 공동체가 형성되기 시작했다. 1906년 말 미국 본토에 거주하는 한

---

47 유길준 저, 허경진 역(2004), 《서유견문》, 서해문집, 529쪽. 이 번역문에서는 "남쪽으로 파나마운하와 통하고"라는 되어 있는데, 파나마운하가 개통된 때는 1914년이다.

48 유길준전서편찬위원회(1971), "상항(桑港)", 《서유견문》, 탐구당, 505쪽.

인은 대략 1,300명이었는데 이들 대부분은 캘리포니아에 살고 있었다. 그들은 농장과 철도 및 광산 현장에서 일하며 생업을 이어갔다.**49** 러일전쟁 후 한국의 외교권이 박탈당하면서 그들은 법적으로 일본제국의 보호를 받기로 되었지만, 이를 단호히 거부하고 '대한인'으로서의 긍지를 갖고 국권 회복에 힘을 모았다. 샌프란시스코가 그들의 거점이었다.

미주 본토의 한인사회 형성과 관련하여 우리가 주목할 것은 안창호의 역할과 파차파 캠프이다. 1902년 10월 14일, 이제 막 결혼한 처(이혜련)와 함께 샌프란시스코에 도착한 안창호는 본래의 목적인 학업보다도 생업에 뛰어들어 미국 서부 지역에 한인공동체를 만드는 데 앞장섰다. 그는 샌프란시스코에 친목회-공립협회-국민회-대한인국민회로 이어지는 한인단체를 결성하는 한편, 로스앤젤레스 근처의 리버사이드에 파차파 캠프Pachappa Camp라는 한인촌을 건설했다. 이 캠프에는 1907년에 200여 명의 한인이 거주했고, 오렌지 수확기에는 300명 이상이 모여들었다. 이들은 남북으로 길게 뻗은 오리건과 캘리포니아주의 농장들을 오르내리며 일하는 계절제 노동자였다.

《파차파 캠프, 미국 최초의 한인타운》이라는 책을 펴낸 장태한은 이렇게 말한다. "파차파 캠프는 도산(안창호)이 미국에 도착한 직후 자신의 꿈을 시험해 본 미국 최초의 한인 동네이며 최대의 한인타운

49 〈공립신보〉(1906.12.22.), "北美寓居韓人概況".

이다. 도산은 우선 한인 이민자들에게 생활고를 해결할 수 있도록 한인노동국을 설립하여 취업의 문호를 활짝 열어주었다. 그래서 한인들이 몰려들기 시작했다. 파차파 캠프는 타 지역과는 달리 가족 중심의 공동체였다. 도산은 민주주의 절차에 따라 엄격한 규율과 질서를 요구했으며, 타 인종에게 모범이 되도록 근면과 정직을 강조했다. 또한 한인 장로 선교회와 학교를 설립하여 신앙생활을 하면서 자녀교육도 할 수 있도록 했다. 파차파 캠프의 한인들은 또한 토론회도 조직하고 열띤 토론도 했다."[50] 미주 대륙의 한인 디아스포라는 이렇게 만들어졌다. 그것은 민주주의의 핵심인 '자치'에 기반을 둔 생활공동체이자 신앙과 교육공동체이기도 했다.

4) 한인 네트워크의 형성

해외로 이주한 한인들은 낯설고 힘든 환경 속에서도 그들만의 공동체를 형성했다. 그 중심에는 자치단체와 언론 그리고 학교가 있었다. 러일전쟁 후 그들은 국권 수호라는 하나의 목표를 세우고 정보를 교환하고 공유했다. 연해주를 배후에 둔 블라디보스토크와 하와이의 호놀룰루 그리고 미주의 샌프란시스코는 그러한 교류를 가능케 하는 해항海港 도시였다. 이들 도시의 특징은 개방성과 혼종성이었다. 한편으로 그 세 곳은 태평양상의 전략적 요충에 자리 잡은 군

---

50 장태한(2018), 《파차파 캠프, 미국 최초의 한인타운》, 성안당, 79쪽.

항 도시이기도 했다.

해외 한인들은 광활한 태평양을 사이에 두고 어떻게 소통할 수 있었을까? 몇 가지 자료를 통하여 살펴보기로 하자. 〈그림 6-1〉은 다음 장에서 보게 될 현순의 《포와유람기》에 나오는 하와이 지도이다. 현순이 직접 그린 이 지도는 오아후섬 호놀룰루를 기점으로 하여 세 곳과의 거리가 표시되어 있다. 서쪽 방면으로는 요코하마까지가 3,370해리(6,241킬로미터)이며, 여기서 다시 인천까지가 930해리(1,722킬로미터)이다. 동쪽 방면으로는 샌프란시스코로 가는 데 2,081해리(3,854킬로미터)이다. 남서쪽으로는 시드니까지 2,780해

〈그림 6-1〉 현순의 《포와유람기》(1909)에 수록된 하와이 지도

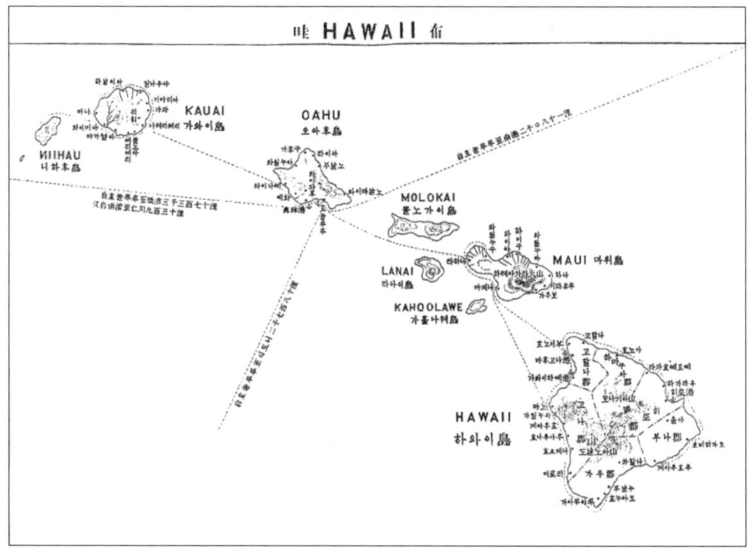

출처: 한국학중앙연구원 소장

리(5,149킬로미터)이다.

이제 거리가 아닌 시간상으로 보면 어떻게 될까? 이 물음에 참고할 자료로는 이승만의 〈항해일지*Log Book*〉가 있다. 그는 1904년 11월 5일 인천에서 증기선 '오하이오'를 타고 미국 유학길에 올랐다. 이 배는 목포와 부산, 시모노세키를 거쳐 고베에 도착했다(11월 10일). 이승만은 이곳에서 6일간 체류한 후 '시베리아'호로 갈아탔다. 이 배는 요코하마를 거쳐 11월 29일 호놀룰루에 도착했다. 여기서 그는 미 감리교단의 와드먼 선교사와 한인교회의 따뜻한 환영을 받으며 하룻밤을 묵었다. 이튿날 다시 배에 올라탄 후 12월 6일 샌프란시스코에 도착했다.**51** 인천에서 이곳까지 오는 데 한 달이 걸린 셈이다. 태평양을 건너는 데에는 보름 정도 걸렸다. 요코하마에서 샌프란시스코로 직행하는 배를 탔다면 시간을 좀 더 단축할 수 있었다. 지구가 많이 좁혀진 것이다.

북태평양상의 세 거점에 거주하는 한인들은 어떻게 서로의 사정을 알 수 있었을까? 그들 간 소통 매체는 신문이었다. 샌프란시스코의 한인사회에서 발행하는 〈공립신보〉(1905~1909), 하와이 한인사회의 〈합성신보〉(1907~1909), 블라디보스토크의 〈해조신문〉(1908. 2.~1908. 5.)과 〈대동공보〉(1908. 6.~1910) 등이 태평양항로와 한반도 주변의 연안항로를 따라 이동하는 사람과 물자처럼 서로 오가

---

51 류석춘·오영섭·데이빗 필즈·한지은 공편(2015), 《국역 이승만 일기》, 대한민국역사박물관, 14~18쪽.

고 있었다.

그러한 하나의 사례를 들어 보자. 블라디보스토크에서는 1908년 2월 26일에 〈해조신문海朝新聞〉이 창간되었다.52 이것은 러시아 영내에서 발행된 최초의 한인 신문이자 국외에서 발행된 최초의 일간 신문이기도 했다. 이 신문 사장은 시베리아 한인사회의 대표적 자산가이자 교육 및 실업 분야의 지도자인 최봉준(1862~1917)이었다. 그는 러시아에 귀화한 한인으로, 블라디보스토크를 기점으로 한반도 북부의 청진과 원산·성진, 일본의 모지門司와 나가사키, 중국 상하이 등지를 연결한 무역과 해운업을 통하여 부를 축적한 인물이었다.53 〈해조신문〉의 창간과 운영 자금이 태평양 서편, 즉 동아시아 해역의 국제 무역으로부터 나왔던 것은 눈여겨볼 일이다.

〈해조신문〉의 창간 소식은 곧바로 국내와 미주로 전해졌다. 서울에서 발행되는 〈대한매일신보〉(한글판)는 이렇게 보도했다(1908년 3월 1일 자). "로국 령토 해삼위 디방에 한국 인민 수십만 명이 지금 사는데 유지한 신사들이 본국 사상과 개명 사업을 발달하기 위하야 그 항구에 신문샤를 셜시하고 해죠신문이라 하는 신문을 슌국문으로 발간하난데 그 취지서를 박혀 돌니더라." 여기에 나오는 〈해조

---

52 이 신문의 한글 명칭은 창간 당시 〈히됴신문〉이었으나 제6호부터 〈히죠신문〉으로 바뀌었다. 제호에는 해삼위(海蔘威)에서 조선인들이 발행하는 신문이라는 뜻을 담았다. 발행소는 '히삼위 한인거류디 삼빅사십ㅅ호'였다.

53 박환(2017), "1장 인물평: 원동(시베리아)의 큰 사람", 《근대해양인, 최봉준: 상업과 무역, 언론과 교육의 길로 나서다》, 민속원.

신문〉의 발간 취지서는 국내의 〈대한매일신보〉와 〈황성신문〉, 그리고 샌프란시스코의 〈공립신보〉에 거의 동시에 실렸다.**54** 그 취지서에는 다음과 같은 조항이 들어간다.

> (一) 일반 국민의 보통 지식을 발달하며 국권을 회복하여 독립을 완정케 하기로 목적함.
>
> (一) 본국과 열국의 소문을 널리 탐지하여 날마다 발간함.**55**

〈해조신문〉이 러시아 영내에서 발행함에도 불구하고 국권 회복을 전면에 내걸고 '본국'과 열국의 소문을 널리 전파하겠다는 의지를 밝혔다는 점에 주목할 필요가 있다.

한편, 러일전쟁 후 서울에 설치된 통감부는 대한제국의 국정 전반을 장악했는데, 이때 그들이 가장 신경 쓴 것이 국내의 여론 동향이었다. 이리하여 제정된 것이 1907년 7월에 공포된 〈신문지법〉이었다. 총 38개조(부칙 포함)로 이루어진 이 법령에 따르면, 신문 발행은 내부대신의 허가를 받아야 할 뿐만 아니라 사회의 안녕질서와 풍속괴란이라는 명분을 내세워 신문 발매 및 반포의 중지와 압수, 발행의 정지와 금지를 행정처분으로 명령할 수 있었다. 이로써 언론

---

54 〈황성신문〉이 1908년 3월 3일 자 "별보"에 가장 먼저 실었고, 이어서 3월 7일 자 〈대한매일신보〉(국한문판)의 "별보"에 실렸다. 〈공립신보〉는 3월 11일에 "해됴신문 발간취지셔"를 게재했다.

55 〈대한매일신보〉(한글판, 1908. 3. 12.), "해죠신문 취지셔(속)".

에 대한 전면적 통제가 가능해졌다.

그런데 통감부의 통제에서 벗어난 신문들이 있었다. 영국인 베델 Ernest Thomas Bethell, 裵說을 발행인 겸 편집인으로 내세운 〈대한매일신보〉와 해외에서 발행하는 한인 신문들이었다. 이들 신문은 합법적으로 국내에 유통되고 있었다. 〈공립신보〉의 경우, 미국 본토뿐만 아니라 하와이에 4개소, 블라디보스토크에 1개소, 그리고 국내에 서울을 비롯한 전국 32개소의 보급망을 갖추고 있었다. 〈해조신문〉도 서울과 원산 및 인천, 평양 등지에 지국을 설치하여 국내에 유통시키고 있었다.

통감부는 1908년 4월 〈신문지법〉을 개정하여 외국에서 발행된 한국어 신문과 한국에서 외국인이 발행하는 한국어 신문에 대하여도 발매 및 반포를 금지하고 압수할 수 있도록 했다. 그들이 국교 저해, 폭도 선동, 질서문란, 국권 회복 등의 이유를 내세워 신문을 압수한 통계를 보여 주는 것이 다음의 〈표 6-1〉이다. 해외에서 발행되는 신문 가운데 가장 많은 압수 처분을 받은 것은 〈공립신보〉(총 18회, 10,264부)였다. 이러한 처분은 국내에서 최대의 발행 부수를 자랑하던 〈대한매일신보〉에 맞먹는 것이었다. 러일전쟁 후 한반도에 대한 지배를 획책하는 일본 제국주의와 그에 협력하는 '매국적'을 성토하는 데 〈공립신보〉가 앞장섰기 때문이었다. 일제와 통감부는 한국 병합을 앞두고 국내는 물론이고 해외 한인사회에 대한 통제를 강화했다. 그런데 그들의 힘이 전혀 미치지 못하는 곳이 있었다. 바로 샌프란시스코였다. 이곳은 미국 내 배일 운동의 진원지였다.

〈표 6-1〉 1908년 통감부의 신문 압수상황

구분 \ 신문	대한매일신보(서울)	공립신보(샌프란시스코)	합셩신보(호놀룰루)	해조신문(블라디보스토크)	합계
발매 · 반포금지 횟수	15	18	11	17	64
압수 부수	11,663	10,264	542	1,569	24,038

출처: 채백(2015), 《한국언론사》, 컬처룩, 116쪽. 〈대한매일신보〉의 횟수와 부수는 한글판과 국한문판을 합산한 것이다.

국권 상실기 국내외 신문들의 유통과 정보 공유의 대표 사례로 들 수 있는 것은 미일충돌설이었다. 이것을 하나의 이슈로 제시하여 국내외 동포들의 이목을 모으기 시작한 것은 〈공립신보〉였다. 이 신문에서 미일전쟁에 대하여 직접 언급한 것은 1906년 10월 7일 자 시사란에 실린 "일미전쟁 욕맹欲萌"이라는 기사였다. 여기에서는 샌프란시스코의 선동적인 정치가와 노동조합 지도자들이 개최한 배일 집회에서 나온 연설을 인용했다. "우리가 일본과 전쟁되기를 한날이라도 속히 되기를 바라노니 대개 일인의 행위가 청인보다 더 믿을 수 없는 인종이라 이러한 인종이 매 선편에 우리 내지에 침입하니 그중에 다 노동자가 아니요 그 실상은 일본 정부의 정탐꾼으로 우리의 내정을 엿봄이니 불가불 설법 금단하자 하였다더라."

이 연설에서 주목할 것은 두 가지이다. 즉, 미일전쟁을 기정사실화하고 그 시기를 재촉하고 있다는 것과 샌프란시스코로 입국하는 일본인 노동자들 가운데 일본 정부의 '정탐꾼'이 섞여 있다고 단정한다는 점이다. 이러한 일방적 주장에는 일본인의 이주를 원천적으로 봉쇄하고자 하는 의도가 담겨 있었다. 나중에는 일본인 이주자들이 청일전쟁이나 러일전쟁에 나갔던 군인들이었다는 주장까지 나왔다.[56] 이는 미국인들에게 전쟁에 대한 불안감을 부추겨 배일이민법을 제정하려는 목적으로 활용될 수 있었다. 중국인들이 아편과 매춘, 도박에 찌든 불결한 하층민이었다면, 일본인들은 위험한 정탐꾼으로 언제든지 미국의 안보를 위협할 수 있는 사람들로 낙인찍고자 했다. 이는 동양의 '우등생'인 일본을 서구 문명의 기준에서 비하할 수 없으니,[57] 그 대신 '황화론'에 기대어 서양(특히 미국)과의 경쟁적 관계를 적대적 관계로 바꾸려는 시도이기도 했다.

이러한 상황에서 한국인은 어떻게 행동해야 했는가? '백색' 미국인들이 볼 때 한국인은 일본인과 구별이 되지 않는 '황색' 또는 '갈색'의 동양인일 뿐이었다. 1905년 샌프란시스코에서 결성된 한국인·일본인배척연맹Korean and Japanese Exclusion이 그러했다.[58] 〈공립신보〉는 애써 이러한 문제를 외면하고, 오히려 미국 내의 강경한 배일주의자들의 목소리를 집중적으로 보도했다. 이것은 재미 한인의 생존 전략

---

56 〈공립신보〉(1906. 12. 7.), "移民卽移兵".

57 〈공립신보〉(1906. 12. 7.), "大統領降諭". 이 기사에는 시어도어 루스벨트 대통령이 "일(본)인의 일디진보가 바로 구미에 가장 문명쟈와 평등ᄒᆞ니 문명국민과 일톄로 대우홀지라"는 취지의 회견문이 실려 있다. 평소 친일적 태도를 보였던 루스벨트는 샌프란시스코에서의 강경한 배일론이 일본과의 외교적 갈등으로 비화되는 것을 크게 우려하고 있었다.

58 권은혜는 20세기 전반기 미국의 인종주의자들이 내세웠던 '백색국가론'을 확장하면 '백인 태평양'(*White Pacific*)이 될 수 있다고 했다[권은혜(2014), "20세기 초 미국 서부의 반 일본운동과 아시아인 이민 배제 주장에서 드러나는 초국적 반 아시아 인종주의", 〈서양사론〉 120, 28쪽].

이자 '망국민'의 운명에서 벗어나는 길이기도 했다. 그들은 태평양의 패권을 둘러싼 미·일 간 대치 상황을 지역, 인종, 문명의 시각이 아니라 국가, 민족의 차원에서 바라보았다.[59]

1907년에 이른바 헤이그밀사사건을 빌미로 일제는 고종의 폐위와 군대 해산 등의 조처를 취했다. 이로써 대한제국은 사실상 종말을 고한 것이나 다름없었다. 그해 9월 6일 자 〈공립신보〉는 "미일전쟁이 한국에 기회"라는 논설을 게재하여 이렇게 주장했다.

> 미일전쟁은 금년이 아니면 명년이오 명년 아니면 래명년이라 3년이 지나지 아니하리니
>
> 기회로다 기회로다
>
> 한국의 립독〔독립〕을 회복할 일대기회로다 우리 국민은 눈을 밝히 뜨며 주먹을 움켜잡고 시국과 대세를 살펴 기회를 기다릴지다

이 논설은 어떤 객관적 정세 판단에 기초한 것이 아니라 망국을 눈앞에 둔 한국인에게 희망의 메시지를 전달하고자 하는 의욕에서

---

59 재미한인단체들은 한국의 독립 회복을 위하여 미국 내의 배일단체 및 그 지도자들과 제휴하거나 때론 지지·지원하기도 했다. 예컨대 러일전쟁 후 캘리포니아의 일본인 배제연맹을 이끌었던 유력 언론인 맥클래치(Valentine S. McClatchy)는 1919년 《아시아의 독일》(*The Germany of Asia*) — 그 부제는 *Japan's policy in the Far East, her "peaceful penetration" of the United States, how American commercial and national interests are affected* — 이라는 소책자(46쪽)를 펴냈는데, 재미한인단체들이 이 책을 홍보에 활용한 바 있다.

나온 것이었다. 흥미로운 것은 이 논설에서 일본이 '전제정치'를 쓰던 러시아에게는 이겼지만, '민주공화'국인 미국에는 당할 수 없을 것이라는 대목이다. 국가 간 전쟁의 승패는 국민의 자발적인 애국심에 달려 있는데, 이는 오직 인민주권이 보장된 공화국에서만 가능하다는 점을 강조했던 것이다. 이러한 논리에서 보면, 대한제국의 멸망도 전제군주제 때문이라는 비판이 가능하다. 나중에 보겠지만, 그러한 비판은 곧 '제국'에서 '민국'으로의 변혁 논리로 작동한다.

샌프란시스코에서 발신한 미일전쟁설은 곧바로 국내외 한인사회에 널리 퍼졌다. 국내에서는 〈대한매일신보〉에 집중적으로 보도되었다. 블라디보스토크에서는 〈해조신문〉이 그 역할을 맡았다. 이 신문이 창간된 1908년 2월 말이면 샌프란시스코에서 배일 운동이 격화되면서 미・일 간 긴장이 고조되던 시점이었다. 시어도어 루스벨트 대통령은 대서양함대를 '대백색함대'로 편성하여 태평양으로 진입시켰다. 세계의 여론은 이 함대의 순항을 지켜보며 미일 개전의 가능성을 점치고 있었다. 〈해조신문〉은 '외신'을 인용하여 그와 관련된 기사를 거의 매일 보도했다. 예컨대 1908년 3월 31일 자 논설란에 실린 "미국함대의 소식"에서는, "미국 태서양 함대가 태평양으로 항행하는 사건에 대하여 동서양 각국에서 다 주목하는 바이오 또한 필리핀도의 형세와 기타 관계로 인연하여 미일 양국이 개전이 되리라고 추측하는 풍설도 많으니"라고 운을 뗀 후 미 함대의 순항 일정과 이에 대한 각국 정부의 반응 및 언론 논평을 간추려 소개했다.

이어서 4월 1일 자 신문에 게재한 "미국 회항함대에 대하여 우리들의 희망하는 바를 논평함"에서는 미일전쟁설에 대한 기대감을 피력했다. "우리나라 일반 국민의 희망하는 바를 추상하건대 … 대저 미국은 우리나라와 특별한 관계가 있는 나라이라 강토의 거리는 비록 동서구가 다르고 몇만 리 대양이 막혔으며 인종도 서로 황백이 다르나 우리나라와 통상하는 약조를 태서 각국보다 가장 먼저 체결하였고 또한 정밀한 동맹도 있을 뿐외라 우리나라 사람이 외국에 가서 유학하는 학생도 다른 나라보다 미국에 가장 많아 신세계의 신공기 신지식을 많이 수입하였고 또한 노동자의 생활상 영업의 목적으로 외국에 건너가 이주하는 백성도 미국 지방과 미국 영토에 가장 많고 또 그뿐 아니라 우리나라 내지에 미국 교사의 지도로써 미국의 종교를 복종하는 자가 다른 나라 종교보다 가장 다수를 점령한지라." 따라서 한국 사람들은 미국과 친목함을 '동주동종同洲同種'이나 다름없이 여긴다고 했다.

그러면서 또 이렇게 말한다. "무릇 나라의 독립되는 것이 다 그 나라 사람의 정도에 있는 것이오 남의 손을 빌어 되는 것이 아니라 첫째는 국민의 지식이 열리며 저의 나라 사랑하는 정신이 있어야 그 정신 가운데에서 열심도 나고 열혈도 끓고 단체도 되어 능히 시기를 따라 독립의 기초를 심으나니 이 같은 정신이 없으면 아무리 남의 손으로 붙들고자 하여도 술 취한 사람같이 이리저리 엎어져 붙들어 세우기 어려울지라"고 했다. 따라서 우리가 스스로 자조自助의 정신을 살려 우리 손으로 독립을 위하여 힘쓸 것이요 결코 남을 믿어서는 안 된다는 점을 강조한다. 60

〈해조신문〉은 러일전쟁 후 서방세계에서 널리 유포되던 미일전쟁설을 한국의 독립과 직결시키는 데 다소 유보적인 입장을 취하기는 했지만, 내심 그것이 현실화될 가능성에 기대를 걸고 있었던 것 또한 숨길 수 없는 사실이었다. 그런데 이 신문은 창간된 지 3개월 만인 1908년 5월 26일 자 지령 75호로 폐간되었다. 이는 신문 발간과 같은 계몽적인 민족운동조차도 러시아 당국과 일본의 압력으로 언제든 탄압받을 수 있다는 사례를 보여 주는 것이었다.[61]

한편, 하와이에서 초기 한인사회의 기초를 닦았던 현순은 그의 《포와유람기》에서 태평양 시대의 도래를 예고하며 이렇게 말했다. "20세기에 이르러 각국 운명의 소장은 그 나라 상업의 성쇠 여하에 달려 있다. 역사적으로 보면 세계 교역의 중심 무대는 지중해에서 대서양으로 이동했는데, 이제는 대서양에서 태평양으로 옮겨 오고 있다. 이러한 시대 변천에 따라 세계 상업과 해운의 패권 또한 영국에서 미국으로 넘어온다. 하와이는 동서교통의 중심지이다. 따라서 '상전商戰'과 '병전兵戰'의 일대 요새가 된다. 미국은 하와이를 아시아

60 〈해조신문〉(1908. 4. 1.), "미국 회항함대에 대하여 우리들의 희망하는 바를 논평함".

61 〈해조신문〉의 폐간 이유로 재정 곤란이라든가 러시아 영내 한인사회의 불화 등이 거론되지만, 이런 것들이 직접적인 이유라고 보기는 어렵다. 당시 〈해조신문〉의 편집진은 돌발적인 폐간 조처에 당혹감을 드러냈다. 전혀 예상치 못했던 것이다. 다음은 폐간호에 실렸던 "리별가"이다. "신문명지 혼단말이 풍편으로 불녀오니/ 몽중에 드럿나 취중에 드럿나/ 한심ᄒᆞ고 긔막히네 신문명지 웬말인가/ ᄒᆡ죠신문 업셔지면 우리이목 업셔지네/ 우리이목 업셔지면 국권회복 어이ᄒᆞ나."

로 진출하기 위한 교두보로 삼고 있다. 일본은 이에 반발한다. 언젠가 두 나라는 태평양의 패권을 놓고 충돌할 수밖에 없을 것이다."[62]

하와이는 태평양의 중간 기착지이자 전략적 요충지였기 때문에 일본은 1880년대 중반부터 이곳에 집단 이민을 보내 '소小일본'을 만들고 있었다. 미국은 이에 위협을 느끼고 1898년에 하와이를 미국의 영토로 편입했다. 일본은 이때 하와이에 군함을 급파하는 한편, 외교적으로 미국 정부에 항의하는 제스처를 취했다. 태평양의 패권을 둘러싼 미·일 간 갈등과 대립의 시초가 여기에 있었다. 현순은 하와이에 4년 넘게 체류하면서 태평양의 미래에 대하여 나름대로 생각하고 정리할 기회를 가질 수 있었다. 서울로 돌아온 후 《포와유람기》를 출간한 데에는 그러한 세계정세 변화를 국민에게 알리고자 하는 욕구도 작용하고 있었다.

62 현순, 《포와유람기》 중 "11절. 포와의 상업"과 "12절. 포와의 군비" 요약(29~36쪽).

7장

이주소설과 체류기록

1. 육정수의《송뢰금》

대한제국기 하와이와 멕시코로의 이주민 모집 공고는 신문과 벽보 그리고 입소문으로 국내에 널리 알려졌다. 1902년 말부터 2년 반 동안의 짧은 기간에 근 1만 명에 달하는 사람들이 바다 밖 먼 나라로 이주를 감행했으니 웬만한 도시 사람들은 그 소식을 접할 수 있었다. 실제로 이주자들의 출신 지역을 보면 서울 · 평양 · 개성 · 수원 · 대구 등의 큰 도시와 인천 · 부산 · 마산 · 목포 등의 개항장, 그리고 제천 · 봉산 · 황주 · 경주 · 밀양 등의 내륙지방에 이르기까지 폭넓게 퍼져 있었다. 나라 안팎의 어수선한 상황 속에서 해외 이주가 사회적 관심거리로 부상하고 있었던 것이다.

이러한 시대상은 이른바 신소설의 소재로도 등장했다. 그러한 작품 가운데 하나가 《송뢰금松籟琴》(상권, 박문서관, 1908) 이었다. 이것은 우리나라 최초의 이민소설로서 하와이로 한인이 이주하게 된 시대적 배경과 그 과정을 사실적이며 구체적으로 다루었다는 점에서 일찍부터 국문학계의 주목을 받아 왔다.[1] 이 작품의 '리얼리티' 확보는 저자인 육정수(1885~1949) 의 가족사와 개인 체험에 바탕을 두었기에 가능했다는 것도 어느 정도 밝혀졌다.[2]

그런데 《송뢰금》은 상권만 나오고 그 후속편이 나오지 않은 미완의 소설이었다. 왜 그랬을까? 이 문제를 해명하려면 그 소설이 나온 이듬해 서울에서 출간된 《포와유람기布哇遊覽記》와 함께 살펴보아야 한다. 여기서 '포와'는 하와이를 가리킨다. 《송뢰금》이 가공의 이주 소설이라면, 《포와유람기》는 제 2차 하와이 이민단을 이끈 현순이란 인물의 개인 체험기였다. 전자가 소설 속 주인공들이 일본 고베에서 하와이로 가는 이민선에 오르기 직전까지의 과정만을 다루었다면, 후자는 그 과정을 생략하고 한인들이 하와이에 도착한 다음부터의 상황에 대하여 기술하고 있다. 소설과 체험기록이란 차이만 제외한다면 《포와유람기》는 《송뢰금》의 후속편으로도 볼 수 있다.

---

1 최원식(1986), "신소설과 노동이민", 《한국근대소설사론》, 창작사; 양진오(2004), "신소설이 재현하는 20세기 초반의 한반도 현실: 《송뢰금》에 나타난 러일전쟁의 문제를 중심으로", 〈아시아문화〉 21; 김형규(2011), "일제 식민화 초기 서사에 나타난 해외이주 형상의 의미", 〈현대소설연구〉 46; 임기현(2014), "육정수의 초기 단편서사 연구", 〈중원문화연구〉 22 참조.

2 조경덕(2011), "초우당 주인 육정수 연구", 〈우리어문연구〉 41 참조.

만약 《포와유람기》가 나오지 않았다면, 육정수는 《송뢰금》의 하권을 집필했을까 하는 물음이 제기될 수 있다. 그렇지 않다는 것이 저자의 생각이다. 육정수는 그의 생애를 통틀어 하와이에 가본 적이 없다. 현지에 대한 구체적인 정보나 경험이 없이 이주소설의 '리얼리티'를 확보한다는 것은 매우 어려운 일이다. 하와이는 한반도와는 완전히 다른 기후와 환경 속에서 다양한 인종과 민족들이 한데 뒤섞여 살고 있었다. "이를테면 한 가족 중에 주인은 백인, 처는 토인, 자子는 잡종, 하녀는 일본인, 요리인은 지나인, 마부는 포르투갈인 등이니 이는 진실로 인종의 박람회라 일컬을 만하다."[3] 현순의 《포와유람기》에 나오는 이야기이다. 이러한 모습을 어떻게 상상만으로 그려 낼 수 있겠는가!

육정수와 현순이 하와이 이민사업과 관련을 맺게 된 계기는 국내 신문에 실렸던 다음과 같은 광고였다(〈황성신문〉 1902년 12월 6일 자 제 3면 상단).

> 본 은행에셔 대한 소년 중 사오인을 고빙하겟사온대 차인此人은 영어를 통하고 사寫하며 행위 단정하며 시무하기에 무태無怠한 사람을 요구하오니 첨군자는 조량하신 후 인천항 내동 대시라은행大是羅銀行으로 내림來臨 상의하시기를 망홈

3 현순(1909), 《포와유람기》, 일한인쇄주식회사, 19쪽.

이 광고를 낸 '대시라'는 하와이 사탕수수농장주협회의 대리인이었던 데이비드 데쉴러David W. Deshler였다. 그는 당시 주한미국공사 알렌과의 개인적 친분으로 하와이 이민 모집과 송출 업무에 대한 권한을 고종으로부터 위임받았던 인물이다. 이를 위하여 데쉴러는 개항장인 인천에 동서개발회사The East West Development Company와 데쉴러은행Deshler Bank을 설립했다. 이 회사와 은행은 인천 내동의 같은 건물을 쓰고 있었다. 데쉴러은행은 하와이 이민자들의 경비, 즉 뱃삯과 하와이 이민국 관리들에게 제시할 휴대금show money을 미리 빌려주는 업무만을 처리했다. 따라서 이 은행의 구인 광고는 실제 이민 업무를 총괄하는 동서개발회사의 직원을 모집하는 것이었다.4

이때 채용된 사람들 가운데 육정수와 현순이 끼어 있었다. 육정수는 배재학당 출신이었고, 현순은 관립 한성영어학교에 다닌 바 있었기에 두 사람 다 영어 통역이 가능했다. 육정수는 동서개발회사의 '사무원'으로 인천 본점에서 1년, 원산 지점에서 2년, 부산 지점 1년간 근무했다. 그리고 이민 송출의 중간 거점인 일본 고베의 사무실 겸 합숙소에도 파견된 바 있었다. 《송뢰금》 '상권'이 원산에서 고베까지의 이야기만을 다루었던 이유는 육정수의 개인 체험이 여기에서 끝났기 때문이다.

《송뢰금》은 미완의 소설이지만, 20세기 초 한인들의 하와이 이주

---

4 오인환 · 공정자(2004), "3장 데쉴러의 이민모집 사무소 및 사저를 찾아서", 《구한말 한인 하와이 이민》, 인하대학교출판부 참조.

배경과 동기를 살필 수 있는 하나의 텍스트로서 손색이 없다. 이 소설은 몰락 양반의 처지에 놓인 '김〔경식〕 주사'(이하 김 주사로 줄임)와 그 가족—즉 박씨 부인, 딸 계옥(17세), 어린 아들 한봉—의 이산과 재회로 나아가는 과정을 대화체 형식으로 풀어가고 있다. 그 내용은 육정수가 이민 모집과 송출의 현장에서 보고 듣고 느낀 것들을 가공의 인물들을 내세워 재구성한 것이었다.

육정수는 이야기의 실마리를 1903년 말 하와이로 홀연히 이민을 떠났던 김 주사가 국내에 남겨진 부인에게 보낸 편지로부터 풀어 간다. 《송뢰금》에서 하와이에 대한 이야기는 이 편지가 시작이자 끝이었다. 1904년 '팔월 초일일'에 작성된 편지의 발신지는 '미국 영디 하와이 골로아 한인롱쟝'이었다. 여기서 골로아는 하와이제도 북쪽에 위치한 카우아이섬의 콜로아Koloa를 가리킨다. 김 주사가 이곳 사탕수수농장의 한인 캠프에서 가족에게 편지를 썼다는 설정이다. 장문의 편지에서 김 주사는 자신이 홀로 하와이로 떠나게 된 배경과 동기에 대하여 먼저 털어놓는다. 한 대목만 소개한다(띄어쓰기는 저자).[5]

졸연이 이러난 풍파는 집일이 창황ᄒᆞ야 평양으로 낙향홈은 시셰 초경

5 《송뢰금》(상권)은 한국학문헌연구소 편(1978), 《新小說·飜案(譯)小說》 2, 한국개화기문학총서 I, 아세아문화사에 수록되어 있다. 이하 인용 쪽수는 《송뢰금》의 원 페이지에 따른다.

홈을 긔다리더니 하릐 동풍에 젼운이 몽몽ᄒᆞ야 칠셩문 외에 포셩이 진동ᄒᆞ고 대동강상에 젼션이 편만ᄒᆞ야 일어나는 젼쟝이 쉬지 안니ᄒᆞ매 … 6

원문 그대로인데, 한문을 그냥 한글로 옮겨 놓았기에 뜻이 잘 통하지 않는다. 그 편지의 내용을 뜯어보면 김 주사가 하와이로 훌쩍 떠나기로 결심한 데에는 두 가지 이유가 있었다. 첫 번째는 청일전쟁 이후의 시대적 혼란이었다. 위의 편지글이 그러한 상황을 묘사한다. 한양에 살던 김 주사와 그의 가족은 평양으로 '낙향'하는데, 공교롭게도 이곳은 한반도에서 벌어진 청일전쟁의 최대 격전지였다. 그 현장을 직접 둘러보았던 이사벨라 버드 비숍은 이렇게 기술했다.

… 8만의 인구를 가진 번창하던 평양은 쇠락하여 1만 5천의 주민만이 남았다. 가옥의 5분의 4가 부서졌고, 거리와 골목길은 쓰레기로 꽉 차 있었으며 언덕은 무너지고, 한때 가옥들로 붐볐던 골짜기엔 기분 나쁜 잔해들로 뒤덮여 있었다. … 어느 곳이나 상황은 같았다. 폐허들은 새까맣게 탄 채로 무심한 햇빛 아래서 형체 없이 끔찍하게, 절망적으로 드러나 있었다. 7

---

6 《송뢰금》(상권), 10쪽.

7 이사벨라 버드 비숍 저, 이인화 역(1994), 《한국과 그 이웃 나라들》, 살림, 358쪽.

'동학란'에 위협을 느낀 고종과 민씨 척족이 청국군을 불러들임으로써 시작된 전쟁은 제물포에서 서울로, 그리고 평양으로 전선이 북상하면서 곳곳을 폐허로 만들었던 것이다.

평양에서 가족과 헤어진 김 주사가 하와이로 가게 된 두 번째 이유는 개인의 불운과 경제적 궁핍이었다. 이는 전란 외에도 지배층의 무능과 부패, 수탈에서 비롯된 것이기도 했다. 이리하여 "삼쳔리 넓은짱에 낙토樂土가 바이 업서 도쳐에 수운愁雲이라"는 한탄이 나온다. 한때 한양 목멱산 아래 양반골에 살면서 세상사에 뜻을 두었던 김 주사는 결국 태평양의 '망망흔 파도우에' 몸을 싣게 된다.

소설에서 김 주사는 일찍이 일본 유학을 다녀온 개화파의 일원으로 나온다. 그는 갑신정변 후 숨어 지내다가 청일전쟁 발발 직후 벼슬길에 오르지만 '졸연이 이러난 풍파' 때문에 몰락의 길을 걷는 것으로 되어 있다. 그런데 이러한 인물 설정은 저자 육정수의 가족사와도 무관하지 않았다. 그의 아버지 육종윤(1863~1936)은 갑오·을미개혁기에 제중원 주사에서부터 좌부승지와 외부 참서관을 거쳐 외부 교섭국장의 자리에까지 올랐다가 아관파천이 일어나면서 일본으로 도피했다. 그 후 육정수는 할아버지와 함께 지내며 배재학당을 졸업하고 황성기독교청년회(식민지 시대에는 조선기독교청년회)와 평생 관계를 맺는다. 아버지가 '친일파'로 낙인이 찍혔던 만큼,[8] 육정수는 일본과는 일정한 거리를 유지하며 친미적인 모습을 보였다. 이

8 조경덕, 앞의 글, 563~564쪽.

러한 육정수의 태도는 그의 소설에도 반영된다.

김 주사가 자기 부인에게 보냈던 편지로 돌아가 보자. 이어진 글에서 김 주사는 이제 자신이 하와이에 자리 잡았으니 부인더러 딸과 아들을 데리고 들어오기를 청한다. 그 이유는 딱 두 가지, 가족을 먹여 살릴 돈과 자식 공부였다. 먼저 하와이에서의 농장 생활은 '근근이' 지내면 한 가정을 먹여 살릴 수 있다고 했다. 다음으로 어린 아들(한봉)이 장성하면 미국 본토로 보내 '공부'를 시키겠다고 했다. 그러니까 유학을 통하여 신지식을 얻도록 하고, 이를 바탕으로 조선을 문명개화의 길로 이끄는 '재목'을 만들겠다는 것이었다. 이는 원래 개화파였던 김 주사가 품었던 '뜻'을 아들이 이어받도록 하는 일이었다. 9

그런데 자기가 살던 고향과 나라를 버리고 '만리타향' 하와이로 간다는 것은 결코 쉬운 일이 아니었다. 하여, 김 주사는 편지에서 이렇게 말한다. 우리 가족이 한양에서 평양으로, 평양에서 원산으로 거처를 옮겼던 것처럼 그냥 하와이로 오면 된다. 오직 차이는 '도로원근'일 뿐이며, '종당'에는 조국으로 돌아갈 것이다. 10 김 주사는 이처럼 국가의 경계를 허물고 태평양이라는 지리적 공간을 대폭 축소시킨다. 마치 이웃처럼! 이제 태평양은 망망대해의 장애물이 아니라 한국과 미국, 구대륙과 신대륙을 연결하는 가교로서 언제든 마

9 위의 책, 10~11쪽.

10 위의 책, 11쪽.

음만 먹으면 건널 수 있다는 생각을 하기에 이르렀다.

김 주사의 가족은 그러한 편지에 설득되어 하와이로 가기로 결정했다. 그들은 원산에서 배를 타고 중간 기착지인 일본 고베항에 도착했다. 이곳에서 태평양을 건너는 선편으로 갈아타기 위해서는 신체검사를 통과해야만 한다. 다음은 그 상황을 묘사한 대목이다.

> ᄐᆡ평양을 건너갈 ᄇᆡ 한 척이 장긔항에셔 ᄯᅥ낫다ᄂᆞᆫ 젼보가 오더니 롱민의 안질 검ᄉᆞ를 ᄒᆞᆫ다고 유숙소 일판이 밧싹 ᄯᅥ들며 너름 마당에 쳬죠식히듯키 ᄉᆞ렬로 삼ᄇᆡᆨ여 명을 느러 셰고 한아식 호명을 ᄒᆞ야 셰우고 눈이 노랏코 코가 놉달안 셔양 의원이 손에다 ᄲᅩ족ᄒᆞᆫ 못 갓ᄒᆞᆫ 것을 들고 눈을 뒤집어 보며 "올라잇 ᄭᅮᆺ" ᄒᆞ기도 ᄒᆞ며 "튜릐코마" ᄒᆞ기도 ᄒᆞᄂᆞᆫᄃᆡ "ᄭᅮᆺ" 소릐를 들은 사람은 과거ᄶᅢ 급뎨나 ᄒᆞᆫ듯이 죠하셔 나려오며 "코마" 소릐 만나ᄂᆞᆫ 사람에 얼골은 주름쌀이 잡히엿더라 그럭져럭 계옥이 일ᄒᆡᆼ 차례가 되엿ᄂᆞᆫᄃᆡ 부인 모ᄌᆞᄂᆞᆫ "올라잇"이라 ᄒᆞ자 계옥이 눈을 보고 의원이 고ᄀᆡ를 셜렁셜렁 흔들며 "씨뷔어원"이라 ᄒᆞ니ᄭᅡ ᄉᆞ무원이 입맛을 쩍쩍 다시며 이번 션편에ᄂᆞᆫ 못 가시겟소 안질이 대단ᄒᆞ다니 치료를 ᄒᆞᆫ 후라야 될 터이요 ᄒᆞᄂᆞᆫ 소릐에 계옥이 모녀의 간담이 쑥 ᄯᅥ러지는 듯ᄒᆞ더라[11]

이 글은 한 편의 드라마를 보는 것과 같은 시각적 효과를 자아낸

11 위의 책, 55쪽.

다. '눈이 노랗코 코가 놉달안' 의사가 "올라잇 꿋All right, Good!"이라고 하면 안질 검사에서 합격한 것이다. 이 소리를 들은 사람은 과거에서 급제나 한 듯이 좋아한다. 반면에 "튜러코마Trachoma!"라는 소리를 들은 사람은 낙망하여 울상이 되고 만다.

당시 미국은 외부에서 이민자들을 받아들일 때 정신적·신체적 질병이 있는지를 검사했는데, 결막염의 일종인 트라코마는 'A등급' 전염병으로 분류되어 입국 불허 사유에 해당했다. 따라서 이민자들은 사전에 이 질환을 치료해야만 미국 땅을 밟을 수 있었다. 안질 검사는 '백색'의 문명국가로 들어가기 위한 필수적 통과 절차이자 의례였던 셈이다.12 이때 순간적으로 이루어지는 판정은 이민자들의 운명을 갈라놓는다. 계옥의 어머니와 남동생은 "올라잇" 소리를 들었지만, 계옥은 "씨뷔어원Severe!"이라는 판정을 받았다. 이는 질환이 '심각하다'는 뜻이다. 계옥은 결국 이민선을 타지 못한 채 고베에 홀로 남겨졌다.

그 후 계옥은 고베에 머물면서 눈병 치료와 공부를 하면서 세월을 보낸다. 해가 바뀌니 일본이 러시아와의 전쟁에서 크게 이겼다는 소

---

12 1910년에 발행된 미국의 《이민자의 의료검사를 위한 지침서》(*Book of Instruction for the Medical Inspection of Immigrants*)에 따르면, 전염병 A에는 위험하고 전염성 있는 질병, 혐오스러운 질병, 정신이상자, 백치가 포함되어 있었다. 그 다음 등급인 B는 생계를 꾸려나갈 수 없게 되기 쉬운 모든 질병과 결함, C는 이보다는 덜한 질병과 결함을 일컬었다. 신지혜(2018), "20세기 초 엘리스 섬의 이민 아동과 질병", 〈미국사연구〉 47, 79쪽.

식이 전해졌다. "기쁜 기색이 일본 전국에 가득하고 제등 행렬의 경축은 거리거리 벌려 서서 만세 소리가 공중에 사무칩니다." 얼마 후 한국 정부가 '이민금지령'을 내렸다는 말이 전해온다. 동서개발회사의 고베 직원('총사무원')으로부터 이 말을 듣게 된 계옥은 절망에 빠진다.

> 그럼 엇더케요 저ᄂᆞᆫ 신호〔고베〕항에서 죽으란 말솜이오닛ᄭᆞ(!)
> 사고무친ᄒᆞᆫ데 밋을 사람이 누구오닛가 이제와셔ᄂᆞᆫ 가도 오도 잇도 다 못ᄒᆞ게 되엿ᄉᆞ오니 엇지ᄒᆞ면 죠흘닛가 편ᄒᆞ게 공부라도 ᄒᆞ자ᄂᆞᆫ 것이 안이라 그릐도 발듸들 곳은 잇셔야 ᄒᆞ지요13

이러한 계옥의 절규는 한 개인의 불행이자 당시 대한제국이 처한 비극적 상황을 말해 준다. 계옥이 이국땅에서 가도 오도 못하는 신세가 되었듯이, 대한제국 또한 약육강식의 세계에서 외세의 눈치만을 살피다가 제 갈 길을 잃었다. 이른바 제국과 식민, 문명과 야만의 경계에서 '반개半開'의 미몽과 혼돈에 빠져들었던 대한제국은 스스로 멸망의 길을 재촉했던 것이다. 개인이 이러한 망국의 불행에서 벗어나는 길은 조상 대대로 발붙이고 살아온 '본향'을 떠나 이국만리의 '타향'으로 가는 것이었지만, 계옥에게는 이마저도 허락되지 않은 채 소설은 끝을 맺었다.

---

13 《송뢰금》(상권), 83쪽.

《송뢰금》(상권)은 이처럼 절망적인 상황 설정으로 일단락을 맺지만, 이 소설을 쓴 육정수는 당대 한인들의 해외 진출을 촉구할 뜻으로 집필했었다고 회고한다. 다음은 1930년에 나온 잡지에 실린 육정수의 글이다. 이때는 미국에서 시작된 대공황의 여파가 식민지 조선에도 밀려오던 시점이었다.

> 일아전쟁이 이러나든 전전해이니 아마 지금부터 26년 혹은 27년 전의 녯날 일인 줄 암니다. 미국 사람 '때실라' 씨와 우리나라 인사가 손을 맛잡고 개발회사라는 회사를 세웟스니 그 뜻은 "조선민족을 널니 해외에 발전식히자! 지금까지는 너무도 쇄국정책에 화禍한바 되어 묘액猫額만한 삼천리 강토가 동반도東半島에 잇는 줄만 알고 미국 인도 영국 등 물화가 은성하고 인문이 발달된 너른 세계가 잇는 줄을 모르고 안젓스니 이래서야 쓰랴 조선 민족도 어서 남과 가치 문명한 일등국으로 살자면 세계적으로 활약하여야 쓰겟다" 하는 생각으로 해외 옥토에 민족을 이식하는 한편 이주된 그 동포를 토대로 하여 널니 외국과 물산의 교역 다시 말하면 국제 무역을 개시하고 또 저 나라의 문명을 수입하자 하는 큰 뜻에서 나온 일이니 이를터이면 그때 다수한 민간지사들 입으로 불니우든 개국진취운동을 실지로 실천하기 위하야 이러난 특수회사이든 것이외다. 14

14 육정수(1930. 4.), "開發會社奮鬪史", 〈三千里〉 5호, 25쪽. 육정수는 태평양전쟁기에 또 한 편의 회고담을 남겼다. "開發會社進出史, 四十年前 옛 時代의 南方進出秘話", 〈大東亞〉 14권 3호(1942. 3.), 124~127쪽. 이 회고담은 당시의 시

1902년 데쉴러가 세우고 자신이 근무했던 동서개발회사에 대한 이러한 긍정적인 평가로 미루어 볼 때, 15 《송뢰금》 상권의 절망적인 마무리는 '하권'에서 하와이와 미국에서의 성공적인 스토리로 반전이 이루어지도록 하지 않았을까 하는 추측을 낳게 한다. 16 그러기 위해서는 육정수 자신이 직접 현지를 살펴봐야 했지만, 그에게 이러한 기회는 주어지지 않았다.

2. 현순의 《포와유람기》

미완의 소설 《송뢰금》이 한인들의 하와이로의 이주 배경과 과정을 다루었다면, 《포와유람기》는 한인들의 하와이 정착과 공동체 형성을 다룬 체험기록이다. 이 기록을 남긴 현순(1879~1968)은 조선 후

국 상황에 맞게끔 표현과 내용에 약간의 변화가 주어졌다.

15 《송뢰금》(상권)에 나오는 동서개발회사에 대한 부정적인 언급들, 예컨대 박씨 부인의 "긔발회샤인지 쇠발회샤인지 사람파라먹는 놈들이지 무엇이 달은거시냐"라는 말은 당시에 그렇게 보는 시각도 있었다는 것을 보여 주고자 했던 것이지, 그것이 곧 개발회사에 대한 저자 자신의 평가는 아니었다. 실제로 소설에서 이 회사의 직원들은 이민자들과 그 가족에게 매우 친절하며 그들의 전도에 밝은 희망을 주고자 했다.

16 기왕의 연구들은 《송뢰금》이 하와이로의 '노동이민'을 다룬 신소설이었다는 점에 초점을 맞추다 보니 이 소설의 어두운 측면에 주목해 왔는데, 이것은 육정수의 본래 의도한 바가 아니었다. 《송뢰금》(상권)은 20세기 초 하와이로 한인들이 이주하게 된 시대적 배경과 동기만을 다루었지 '노동이민'의 현장을 다룬 것은 아니었다.

기에 이름난 역관 집안에서 태어났다. 그는 10대 후반에 관립 한성영어학교를 중퇴한 후 일본 도쿄로 건너가 중등학교를 다녔다. 이 학교는 순천구합사順天求合社(나중에 '순천중학'으로 바뀜)였다.[17]

현순은 일본 유학기(1899~1902)에 친구의 권유로 YMCA의 성경반에 들어갔다가 도쿄의 한 침례교회에서 세례를 받았다. 현순은 이렇게 생각했다. "공자는 인륜, 정치, 도덕을 가리켰다〔가르쳤다〕. 불교에서는 인생의 삼세三世, 즉 전생, 현생, 후생을 가리킨다〔가르친다〕. 기독교는 인간의 영원한 생을 가리킨다〔가르친다〕. 그래서 여余는 기독교 신앙에 깊은 뿌리를 두었다."[18]

현순은 일본에서 대학 진학을 희망했으나 가정 형편이 허락하지 않자 1902년 봄 귀국 길에 올랐다. 서울로 돌아온 후 자신의 진로에 대하여 고민하던 그는, 어느 날 신문에서 '데쉴러은행'에서 영어 통역인을 구한다는 광고를 보았다. 이 은행은 제물포에 있었다. 현순이 직접 가서 보니 은행 건물에는 '동서개발회사'라는 간판이 나란히

---

17 고정휴(2016), 《현순: 3·1운동과 임시정부 수립의 숨은 주역》, 역사공간, 21~22쪽.

18 David Hyun & Yong Mok Kim eds. (2003), *My Autobiography by the Reverend Soon Hyun 1878~1968*, Seoul: Institute for Modern Korean Studies Yonsei University Press, p. 268. 이 책에는 영어로 된 자서전(*My Autobiography*)과 국한문으로 된 《玄楯自史》가 수록되어 있다. 이하 《현순자사》로 인용한다. 현순의 출생년도와 관련해서는 자료에 따라 1878년, 1879년, 1880년으로 나오는데, 저자는 현순의 자필이력서라든가 미국 정부에 제출한 문서 등을 근거로 하여 1879년으로 확정했다(고정휴, 앞의 책, 10~11쪽).

붙어 있었다. 그는 이 회사의 통역 겸 조수로 채용되었다.[19]

현순은 당시 이민 모집 상황에 대하여 이렇게 말했다. 하와이의 정형을 전국 방방곡곡에 널리 선전하고 부府・군郡 및 각 항구에까지 광고를 냈으나 인민은 반신반의하여 쉽게 결정을 내리지 못했다. 그야말로 미지의 세계의 대한 두려움이 클 수밖에 없었다. 이때 인천항 용동감리교회 — 내리교회라고도 한다 — 의 목사 존스George H. Jones, 趙元時가 유창한 한국어로 하와이는 기후와 경치가 좋을 뿐만 아니라 그곳에 가서 원주민들에게 기독교를 포교할 수도 있다고 신도들을 설득했다고 한다. 이리하여 그 교회의 남녀 신도 50여 명과 부두 노동자 20명이 첫 이민 대열에 오르게 되었다.[20] 이러한 상황을 곁에서 지켜본 주한미국공사 알렌은 이렇게 말했다고 한다. "왜 하필이면 모든 한인들이 그〔존스〕의 마차를 타고 천국으로 가고 싶어 하는 거지?"[21]

현순은 제 2차 이민단(90명)에 합류했다. 이때 임신 중인 그의 아내도 함께 가기를 원했다. 현순은 아버지와 할머니 그리고 종친들에게 허락해 줄 것을 간청했다. 그들은 처음에 거절했으나 결국 허락했다. 현순과 그의 아내는 1903년 2월 8일에 제물포항을 출발한 후 3월 3일 호놀룰루에 도착했다. 최종 입국이 허가된 사람은 64명이

---

19 《현순자사》, 270쪽.

20 《포와유람기》, 5쪽.

21 웨인 패터슨 저, 정대화 역(2002), 《아메리카로 가는 길》, 들녘, 89쪽.

었다. 이들은 오아후섬 북단의 카후쿠Kahuku 농장에 배치되어 캠프 생활에 들어갔다. 이때의 상황을 현순은 다음과 같이 기술했다.

> 동료 한인들은 이 지독한 막사에 입주하고 사탕수수밭에서 혹독한 노동을 하는 것에 낙심했다. 나는 그들에게 우리는 명예로운 국민이고 '태평양의 낙원'에 왔다고 격려했다. 그러니 다행으로 생각하고 농장에서 열심히 일하자고 했다. 22

여기서 '태평양의 낙원'이란 하와이의 기후와 자연환경을 말하는 것이고, '혹독한 노동'이란 한인들의 고된 농장 생활을 가리킨다. 한인들은 매일 새벽 4시 반에 기상하여 아침을 먹고 기차 정거장으로 가서 지붕이 없는 화차를 타고 농장의 일터로 갔다. 현순은 루나Luna라고 불리는 감독의 통역을 맡았다. 한인들은 밭줄 파기, 관개용 도랑 파기, 제초, 수수 벗기기, 절단 등의 일을 했다. 하루 10시간 이상의 중노동이었다. 23

이러한 여건 속에서도 현순은 야간에 영어교실을 열었다. 이 교실에 20명의 청년이 출석했다. 현순이 조수로 돕는 주말의 교회 예배에는 50명 정도가 참석한다. 스스로 돕는다는 뜻의 '자조회'도 만들었다. 상호 친교를 강화하고, 부녀자들을 보호하고, 도박과 음주

---

22 《현순자사》, 275쪽.

23 위의 책, 275쪽.

를 금하며, 수상쩍은 여자들의 막사 출입을 금지한다는 규칙이 마련되었다. 카후쿠 막사의 '자조회' 소식은 하와이 전체에 퍼졌다. 이리하여 10명 이상의 동포가 모여 사는 곳이면 동회洞會를 만들고 동장과 사찰을 뽑아 질서와 친목을 유지했다. 한편으로는 학교를 설립하여 아동들에게 우리말과 역사에 대하여 가르쳤다.

그 후 현순은 4년 2개월 동안 하와이에 체류하면서 한인사회의 기초를 놓는 데 적지 않은 기여를 했다. 두 딸과 아들도 태어났다. 그의 큰딸Alice Hyun, 현미옥은 최초의 한국계 미국인이었다. 1907년 5월 현순은 가족을 데리고 귀국 길에 올랐다. 이듬해 여름 의형義兄 이원상의 권유로 《포와유람기》(국한문, 총 58쪽)의 집필에 착수했다. 이 책은 친척 현공렴의 도움을 받아 1909년 1월에 출간되었다. 그 목차와 개요는 다음과 같다.[24]

1장 총론: 하와이로의 한인 이주와 정착 과정

2장 지리: 하와이의 자연·인문지리와 8개 섬 개황

3장 역사: 하와이 '발견'에서부터 미국 병합까지의 역사

4장 경지: 하와이의 사탕수수 재배와 농장 노동자 상황

---

24 《포와유람기》는 한국학중앙연구원, 고려대학교, 연세대학교, 이화여자대학교 도서관에 소장되어 있다. 국립중앙도서관 소장본은 온라인 열람이 가능한데, 그 발행처가 불명으로 처리되어 있다.

《포와유람기》는 그동안 현순이 하와이에서 보고 느낀 바를 기록한 '견문록'이자 한인들의 하와이 이주 및 정착 과정을 담은 '보고서'로만 알려져 왔다.[25] 그런데 실제 책의 내용을 보면, 하와이의 자연지리, 인문지리 및 역사에 대한 기술이 절반 이상을 차지한다. 그러니까 이 책은 하와이에 대한 지식과 정보를 한국인에게 널리 알려 해외 진출을 장려하려는 목적 또한 지니고 있었다고 볼 수 있다.[26]

《포와유람기》는 그 서두에서 하와이를 '태평양의 낙원'으로 묘사한다. 하와이의 '토인土人', 즉 원주민들은 일하지 않고도 의식주에 부족함이 없어 노래하고 춤추며 세상의 즐거움을 누릴 수 있었다. 그야말로 '낙토선원樂土仙園'이었다. 따라서 근래 수만 명의 사람이 위험을 무릅쓰고 태평양 한가운데 위치한 하와이로 온 뒤에는 다시 돌아갈 생각을 하지 않는다고 했다.[27]

《포와유람기》에 나오는 1904년도 하와이 '인구조사'에 따르면, 포와인(하와이인)이 31,019명이고 반半 포와인이 12,000명, 미국인

---

25 한규무(2008), "현순, 《포와유람기》", 〈한국사 시민강좌〉 42; 김미정(2014), "하와이 견문록 《포와유람기》 고찰", 〈어문연구〉 80 참조.

26 《포와유람기》의 출간 배경을 제대로 이해하기 위해서는 한국보다 먼저 해외 이민을 장려하고 동남아시아와 태평양 방면으로 적극 진출을 도모했던 메이지 일본의 사정을 이해하는 것이 중요하다. 특히 현순의 일본 유학기(1899~1902)에 일본인의 하와이 이주 붐이 일면서 이에 대한 다양한 형태의 안내서들이 출간되고 있었다. 현순은 《포와유람기》를 집필하면서 그런 안내서들을 참고했을 것이다. 이에 대한 검토는 다음으로 미룬다.

27 《포와유람기》, 3~4쪽.

9,000명, 포르투갈인 17,000명, 영국인 3,200명, 독일인 1,700명, 노르웨이인諾威人 400명, 프랑스인 150명, 중국인 22,500명, 일본인 70,000명, 한국인 6,200명, 포도리코인(푸에르토리코인) 5,000명, 기타 외국인이 3,000명으로 총합 181,169명이었다.[28]

그들 가운데 하와이의 정치와 경제를 장악하고 있던 것은 선교사 후예인 소수의 미국인이었다. 특히 대규모 농장에 기초한 하와이 사탕수수산업은 5개 가문Big Five에 집중되어 있었다. 이들은 농장에 필요한 노동력으로 하와이 원주민을 사용하다가 한계에 이르자 유럽인들을 들여왔다. 그런데 이들 백인이 조달 비용과 효율성 측면에서 수지가 맞지 않자 19세기 중엽부터는 동양인을 들여왔다. 그 첫 대상이 중국인이었다. 1882년에 미국 본토에서 〈중국인 이민배척법〉이 제정되자 일본인들을 데려왔는데, 이들이 농장노동자의 다수를 이루자 한국인에 주목하게 되었다.

《포와유람기》는 그 배경에 대하여 이렇게 설명한다. "〔일본인들의〕 인수人數가 점다점증漸多漸增하매 임전 및 사역賃錢及事役의 만족치 못함으로 동맹휴업하는 폐가 빈출頻出함으로 이에 한인韓人의 온순한 성질과 순전한 노력을 문聞하고" 하와이 사탕수수경작동맹회에서 한국 노동자들을 고용하기로 결의했다는 것이다.[29] 그러니까 일본 노동자들을 견제하기 위해 한국인을 들여오게 되었다는 것이다. 공교

28 위의 책, 19쪽. 여기에서는 총합이 18만 169명으로 되어 있다.

29 위의 책, 4쪽.

롭게도 일본의 한국 침략이 본격화되는 시점에 하와이에서는 한국인과 일본인 노동자들이 맞서는 상황이 벌어졌다. 하와이 전체 인구의 40%를 차지하는 일본인 이주자들은 그들이 거주하는 곳마다 '소小일본'을 만들고 본국으로 매년 5~6백만 달러를 송금했다고 한다.30 메이지 시대 일본 정부에서 해외 이민을 적극적으로 장려하고 보호했던 이유 중 하나가 여기에 있었다.

대한제국기 하와이로 건너간 7천여 명의 한인들은 인종차별과 언어장벽, 문화적 이질감 등으로 자칫 고립될 수 있었다. 7만 명의 일본인과 비교할 때 한인들은 10분의 1에 불과했다. 본국 정부로부터는 어떠한 도움도 받을 수 없었다. 이러한 상황에서 한인들이 어떻게 살아남을 수 있겠는가 하는 고민이 생겨났다. 현순은 이 문제에 대한 해결책을 찾았다. 그것은 곧 기독교화의 길이었다. 한인들은 오직 교회를 중심으로 뭉칠 때 하와이를 통치하는 미국인들과 소통할 수 있다고 보았던 것이다.

《포와유람기》의 1장 4절 "한인의 기독교와 교육의 발전"에 나오는 한 대목을 보자.

> 포와도에 거유하는 한인韓人이 기독교로 고상한 도덕성을 포유한 미인美人들의 묘상妙想을 인출引出하는 것은 일·청 양국인이 본방에셔 숭배하든 관제묘關帝廟나 불당신사佛堂神社 등을 축설하고 우상을 신배하나

30 위의 책, 56쪽.

> 오직 우리 한인은 이러한 미신의 종교가 무無하고 주일主日이면 처처에셔 찬미가를 고창하며 만유주상제萬有主上帝께 예배하야 안식일을 성결聖潔하게 지킴이니 이는 미인美人이 자기 선조 청정교도淸淨敎徒들이 영국에셔 출발하야 북미 필이마우스우륵Plymouth Rock에 도박到泊하야 생활하든 정형을 갱更히 기억케 함일너라[31]

요컨대 하와이로 이주한 한인들은 일본이나 청국에서 온 이주민들처럼 '우상'을 숭배하지 않고 기독교를 믿으니 미국인들의 '묘상'을 끌어낼 수 있었다는 것이다. 여기서 묘상이라 함은 하와이로 온 한인들의 처지를 미국의 '선조'인 청교도들이 영국의 속박에서 벗어나 신대륙에 왔던 것과 같이 생각하여 동정하게 되었다는 것이다.

현순은 하와이에서 전도사로 활동하면서 그러한 사례들을 직접 볼 수 있었다. 예컨대 오아후섬 에와Ewa 농장에서 일하던 한인들이 교당을 건축하기로 하고 300달러를 모은 후 농장주에게 연조를 요청했다. 그랬더니 농주가 크게 기뻐하며 말하기를, "너희 한인은 비록 노동자일지라도 종교의 사상이 견고하니 우리들이 미치지 못할 바이오 심히 찬하讚賀할 일이라" 하며 1천 달러를 희사하여 '굉대宏大한' 회당을 만들어 주었다고 했다.[32] 이리하여 한인들이 집단으로 일하는 농장마다 교회 또는 전도소가 들어섰다.

---

31 위의 책, 8쪽.

32 위의 책, 9쪽.

1903년 11월 호놀룰루에는 한인감리교선교회Korean Methodist Mission가 조직되었다. 이 선교회는 1905년 4월에 정식 교회로 인준을 받았다. 이 무렵 하와이제도 중 3개의 섬 — 즉 카우아이, 오아후, 마우이 — 에 14개의 한인교회가 만들어지고 400명의 교인이 등록했다. 1905년도 하와이 내 인종별 감리교인과 주일 평균 출석통계를 보면, 백인 64명, 일본인 276명인 데 비해 한국인은 605명으로 전체의 64%를 차지했다.[33]

감리사 와드먼John W. Wadman은 1905년도 연회보고서에서 다음과 같이 말했다. "하나님의 놀라운 역사가 한인교회와 같이하신 것에 대하여 일일이 보고할 시간이 없습니다. 하와이의 한인 6~7천 명이 각 섬에 흩어져 있는데, 그중 1~2천 명이 감리교인이거나 교인 후보자들입니다. 통틀어 30여 개의 전도소를 설립하였고 10명의 정식 목회자와 4명의 교사를 채용했습니다."[34]

현순은 그 10명의 목회자 — 여기에는 아직 목사 안수를 받지 못한 전도사도 포함된다 — 가운데 한 사람이었다. 그는 1905년 1월 카후쿠 농장에서 호놀룰루로 거처를 옮겨 한인감리교회에서 일하기 시작했다. 그는 와드먼의 지휘를 받는 순회설교사로서 카후쿠와 모쿨레이아Mokuleia에 예배당을 세웠다. 나중에는 하와이제도 북단에

33 이덕희(2003), "하와이 한인들이 하와이 감리교회에 끼친 영향: 1903~1952", 〈한국사론〉 39, 국사편찬위원회, 87~88쪽.

34 위의 논문, 88쪽.

위치한 카우아이Kauai섬에 파견되었다. 이곳에는 2천 명의 동포가 농장에서 일하고 있었다. 현순은 이곳의 유력한 농장주들의 도움을 받아 한인교회를 세웠다. 이때의 인연으로 현순은 1926년에 카우아이로 돌아와 1940년까지 목회 활동을 펼치게 된다.

이처럼 교회를 중심으로 하여 학교가 들어서고 자치단체들이 조직되면서 하와이 각처에 한인공동체가 형성되었다. 그들은 당초 하와이에서 돈을 벌어 귀국하려고 했으나 러일전쟁 후 대한제국이 멸망의 길에 들어서자 그 꿈을 포기했다. 《포와유람기》에 따르면, 하와이로 건너왔던 8천여 동포 중 귀국한 자가 5~6백 명에 미치지 못하고 미국 본토로 재이주한 자는 2천 5백 명이니 현재 하와이에 거유하는 동포가 최소 5천 명 정도라고 했다.[35] 그들은 하와이를 '제 2의 향리鄕里'로 받아들였다.[36] 이리하여 태평양 한가운데 한인사회의 터전이 만들어졌다.

35 《포와유람기》, 7쪽.

36 위의 책, 3~4쪽.

3. 김한홍의 〈해유가〉

현순과 거의 같은 시기 하와이뿐만 아니라 미국 서부(샌프란시스코)를 '유람'하고 남겼다는 〈해유가海遊歌〉— 일명 〈서유가西遊歌〉— 라는 가사가 국문학계에서 주목을 받아 왔다. 이 작품을 발굴하여 학계에 소개한 박노준은, 그것이 "참으로 특색 있고 희귀한 작품으로서 그 여행 지역이 국내 각처는 물론 곧바로 해외로 연결되어 있고 그것도 일본을 경유하여 기행가사로는 최초로 미국에까지 뻗쳐 있어서 마치 유길준의 《서유견문》을 연상케 하는 노래"이며 "작자의 여행 기간도 6년이라는 장구한 세월 동안 계속되어 있어서 내용이나 형식의 우열 여부를 논하기 이전에 이런 한두 가지 사실만으로도 이 작품은 아주 귀중한 문헌적 가치가 있다고 말할 수 있고 따라서 국문학계에 신선한 충격을 줄 수 있는 노래라고 확신한다"고 말했다.37

박노준의 〈해유가〉(필사본)에 대한 '서지적 검토' 결과를 요약하면 다음과 같다. 가로 20센티미터, 세로 28.5센티미터 크기의 종이에 붓글씨로 기록된 이 기행가사는 모두 46쪽 471행으로 구성되며, 계묘년(1903) 12월부터 술신년(1908) 8월까지의 해외여행에 바탕을 둔 가사로 보고 있다. 이 작품에는 어디에도 작자의 이름이 나와

---

37 박노준(1991), "〈해유가〉(海遊歌) — 일명 〈서유가〉(西遊歌) — 의 세계인식", 〈한국학보〉 64, 194~195쪽.

있지 않지만, 그 출처(소장처)라든가 작품에 등장하는 작자의 향리 등을 고려할 때 경북 영덕의 선비 김한홍金漢弘(1877~1943)임이 확실해 보인다고 했다. 그가 왜 그리고 언제 〈해유가〉를 지었는지는 알 수 없다. **38**

김한홍은 세조 때 '단종복위모의'에 가담했다가 처형된 김문기(金文起)의 15대손이라고 한다. 따라서 양반 출신임은 분명하지만, 그의 학맥이나 수학 과정은 알 수 없다. 김한홍은 벼슬을 한 적도 없다. 그가 과연 하와이와 미국 본토를 다녀왔는지에 대한 객관적인 기록도 확인되지 않고 있다. 식민지 시대에는 향리에 칩거하면서 일생을 마친 것으로 되어 있다. **39**

국문학계에서는 〈해유가〉가 현전하는 가사 작품 중 하와이와 미국 서부를 여행하고 지은 '한국 최초이자 유일한 작품'이라는 평가가 정설처럼 굳어지고 있다. **40** 이런 가운데 최근에 발표된 한 논문에서는 〈해유가〉의 작자가 하와이와 샌프란시스코를 직접 다녀온 것처럼 노래하고 있지만, 샌프란시스코에는 가지 않았을 가능성이 높다고 보았다. "당시의 역사적 정황과 창작 맥락을 고려했을 때 이는 허구적·과장적 요소가 개입된 문학적 전략일" 수 있다는 것이다. **41**

---

38 위의 논문, 196~198쪽.

39 김한홍(1996), 《海遊歌》, 김한홍선생유고발간위원회에 수록된 손자의 '증언' 참조.

40 한국학중앙연구원이 온라인으로 제공하는 《한국민족문화대백과사전》의 '해유가' 항목 참고. http://encykorea.aks.ac.kr/Contents/Item/E0062695

41 김윤희(2011), "미국 기행가사 〈해유가〉의 문학적 형상화 양상과 시대적 의미",

이러한 판단의 근거는 김한홍이 남겼다는 기행 일기인 〈서양미국노정기西洋美國路程記〉의 기록이 하와이에서 끝나고 있다는 점이다. 42

그런데 〈해유가〉를 꼼꼼히 들여다보면, 과연 그 작자가 샌프란시스코는 물론이고 하와이조차도 다녀왔는지에 대한 의문을 갖게 한다. 왜냐하면 그가 이 두 곳의 풍물이나 사정에 대하여 너무 어두울 뿐 아니라 결정적인 사실 오류들이 눈에 띄기 때문이다. 먼저 작품 제목이 〈해유가〉 또는 〈서유가〉로 되어 있지만, 그 내용이 국외보다는 국내 '유람'에 치중되어 있고 하와이와 샌프란시스코의 풍물에 대한 묘사는 전체의 5분의 1에 지나지 않는다. 작자가 어떤 동기와 목적으로 미국으로 가게 되었고, 그곳에서 무엇을 하면 지냈는지도 알기가 어렵다. 그냥 '유람'이었다면 미국에서 왜 4년 반 동안이나 체류했을까? 또 그처럼 오랫동안 미국에 있었으면서도 현지 사정에는 왜 그렇게 어두웠을까? 선행 연구들에서는 당연히 제기될 수 있는 이러한 의문들에 대하여 제대로 검토하지 않았다.

작품에 등장하는 사실 오류들도 간과할 수 없다. 몇 가지 예를 들면 이런 것이다. ① 작자는 자신이 미국증기선 '몽고리蒙古里야'호를 타고 갑진년(1904) 2월 7일(양력 3월 23일) 하와이에 도착했다고 하는데, 43 이때 Mongolia호는 아직 태평양항로에 취항하지 않고 있

〈고전문학연구〉 39, 47~48, 53~54쪽.

42 〈서양미국노정기〉(西洋美國路程記)의 원문과 번역문은 박노준(2003), "〈해유가〉와 〈셔유견문록〉 견주어 보기", 〈한국언어문화〉 23, 149~162쪽에 수록되어 있다.

었다.[44] ② 작자는 자신이 하와이에 체류할 때 '영사관 협회부領事館協會部'에서 '서기 명색書記 名色'을 지냈다고 했는데,[45] 대한제국은 하와이에 영사관을 설치한 적이 없다.[46] ③ 일본과의 '보호'조약 체결 후 하와이의 '영사관'이 철폐되자 샌프란시스코로 건너갔다고 했는데, 1906년 4월 샌프란시스코에서는 대지진이 발생하여 도시 전체가 파괴되고 사회적 혼란을 틈타 유색인종에 대한 공공연한 테러가 자행되고 있었다. 이때의 대지진 소식은 국내 신문에도 보도될 정도였다. 그런데도 작자는 샌프란시스코에 도착한 후 읊기를, "인간에 별천지가 정시차正是此 미국米國니라" 하고는 해중신선海中神仙이라든가 요순세계堯舜世界에 비유하기도 했다.[47] 이런 묘사는 당대 한국인들의 미국에 대한 막연한 부러움의 표현일 수는 있어도 1906년부터

---

43 김한홍 저, 〈해유가〉 원문; 박노준(1991), 앞의 논문, 43쪽/208행. 이 '원문'은 박노준 교수가 제공한 것이다.

44 한국이민사박물관 편(2010), 《한국이민사 박물관》, 46~47쪽에 수록된 도표 "이민선의 명칭과 승선 인원" 참조. 이 표에 따르면, Mongolia호가 한인 이주민을 처음 실어 나른 때는 1904년 7월 8일이었다. 뉴욕에서 건조된 이 배가 첫 항해에 나섰던 때가 1904년 5월 7일이었다. 이러한 사실은 위키피디아에서도 검색이 가능하다. https://en.wikipedia.org/wiki/SS_Mongolia_(1903)

45 〈해유가〉 원문; 박노준(1991), 앞의 논문, 47쪽/336행.

46 하와이와 샌프란시스코의 한인사회는 대한제국 정부에 영사관 설립을 건의했지만 실현되지 못했다. 이른바 을사조약 체결 후 일본은 자기들의 총영사관 관할하에 한인들을 두려고 했지만, 한인사회의 완강한 반대로 실패했다. 이런 이슈는 현지 한인신문에 오르내리고 있었는데, 이러한 사실을 몰랐다는 것이 납득되지 않는다. 대한제국이 해외의 한인 보호에 소홀했던 데에 대하여는 웨인 패터슨 저, 정대화 역(2002), 《아메리카로 가는 길》, 들녘, 219~227쪽 참조.

47 〈해유가〉 원문; 박노준(1991), 앞의 논문, 47쪽/351~352행.

샌프란시스코에 2년 반 이상을 체류한 한국인이 느낄 수 있는 정서는 아니었다. 앞서 살폈듯이 20세기 초의 샌프란시스코는 이른바 황화론에 근거한 동양인 배척 운동의 진원지이자 그 중심지였다.

요컨대 〈해유가〉가 한국 최초의 미국 '기행'가사라는 평가를 받기 위해서는 작자가 하와이와 미국 본토로 가게 된 동기와 목적, 그리고 5년 동안의 체류 행적 등에 대한 사실적 검토가 우선되어야 한다.[48] 그리고 기행가사라고 할 때 무엇보다도 '현장성'이 드러나야 하지만, 〈해유가〉에서는 이것을 제대로 느낄 수 없다. 따라서 이 작품은 체험에 바탕을 둔 기행가사가 아니라 당시 미국을 다녀온 사람들의 전언이나 신문 또는 잡지 등에서 얻은 정보에 기초하여 쓴 '창작'이었을 가능성을 열어 놓고 그 의미를 살펴야 한다.

동해안 포구(경북 영덕군 강구)의 한 젊은 선비가 서양(미국)에 대한 '기행'가사를 창작하고자 하는 욕구가 있었다는 것은 그 자체로서 역사적 의미를 지녔다고 볼 수 있다. 그러한 동기가 노동이 되었던, 유학이 되었던, 유람이 되었던 광활한 태평양을 건너 미국으로 간다는 꿈과 상상, 그것이 당대 해변가 향촌에 살던 유생들의 마음속에

---

48 작자를 김한홍으로 볼 때, 그가 하와이와 미국 본토로 건너가 장기간 체류했다는 객관적인 증거가 없다. 일기체인 〈서양미국노정기〉의 하와이에 대한 기술도 과연 당대의 사실적인 기록인지에 대한 꼼꼼한 검토가 필요하다. 이 '일기'만을 볼 때 그가 하와이에서 무엇을 하며 지냈는지를 알 수 없다. 현재 추정하기로는 김한홍이 마산포에서 하와이 농장노동자 모집 공고를 보고 건너갔을 것으로 보지만, 이를 입증할 자료는 제시되지 않고 있다.

도 자리 잡고 있었음을 보여 주는 하나의 증표일 수 있기 때문이다.

특히 〈해유가〉에서 흥미로운 대목은 태평양을 건널 때 선상 갑판에서 우연히 만난 '백수미인白首米人'과의 문답이다. 이 미국인의 성명은 임무길林武吉, 나이는 60세이며 한국에서 6년 동안 '유학遊學'을 했던 것으로 되어 있다. 이 사람도 가공의 인물일 수 있다. 어떻든 두 사람의 대화는 우리말로 이루어졌다. 서로 인사를 나누고는 '백수미인'이 먼저 말을 건다.

저ᄉᆞ람 ᄒᆞ는마리	나도年前 貴國가서
積年遊學 ᄒᆞᄌᆞᄒᆞ니	韓國風俗 大綱아오
士農工商 貴賤두고	上中下 分間넌ᄃᆡ
座下모양 仔細보아	선비行色 分明니라
學優登仕 일너쓰니	벼실도 宜當ᄒᆞ고
東洋大聖 孔夫子라	遊必遊〔有〕方 正大訓은49
니거슬 다버리고	萬里域外 니왼일고50

'저ᄉᆞ람', 즉 미국인이 말하기를, 그대의 행색을 보니 선비임이 분명한데 학문을 열심히 하여 벼슬을 할 생각은 하지 않고 어찌하여

---

49 여기에서 '遊必遊〔有〕方'이라 함은 《論語》의 〈里仁〉 편에 나오는 "父母在不遠遊 遊必有方"에서 따온 것이다.

50 〈해유가〉 원문; 박노준(1991), 앞의 논문, 44쪽/250~256행.

부모를 등지고 먼 타향으로 떠나느냐고 했다는 것이다. 이러한 책망조의 말투에 작자는 다음과 같이 대꾸한다.

君言도 亦復佳ᄒᆞ나	知其一 未知一니라
坐井觀天 일넛쓰니	海外遊覽 宜一니요
各國相通 ᄒᆞ얏쓰니	東西遊學 宜一니요
風磨雨濕 닐어쓰니	天涯苦閱 宜一니라[51]

작자는 먼저 "그대의 말도 일리가 있으나 이는 하나만 알고 둘은 모르는 것과 같다"라고 대답한 후 자신의 미국행에 대하여 세 가지로 설명한다. 우물 안 개구리 신세를 면하기 위해 해외 유람을 하는 것도 마땅하며, 세계 각국이 서로 통하니 동·서 간 유학도 마땅하며, 바람에 닳고 비에 젖으니 하늘 끝 고된 사열도 또한 마땅하다는 것이다.

작자의 미국행은 그 가운데 유학이나 원정이 아닌 바다 밖 먼 세상에 대한 견문을 넓히기 위한 유람에 해당된다고 볼 수 있다. 그렇다면 작자가 본 미국은 어떠했을까?

人間에 別天地가	正是此 米國니라
古人의 傳한마리	海中神仙 니짜던니

---

51 〈해유가〉 원문; 박노준(1991), 앞의 논문, 44쪽/257~260행.

니고즐 뉘가보고　　人間에 誤傳닌가
金臺玉閣 數十層은　　閻羅府도 不當ᄒᆞ고
公平正直 風俗法律　　菩薩戒도 其然未然
鑿山通道 堙谷架橋　　千里大陸 朝夕往還
用鐵爲航 引電爲械　　萬里浩洋 無難往來
政府界 도라보니　　堯舜世界 여긔로다[52]

여기에서 작자는 별천지, 해중신선, 염라부, 보살계, 요순세계 등 현실 세계와는 동떨어진 표현을 동원하여 미국을 이상적인 나라로 묘사하고 있다. 즉, 천리대륙과 만리대양을 오가는 교통수단의 발달과 화려한 도시의 모습에서부터 정치제도와 법률, 풍속에 이르기까지 모든 것이 놀랍고 완벽하다는 인상을 주려고 한다. 특히 작자는 미국에서 유교적인 대동사회의 모습을 재현하려고 한다. 다음의 가사를 보자.

孤兒院 濟衆院에　　治療費가 豐厚ᄒᆞ니
勿論誰某 街路上에　　矜惻病人 永無ᄒᆞ고
上中下 各學校에　　勸學니 嚴切ᄒᆞ니
無論爾我 愚劣ᄒᆞ고　　全無識을 難見니요
遺逸者를 處罰ᄒᆞ니　　貧寒人이 本無ᄒᆞ고

52 〈해유가〉 원문; 박노준(1991), 앞의 논문, 47~48쪽/351~358행.

奬忠節니 極甚ᄒᆞ니　　愛國性니 各自로다

實業上을 勸勉ᄒᆞ니　　家給人足 到處로다[53]

미국에는 길가에 병든 사람이 없고, 학문을 권장하여 무식한 사람을 보기 드물며, 놀고먹는 사람을 처벌하니 가난하고 추위에 떠는 사람이 본디 없고, 나라에 대한 충성이 극진하니 애국심이 절로 나며, 실업을 권면하니 집집마다 살림이 넉넉하다는 것이다. 이처럼 과장된 가사는 역설적으로 작자가 미국의 현실을 직접 보고 겪지 못한 채 머릿속에서 막연히 미국을 이상적으로 그리고 있었음을 보여주는 것이라 하겠다.

앞서 언급한 차의석의 《금산》이 기독교적 신앙에 따라 미국을 '약속의 땅'이자 '기회의 땅'으로 묘사했다면, 〈해유가〉의 작자는 유교적 이상세계인 태평성대가 미국에서 이루어지는 것처럼 노래하고 있는 것이다. 흥미로운 것은 차의석이 미국에서 온갖 풍파를 겪으면서도 이 나라의 시민권을 얻게 된 것을 자랑스럽게 생각했다면, 〈해유가〉의 작자는 홀연히 샌프란시스코를 떠나 고향으로 돌아오는 것으로 작품을 마무리한다. "화륜선火輪船에 돗다라라 반도강산半島江山 ᄎᆞᄌᆞ가ᄌᆞ"라고 하여, 부산에 도착한 작자는 '향산고택鄕山古宅'으로 발걸음을 재촉한다. 그러고는 이렇게 읊는다.

53 〈해유가〉 원문; 박노준(1991), 앞의 논문, 48쪽/363~369행.

聯海濱而 路尋ᄒᆞ야　　옛집을 ᄎᆞᄌᆞ올시
侍節村 到達ᄒᆞ야　　井嶺先塋 올나가서
上下先塋 奉尋ᄒᆞ니　　下懷가 無窮니라
祖先蔭德 안니더면　　아ᄎᆞᄒᆞ면 엇지될지54

〈해유가〉의 작자는 만리타향에서 무탈하게 고향의 옛집으로 돌아올 수 있었던 것이 모두 조상의 음덕이라고 생각하며 안도감을 느낀다. 태평양의 '물고개水嶺'를 넘어 신선들이 사는 별천지를 다녀왔다는 '상상 속의 기억'은 한 편의 기행가사처럼 남게 되었다. 일본의 식민지배가 예상되던 암울한 시기에 미국은 현실 도피처이자 구원의 이상향으로 한국인에게 다가왔던 것이다. 태평양은 그곳으로 건너가는 무지개다리였다.

54 〈해유가〉 원문; 박노준(1991), 앞의 논문, 51쪽/458~461행.

8장

'나라 밖의 나라'

신대한의 꿈

개항 이후 조선은 세계와 연결되었다. 그것이 자율적 선택이었든, 타율적 강요에 의한 것이었든, 더 이상 조선은 과거로 돌아갈 수 없었다. 바다와 산의 자연적 경계에 갇혀 웅크리며 살던 시대는 지나갔다. 이제 그 경계가 허물어지면서 사람들이 들어오고 나갔다. 이리하여 '안'과 '밖'의 개념이 생겨났다. '국내'와 '국외'가 그것이다. 안에서 밖을 바라보고, 밖에서 안을 바라보게 되면서 국가와 민족이라는 개념도 새롭게 정립될 수 있었다. 도대체 왜 국가가 존재하는가? '우리나라'는 어떤 나라인가? 그 나라가 없어지면 민족은 어떻게 되는가? 러일전쟁 후 '국망國亡'이 현실로 다가오면서 그러한 물음은 더욱 절실해졌다. 이에 대한 해답을 찾아 나가는 가운데 '신대한'의 구상이 싹텄다. 그 구상은 여전히 낡은 사고, 낡은 제도와 관습, 낡은 체제에 갇혀 있는 나라 '안'이 아니라 전혀 낯선 환경 속에서 새로운 문명과 접하면서 자신들의 삶을 개척해야만 하는 나라 '밖'의 사람들에게서 나왔다. 고향에서 추방당했던 그들은 '임금이 없는 세상'을 꿈꾸었다. 그런 세상을 만드는 일에 앞장섰던 것이 태평양 너머의 한인공동체였다.

1. 밖에서 바라보는 대한제국

20세기에 들어서며 세계는 제국과 식민지로 양분된다. 그 막바지에 제국의 대열에 올라선 나라가 일본이었다. 메이지 유신 후 해양국가海國로 성장한 일본은 대륙 세력인 청국과의 전쟁에서 승리하면서 아시아의 강자로 부상했다. 이어서 유라시아의 대국인 러시아와의 전쟁에서 승리함으로써 비백인, 비유럽, 비기독교권에서 유일하게 '제국'의 반열에 올랐다.

한편 조선은 청일전쟁 이후 스스로 '제국'을 선포하지만, 그것은 국권 상실의 위기를 맞이한 상황에서 고종이 연출한 '극장국가theater state'에 지나지 않았다.[1] 그러니까 현실성이 결여된 의례적 제국이었

---

1 김기란(2020), 《극장국가: 대한제국 만들기 프로젝트와 문화적 퍼포먼스》, 현실문화 참조. 이 책은 미국의 인류학자 기어츠(Clifford J. Geertz)가 제시한 극장국가라는 개념을 활용하여 대한제국을 장식한 '문화적 퍼포먼스'들을 분석한다.

다. 세계열강 간 식민지 쟁탈전이 공공연히 벌어지는 상황에서 힘이 뒷받침되지 않는 '제국'이란 공허한 것일 수밖에 없었다. 학계 일각에서는 '광무개혁'에 대하여 논하지만, 그것만으로 국가의 독립을 유지할 수는 없는 일이었다. 결국 대한제국은 성립된 지 8년 만에 일본의 '보호국'으로 전락했다. 이것은 곧 식민지화의 전 단계였다.

해외의 한인들은 그것을 직감했다. 샌프란시스코의 한인사회에서는 '을사보호조약'이 발표되자마자 〈공립신보〉를 발행하기 시작했다. 1905년 11월 22일에 창간호를 낸 이 신문은, 이듬해 1월 8일자 신년호 "론셜"에서 지난 1년 동안 세계 각국과 인민의 '셩쇠와 변쳔'에 대하여 설명한 후 이렇게 말했다. 2

> 작년 일 년 동안에 세계 각국들은 이와 갓치 부강되기를 서로 다토와 진보하엿는대 우리나라와 우리 인민들은 엇더케 되엿스며 무엇을 하엿는지 한번 생각할 바이 아니리요. 나라에 독립 두 글자는 지극히 즁요하거늘 일죠에 글거업서졋고 쟝사는 나라헤 즁심이어늘 재졍에 환난을 인하야 다 결단이 낫고 인민의 디위는 세계 하등에 떨어져 백일청천에 얼골을 들지 못하게 되엿스니 이럿트시 뒷거름질들을 하엿는가 다시 더 할 말이 업거니와 …

소박하지만, 대한제국의 안타까운 현실에 대한 절절함이 묻어난

2 〈공립신보〉는 창간 초기 매월 2회 정도 발행되었다. 1906년 신년호가 제 4호였다.

다. 누구라고 말하지는 않았지만, 국내에서 나라를 그렇게 만든 사람들에 대한 질책이 숨겨져 있다. 논설의 결론은 이제 나라 밖에 있는 우리 동포들이 각성해야만 한다는 것이었다. 먼저 개인 각자가 공부를 하든 돈을 벌든 시간을 허비하지 말고 열심히 해야 한다. 그리고 '일신'만 돌보지 말고 '애국' 두 글자와 '단합' 두 글자를 '명심물망銘心不忘'하여 "한가지로 한인의 사회를 더욱 붓들어 우리의 자유를 일치 말고 나라헤 독립 두 글자를 다시 새롭게 하기를 일심합세다"라는 말로 끝맺었다.

이 논설 뒤에는 '포와(하와이) 전도사' 현순의 기고문이 실렸다. 그는 〈공립신보〉의 나라 사랑하는 열성과 동포의 '몽매'함을 깨우치는 성의에 감사하다는 말을 전한 후 이렇게 말했다.

> 대뎌 오늘날 아셰아대륙에 반도국 되난 대한은 디구상 그림 가온대 이름을 글거버리게 되엿스니 뎌 삼쳔리 화려한 강산에 경개景槪도 절승타마는 오날 너의 쥬인은 누구뇨 초목이 다 슬허함을 마지안는구나. 불상타 2천만 동포여 장대한 골격이 비상타마는 오날 너희 집은 뉘거시뇨 광대한 텬디에 발붓칠 곳시 업게 되엿스니 금석金石도 긔막혀하도다. 그런즉 강토와 인민은 가련하거니와 정부의 대관大官 된 자들은 고대광실 됴흔 집에 금의옥식錦衣玉食 싸하노코 노비도 만켓다마는 무엇시 부죡하야 기군망상欺君罔上하다가 저희 부모와 선뫼先墓까지 팔아먹엇시니 또 무엇을 팔아먹겟는가. 저희 일홈은 쳔고에 역젹이오 저희 자손은 타인의 노예라.3

분노한 현순은 '국망'의 책임을 정부 '대관'들에게 묻고 있다. 그는 이 글에서 고종의 책임을 직접 거론하지는 않았다. 그런데도 비판의 표적은 고종으로 향할 수밖에 없었다. 그는 러시아에 망한 폴란드의 예를 들면서 "오늘날 우리 한국도 한인이 스스로 망케 함이오"라고 탄식했다. 이어서 미국의 독립사적을 들며, "장하도다 미국 사람이여, 자유의 굳센 마음으로 독립의 히상〔이상?〕이 되어 영국 님군의 불법을 버셔나 오늘날 이와 갓흔 복락을 누리니 사모할 바 아니리오"라고 했다. 끝으로, 동포가 다 죽고 강산을 다 빼앗겨 '일리一里'가 남는다 해도 지구상에서 '대한독립' 네 글자가 없어지지 않게 모두 한마음이 되자고 호소했다.4

한편, 〈공립신보〉는 일제의 강압에 의한 고종의 퇴위와 군대 해산 직후 "국國의 존망은 국민 활동 여부에 재함"이라는 논설을 싣고 국내 동포에게 '독립전쟁'을 촉구했다(1907. 8. 16.). 그 요지인즉, 세상만사에는 시세와 완급이 있으니 교육이니 양병이니 실업이니 정치니 종교니 하는 것은 태평시대에도 예비할 바이어니와 '사기事機'가 급박할 경우를 당하면 오직 '무예적 행동'밖에는 방책이 없으니 이제 '13도 인민'이 일시에 일어나 군인은 선봉이 되고 백성은 후원이 되어 독립의 깃발을 높이 들고 '독립전쟁'을 시작할 수밖에 없다고 했다. 그리하여 "설혹 금일에 백명이 전사하고 명일에 천명이 전

---

3 〈공립신보〉(1906. 1. 8.), "布哇傳道士 현순 씨의 寄書".

4 〈공립신보〉(1906. 2. 13.), "寄書"(제 4호 련쇽, 현순 씨의 서).

사하고 재명일에 만명이 전사하야 래월과 래년에 십만명 백만명이 전사하더라도 승승장구하야 전전불퇴하면 황천이 감동하사 한국 독립을 회복케 하시려니와 한갓 일병의 강포함을 외겁하야 금일에 활동치 못하면 … 후세 자손에게까지 참혹한 화단을 깃쳐 주는 것 될 터이니"라고 했다.

이러한 절규에는 망국의 상황에 직면해서도 국내의 지배 세력과 지식층이 교육이니 실업이니 정치니 종교니 하면서 세월을 보내는 것에 대한 분노감이 배어 있었다. 오직 일본에 대한 결사항전만이 한국인의 자유와 독립을 회복하는 전기를 마련할 수 있다는 판단에서, 〈공립신보〉는 국내의 의병 활동에 대한 기사를 내보낼 때 '한일전쟁'이라든가 '한일대전'이라는 제목을 달았다.[5] "금일 한국의 의병"이라는 논설에서는, 4천 년 전제정부 아래에서 우마의 고초와 노예의 학대가 '극점極點'에 달하여 일반 국민이 정부 보기를 독사와 맹수처럼 하던 차에 '5적대신'이 일본의 위엄을 두려워하여 '〔을사〕 5조약'을 체결하고, '7적대신'이 일인의 꼬임을 받아 '〔정미〕 7조약'을 체결하니 우리 국민의 생명은 도마 위에 생선이 되고 재산은 범의 입에 고기가 되었으니, 전일에는 우리 국민이 '〔전제〕정부의 종'이더니 오늘은 '이종異種〔일본〕의 종'이 되었다고 했다. 따라서 국권 회복을 위해서는 '이종'을 물리쳐야 하고, 자유의 회복을 위해서는 '국적國賊'

---

5 〈공립신보〉 1907년 9월 27일, 1908년 3월 4일, 4월 1일, 6월 10일 자 "內報" 또는 "電報" 참조.

을 소제掃除해야 하니, "죽엄은 도로에 산갓치 싸이고 피는 오대강을 붓게 할지라"고 외쳤다.6 이중의 적, 즉 일본 제국주의와 매국노에 대한 전면전쟁을 촉구하고 나선 것이다.

이 무렵 미주 한인사회에서는 '충군애국忠君愛國'이 아니라 '충국애국忠國愛國'하자는 주장들이 나오고 있었다. 여기에는 한 나라의 주권을 다른 나라에게 '양도'하는 군주를 더 이상 섬길 수 없다는 뜻이 담겨 있었다. 이른바 을사조약을 계기로 군주제에 대한 비판이 대두되기 시작했던 것이다. 그러한 대표적 논설이 1909년 3월 31일 자 〈신한민보〉에 실린 "황실은 나라를 망케 하는 이로운 그릇이 아니라皇室非滅國之利器"이었다. 이 논설에서는 인민혁명의 가능성까지 내비치며 이렇게 말한다.

> 슬프다〔!〕 우리 인민이 분간치 못하는 바는 임금과 나라이라. 무릇 임금은 나라를 위하여 둔 것이요, 나라는 임금을 위하여 세운 것이 아니니, 이러므로 임금이란 것은 인민이 자기의 사무를 위탁한 공편된 종〔일〕 뿐이요, 인민이란 것은 임금으로 하여금 저의 직역을 진력케 하는 최초〔의〕 상전이라.

6 〈공립신보〉(1908. 1. 15.), "論說". 이 논설은 미국 독립운동사의 한 장을 장식했던 "자유가 아니면 죽음을 달라" 패트릭 헨리(Patrick Henry)의 연설을 상기시킨다. 실제로 〈공립신보〉와 그 뒤를 잇는 〈신한민보〉에서는 기회 있을 때마다 미국의 독립운동을 상기시키며 그 교훈을 얻고자 했다.

요컨대 인민의 '종'인 임금이 임금 노릇을 제대로 하지 못하면 그 '상전'인 인민이 언제든지 임금을 갈아치울 수 있다는 것이었다. 이 대목에서는 루소Jean Jacques Rousseau의 사회계약론을 인용하면서, "나라는 백성의 계약으로 좇아됨이라는 자유 평등의 원리를 설명하여다 나라는 임금의 물건이 아니요 백성의 물건인 것을 표창하였거늘 어찌하여 우리 인민은 군국君國을 불분不分하느냐"라고 한탄했다.

이처럼 대한의 백성이 임금과 나라를 구분하지 못하니 일본이 황제(고종 · 순종)를 내세워 제멋대로 국가의 주권을 유린하고 있다는 것이다. 이는 이른바 '을사보호조약'이나 '한일신협약'이 모두 황제의 이름으로 체결되어 국가의 주권을 일본에 넘긴 것이니 황실이 사실상 국가 멸망의 도구로 사용되었음을 지적하는 것이다. 그러면서 프랑스와 영국은 각각 루이 16세와 찰스 1세를 형장의 이슬로 사라지게 함으로써 나라를 다시 굳건히 세울 수 있었다고 말했다.

장문의 이 논설에서 주장하는 바를 정리하면 이렇다.[7] 대한제국의 인민은 황실이 나라를 망하게 하는데도 불구하고 그대로 임금을 두고 있다. 이로 말미암아 국망의 상황을 맞게 되었다. 대한제국을 멸망에 이르게 한 것은 황실이지만, 그 황실을 갈아치우지 못한 인민에게도 책임이 돌아간다. 왜냐하면 나라의 주인은 인민이기 때문이다.[8]

---

7 1909년 3월 31일 자 〈신한민보〉에 실렸던 이 논설은 제 1면 전체와 2면 2단을 차지한다.

이상에서 살핀 논설의 끝에는 '창히즈滄海子'라는 필명이 등장한다. 그가 누구였는지는 1910년대 후반에 이르러서야 밝혀지는데, 헤이그 만국평화회의(1907)에 고종의 '특사'로 파견된 바 있던 이상설李相卨(1870~1917)이었다.[9] 그는 이른바 '을사조약' 체결 시 의정부참찬(정2품)이라는 자리에 있으면서 그 망국적인 조약의 체결을 막아 보려고 했으나 실패한 후 고종에게 다음과 같은 상소를 올렸다.

> 엎드려 아뢰옵니다. 신이 어제 새벽 정부에서 일본과 약관(을사조약)을 체결하여 마침 조인까지 했다는 소식을 듣고 이르기를 천하 대사를 다시 어찌할 수 없구나 하고 사제에 돌아와 다만 슬피 울고 힘써 자정自靖하기를 도모하고자 상소 진정하여 면직을 바랐습니다. 이제 듣자오니 그 약관이 아직 주준奏准을 거치지 않았다 하니 신의 마음에 위행慰幸이 가득하고 국가를 위해 계책을 아직 세워볼 만하다고 기뻐했습니다. 대저 〔그〕 약관이란 인준을 해도 나라는 망하고 인준을 하지 않아도 나라는 또한 망합니다. 이래도 망하고 저래도 망할 바에야 차라리

---

8 이러한 논설이 지니는 의의에 대하여 처음 주목한 학자는 강만길이다. 그는 1978년에 발표한 "한국독립운동의 역사적 성격"이라는 논문에서 '군주주권'이 '국민주권'으로 바뀌어 나가는 과정을 다루는 가운데 그 논설의 일부를 인용한 후 이렇게 말했다. "한반도가 식민지로 전락한 원인은 대단히 복합적인 것이지만 그 가운데 가장 중요한 원인의 하나가 스스로 대한제국을 무너뜨리고 국민국가를 만들기 위한 혁명을 일으키지 못한 데 있다 할 것이다"〔강만길(1978), 《분단시대의 역사인식》, 창비신서, 152쪽〕.

9 〈신한민보〉(1917. 5. 24.), "헤거평화회에 갓던 리샹셜군의 댱셔".

'사직을 위해 죽는다殉社'는 뜻을 결정하고 단연코 거부하여 역대 조종祖宗이 폐하에게 맡기신 무거운 임무를 저버리지 않는 것이 낫지 않겠습니까.10

일본의 강압에 의한 조약 체결을 물리적으로 막을 수 없으니 '순사', 곧 사직을 위하여 죽음으로써 그들과 맞설 것을 고종에게 아뢰었던 것이다. 그런 각오가 없이는 5백 년 동안 지켜온 나라를 보전할 수 없다는 것이 이상설의 판단이었다. 그는 자신의 목숨을 담보로 고종에게 결연한 의지를 보일 것을 요구했다. 그 첫 단계는 '을사조약'의 파기 선언과 더불어 이 조약에 서명한 '5적' 대신을 처단하는 것이었다. 그런데 고종은 그러한 조처를 취하지 않았다. 오히려 그는 '5적' 중 한 사람인 이완용을 '임시서리 의정부 의정대신'에 발령했다. 그러자 이상설은 사직 상소를 올리면서 이렇게 말했다. "나라를 팔아먹은 역적 두목을 의정대신의 대리로 임용하여 신으로 하여금 그의 아래 반열에 애써 나가도록 하니, 신은 울분의 피가 가슴에 가득 차고 뜨거운 눈물이 눈가에 넘쳐흘러 정말 당장 죽어 버려 모든 것을 잊어버렸으면 합니다."11

그 후 야인으로 돌아간 이상설은 '을사조약' 파기를 위한 거국 투

---

10 윤병석(1998), 《이상설전》(증보판), 일조각, 39쪽; 박민영(2020), 《이상설 평전, 독립운동의 대부》, 신서원, 79쪽 재인용.

11 《고종실록》, 1905년 11월 24일 조 "이상설이 한일협상 조약을 맺은 대신들을 처벌하라고 상소하다".

쟁을 준비하다가 민영환의 자결 소식을 전해 듣고는 종로 거리로 달려 나와 군중 앞에서 통곡하며 말하기를, "현금 시대는 국가가 자립치 못하고 타국 보호하에 귀하면 국가가 전복할 뿐 아니라 전국 인종이 모조리 멸망하나니, 아! 우리 동포 인민은 이를 심사(深思) 하라"고 했다.[12] 이러한 연설 끝에 이상설은 땅에 몸을 던져 머리가 깨지고 혼절하였다. 그리고 달포가 지나서야 겨우 살아났다.[13]

그 후 이상설은 중국 상해를 거쳐 러시아의 블라디보스토크로 들어간 후 북간도 용정龍井에 자리를 잡았다. 이제 그는 망명객으로서 독립운동의 근거지를 마련하고자 했다. 그러던 차에 고종의 '밀명'을 받고 헤이그로 가게 되었던 것이다. 이상설(전 의정부참찬), 이준(전 평리원검사), 이위종(전 주러공사관 참서관) 세 사람에게 주어진 고종의 "위임장"은 이렇게 시작된다. "대황제는 칙서로 가로되 우리나라의 자주독립은 이에 천하 각국이 공인하는 바라. 짐이 지난날 여러 나라와 조약을 맺고 수호함에 사행이 계속되었으니, 무릇 국제회의에 속한 곳에는 사절을 파견하여 동참하는 것이 도리에 맞도다. 그런데 1905년 11월 18일 일본이 우리나라에 대하여 만국공법을 어기고 비리를 자행하여 조약을 억지로 강요하여 우리의 외교권을 강탈하여 여러 나라와의 우의를 단절케 하였다. 일본의 기만과 능욕,

---

12 〈대한매일신보〉(국한문판, 1905. 12. 1.), "參贊演說".

13 박민영, 앞의 책, 86쪽. 이 책에서는 '을사조약' 체결이 이상설의 생애를 전기와 후기로 나누는 사건이 되었다고 본다(같은 책, 87쪽).

멸시와 침략이 이르지 않는 곳이 없을 뿐 아니라 그 공익에 어긋나고 인도에 벗어나는 것이 또한 이루 다 적을 수가 없다. 짐의 생각이 여기에 미치니 참으로 통한스럽도다" 하니, 대한제국의 특사단은 만국평화회의에 나아가서 외교권을 되찾고 열국과의 우의를 회복하는 임무를 충실히 수행하라고 명했다.14

1907년 6월 25일 헤이그에 도착한 한국 특사단은 평화회의 의장인 러시아 수석대표 넬리도프와 주최국인 네덜란드 외상 후온데스를 만나 회의장에 참석할 수 있도록 요청했지만 거절당했다. 그들은 한국에 대한 일본의 기득권을 인정하고 있었다. 미국이나 영국 또는 프랑스 대표들도 마찬가지였다. 제국주의 열강의 세계 분할이 절정에 달하던 시점에 열린 '평화'회의란 서로의 기득권을 인정하는 바탕 위에서 세력 균형을 도모하는 것에 지나지 않았다. 결국 한국 특사단은 회의장 밖의 선전 활동을 통하여 한국의 처지에 대한 동정적인 여론을 불러일으키는 데 주력할 수밖에 없었다. 이상설은 이때의 상황에 대하여 다음과 같은 기록을 남겼다.

… 또한 국제협회에서 연설할 수 있게 되었다. 이위종으로 하여금 불어로 연설하게 하여 방청자가 대단히 많았다. 각국 신문이 매일같이 한국의 사정을 논하는 한편 "억일부한지정抑日扶韓之情"을 발표하였다. 그러

---

14 박민영, 위의 책, 134~135쪽. 이 "위임장"의 끝에는 "대한제국 광무 11년 4월 20일 한양 경성의 경운궁에서 친히 서명하고 어새를 날인하다"라고 되어 있다.

나 각국 대표위원들은 공례를 빙자하여 '막연무응漠然無應'하였다.[15]

여기서 '막연무응'이라는 표현이 한국 대표단의 답답했던 심정을 잘 드러내고 있다. 당시 각국 대표들은 개인적으로는 한국의 입장에 동정하는 듯한 발언을 하면서도 공식적으로는 어쩔 수 없다는 태도를 보였던 것이다.

만국평화회의가 끝난 후 이상설은 유럽에서의 '순방외교'를 펼친 후 미국으로 들어갔다. 이때가 1908년 2월이었다. 그 후 이듬해 4월까지 미국에 체류하는 동안 앞서 소개한 "황실은 나라를 망케 하는 이로운 그릇이 아니라"는 논설을 〈신한민보〉에 게재했던 것이다. 이 논설이 나오게 된 배경을 다소 길게 설명한 데에는 이유가 있다. 그것은 고종을 가까이 모셨던 이상설이 군주주권을 부정하고 국민주권을 내세우게 된 동기를 살펴보고자 한 때문이었다.[16] 이상설은 '을사조약' 체결 시 '순사', 즉 일본의 강압에 죽음으로써 거부하

---

15 윤병석(2007), "만국평화회의와 한국 특사의 역사적 의미", 《한국독립운동사연구》 29, 44쪽.

16 본관이 경주인 이상설은 갑오개혁(1894) 직전에 과거에 합격하여 벼슬길에 들어섰다. 탁지아문의 주사에서 출발하여 비서감 비서랑, 성균관 교수 겸 관장, 한성사범학교 교관, 탁지부 재무관 등을 역임하고 궁내부 특진관에 올랐다. 러일전쟁기에는 외부 교섭국장, 학부협판, 법부협판을 거쳐 의정부참찬에 발탁되었다. 이때까지만 해도 이상설은 근왕주의자였다. 그런데 일본의 강압에 따른 '을사조약' 체결 시에 고종이 유약한 군주로서의 면모를 보이면서 이상설의 '충심'(忠心)은 흔들리기 시작하고, 해외 망명생활을 하면서 조선왕조 체제에 대한 그의 믿음 또한 옅어졌던 것으로 보인다.

는 결연한 태도를 보이지 못했던 고종에게 크게 실망했다. 그 후 망명자의 신분으로 연해주와 만주의 한인사회를 둘러보면서 국권 회복의 방향을 모색했다. 이제 '밖'에서 '안'의 상황을 들여다보게 된 것이다. 특히 헤이그 평화회의에서의 경험은 대한제국의 국제적 위상이 어떠했는지, 그리고 고종의 '밀사' 외교가 얼마나 허망한 것이었는지를 깨닫게 했을 것이다. 이리하여 이상설은 오로지 군주 한 사람에만 의존하는 왕조체제가 얼마나 위태로운 것인지를 명확히 인지하게 되었다. 그는 '창희ᄌᆞ'라는 필명으로 쓴 논설에서 이렇게 말했다〔여기서 창희ᄌᆞ滄海子란 드넓은 바다를 떠도는 사람, 곧 세계 어디에서도 안식처를 찾지 못하는 망명객을 뜻하는 것으로 볼 수 있다〕. 17

> 창희ᄌᆞ 가로되, 내가 세세생생히 제왕가에 〔태어〕나지 말기를 원하노라 하는 옛말을 들었더니 내가 파리에 있을 때에 혁명 시에 쓰든 길로틴(사람 죽이는 기계)을 보았으며 런던에 있는 때에 타와(영국 왕일의 옥)의 전하는 독채를 보았노라 루이 십육의 붉은 피가 세계를 현요한 자유 평등의 인권 선언을 발표케 하였으며 찰스 제일의 떨어진 목이 만

---

17 이상설은 1906년 중국 상해를 거쳐 연해주의 블라디보스토크로 들어간 후 시베리아를 거쳐 유럽 각국을 돌아보고, 대서양을 건너 미주 대륙에 발을 들여놓았다. 그러고는 태평양을 건너 블라디보스토크로 돌아왔다. 4년에 걸쳐 세계를 한 바퀴 돈 셈이었다. 그는 임종 시에 다음과 같은 유언을 남겼다. "동지들은 합세하여 조국 광복을 기필코 이룩하라. 나는 조국 광복을 이룩하지 못하고 이 세상을 떠나니 어찌 고혼인들 조국에 갈 수 있으랴. 내 몸과 유품, 유고는 모두 불태우고 그 재마저 바다에 날린 후에 제사도 지내지 말라."(박민영, 앞의 책, 288쪽)

국의 모범되는 삼권분립의 헌법제도를 기초케 하였으니 저 — 두 임금의 지난 고초가 다 나라를 보호하지 못하며 인민을 구하지 못하는 자는 임금이 아닌 증거를 표하며 사무와 직역을 다하지 못하는 임금은 인민의 책망을 도망키 어려운 사실을 나타냄이라[18]

이 글에는 프랑스혁명 때의 처형 기구인 기요틴guillotine, 영국의 왕이나 귀족들의 유폐 장소로 사용되었던 런던 타워Tower of London, 그리고 형장의 이슬로 사라진 루이 16세Louis XVI와 찰스 1세Charles I의 이야기가 나온다.[19] 임금이라도 나라를 보호하고 인민을 구하지 못하면 언제든지 갈아치울 수 있다는 역사적 사례로 제시되었던 것이다. 이러한 예시에는 대한제국의 주권을 일본에게 넘겨준 고종과 순종에 대한 경고의 의미가 담겨 있었다고 볼 수 있다. 한편, 위의 글에서 자유·평등의 인권 선언이라든가 삼권분립의 헌법제도에 대한 언급은 다분히 인민혁명의 정당성을 인정하는 것으로 받아들일

---

18 〈신한민보〉(1909. 3. 31.), "皇室非滅國之利器(황실은 나라를 망ᄒᆞᄂᆞᆫ 리로은 그릇이 아니라)".

19 이러한 이야기들은 헤이그 특사단에 포함되어 이상설과 함께 유럽 '순방'에 동행한 이위종(1887~?)에게 들었을 가능성이 높다. 이위종은 주미공사와 주러공사를 지낸 이범진(1852~1911)의 아들로 미국과 프랑스에서 교육을 받았다. 따라서 그는 서양의 정치제도 변천사와 그 사적지에 대한 해설을 이상설에게 들려줄 수 있었다. 한편, 이위종은 1907년 헤이그 국제협회에서 행한 연설에서 한국에서의 장기 집권으로 인한 부패, 과도한 세금징수, 가혹한 행정, 인민의 피폐상 등을 거론하며 고종의 통치를 '구체제하 정부의 잔혹한 정치'라고 비판한 바 있다〔오영섭(2007), "이위종의 생애와 독립운동", 〈한국독립운동사연구〉 29 참조〕.

수 있다. 국권 상실의 위기 속에서 이상설은 군주 한 사람의 결정에 모든 것을 위임하는 지배체제가 얼마나 위험한 것인지를 뼈저리게 느꼈던 것이다.

이상설이 이때 국민주권에 대하여 어느 정도의 확고한 신념을 갖고 있었는지는 알 수 없다.[20] 이후에 그가 한국의 정체에 대하여 분명하게 언급한 글이 없기 때문이다.[21] 그럼에도 불구하고 한 가지 분명한 것은, 그의 논설이 러일전쟁 종결 후 일본의 국권 침탈에 속절없이 당하고 있던 대한제국의 황제와 정부 대신들에 대한 미주 한인사회의 분노를 대변하고 있었다는 점이다. 이러한 분노는 미주 한인사회에서 '신대한'의 건설을 추동하는 힘으로 작용했다.[22] 그 목

---

20 박민영은 이때 이상설이 형식상 황실을 존중하는 군주정체를 따르지만, 내면적으로는 인민에게 주권이 주어지는 주권재민의 원칙을 제시했던 것으로 보고 있다. 그러니까 '실질적 입헌군주제'를 지향했다는 것이다(앞의 책, 186~187쪽).

21 박걸순은 이상설이 '광무황제의 최측근 근신'으로서 '군신 간 의리'를 끝까지 지킨 근왕주의자이자 '입헌군주제적 정체론'를 지니고 있었다고 본다〔박걸순(2017), "보재 이상설의 독립운동론과 독립운동", 〈한국독립운동사연구〉 60, 50~58쪽〕. 여기서 입헌군주제의 구체적인 내용에 대한 설명은 빠져 있다. 이는 자료의 한계에서 비롯된다고 볼 수 있다.

22 1909년 8월 4일 자 〈신한민보〉에 실린 기고문 "大呼國民"의 논지는 이상설의 논설 "皇室非滅國之利器"를 떠오르게 한다. 전자의 기고문 중 첫 대목을 소개하면 다음과 같다. "대저 나라의 흥망성쇠는 국민의 유무(有無) 관계에 달렸으니 국민이 있는 나라는 흥성하고 국민은 없는 나라는 쇠망하였도다"라고 한 다음, "찰스 1세의 머리를 도끼로 찍고 영국이 영토를 세계에 편만케 한 것은 영국에 국민이 있음이오, 팔년 혈전을 락지(樂地?)로 알고 북미합중국을 건설한 것은 미국에 국민이 있음이오"라고 하여 주권재민의 원칙에 근거한 정치변혁의 필요성을 역설하였다.

표는 '제국'을 '민국'으로 바꾸는 것이었다.

한편, 블라디보스토크의 〈해조신문〉도 창간호의 논설 "우리 동포에게 경고함"에서 이렇게 말했다(1908. 2. 26.). "우리가 이 지방에 온 지 거의 오십 년에 가까운데 하나도 경영한 일이 없고 하나도 얻은 것이 없어 이르는 곳마다 망국죵이라 지목을 밧고 야만이라 배척을 밧아 이 셰계에 용납할 곳이 업스니 우러러보고 구버봄에 텬디가 붓그럽고 죽거나 살거나 쥬졉할 땅이 어데인고 문을 닫고 가만히 생각하면 도시 우리의 자작지얼이라 누구를 원망하며 누구를 허물하리오"라고 하여, 망국민으로서의 비애와 자책감을 드러냈다. 여기서 자작지얼自作之孼이라 함은 《맹자》에 나오는 글귀로 제 스스로 불러들인 재앙은 피할 수 없다는 뜻이다.

요컨대 국망의 책임은 어느 누구 때문이라고 말할 것 없이 대한제국의 상·하 국민 2천만 모두에게 있다는 것이다. 여기에는 과거에 대한 처절한 반성 없이는 미래의 희망을 열 수 없다는 뜻이 담겨 있었다.

2. 안에서 바라보는 외신대한

외신대한外新大韓이라는 말은 나라 밖에 있는 '신대한'을 가리킨다. 신대한은 이른바 계몽운동기에 '구대한', 즉 낡고 오래된 대한을 바꾸겠다는 의지의 표현으로 사용되었다. 그렇다면 무엇을 어떻게 바꾸겠다는 것인가, 그리고 신대한이 왜 '안'이 아닌 '밖'에 있어야 하는가 하는 문제가 제기될 수 있다.

먼저 외신대한이라는 말을 처음 꺼낸 것으로 보이는 최남선의 이야기부터 들어 보자. 그는 〈소년〉지에 연재한 〈해상대한사〉에서 '원동린遠東鄰' 아메리카합중국에 대하여 설명하면서 이렇게 말했다.

> 국토의 크기는 우리나라의 35배나 되나니 유롭파 한 대륙과 비등하고 인구는 약 8천만이니 지광인희地廣人稀한 고로 각국 이주민이 일가월증日加月增하야 가난데 우리나라 노동자들도 만히 건너가서 건전완미健全完美한 외신대한을 건설하기에 노력하더니 근년에 이르러 배황운동(황색인종을 배척하난 일)이 심하야 한 좌전挫顚을 당하얏소. 23

여기에 '건전완미한 외신대한'이라는 말이 나온다. 그런데 이런 외신대한을 건설하려는 노력이 미국 내의 '배황 운동'으로 한 번 꺾이고 엎어졌다고 했다. 최남선은 인종적 관점에서 미주 한인사회를 바라봄으로써 미국 내의 한국인이나 일본인이 같은 처지에 놓였을 것으로 보았다. 따라서 재미 한인에 대한 기대가 그에게서 멀어졌다.

이제 최남선의 관심은 한반도와 인접한 '북린北隣', 즉 만주와 연해주로 향한다. "〔우리가〕 근년近年에 이르러서는 휴유대로携幼帶老하고

---

23 〈소년〉 2-1(1909. 1.), 〈해상대한사〉 3(公六), 17쪽. 이 글에는 부제로 "三面環海한 우리 大韓의 世界的 地位"가 붙었다.

국경을 넘어 이리로 드러가 외신대한을 처처에 건설할 뿐 아니라 본국의 동포는 아즉도 원기元氣들이 쇄침鎖沈하야 비교적, 사실상 활동이 별노 업난데 이 이주민들은 새로 된 갑슬 하느라고 새 기력의 충실한 표를 연방보이니 우리는 이를 보고 얼만콤 관위寬慰하고 다시 환흔歡欣하난-바라"고 했다.24

이 글에서 '안'과 '밖'의 차이가 나온다. 즉, '본국' 동포는 아직도 '원기'가 갇히고 잠겨서 사실상 활동이 없는 데 비해, 만주와 연해주로 이주한 한인들은 '새 기력'의 충실한 표시를 보인다고 했다. '안'은 침체되고 '밖'은 활력이 솟아나고 있다는 것이다. 최남선은 특히 러시아 동방 경영의 '책원지'인 블라디보스토크와 그 주변의 교민들에 대한 기대감을 드러냈다. 그러니까 이 지역으로 이주한 '수십만'의 한인이 근년에 이르러서는 크게 '문명의 세례'를 받아 때와 형세가 어떠함을 깨닫고 학교를 세운다 신문을 낸다 하여 크게 '광명세계'에 들어가기를 힘쓰니 우리가 또한 다대多大한 희망을 이곳에 붙이게 되었다고 했다.25

그런데 우리가 주의 깊게 보아야 할 것은, 최남선이 〈소년〉지와 〈해상대한사〉를 통하여 줄기차게 내건 '신대한'에는 표어 이상의 어떤 실체가 없었다는 점이다. 다시 말하면 신대한이 어떠한 체제와 모습을 갖춘 나라인지, 그 나라를 세우기 위해서는 무엇을 어떻게

---

24 〈소년〉 2-3(1909. 3.), 〈해상대한사〉 5(公六), 16쪽.

25 위의 글, 16~17쪽.

해야 하는지에 대한 구체적인 내용과 실현 방법이 빠져 있었다는 것이다. 그는 오로지 신대한의 '소년'들이 원대한 포부와 이상을 가져야 한다고만 외쳤다. 예컨대 이런 것이다.

> 우리 3면 환해국環海國 소년아 너의는 순시瞬時라도 몽침夢寢에라도 너의 천혜편후天惠偏厚한 세계적 처지를 잇디 말디어다.

> 목금 세계 문운文運의 대중심은 태평대양과 태동대륙에 잇난데 우리 대한은 좌우로 이 양처를 공제控制함을 생각하라.[26]

이 표어에서 드러나듯이 최남선이 생각하는 신대한은 태평양과 아시아 대륙으로 뻗어 나가는 '진취적 · 팽창적'인 것이다. 어떻게 뻗어 나갈 것인가? 대한제국은 그럴 힘이 없으니, 만주와 연해주 또는 미주의 한인공동체에 기반을 둔 신대한을 꿈꾸게 되는 것이다. 이것이 그가 말하는 '외신대한'인데, 표어 이상의 어떤 구체성과 실행력을 갖추지 못했다. 따라서 그것은 공허한 구호일 수밖에 없었다. 한 가지 분명한 것은 '소년' 최남선은 메이지 일본을 부러워하고 그 나라를 닮고자 했다는 것이다. 그는 오로지 제국주의의 '힘'을 숭배했다.

한편 국내의 신문들은, 최남선의 〈소년〉지와는 다른 각도에서 해외 한인사회에 주목했다. 그들의 당면 관심사는 어떻게 하면 스러

---

26 〈소년〉 1-2(1908. 12.), "우리의 運動場", 5(公六), 16쪽.

져 가는 대한제국을 바로 세울 것인가 하는 문제였다. 이 절박한 문제를 해결하기 위한 수습책을 국내에서는 찾을 수 없게 되자 해외로 눈을 돌렸던 것이다. 그곳에서 무언가 돌파구를 마련해 보고자 하는 심정이 그 밑에 깔려 있었다.

이 일에 앞장선 것이 〈대한매일신보〉였다. 그들은 미주 대륙, 특히 샌프란시스코를 중심으로 한 한인사회와 단체에 각별한 관심을 보였다. 몇 가지 신문 기사를 통하여 그들이 '외신대한'에 관심을 갖게 된 배경과 동기, 목적 등에 대하여 살펴보기로 하자. 1906년 8월 1일 자 논설 "공립협회"부터 소개한다.

> 공립협회는 미국 상항에 주재한 한국 인사가 특연히 세계 열국과 공립적共立的 사상으로 일개 사회를 조성한 거시니 희噫라 한국 독립권이 객년 11월 17일 야夜에 거연추지遽然墜地러니 홀어누만리외忽於屢萬里外 이주민 총중叢中에 일조一條 독립광선獨立光線이 노기단서露其端緖하니 기불이재豈不異哉아

이 글에서는 무언가를 찾으려는 절박함이 묻어난다. 그 뜻을 풀어 보면 이렇다. 세계 열국과의 '공립'은 원래 대한제국이 나아가야 할 바였다. 그런데 어느 날 한밤중에 체결된 '을사조약'으로 한국의 독립권이 홀연히 땅에 떨어졌다. 이에 모두 넋을 놓고 있는데, 홀연히 수만 리 밖의 이주민 무리 중에서 한 줄기 독립의 서광이 비춰 왔다. 그것은 샌프란시스코에서 결성되었다는 공립협회 소식이었다.

이 논설에서는 계속하여 말하기를, 공립협회를 통하여 한국 민족의 '천연적 성질'을 알 수 있으니 한국의 자유 독립의 회복을 가히 '예언'할 수 있다고 했다. 만약 우리 민족의 '원질原質'이 '불미不美'하였으면 어찌 하늘 끝 외딴곳에서 오직 노동으로 살아가는 사람들이 불굴의 '조국사상'을 지니고 스스로 보전하는 방침을 강구하여 타인의 보호는 죽더라도 받지 않겠다고 맹세할 수 있겠는가! 또 우리 '내지' 인민은 이 소식을 듣고 어찌 부끄럽고 창피한 마음을 갖지 않을 수 있으며 어찌 또 분발하지 않을 수 있겠는가! 현금 정치가 부패하고 국세가 기울기에 일본이 이 기회를 이용하여 한국을 집어삼키려고 하는데, 이 일을 막기 위해서는 인민이 스스로 떨쳐 일어날 수밖에 없다. 인민이 과거의 고루한 풍습에서 벗어나 새로운 지식을 받아들이고 애국정신을 뇌리에 간직한다면 어찌 앞으로 독립 회복의 기회가 없겠는가 하는 말로 논설을 끝맺었다. 27

그 후에 나온 "공립협회의 상보詳報"에서는, 이 협회의 회원이 현재 7~8백 명에 달하며, 각 지방에 지회를 설치하고, 신문을 발간하며, 총명한 청년들을 선발하여 학비를 지원하고 있다는 소식을 전했다. 이어서 말하기를, 북미주의 한인들은 충애忠愛 목적과 문명 진취의 기운으로 하나의 '신한국'을 만들었다. 그런데 우리 내지에 있는 동포들은 이 위태롭고 험한 시대를 맞이하여 여하한 사상이 있으며 여하한 사업이 있는가! "관작을 사고팔아 이익을 남기는 데 군침

27 〈대한매일신보〉(국한문판, 1906. 8. 1.), "共立協會".

을 흘리는 것이 재상의 사업이요, 대수롭지 않은 벼슬자리를 구차하게 탐하는 것이 양반가의 행상이며, 이익과 관록에 뜻을 두면서도 비분강개함을 가장하고 고언장담을 하지만 실상은 아무것도 없는 것이 유사遊士의 장기요, 외인外人의 콧대를 빌려 동포의 고혈을 빨아먹는 것은 개화자開化者의 공명이라. 저 북미北美에서 노동하는 동포의 고상한 지사志事와 비교하면 수치스러워 죽고 싶을 듯하니 깊이 생각해 보시오"**28**라고 했다.

이 논설에서는 당대의 지배층과 지식인들을 한데 묶어 격렬한 언사로 성토하고 있다. 나라가 일본의 '보호국'으로 전락한 후에도 일신의 안위와 이익만을 탐하는 세태에 경각심을 불어넣으려는 것이었다. 이러한 비판과 경고에는 해외 한인들의 삶과 활동만큼 좋은 재료가 없었다. '안'과 '밖'의 대비를 통하여 '안'의 문제점을 드러내고 그것을 어떻게 해결해 나갈 것인지에 대한 국민적 여론을 조성하고자 했던 것이 〈대한매일신보〉의 의도였다.

"내지동포와 유외留外동포"라는 논설이 그러한 생각을 잘 보여 준다. 이 글에서 불과 수천 명밖에 되지 않는 샌프란시스코와 하와이 교민과 수만 명 되는 블라디보스토크 교민들이 몇 개의 회관과 신문사 및 학교를 설립하고 국가를 위하여 노래하고 슬퍼하는데, 내지를 살피건대 수만 명을 지닌 대읍大邑으로도 학교 하나를 세우지 않으며 수천 명을 지닌 대촌大村으로도 신문 하나를 구독하지 않으며 신시대

---

28 〈대한매일신보〉(국한문판, 1907. 4. 11.), "共立協會의 詳報".

·신세계의 풍조가 정상에 나날이 가까워지건만 이에 캄캄하니 왜 이렇게 되었는지 묻는다. 그 이유인즉, '내지'에 칩거한 동포들이 '밖'을 보지 않으니 도대체 우리나라가 어떤 상황인지를 모르고 있다는 것이다.[29] 따라서 내지에 있는 동포들은 외지에 있는 동포들을 본받아야만 한다고 역설한다.[30]

이 시기 〈대한매일신보〉는 국내외 정세 인식과 문제 해결에서 〈공립신보〉와 견해를 같이하고 있었다. 이를테면, ① 러일전쟁 후 일본의 팽창과 이를 견제할 수 있는 세력으로서 미국에 대한 기대감, ② 한국에 대한 일본의 침략과 이에 영합하는 국내 관료와 지식인층에 대한 비판, ③ '문명적'인 교육 및 계몽을 통한 일반 민중의 각성과 애국심 배양 등이다. 요컨대 두 신문은 한국이 나아가야 할 방향과 목표로 서구적 근대화를 제시했다. 그 이상적인 모델은 미국이었다.

이를 위해서는 먼저 낡고 부패한 한국의 지배층을 교체해야만 했다. 여기에는 두 가지 문제가 있었다. 첫 번째는 지배층의 범위에 황제(고종·순종)까지 포함시킬 것인가이다. 두 번째는 누가 어떻게 바꿀 것인가의 문제인데 여기에는 변혁의 주체와 방법, 새로운 체제 구상까지 포함된다. 만약 황제까지 포함한다면, 그것은 체제의 전면적

29 〈대한매일신보〉(국한문판, 1909. 12. 4.), "內地同胞와 留外同胞".

30 〈대한매일신보〉(국한문판, 1909. 8. 25.), "在內同胞ᄂᆞᆫ 在外同胞를 効則ᄒᆞᆯ지어다"; (한글판, 1909. 8. 25.), "ᄂᆡ디에 잇ᄂᆞᆫ 동포들은 외국에 잇ᄂᆞᆫ 동포들을 본밧을지어다".

인 개혁, 즉 혁명이 될 수밖에 없다. 과연 이 문제를 누가 꺼내 공론화할 수 있겠는가? 국내에서는 그러한 논의 자체가 불가능했다. 고종이 선포한 〈대한국국제〉(1899. 8. 17.)에 따르면, 어떠한 형태로든 군주제의 폐지에 대하여 말하는 것은 곧 반역이었다.

이른바 계몽운동기의 정치개혁 논의가 입헌군주제에 머물렀던 것도 그러한 상황을 반영한다. 이 시기 민족지로 분류되는 〈황성신문〉도 '신대한'을 말할 때 그 뒤에 '제국'을 붙였다. 이를테면, "문명한 신대한 민족이 되야 건강한 신대한제국新大韓帝國의 기초를 수립하기로 목적을 삼아 오제吾儕의 희망을 위흡慰洽케 할지어다"라든가[31] "이십세기 내외內外는 태동제국泰東諸國의 신문명이 대진大進하야 신세계를 조성할 시대인대 아我 대한제국이 실로 중심점이니 문화가 유신되야 방명邦命이 유신할 것은 천〔연〕天〔演〕한 원리로다"와 같은 것이다.[32] 여기에 나오는 '제국'과 '문명'의 중심에는 동아시아의 유교문명이 자리 잡고 있었다. 유교를 시대 변화에 맞게 고치면 세계 문명을 선도할 수 있다는 생각이었다.

이러한 상황에서 공화제를 운운하는 것은 참으로 위태로운 일이었다. 이는 비단 국내에만 국한된 일이 아니었다. 간도와 연해주의 한인사회에도 청국이나 러시아를 통하여 일본의 영향력이 미칠 수 있었기에 그들 또한 '국체' 변혁을 함부로 말하기는 어려웠다. 청국

31 〈황성신문〉(1908. 4. 10.), "申告海港同胞".
32 〈황성신문〉(1909. 1. 1.), "新年祝詞".

과 러시아가 절대군주제였다는 사실도 그들의 사고와 행동을 제약했다. 따라서 대한제국과 일본의 힘이 미치지 못하는 곳, 즉 미주의 한인사회에서 공화제 논의가 출발할 수밖에 없었다. 여기에서 비로소 '외신대한'이 지니는 역사적 의미가 살아날 수 있었다. 그것은 단순히 '안'과 '밖'의 공간적인 구분에 그치지 않았다.

1909년 2월 1일 미주와 하와이의 한인단체들이 '국민회'로 통합되자 〈대한매일신보〉는 "국민회를 축祝함"이라는 논설에서 한국 2천만 동포와 더불어 한목소리로 '헌축獻祝'의 뜻을 전한다면서 이렇게 당부했다. "국민회는 미주·포와 동포의 일대기관이 되야 성기聲氣를 응應하며 정신을 주注하며 실력을 장長하야 국가사상을 대발휘하고 민족주의를 대고동大鼓動할지며 … 국민회는 한국 동포의 선도자가 되야 사업을 진흥하며 문명을 계발하며 자유를 구래購來할지며"라고 했다.[33]

이 글에 나오는 국가사상이라든가 민족주의라는 표현은 다분히 근대적인 국민국가상을 암시하는 것으로 볼 수 있다. 사실 미주에서 '국민회'의 출범이 갖는 의의는 한국 역사상 처음으로 군주주권에서 국민주권 시대로의 이행을 대내외에 선포했다는 것이었다. 국민회라는 단체 이름에 이미 그러한 뜻을 내포하고 있었다. 〈대한매일신보〉는 제 1면 논설란을 통해 국민회의 출범에 2천만 동포와 함께 '헌

---

33 〈대한매일신보〉(국문판, 1909. 3. 5.), "國民會를 祝함"; (한글판, 1909. 3. 5.), "국민회를 송축홈".

축'의 뜻을 전함과 동시에 한국 동포의 '선도자'가 되어 문명 계발과 자유 '구래' — 사실상은 쟁취 — 에 앞장서 주기를 당부했던 것이다.

한편, 당대 한국인에게 주어진 또 하나의 역사적 과제는 일본 제국주의의 공공연한 국권 침탈에 어떻게 대응할 것인가의 문제였다. 국내 신문의 경우, 통감부의 언론 통제로 이 문제에 대한 명확한 의사를 밝히기가 어려웠다. 오직 미주의 〈공립신보〉만이 그러한 통제로부터 자유로웠다. 〈대한매일신보〉는 〈공립신보〉의 기사를 그대로 옮겨 실음으로써 자신들의 의사를 국민에게 전달하곤 했다.

1907년 8월 7일 자 〈대한매일신보〉(한글판)는 "미국 독립한 날에 감동함"이라는 기사를 내보냈다. 별보別報 1면에 실린 이 기사 앞머리에는 "상항 공립신보를 등재함"이라는 문장을 넣었다. 그중 한 대목을 소개한다.

> 이날이 무삼 날이뇨 한번 다시 물어보고 한번 다시 생각할 일이로다 미국에 다른 명절이 허다하지만은 이날에셔 더 큰 명절이 업고 또 나라마다 큰 명절이 잇지만은 미국 칠월 사일에셔 더 크게 녁이는 날이 업스니 이것은 다름 아니라 이날에 미국이 외국에 압졔를 면하고 자유국이 되엿스며 백성이 자유 국민이 되고 강산 초목과 금슈 곤츙까지라도 외국의 굴네를 버셔나셔 자유 독립함을 세계에 광포한 날이 된 연고라

이 글에는 미국의 독립기념일을 빌려 한국인의 자유 독립 의지를 고취하려는 의도가 잘 드러난다. 〈대한매일신보〉가 〈공립신보〉의

기사를 전재한 목적이 여기에 있었다. 이 기사가 나온 때는 이른바 헤이그밀사사건을 계기로 일제가 고종을 강제 퇴위시키고 '한일신협약'을 체결하여 한반도를 완전히 통감부의 통제 아래 두었던 직후였다. 그러니까 '보호국'에서 병합으로 가는 중간 단계였던 셈이다.

한 가지 예를 더 들어 보자. 1908년 4월 22일 자 〈대한매일신보〉(한글판)에는 "슈지분을 포살한 자세한 긔별"이라는 기사가 실렸다. 여기에는 '상항 공동회 별보 죠등照謄'이라는 안내문을 붙였다. '슈지분'은 대한제국의 외교고문으로 친일 발언을 일삼던 스티븐스Durham White Stevens를 가리킨다. 한 면을 차지한 이 기사는 세 부분으로 이루어졌다. ① 슈지분의게 질문, ② 뎐명운 · 쟝인환 량씨가 슈지분을 포격한 일, ③ 여러 동포에게 경고함이다. 다음은 세 번째 부분에 나오는 문장이다.

> 오호-라 한국의 독립도 금일브터 시작이오 한국의 자유도 금일브터 시작이니 금일은 우리의 큰 뜻을 장챠 셩취한 날이오

한국의 자유 독립이 스티븐스를 '포살'한 날(1908. 3. 23.)부터 시작되었다는 이 기사는 일본 정부와 통감부를 당혹케 했을 것이다. 통감부는 그 후 〈신문지법〉의 개정을 통하여 해외에서 발행되는 한인 신문의 국내 반입에 대한 엄격한 통제에 나섰다. 이에 앞서 통감부는 〈대한매일신보〉의 발행인이자 편집인인 베델을 국외로 추방하기 위한 공작을 벌이고 있었다. 〈공립신보〉는 이러한 공작을 폭

로하는 장문의 기사를 게재한 바 있는데, 이 기사 역시 〈대한매일신보〉를 통하여 국내에 알려졌다.34

한편, 〈대한매일신보〉는 1908년 초부터 〈공립신문〉을 응원하기 위한 '의연금' 모집에 나섰다. 그 "발기취지서"에는 이런 내용이 담겼다. 저 북미주의 동포들이 나라를 사랑하는 사상이 특별하여 그 몸을 수고롭게 하고 힘을 다하여 땀을 흘리며 얻은 바로 호구하기도 부족한 것을 오직 공변된 이익을 함께 보는 것만 생각하여 마음을 믿고 몸을 단합하여 뜻은 단군 기자의 옛 강토를 회복하는 데 있고 마음은 동족의 멸망을 구원하는 데 있어 협회를 조직하고 신문을 내니, 우리 내지 동포가 그 친애하고 감읍하는 정을 표하지 아니할 수 없다고 했다.35 이리하여 전 국민을 상대로 한 모금 운동이 전개되었다.36

이와 더불어 〈공립신보〉의 구독을 독려하는 광고문도 등장했다. "공립신문은 미국에서 류학하는 우리나라 동포들이 고명하신 지식과 뜨거운 정셩으로 조국을 바라보고 나라혼을 부루지지며 국문으로 매쥬일 한번식 발간하는 신문이온대 세계형편을 자세히 말하고 내디 정황을 쇼상히 그려 자자귀귀가 무비 애국심에 소사나는 말슴이오니 우리가 해외에 계신 동〔포〕의 노심노력하시는 것을 일호라도

34 〈대한매일신보〉(한글판, 1907. 9. 4.), "일본인의 음모와 대한매일신보의 세력".

35 〈대한매일신보〉(한글판, 1908. 1. 11.), "미국 상항에 잇는 공립신문을 위하야 의연금을 모집하는 발기취지서".

36 1908년 상반기 의연금 모집 상황은 〈대한매일신보〉의 광고란에 계속 실렸다.

감샤한 마음이 잇슬진대 엇지 이 신문을 사보지 아니하오릿가."[37]

이 글에서 '내디 경황을 쇼샹히 그려'라는 말이 흥미롭다. 태평양 건너편에 있는 미주 동포들이 국내의 상황을 더 잘 알고 쓴다는 것인데, 이는 국내 언론에서 보도하지 못하는 것들을 〈공립신보〉에서는 분명하고 자세하게 볼 수 있다는 이야기가 된다. 한국이 일본의 식민지로 전락해 가는 엄혹한 시기에 '외신대한'의 역할이 어디에 있었는지를 잘 보여 준다.[38]

---

37 〈대한매일신보〉(한글판, 1908. 3. 15.), "광고". 여기에 나오는 〈공립신보〉의 '본국 내 출장소'를 보면, 경성에서부터 개성, 평산, 장련읍, 평양, 진남포, 안주, 선천, 용천, 의주, 김해, 부산, 대구, 함흥, 아령 해삼위까지 포함되어 있다. 서북지역이 많고 강원도, 충청도, 전라도에는 출장소가 한 군데도 없는 것이 눈에 띈다. 이러한 분포는 당시 서구화를 지향하는 계몽운동이 어디에서 활발하고 어디에서 침체되고 있었는지를 보여 주는 것이 아닐까 생각하게 된다.

38 〈황성신문〉 또한 미주의 한인단체와 신문발간사업에 대한 보도를 하고 있었다. 그 입장과 논조에 대하여는 1906년 9월 29일 자 "美國桑港共立協會"; 12월 17일 자 "桑港共立新報"; 1909년 9월 19일 자 "海外同胞의 書籍事業" 참조. '밖'의 이야기를 빌려 '안'의 각성을 촉구하는 논법은 〈대한매일신보〉와 큰 차이가 없다. 그런데 〈황성신문〉은 당대의 과제인 대한제국의 '체제' 변혁과 일본의 침략에 대한 '대응'에서 〈공립신보〉의 입장을 외면하고 있었다. 이는 통감부의 언론 통제에 따른 것일 수 있지만, 다른 한편에서는 '개신유학'을 표방하던 〈황성신문〉의 사상적 한계일 수 있다는 점을 간과해서는 안 될 것이다.

3. 유예된 혁명: 제국에서 민국으로

한민족의 독립운동은 일제의 통감부 설치부터 국내가 아닌 국외에서 전개될 수밖에 없었다. 한반도는 이제 외세에 의해 장악되고 있었다. 대한제국의 황제와 지배층은 일본의 압력에 굴복했다. 백성들은 여전히 왕조 체제에 갇혀 있었다. 개명적 지식인들 또한 그러한 체제로부터 자유롭지 못했다. 그들은 입헌군주제에 대해서만 언급할 뿐 공화제를 전면에 내세우지는 못했다. 그들은 혁명을 두려워했다. 위로부터의 억압 못지않게 밑으로부터의 변혁 요구도 꺼림칙했다. 그들은 '어리석은 백성'이 나라의 주인이 될 수는 없다고 생각했다. 국내에서는 일본에 대한 저항도, 대한제국의 체제를 바꾸는 혁명도 이루어질 수 없었다.

이 두 가지 역사적 과제를 인식하고 그 문제를 함께 풀어 보려고 했던 것은 '안'이 아니라 '밖'에 있던 한인들이었다. 비록 교민들의 숫자는 적지만 러일전쟁 직후부터 해외 한인공동체의 연결과 조직화에 힘을 쏟던 샌프란시스코의 한인들이 그 중심에 섰다. 그들은 '공립협회'에서 '국민회'로 나아가면서 하와이 한인사회와 통합을 이루었고, 이어서 '대한인국민회'로 한발 더 나아가면서 해외 한인사회 전체의 통합을 시도했다. 여기서 우리는 '국민'이라는 단어에 주목할 필요가 있다. 그것은 왕조 시대의 신하와 백성을 뜻하는 '신민臣民'과는 다른 개념이었다. 하와이와 미주 대륙의 한인들이 '국민'이라고 할 때 그것은 곧 '나라의 주인'을 뜻했다.

다음에 소개하는 문답은 대한인국민회의 전신인 공립협회의 기관지 〈공립신보〉에 실렸던 것이다. 기고문인데, 제목은 "새 한국 기초는 공립협회라"였다(1907. 8. 16.). 원문은 서술식인데, 문답식으로 바꾸고 띄어쓰기와 구두점을 더했다.

갑: 대한독립의 기초는 어데 있느뇨?

을: 미국에 있는 공립협회니라.

갑: 미국에 거류하는 대한인이 불과 천여 명인데, 공립 회원이 불과 7·8백이니 수효로 말하여도 내지內地에 있는 동포의 2천만 분의 일이 되지 못하고 학식으로 말하여도 내지에 있는 문인재사文人才士를 따를 수 없으니 무엇으로 독립 기초가 되겠는가?

을: 그대가 미국 독립사를 보지 못하였는가! 독립 대업은 와싱턴의 공이라 하지만 독립 기초는 먼저 건너온 120인에게 있다 할지며, 4억만 인민 있는 청국도 4천만의 일본을 대적하지 못하니 이로써 보더라도 사람 수효가 많고 적은 데 있지 아니하고 마음과 정성이 합하고 아니 합하는 데 있다 할지며, 오늘날 한국을 망하게 한 자는 귀족양반과 문인재사라 할지라 할 터이니 우리는 불취不取하며, 수효는 비록 적다 하나 정신상과 심기적으로 7백 회원이 한마음 되니 이 어찌 독립 기초가 아니리오.

이 문답은 한국의 국권 상실기 미국에 거주하던 한인들이 어떤 생각으로 공립협회를 만들게 되었는지를 잘 보여 준다. 그들은 스스로를 미국 독립의 정신적 기초를 마련한 '청교도 조상들Pilgrim Fathers'에 비유하는 한편, 대한제국을 멸망케 한 자들로서 국내의 지배층과 지식인들을 지목했다. 따라서 비록 소수이지만 미주 한인이 신대한의 주역이 될 수밖에 없다는 결론을 이끌어 냈다.

어찌하여 그러한가? 이 물음에 대하여 그들은 다음과 같이 설명했다. "근래 태평양을 건너 미국으로 들어온 한인들이 점점 늘어나 대략 천여 명에 달하는데, 이들은 신공기를 흡수하는 날부터 즉시 신사상이 발달하여 5천여 년 전래하던 부패 사상과 완고한 풍습을 일조에 타파하고 신학문을 사모하는 마음과 제 나라를 사랑하는 생각이 간절하여 불과 3~4년 동안에 사회는 큰 단체를 성립하여 신한국이라고 칭할 만하며, 학문은 소·중·대학생이 적지 않아 신지식이 발달하고, 재정은 비록 노동을 하더라도 의식이 흡족할뿐더러 자선사업이 또한 적지 않으니, 우리가 만든 신문은 국내로 들어가서 동포의 깊은 잠을 깨우며 난신적자의 악한 혼을 놀라게 하여 무리한 정부에서 압수하는 일까지 당하였으니 미주 한인의 과거 역사가 세상 사람을 대하여 말하기에 과히 부끄럽지는 않을 터이다."39

미주와 하와이의 한인단체들은 일본의 한국 병합이 임박한 때인 1909년 2월 1일 '국민회'를 창립했다. 이때 샌프란시스코의 〈공립신보〉는 〈신한민보*The New Korea*〉로, 호놀룰루의 〈한인합성신보〉는 〈신한국보*The United Korean News*〉로 각각 그 제호를 바꾼다. 대한제국

---

39 〈공립신보〉(1908. 9. 16.), "재미한인의 장래" 요약.

을 대체할 '신한국'의 건설에 앞장서겠다는 의지를 보여 주려는 것이었다. 그해 11월 17일 자 〈신한민보〉에는 "무엇을 국민이라 하나뇨" 라는 논설이 실렸다. 그중에는 이런 대목이 나온다.

> 남에게 정복을 당한 백성을 가로되 노예라 하며, 전제정치에 눌리운 백성을 신복이라 하며, 입헌군주 백성을 가로되 인민이라 하나니, 입헌과 공화를 물론하고 그 백성의 공론으로 그 나라 정치를 행하는 자라야 이를 국민이라 하나니라.

이어서 "국민이란 말은 반드시 완전한 입법·행정·사법과 개인의 자유가 있은 연후에야 가할지라"는 점을 강조한다. 요컨대 '신한국'은 왕이 없는 나라, 즉 미국이나 프랑스와 같은 공화제 국가가 될 것임을 밝힌 것이다. 그 논설은 이렇게 끝맺는다. "국민이여 국민이여 신한국을 건설할 국민이여(!)"

1910년 대한제국은 소멸했다. 5백 년 조선왕조가 스러졌다. 왕실(황실)은 무기력했고 지배층은 무능했다. 그들은 중화사상에 바탕을 둔 천하관, 유교, 특히 이단 배척에 날카로웠던 성리학적인 위정척사론, 땅에 뿌리를 내린 농본주의적 경제구조를 넘어서지 못했다. 과거제도에 기초한 관료제는 해체된 지 오래이지만 반상제 질서는 온존했다. 조선왕조의 지배층은 대륙에서 해양으로의 인식 전환과 이에 기초한 서양 근대 문명의 패러다임을 제대로 이해하고 그에 대처하는 데 실패했다. 그들은 과거의 시간과 공간에 갇혀 변화하는 세계를 제대로 보지 못했다.

〈신한민보〉는 대한제국의 멸망을 전후하여 잠시 휴간했다가 다시 발행한 첫 신문의 제1면에 다음과 같은 제목을 단 세 개의 기사를 내놓았다. 그들은 이제 자신들이 '신한국' 건설에 앞장서야 한다고 다짐한다.

① 嗚呼舊韓已死已(오호라 녯한국이 죽엇도다)

② 哀莫哀於亡國民(망국민에셔 더 슬픈쟈 — 업다)

③ 新韓國을建設乎否(새한국을 건셜하랴 못하랴) **40**

첫 번째 "논설"에서는 이렇게 말한다. "우리는 맹세코 왜황에게 무릅을 꿀쟈 안이며, 우리는 왜노의 법률에 복죵할 쟈 안이며, 우리는 결단코 왜죵의 노예가 될 쟈 안이라. 우리는 맛당히 마음을 합하야 대한 민족의 단톄를 공공히 하여 우리 손으로 자티하는 법률을 제뎡하며 공법에 샹당한 가정부假政府는 공법지소허公法之所許를 셜시함이 목하에 급무라 하노라."

일본의 '한국 병합'은 예견된 바였지만, 그것이 현실로 드러난 데 따른 충격은 컸다. 그렇기에 대한인국민회는 잠시 숨을 고른 후 〈신한민보〉를 통하여 그들의 입장을 발표했다. 요지는 두 가지였

---

40 〈신한민보〉(1910. 9. 21.), 제1면 수록.

다. 첫 번째, 일본의 '한국 병합'을 결단코 인정하지 않는다. 두 번째, '공법', 즉 국제법에서 인정받을 수 있는 '가정부'를 조속히 건립하겠다. 이러한 입장 표명은 대한제국의 멸망과 더불어 임시정부 수립을 공론화하려는 것이었다.

앙드레 슈미드가 적절하게 지적했듯이 "국가가 식민화된 상태에서는, 역설적이게도, 국가는 오직 바깥에서만 존재할 수 있었던 것이다". 해외의 한인공동체, 특히 샌프란시스코의 한인사회는 "오염된 한반도의 경계를 넘어선 또 다른 땅만이 국가가 생존할 수 있는 새로운 요새가 될 수 있다고 믿었다".**41** 여기에서 오염되었다는 것은 전제왕권과 유교적 통치이념에 기반을 둔 '구체제'와 일본 제국주의의 조선 침투를 말한다. 따라서 새로운 대한, 즉 신한국은 '안'이 아니라 '밖'에서 만들어질 수밖에 없다는 논리가 생성된다. 이것이 바로 외신대한이었다.

1911년 5월 17일 자 〈신한민보〉에는 "정치적 조직의 계획"이라는 논설이 실렸다. 여기에서는 '가정부' 수립을 위한 몇 가지 '긴요한' 사항이 제시되었다.

> 첫째, 외국에 나온 조선 민족을 마땅히 무형한 국가와 무형한 정부 아래 통할할 일.

---

41 앙드레 슈미드 저, 정여울 역(2007), "7장. 반도의 경계를 넘어", 《제국 그 사이의 한국》, 휴머니스트 참조.

둘째, 완전한 헌법을 정하여 일반 한인이 법률상 공민이 될 일.

셋째, 사람마다 의무를 담당하고 권리를 이용하게 할 일.

넷째, 정치적 구역을 나누어 행정기관이 효력을 얻게 할 일.

다섯째, 중앙총회로 권리를 모아 법률을 의지하여 호령이 실행케 할 일.

요컨대 국외 한인을 대상으로 한 무형국가와 무형정부를 세우고, 헌법을 정하여 '공민' 된 자 권리와 의무를 지키도록 하며, 각 구역의 행정기관이 효력을 발휘토록 하자는 것이었다. 그리고 이를 위하여 '중앙총회'를 설립해야 한다고 했다.**42**

그 후 대한인국민회는 샌프란시스코에 '중앙총회'를 두고 북미와 하와이, 시베리아, 만주 등지에 지방총회를 설치함으로써 해외 한인사회를 통괄하는 기구가 되었다. 이때 발표된 "중앙총회 결성 선포문"(1912. 11. 20.)에서는 "형질상 대한제국은 이미 망하였으나 정신상 민주주의 국가는 바야흐로 발흥되며 그 희망이 가장 깊은 이때

---

42 이러한 무형정부론의 주창자는 박용만이었다. 그는 1911년 2월 초 〈신한민보〉의 주필로 취임한 후 자신이 품었던 정치적 구상을 펼쳐 보인다. 3월 29일에는 "조선 민족의 기회가 오늘이냐 내일이냐"는 논설을 발표한 데 이어서 4월 5일에는 "조선 독립을 회복하기 위하여 무형한 국가를 먼저 설립할 일", 그리고 5월 17일에는 "정치적 조직의 계획"이라는 논설을 발표했던 것이다. 그가 제시한 결론은 이렇다. "오직 새 조직과 새 정신으로 잘난 사람 못난 사람 없이 일체로 법률상 범위에 들어앉아 각각 책임을 다할 뿐이니 이는 소위 무형한 국가와 무형한 정부를 성립함이라."

에" 중앙총회를 해외 한인의 최고기관으로 건립하여 자치제도를 실시한다고 선포했다. 대한인국민회는 스스로 대한제국을 대체하는 유일무이한 무형정부로 내세웠다. 이 역사적 문건을 작성한 사람('기초위원')은 박용만(1881~1928)이었다. 선포문에 서명한 사람들의 명단은 다음과 같다.

대한인국민회 북미지방총회 대표	리대위, 박용만, 김홍균,
하와이지방총회 대표	윤병구, 박상하, 정원명
서백리아지방총회 대표(통신)	김병종, 유주규, 홍신언
만주리아지방총회 대표대리	안창호, 강영소, 홍언[43]

바야흐로 독립된 주권과 영토가 없이 오로지 한인공동체만이 존재하는 '외신대한'이 탄생한 것이다. 그것은 나라 밖의 나라, 영토 없는 민족의 디아스포라 공동체였다. 그들은 한국 역사에서 5천 년 동안 지속되어 온 '왕정王政'의 종식을 선언했다. 이것은 곧 혁명이었다.[44] 그들의 소망은 3·1운동 후 대한민국임시정부의 탄생으로 연

43 "중앙총회 결성 선포문"의 전문은 방선주선생님저작집간행위원회 편(2018), "박용만 평전", 방선주저작집 1권 《재미한인의 독립운동》, 선인, 329~331쪽에 실려 있다.

44 한국학계 일각에서는 대한민국을 대한제국의 계승이라든가 그 연장으로 보는 시각과 해석이 있는데, 이는 역사적 사실을 제대로 반영한 견해라고 보기 어렵다. 이를테면 이태진은 고종을 '개명군주'로 보고, 그가 제시했던 '민국' 이념 속에 근대적인 공화제 지향성이 담겨 있었다고 본다〔이태진(2000), 《고종시대의 재조명》, 태학

결된다. 그리고 해방 후 영토와 주권을 회복함으로써 '무형'이 아닌 실체를 갖춘 대한민국 정부가 수립될 수 있었다. 이러한 역사 인식 체계에는 식민지 시대란 존재하지 않는다. 오직 '유예된 혁명'만이 있었을 뿐이다. **45**

사; 이태진(2015), "고종시대의 '민국(民國)' 이념의 전개: 유교 왕정의 근대적 '공화' 지향", 〈진단학보〉 124〕. 황태연은 대한제국은 '근대국가'이자 '백성의 나라'이며 '군사강국'이자 '경제대국'이었다고 말한다〔황태연(2017), 《백성의 나라 대한제국》, 청계 참조〕.

45 이때의 혁명이라 함은, 이중의 혁명이었다. 첫 번째는 '왕정'(王政) 체제의 청산이고, 두 번째는 '이족'(異族) 압제의 청산이었다. 그 어느 쪽이든 전제(專制) 정부의 청산이라는 점에서 하나로 통한다. 대한민국임시정부는 '해방' 직전에 발표한 "건국강령"(1941. 11. 28.)에서 "〔3·1운동이〕 우리 민족의 자력으로써 이족전제(異族專制)를 전복하고 오천 년 군주정치의 구각(舊殼)을 파괴하고 새로운 민주제도를 건립하며 사회의 계급을 소멸하는 제일보의 착수"였다고 말한 바 있다.

참고문헌

1. 자료

1) 고지도(첩) · 지리서(연대순)

〈混一疆理歷代國都之圖〉(조선, 15세기 후반 추정, 일본 류코쿠대학 소장).

〈坤輿萬國全圖〉(明, 万暦版, 일본 교토대학).

〈天下都地圖〉(조선, 18세기 후반 추정, 서울대학교 규장각한국학연구소 소장).

〈地球前後圖〉(조선, 1834, 서울대학교 규장각한국학연구소 소장).

《職方外紀》(明, 艾儒略/Giulio Aleni 增譯, 楊廷筠 彙記, 1623, 中國哲學書電子化計劃), 천기철 역(2005), 《직방외기: 17세기 예수회 신부들이 그려낸 세계》, 일조각.

《瀛環志略》(淸, 徐繼畬 輯著, 1850, 中國哲學書電子化計劃)

《地理全志》 上 · 下(淸, 慕維廉/William Muirhead 編譯, 1853~1854, 국립중앙도서관 고문헌실)

《地毬典要》(조선, 최한기, 1857, 국립중앙도서관 고문헌실)

《輿地誌略》, 卷1~4(일본, 內田正雄 編譯, 東京: 大學南校, 1870, 國立國會図書館デジタルコレクション)

《地球圖經》(조선, 필사본, 3책, 편찬자 · 편찬연도 불명, 종로도서관 고문헌실)

《ᄉ민필지》(조선, 헐벗/Homer B. Hulbert, 1889?, 연세대학교 국학자료원)

《士民必知》(조선, 英國紇法記, 白南奎 · 李明翔 共譯, 金澤榮 撰, 1895, 學部 編輯局)

《小學萬國地誌》(조선, 學部 編輯局, 1895)

Theatrum Orbis Terrarum(Abraham Ortelius, Antverpiae: Apud Aegid. Coppenium Diesth, 1570)

The Mapping of the World: Early Printed World Maps, 1472~1700(Rodney W. Shirley, London: The Holland Press Ltd., 1984)

Historical Atlas of the North Pacific Ocean: Maps of Discovery and Scientific Exploration, 1500~2000(Derek Hayes, Vancouver: Douglas & McIntyre. 2001)

Mapping the World: Maps and Their History(Nathaniel Harris, San Diego California: Thunder Bay, 2002)

Early Mapping of the Pacific: The Epic Story of Seafarers, Adventurers, and Cartographers Who Mapped the Earth's Greatest Ocean(Thomas Suarez, Singapore: Periplus, 2004)

2) 관찬사서 / 개인 문집 · 전집 · 일기류

《승정원일기》·《조선왕조실록》(국사편찬위원회 한국사데이터베이스)

《기측체의》(최한기, 1803~1877, 한국고전번역원 한국고전종합DB)
《성호사설》(이익, 1681~1763, 한국고전종합DB)
《수산집》(이종휘, 1731~1797, 한국고전종합DB)
《지봉유설》(이수광, 1563~1628, 한국고전종합DB)
《하곡집》(정제두, 1649~1736, 한국고전종합DB)

《박정양전집》, 6권(아세아문화사, 1984)
《유길준전서》, 5권(일조각, 1971)
《육당최남선전집》, 14권(역락, 2003)

《(국역) 윤치호 영문 일기》(국사편찬위원회, 2014~16)
《(국역) 이승만 일기, 1904~34 & 1944》(대한민국역사박물관, 2015)

3) 사행기록(연대순)
《修信使日記》(1880, 김홍집)
〈洪英植復命記〉(1883)
김원모(1981), "자료: 견미사절 홍영식복명문답기", 〈사학지〉, 15집.
《海上日記草》(1887, 박정양·이완용)
《美行日記》(1887~1889, 박정양)
한철호 역(2015), 《미행일기》, 푸른역사.
《海天秋帆》(1896, 민영환)
조재곤 역(2007), 《해천추범, 1896년 민영환의 세계일주》, 책과함께.
《環璆日錄》(1896, 김득련)
《環璆唫艸》(1896, 김득련)
허경진 역(2011), 《환구음초》, 평민사.
《西槎日記》(1902, 이재각)
《西槎錄》(1902, 이종응)
《셔유견문록》(1902, 이종응)〔김원모(2002), "이종응의 〈서사록〉과 〈셔유견문록〉 자료", 〈동양학〉 32집〕.

4) 신문 / 잡지류
〈공립신보〉(미국 샌프란시스코, 1905~1909)
〈대동공보〉(러시아 블라디보스토크, 1908~1910)
〈대한매일신보〉(국내, 국한문판 1904~1910 / 국문판, 1907~1910)
〈독립신문〉(국내, 1896~1899)
〈매일신문〉(국내, 1898~1899)
〈신한국보〉(하와이, 1909~1913)
〈신한민보〉(미국 샌프란시스코, 1909~1974)
〈한성순보〉(국내, 1883~1884)
〈한성주보〉(국내, 1886~1888)
〈해조신문〉(러시아 블라디보스토크, 1908)
〈협셩회회보〉(국내, 1898)
〈황성신문〉(국내, 1898~1910)
〈대한유학생회학보〉(일본 도쿄, 1906)

〈대한흥학보〉(일본 도쿄, 1909~1910)
〈소년〉(국내, 1908~1911)
〈소년한반도〉(국내, 1906~1907)
〈태극학보〉(일본 도쿄, 1906~1908)

〈太陽(*The Sun*)〉(東京, 博文館, 1895~1928)
〈東京パック(*Tokyo Puck*)〉(東京パック社, 1905~1915)

San Francisco Call(1895~1913)
San Francisco Chronicle(1865~현재)
San Francisco Examiner(1863~현재)
* "Historical Newspapers from 1700s~2000s-Newspapers. com" 검색

5) 기타(여행견문록, 소설, 항해기록 등)

구메 구니타케 저, 정애영 역(2011), 《특명전권대사 미구회람실기》, 제1권 미국, 정애영 옮김, 소명출판.

김창수·전경숙 역주(2006), 《인천 1903》, 인천대학교 인천학연구원.

김한홍(1996), 《해유가》, 김한홍선생유고발간위원회.

까를로 로제티 저, 서울학연구소 역(1996), 《꼬레아 꼬레아니: 백년 이태리 외교관이 본 한국과 한국인》, 숲과나무.

(대한제국) 농상공부 수산국 편, 《韓國水産誌》, 이근우·신보배·전지해 역(2010), 《한국수산지, 100년 전 일본인이 본 우리의 바다》 1·2, 새미.

민족문화추진회 편(1986), 《국역 해행총재》 X, 민족문화문고간행회.

송병기 편역(2000), 《개방과 예속: 대미수교 관련 수신사기록(1880) 초》, 단국대학교출판부.

안토니오 피가페타 저, 박종욱 역(2004), 《최초의 세계 일주》, 바움.

알프레드 세이어 마한(1999), 김주식 역, 《해양력이 역사에 미치는 영향》 1·2, 책세상.

윌리엄 E. 그리피스 저, 신복룡 역주(1999), 《은자의 나라 한국》, 집문당.

이사벨라 버드 비숍 저, 이인화 역(1996), 《한국과 그 이웃 나라들》, 살림.

이사벨라 버드 비숍 저, 신복룡 역주(2019), 《한국과 그 이웃 나라들》(개정

판), 집문당.
쥘 베른 저, 김경미 역(2017), 《80일간의 세계일주》(개정판), 시공주니어
퍼시벌 로웰 저, 조경철 역(2001), 《내 기억 속의 조선, 조선 사람들》, 예담.
한국학문헌연구소 편(1978), 《신소설 · 번안(역) 소설》 2, 아세아문화사.
현 순(1909), 《포와유람기》, 일한인쇄주식회사.
호머 리 저, 한상일 역(2012), 《무지의 만용》, 기파랑.
호머 B. 헐버트 저, 신복룡 역(1999), 《대한제국멸망사》, 집문당.
H. N. 알렌 저, 김원모 역(1991), 《알렌의 일기: 구한말 격동기 비사》, 단국대학교출판부.

福澤諭吉(1860), 《增訂華英通語》, 東京: 快堂藏板.
海後宗臣 等編(1965), 《日本教科書大系》 近代編 第15卷, 地理 第1, 東京: 講談社.
(日本)外務省 編(2007), 《日本外交年表竝主要文書》 上, 東京: 原書房.
竹越与三郎(1910), 《南國記》, 東京: 二酉社.
エー・テー・マハン 著, 水上梅彦 譯(1899), 《太平洋海權論》, 東京: 小林又七.
ジェル・ウエルン 著, 川島忠之助 譯(1878), 《新說 八十日間世界一周》 前編, 東京: 賣捌書林.
ホーマー・リー 著, 望月小太郎 譯, (1911), 《日米必戰論》, 東京: 英文通信社.
ホーマー・リー 將軍 著, 斷水樓主人 譯(1911), 《日米戰爭》, 東京: 博文館.

Atanasius Kircher(1670), *La Chine d'Athanase Kirchere de la Compagnie de Jesus: illustre de plusieurs monuments tant sacres que profanes*, Amsterdam: Ches Jean Jansson a Waesberge & les heritiers d'Elizee Weyerstrae.
Bird, Isabella L. (1898), *Korea and her neighbors: a narrative of travel, with an account of the recent vicissitudes and present position of the country*, New York: F. H. Revell Co.
Charr, Easurk Emsen(1996), *The Golden Mountain: The Autobiography of a*

Korean Immigrant, 1895~1960, edited and with an introduction by Wayne Patterson, Urbana, IL: University of Illinois Press.

Dempsey, J. Maurice & Hughes, William eds. (1871), *Our Ocean Highways: a Condensed Universal Hand Gazetteer and International Route Book, by Ocean, Road, Or Rail*, London: E. Stanford.

Hawley, Samuel ed. (2008), *America's Man in Korea: The Private Letters of George C. Foulk, 1884~1887*, Lanham, MD: Lexington Books.

Hisako, Ito(伊藤久子) ed., *The Emergence of the World Tour: A Collection of Early Travel Guides and Handbooks, 5*, Tokyo: Edition Synapse, 2010.

Hyun, David & Kim, Yong Mok eds. (2003), *My Autobiography by the Reverend Soon Hyun 1878~1968*, Seoul: Institute for Modern Korean Studies Yonsei University Press.

Lea, Homer(1909), *The Valor of Ignorance*, New York and London: Harper & Brothers Publishers.

Scidmore, E. R. (1893), *Westward to the Far East: A Guide to the Principal Cities of China and Japan with A Note on Korea*, The Canadian Pacific Railway Company.

Stanley, Henry E. J. ed. (1874), *The First Voyage Round the World by Magellan: Translated from the Accounts of Pigafetta and Other Contemporary Writers*, London: The Hakluyt Society.

Verne, Jules. (1873), *Around the World in Eighty Days*, translated by Geo. M. T., Philadelphia: Porter & Coates.

2. 연구논저

1) 단행본

경기문화재단 실학박물관 편(2013), 《마테오 리치의 곤여만국전도와 조선 후기의 세계관》, 경인문화사.

고미숙(2014), 《계몽의 시대: 근대적 시공간과 민족의 탄생》, 북드라망.

고야스 노부쿠니 저, 이승연 역(2005), 《근대 일본의 오리엔탈리즘: 동아·대동아·동아시아》, 역사비평사.

고정휴(2016), 《현순: 3·1운동과 임시정부 수립의 숨은 주역》, 역사공간.

______(2021), 《태평양의 발견, 대한민국의 탄생》, 국학자료원.

국사편찬위원회 편(2007), 《북미주 한인의 역사》 상, 국사편찬위원회.

______(2009), 《이방인이 본 우리》, 두산동아.

국외소재문화재재단 편(2013), 《미국 UCLA 리서치도서관 스페셜 컬렉션 소장 함호용 자료》, 국외소재문화재재단.

권오영·손병욱·신원봉·최진덕·한형조(2000), 《혜강 최한기, 동양과 서양을 통합하는 학문적 실험》, 청계.

규장각한국학연구원 편(2011), 《조선 사람의 세계여행》, 글항아리.

김경일·윤휘탁·이동진·임성모(2004), 《동아시아의 민족이산과 도시: 20세기 전반 만주의 조선인》, 역사비평사.

김기란(2020), 《극장국가 대한제국: 대한제국 만들기 프로젝트와 문화적 퍼포먼스》, 현실문화.

김근수(1988), 《한국잡지개관 및 호별목차집》, 한국학연구소.

김문식(2009), 《조선후기 지식인의 대외인식》, 새문사.

김상근(2004), 《세계지도의 역사와 한반도의 발견》, 살림.

김성준(2019), 《유럽의 대항해시대》, 문현.

______(2021), 《한국항해선박사》(개정증보판), 혜안.

김시덕(2015), 《동아시아, 해양과 대륙이 맞서다》, 메디치미디어.

김욱동(2012), 《한국계 미국 이민 자서전 작가》, 소명출판.

김원모(1999), 《한미수교사: 조선보빙사의 미국사행편(1883)》, 철학과현실사.

김원용 저, 손보기 편(2004), 《재미한인 50년사》, 혜안.

김혜정(2012), 《고지도의 매력과 유혹: 지도를 알아야 세계가 보인다》, 태학사.
김호동(2010), 《몽골제국과 세계사의 탄생》, 돌베개.
나인호(2019), 《증오하는 인간의 탄생: 인종주의는 역사를 어떻게 해석했는가》, 역사비평사.
노대환(2010), 《문명》, 도서출판 소화.
노혜정(2005), 《《지구전요》에 나타난 최한기의 지리사상》, 한국학술정보.
니콜라이 레비츠키 저, 민경현 역(2020), 《러일전쟁》, 살림.
다나카 아키라 저, 현명철 역(2013), 《메이지 유신과 서양 문명: 이와쿠라 사절단은 무엇을 보았는가》, 도서출판 소화.
단국대학교 부설 동양학연구소 편(2006), 《개화기 한국관련 구미인들의 기행자료집》 1~2, 제이앤씨.
데즈카 아키라 편, 정암 역(1998), 《근대지리학의 개척자들》, 한울아카데미.
도널드 프리먼(2016) 저, 노영순 역, 《태평양: 물리 환경과 인간 사회의 교섭사》, 선인.
로버트 B. 마르크스 저, 윤영호 역(2014), 《어떻게 세계는 서양이 주도하게 되었는가》, 사이.
류강 저, 이재훈 역(2011), 《고지도의 비밀: 중국 고지도의 경이로운 이야기와 세계사의 재발견》, 글항아리.
류대영(2004), 《개화기 조선과 미국 선교사》, 한국기독교역사연구소.
______(2009), 《한국 근현대사와 기독교》, 푸른역사.
류시현(2009), 《최남선 연구: 제국의 근대와 식민지의 문화》, 역사비평사.
______(2016), 《동경삼재: 동경 유학생 홍명희 최남선 이광수의 삶과 선택》, 산처럼.
마이클 J. 그린 저, 장휘 역(2018), 《신의 은총을 넘어서: 1783년 이후 미국의 아시아·태평양 대전략》, 아산정책연구원.
문동석(2013), 《한양, 경성 그리고 서울》, 상상박물관.
민영환 저, 조재곤 편역(2007), 《해천추범: 1896년 민영환의 세계일주》, 책과함께.
박경룡(2000), 《한성부연구》, 국학자료원.
박근갑(2020), 《문명국가의 기원》, 나남.
박민영(2020), 《이상설 평전: 독립운동의 대부》, 신서원

박진빈(2006), 《백색국가건설사: 미국 혁신주의 빛과 그림자》, 앨피.
박 환(2013), 《사진으로 보는 러시아지역 한인의 삶과 기억의 공간》, 민속원.
______(2017), 《근대해양인, 최봉준》, 민속원.
박 훈(2014), 《메이지 유신은 어떻게 가능했는가》, 민음사.
박희병(2003), 《운화와 근대: 최한기 사상에 대한 음미》, 돌베개.
방선주(1989), 《재미한인의 독립운동》, 한림대학교출판부.
볼프강 쉬벨부쉬 저, 박진희 역(1999), 《철도 여행의 역사》, 궁리.
브루스 커밍스 저, 박진빈·김동노·임종명 역(2011), 《바다에서 바다로, 미국 패권의 역사》, 서해문집.
빌 로스 저, 이지민 역(2014), 《철도, 역사를 바꾸다》, 예경.
사이먼 윈체스터 저, 김한슬기 역(2017), 《태평양 이야기》, 21세기북스.
서성철(2017), 《마닐라 갤리온 무역: 동서무역의 통합과 해상 실크로드의 역사》, 산지니.
서울역사편찬원(2016), 《개항기 서울에 온 외국인들》, 서울역사편찬원.
서울특별시사편찬위원회 편(2002), 《개항 이후 서울의 근대화와 그 시련(1876~1910)》, 서울특별시.
석화정(2007), 《풍자화로 보는 러일전쟁》, 지식산업사.
소현수(1996), 《마테오 리치: 동양과 서양의 정중한 만남》, 서강대학교출판부.
송호근(2020), 《국민의 탄생: 식민지 공론장의 구조 변동》, 민음사.
스티븐 컨 저, 박성관 역(2004), 《시간과 공간의 문화사: 1880~1918》, 휴머니스트.
신명호(2014), 《고종과 메이지의 시대: 무엇이 조선과 일본의 운명을 결정했나》, 역사의아침.
신웬어우 외 저, 허일·김성준·최운봉 편역(2005), 《중국의 대항해자, 정화의 배와 항해》, 심산.
아리야마 테루오 저, 조성운 외 역(2014), 《시선의 확장: 일본 근대 해외관광여행의 탄생》, 선인.
안토니오 피카페타 저, 박종옥 역(2004), 《최초의 세계일주》, 바움.
안형주(2007), 《박용만과 한인소년병학교》, 지식산업사.
______(2013), 《1902년, 조선인 하와이 이민선을 타다》, 푸른역사.
앙드레 슈미드 저, 정여울 역(2007), 《제국 그 사이의 한국, 1895~1919》, 휴머니스트.
야마다 아키라 저, 윤현명 역(2019), 《일본, 군비확장의 역사》, 어문학사.
양현혜(2017), 《우치무라 간조: 신 뒤에 숨지 않은 기독교인》, 이화여자대학교출판문화원.
에드워드 S. 밀러 저, 김현승 역(2015), 《오렌지전쟁계획: 태평양전쟁을 승리로 이끈 미국의 전략, 1897~1945》, 연경문화사.
오상학(2011), 《조선시대 세계지도와 세계인식》, 창비.
______(2015), 《천하도: 조선의 코스모그래피》, 문학동네.
______(2015), 《한국 전통 지리학사》, 들녘.
오인환·공정자(2004), 《구한말 한인 하와이 이민》, 인하대학교출판부.
오지 도시아키 저, 송태욱 역(2010), 《세계지도의 탄생》, 알마.
원재연(2003), 《서세동점과 조선왕조의 대응: 동서양의 상호 이해와 문호개방》, 한들.
웨인 패터슨 저, 정대화 역(2002), 《아메리카로 가는 길: 한인 하와이 이민사, 1896~1910》, 들녘.
______(2003), 《하와이 한인 이민 1세: 그들 삶의 애환과 승리, 1903~1973》, 들녘.
윌리엄 그리피스 저, 이만열 역(2015), 《아펜젤러: 조선에 온 첫 번째 선교사와 한국 개신교의 시작 이야기》, IVP.
유기식(2002), 《미국의 대일이민정책연구》, 태일사.
유지원 외(2011), 《이민과 개발: 한중일 3국인의 만주 이주의 역사》, 동북아역사재단.
육당연구학회(2009), 《최남선 다시 읽기》, 현실문화연구.
윤경로(1992), 《한국근대사의 기독교사적 이해》, 역민사.
______(2012), 《105인사건과 신민회 연구》(개정증보판), 한성대학교출판부.
윤명철(2012), 《해양사연구방법론》, 학연문화사.
______(2014), 《한국 해양사: 해양을 코드로 해석한 우리 역사》, 학연문화사.
윤병석(1998), 《이상설전》(증보판), 일조각.
윤인진(2004), 《코리안 디아스포라: 재외한인의 이주, 적응, 정체성》, 고려대학교출판부.
이덕주(2002), 《개화와 선교의 요람 정동이야기》, 대한기독교서회.

이덕희(2003), 《하와이 이민 100년, 그들은 어떻게 살았나》, 중앙M&B.
이리에 아키라 저, 이성환 역(1993), 《일본의 외교》, 푸른산.
이리에 아키라 저, 이종국·조진구 역(1999), 《20세기의 전쟁과 평화》, 을유문화사.
이문기·장동익·우인수·홍성구·이에나가 쥰지(2007), 《한·중·일의 해양인식과 해금》, 동북아역사재단.
이민식(2006), 《근대사의 한 장면 콜럼비아 세계박람회와 한국》, 백산자료원.
이순우(2012), 《근대 서울의 역사문화공간: 정동과 각국공사관》, 하늘재.
이영호(2017), 《개항도시 제물포》, 민속원.
이우성·손병욱·허남진·백민정·권오영·전용훈(2016), 《혜강 최한기 연구》, 사람의무늬.
이자경(2006), 《멕시코 한인 이민 100년사》 상, ㅎ ㆍ ㄴ맥문학출판부.
이진경(2010), 《근대적 시·공간의 탄생》(개정증보판), 그린비.
이태진(2000), 《고종시대의 재조명》, 태학사.
이한섭·박성희 편(2017), 《개화기 외국지명 표기 사전》, 고려대학교출판문화원.
인하대학교 한국학연구소 편(2012), 《동아시아 개항도시의 형성과 네트워크》, 글로벌콘텐츠.
임경구·정현주 외(2016), 《디아스포라 지형학》, 앨피.
임종태(2012), 《17, 18세기 중국과 조선의 서구 지리학 이해: 지구와 다섯 대륙의 우화》, 창비.
장태한(2018), 《파차파 캠프, 미국 최초의 한인타운》, 성안당.
정기준(2013), 《고지도의 우주관과 제도원리의 비교연구》, 경인문화사.
정문수·류교열·박민수·현재열(2014), 《해항도시 문화교섭 연구 방법론》, 선인.
정수일 편저(2014), 《해상 실크로드 사전》, 창비.
______(2002), 《문명교류사 연구》, 사계절.
제리 브로턴 저, 이창신 역(2014), 《욕망하는 지도: 12개의 지도로 읽는 세계사》, 알에이치코리아.
제임스 브래들리 저, 송정애 역(2010), 《임페리얼 크루즈: 대한제국 침탈 비밀외교 100일의 기록》, 프리뷰.

조너선 D. 스펜스 저, 주원준 역(1999), 《마테오 리치, 기억의 궁전》, 이산.
조영한·조영헌(2020), 《옐로우 퍼시픽: 다중적 근대성과 동아시아》, 서울대학교출판문화원.
조영헌(2021), 《대운하 시대 1415~1784: 중국은 왜 해양 진출을 '주저'했는가?》, 민음사.
조이스 채플린 저, 이경남 역(2013), 《세계일주의 역사》, 레디셋고.
조재곤(2014), 《대한제국의 마지막 숨결, 민영환》, 역사공간.
조지 린치 저, 정진국 역(2009), 《제국의 통로: 시베리아 횡단철도와 열강의 대각축》, 글항아리.
존 캐리 저, 김기협 해설·역(2006), 《역사의 원전》, 바다출판사.
주경철(2008), 《대항해시대: 해상 팽창과 근대 세계의 형성》, 서울대학교출판부.
______(2013), 《크리스토퍼 콜럼버스: 종말론적 신비주의자》, 서울대학교출판문화원.
주경철·서경호·이경우·장대익·한경구(2020), 《문명 다시 보기: 다섯 시선으로 바라본 인류의 역사, 그리고 미래》, 나남.
쩌우전환 저, 한지은 역(2013), 《지리학의 창으로 보는 중국의 근대: 1815~1911년 중국으로 전파된 서양지리번역서》, 푸른역사.
차배근(2014), 《미국신문발달사: 1690~1960》, 서울대학교출판문화원.
채 백(2015), 《한국 언론사》, 컴처룩.
최기영(2003), 《한국 근대 계몽사상 연구》, 일조각.
______(2015), 《중국관내 한국독립운동가의 삶과 투쟁》, 일조각.
최덕수(2005), 《대한제국과 국제환경: 상호인식의 충돌과 접합》, 선인.
______(2021), 《근대 조선과 세계》, 열린책들.
최영준(1997), 《국토와 민족생활사: 역사지리학 논고》, 한길사.
최원식(1986), 《한국근대소설사론》, 창작과비평사.
칼 슈미트 저, 김남시 역(2016), 《땅과 바다: 칼 슈미트의 세계사적 고찰》, 꾸리에북스.
케빈 케니 저, 최영석 역(2016), 《디아스포라 이즈(is)》, 앨피.
팀 마샬 저, 김미선 역(2016), 《지리의 힘: 지리는 어떻게 개인의 운명을, 세계사를, 세계 경제를 좌우하는가》, 사이.

페르낭 브로델 저, 강주헌 역(2012), 《지중해의 기억》, 한길사.
프랑수와 지푸루 저, 노영순 역(2014), 《아시아 지중해: 16~21세기 아시아 해항도시와 네트워크》, 선인.
하네다 마사시 편, 현재열·김나영 역(2012), 《17~18세기 아시아 해항도시의 문화교섭》, 선인.
하라 아키라 저, 김연옥 역(2015), 《청일·러일전쟁을 어떻게 볼 것인가: 동아시아 50년전쟁 1894~1945 다시 보기》, 살림.
한국언론사연구회 편(2004), 《대한매일신보 연구》, 커뮤니케이션북스.
한림과학원 편(2013), 《동아시아 개념연구: 기초문헌 해제》 II, 선인.
한상일·한정선(2006), 《일본, 만화로 제국을 그리다: 조선병탄과 시선의 정치》, 일조각.
한영우·서영희·이윤상·강상규·임현수·전봉희·이규철(2006), 《대한제국은 근대국가인가》, 푸른역사.
한철호(1998), 《친미개화파연구》, 국학자료원.
허동현(1999), 《일본이 진실로 강하더냐》, 당대.
홍사중(1983), 《상투 틀고 미국에 가다》, 홍성사.
홍선표 외(2006), 《17·18세기 조선의 외국서적 수용과 독서문화》, 혜안
황태연(2017), 《백성의 나라 대한제국》, 청계.
후지와라 아키라 저, 서영식 역(2013), 《일본군사사》 상, 제이앤씨.
히라카와 스케히로 저, 노영희 역(2002), 《마테오 리치: 동서문명교류의 인문학 서사시》, 동아시아.
F. H. 해링턴 저, 이광린 역(1973), 《개화기의 한미관계: 알렌 박사의 활동을 중심으로》, 일조각.
Henry J. Hendrix 저, 조학제 역(2010), 《시어도어 루스벨트의 해군 외교: 미 해군과 미국 세기의 탄생》, 한국해양전략연구소.
KBS문명의기억지도 제작팀(2012), 《문명의 기억, 지도》, 중앙북스.

李兆良(2013), 《宣德金牌啓示錄: 明代開拓美洲》, 台北市: 聯經出版事業股份有限公司.
黃時鑑·龔纓晏(2004), 《利瑪竇世界地圖硏究》, 上海: 上海古籍出版社.

宮崎正勝(2016), 《〈海國〉日本の歷史 世界の海から見る日本》, 東京: 原書房.
吉田寅編(1995), 《十九世紀中國日本における海外事情攝取の諸資料: 〈聯邦志略〉・〈地理全志〉・〈大英國志〉の資料的考察》, 東京: 立正大學東洋史研究室.
簑原俊洋(2016), 《アメリカの排日運動と日米關係: 〈排日移民法〉はなぜ成立したか》, 東京: 朝日新聞出社.
三浦昭男(1994), 《北太平洋定期客船史》, 東京: 出版協同社.
海野一隆(1996), 《地圖の文化史: 世界と日本》, 東京: 八坂書房.
______(2003), 《東西地図文化交涉史研究》, 大阪: 清文堂.
鈴木貞美 編(2001), 《雜誌〈太陽〉と國民文化の形成》, 京都: 思文閣出版.
坪谷善四郎(1942), 《大橋圖書館四十年史》, 東京: 博文館.
荒川淸秀(1997), 《近代日中學術用語の形成と伝播: 地理學用語を中心に》, 東京: 白帝社.

Brotton, Jerry(2014), *A History of the World in 12 Maps*, New York: Penguin Books.
Crawford, Michael J. ed.(2008), *The World Cruise of the Great White Fleet: Honoring 100 Years of Global Partnerships and Security*, Washington, D.C.: Naval Historical Center, Dept. of the Navy.
Dirlik, Arif ed.(1998), *What Is in A Rim? Critical Perspectives on the Pacific Region Idea*, Lanham, Md: Rowman and Littlefield.
Drake, Frederick(1984), *The Empire of the Seas: A Biography of Rear Admiral Robert Wilson Shufeldt*, Uss, Honolulu: University of Hawaii Press.
Kenny, Kevin(2013), *Diaspora: A Very Short Introduction*, New York: Oxford University Press.
Marshall, Tim(2016), *Prisoners of Geography: Ten Maps That Explain Everything About the World*, New York: NY Scribner.
McDougall, Walter A.(2004), *Let the Sea Make a Noise: A History of the North Pacific from Magellan to MacArthur*, New York, NY: Basic Books.
McWilliams, Carey(1944), *Prejudice: Japanese-Americans Symbol of Racial*

Intolerance, Boston: Little, Brown and company.

Miller, Edward S.(1991), *War Plan Orange: The U.S. Strategy to Defeat Japan, 1897~1945*, Annapolis, Md.: Naval Institute Press.

Spate, O. H. K.(1979), *The Spanish Lake*, Minneapolis: University of Minnesota Press.

Tate, E. Mowbray(1986), *Transpacific Steam: The Story of Steam Navigation from the Pacific Coast of North America to the Far East and the Antipodes, 1867~1941*, New York: Cornwall Books.

2) 논문

강봉룡(2008), "해양인식의 확대와 해양사", 〈역사학보〉 200집.

_____(2009), "한국 해양사 연구의 몇 가지 논점", 〈도서문화〉 33집.

고영미·이상욱(2020), "마테오 리치와 서광계, 그리고 기하원본의 번역", 〈한국수학사학회지〉 33권 2호.

고인덕(2012), "조선시대에 있어서 도설백과사전 〈삼재도회〉의 수용", 〈중국어문학논집〉 77호.

고정휴(2017), "태평양의 발견: 그 바다 이름의 생성·전파와 조선에의 정착", 〈한국근현대사연구〉 83집.

_____(2018), "태평양의 발견: 그 바닷길의 개통과 조선사절단의 세계일주 기록 검토", 〈한국사학보〉 73호.

_____(2019), "태평양의 발견: 그 바다를 둘러싼 미·일 간 패권 경쟁과 한국 언론의 반응, 1905~1910", 〈역사연구〉 37호.

권동희(2004), "최남선의 지리사상과 '소년'지의 지리교육적 가치", 〈한국지리환경교육학회지〉 12권 2호.

권은혜(2014), "20세기 초 미국 서부의 반 일본운동과 아시아인 이민 배제 주장에서 드러나는 초국적 反아시아 인종주의", 〈서양사론〉 120호.

권정화(2013), "헐버트의 사민필지와 미국 근대 지리교육의 굴절된 투영성", 〈사회과학교육연구〉 15호.

김경미(1999), "육영공원의 운영 방식과 학원의 학습 실태", 〈한국교육사학〉 21호.

김남시(2010), "사물문자로서의 중국문자, 아타나시우스 키르허의 중국문자 이해", 〈중국어문학지〉 33호.
김미정(2014), "하와이 견문록 포와유람기 고찰", 〈어문연구〉 80권.
_____(2015), "러시아 사행시 《환구음초》의 작품 실상과 근대성 고찰", 〈인문학연구〉 99호.
김복수(2000), "유길준의 개화운동과 근대신문 창간에 미친 영향", 〈한국언론학보〉 44권 4호.
김상진(2008), "이종응의 《셔유견문록》에 나타난 서구체험과 문화적 충격", 〈우리문학연구〉 23집.
_____(2010), "《셔유견문록》에 나타난 서양, 그 열망의 공간", 〈한국언어문화〉 43호.
김선희(2014), "최한기를 읽기 위한 제언: 근대성과 과학의 관점에서", 〈철학사상〉 52호.
김영훈(2010), "개화기 교과서 속의 세계와 역사: 만국지리와 만국사를 중심으로", 〈비교문화연구〉 16집 2호.
김원모(2002), "이종응의 《서사록》과 《셔유견문록》 해제", 〈동양학〉 32집.
_____(2002), "한국의 영국 축하사절단 파견과 한·영 외교관계", 〈동양학〉 32집.
김윤희(2009), "1909년 대한제국 사회의 '동양' 개념과 그 기원", 〈개념과 소통〉 4호.
_____(2011), "미국 기행가사 〈해유가〉의 문학적 형상화 양상과 시대적 의미", 〈고전문학연구〉 39호.
김은성(2010), "지리상 탐험의 평가: 제임스 쿡의 태평양 탐험을 사례로", 〈지리교육논집〉 54호.
김지선(2016), "17세기 중국의 과학과 《삼재도회》(1) : 과학서로서의 의미를 중심으로", 〈중국어문학지〉 56집.
김창경(2006), "중국 先秦諸子의 물과 바다에 대한 인식", 〈동북아문화연구〉 10집.
김철웅(2010), "주미공사 이범진의 미국 여정과 활동", 〈역사학보〉 205집.
김현주(2018), "1907년 이후 한국 언론의 '폭도' 담론 형성 과정: 〈대한매일신보〉와 〈황성신문〉을 중심으로", 〈역사학보〉 240호
김형규(2011), "일제 식민화 초기 서사에 나타난 해외이주 형상의 의미", 〈현

대소설연구〉 46호.
노대환(2002), "민영익의 삶과 정치활동", 〈한국사상사학〉, 18호.
______(2017), "대한제국 말기(1904~1910) 〈황성신문〉의 현실 인식과 대응 양상의 변화: 〈대한매일신보〉와의 비교를 중심으로", 〈이화사학연구〉 54호.
목수현(2014), "국토의 시각적 표상과 애국 계몽의 지리학: 최남선의 논의를 중심으로", 〈동아시아문화연구〉 57호.
박걸순(2017), "보재 이상설의 독립운동론과 독립운동", 〈한국독립운동사연구〉 60집.
박노준(1991), "〈해유가(海遊歌)〉 — 일명 〈서유가(西遊歌)〉— 의 세계인식", 〈한국학보〉 64집.
______(2003), "〈해유가〉와 〈셔유견문록〉 견주어 보기", 〈한국언어문화〉 23호.
박선영(2008), "〈대한매일신보〉 영문판의 성격: 영국 자유무역제국주의와의 관련을 중심으로", 〈언론과 사회〉 16권 1호.
박성래(2003), "한국 근대의 서양어 통역사(2), 1883년부터 1886년까지", 〈국제지역연구〉 7권 1호.
박영준(2004), "러일전쟁 직후 일본 해군의 국가구상과 군사전략론", 〈한국정치외교사논총〉 26권 1호,
박영한(2003), "고산자 김정호의 생애 고찰", 〈지리학논총〉 42호.
박용규(2011), "최남선의 현실 인식과 〈소년〉의 특성 변화: 청년학우회 참여 전후의 변화를 중심으로", 〈한국언론학보〉 55권 1호.
박진빈(2010), "제국과 개혁의 실험장: 미국의 파나마 운하 건설", 〈미국사연구〉 32호.
박한민(2013), "유길준 〈세계대세론〉(1883)의 전거와 저술의 성격", 〈한국사학보〉 53호.
반병률(1997), "노령 연해주 한인사회와 한인민족운동(1905~1911)", 〈한국근현대사연구〉 7집.
백동현(2001), "대한제국기 언론에 나타난 동양주의 논리와 그 극복", 〈한국사상사학〉 17호.
서태열(2013), "개화기 학부발간 지리서적의 출판과정과 그 내용에 대한 분석",

〈사회과교육〉 52권 1호.

손정숙(2004), "주한 미국 임시대리공사 포크 연구(1884~1887)", 〈한국근현대사연구〉 31집.

______(2007), "한국최초 미국외교사절 보빙사의 견문과 그 영향", 〈한국사상사학〉 29호.

스벤 사아러 저, 김종학 역(2008), "국제관계의 변용과 내셔널 아이덴티티 형성: 1880년대~1920년대의 '아시아주의'의 창조", 〈한국문화〉 41호.

신지혜(2018), "20세기 초 엘리스 섬의 이민 아동과 질병", 〈미국사연구〉 47호.

아리프 딜릭 저, 김영희 역(1993), "아시아・태평양권이라는 개념: 지역구조 창설에 있어서 현실과 표상의 문제", 〈창작과비평〉 79호.

안종묵(2002), "황성신문 발행진의 정치사회사상에 관한 연구", 〈한국언론학보〉 46권 4호.

양진오(2004), "신소설이 재현하는 20세기 초반의 한반도 현실", 〈아시아문화〉 21호.

오길순(2005), "〈혼일강리역대국도지도〉 모사 자료 보고", 〈한국과학사학회지〉 27권 2호.

______(2014), "〈古今華夷區域摠要圖〉의 모사와 분석", 〈한국고지도연구〉 6권 1호.

오상학(2016), "〈혼일강리역대국도지도〉의 최근 담론과 지도의 재평가", 〈국토지리학회지〉 50권 1호.

오영섭(2002), "한말 13도창의대장 이인영의 생애와 활동", 〈한국독립운동사연구〉 19호.

______(2007), "이위종의 생애와 독립운동", 〈한국독립운동사연구〉 29호.

윤기헌(2017), "한일병탄 시기 일본 대중잡지에 나타난 조선에 대한 인식: 풍자만화잡지 〈도쿄 퍽〉을 중심으로", 〈동북아문화연구〉 50집.

윤병석(2007), "만국평화회의와 한국 특사의 역사적 의미", 〈한국독립운동사연구〉 29집.

이덕희(2003), "하와이 한인들이 하와이 감리교회에 끼친 영향 : 1903~1952", 〈한국사론〉 39집.

이민원(2007), "조선특사의 러시아외교와 김득련: 니콜라이II 황제대관식 사행을 중심으로", 〈역사와실학〉 33집.
이예안(2018), "유길준 《세계대세론》의 근대적 개념 이해와 개항기 조선: 우치다 마사오 《여지지략》과의 비교를 단서로", 〈한국학연구〉 64호.
이원순(1992), "최한기의 세계지리인식의 역사성: 혜강학의 지리학적 측면", 〈문화역사지리〉 4호.
이지영(2008), "개화기의 외국 지명 수용 과정: 19세기말부터 20세기 초까지의 세계지리서를 중심으로", 〈국어국문학〉 150호
이진일(2018), "해양과 '공간혁명': 칼 슈미트(Carl Schmitt)의 《땅과 바다》를 중심으로", 〈(성대)사림〉 63호.
이진호(1986), "최남선의 2차 유학기에 관한 재고찰: 연보 재정립을 위한 제언", 〈새국어교육〉 42권.
______(1991), "한성부지도와 육조의 역사지리연구", 〈향토서울〉 50호.
이토 히로코·신형진(2017), "하와이 닛케이(日系)의 사회인구학적 변천, 1900~1910", 〈아세아연구〉, 60권 1호.
임종명(2018), "아시아-태평양 전쟁기, 식민지 조선의 인종 전쟁 담론", 〈사총〉 94호.
장경호(2013), "고종대 한성판윤 이채연의 정치 성향과 활동", 〈향토서울〉 85호.
정근식(2004), "한인 디아스포라 연구의 두 개의 진전", 〈황해문화〉 43호.
정낙근(2002), "한말 자강운동론자들의 국제정세 인식", 〈한국동양정치사상사연구〉 1권 1호.
정수일(2011), "《지봉유설》 속 외국명 고증문제", 〈문명교류연구〉 2호.
정은혜(2019), "경관을 통해 살펴본 문화역사 관광지로서의 블라디보스토크 고찰: 신한촌과 아르바트 거리를 중심으로", 〈한국도시지리학회지〉 22권 2호.
조경덕(2011), "초우당 주인 육정수 연구", 〈우리어문연구〉 41호.
조명철(1997), "일본의 군사전략과 '국방방침'의 성립", 〈일본역사연구〉 59호.
______(2008), "근대일본의 전쟁과 팽창의 논리", 〈사총〉 67호.
조 웅(1997), "1898년 미국의 하와이 병합과 논쟁", 〈미국사연구〉 5호.
최재목(2006), "최남선 〈소년〉 지의 '신대한의 소년' 기획에 대하여", 〈일본문화연구〉 18집.

최정수(2010), "특사 태프트의 제2차 대일방문과 미일조약체제, 1907~1908", 〈동북아역사논총〉 29호.

최창모(2013), "〈혼일강리역대국도지도〉(1402년)의 제작 목적 및 정치사회적 배경에 관한 연구", 〈한국이슬람학회 논총〉 23권 1호.

하경숙 · 구사회(2018), "《환구음초》에 나타난 지식인의 근대문명 인식과 특질", 〈온지논총〉 54호.

하세봉(2010), "한국의 동아시아 해양사 연구: 민족주의적 성과와 탈근대적 전망", 〈동북아문화연구〉 23집.

한규무(2008), "현순, 《포와유람기》", 〈한국사 시민강좌〉 42집.

한정선(2019), "오만한 일본, 불안한 제국", 〈일본비평〉 20호.

홍선표(2001), "일제하 미국유학연구", 〈국사관논총〉 96집.

홍성길 · 김영성 · 류찬수(2002), "한국 표준시 제도의 타당성에 대한 연구", 〈한국지구과학회지〉 23권 6호.

황은수(2010), "개항기 한중일 정기 해운망과 조선상인의 활동", 〈역사와 현실〉 75호.

伊藤久子(1998), "太平洋航路の第一船コロラド号の航海", 〈開港のひろば〉 61号.

竹村民郎(1999), "十九世紀中葉日本における海洋帝國構想の諸類型-創刊期〈太陽〉に關連して", 〈日本研究〉 19号.

中尾祐次(2000), "帝國國防方針, 國防ニ要スル兵力及帝國軍用兵綱領策定顚末", 〈戰史研究年報〉 3号.

秦郁彦(1969), "日露戰爭後における日米および日露危機(3)", 〈アジア研究〉 15巻 4号.

Choi, Chang-Mo(2012), "A Reflection on Arabia-Africa in the Mappa Mundi of the Choson Dynasty", *Japan Association for Middle East Studies* Vol. 28 No. 2,

Dirlik, Arif(1992), "The Asia-Pacific Idea: Reality and Representation in the Invention of a Regional Structure", *Journal of World History* Vol. 3 No. 1.

Gale, James Scarth(1902), "Hanyang(Seoul)", *Transactions of the Korea Branch of the Royal Asiatic Society*, Vol. 2 Part. 2.

Lee, Sonya(2007), "The Korean Collection in the Library of Congress", *Journal of East Asian Libraries* No. 142.

Korhonen, Pekka(1996), "The Pacific Age in World History", *Journal of World History* Vol. 7 No. 1.

Patterson, Wayne(1976), "Upward Social Mobility of the Koreans in Hawaii", *Korean Studies* 3.

Spate, O. H. K. (1977), "'South Sea' to 'Pacific Ocean': A Note on Nomenclature", *The Journal of Pacific History* Vol. 12 No. 4.

그림목록

찾아보기(용어)

ㄱ~ㄷ

ㄹ~ㅂ

ㅅ

ㅇ~ㅈ

ㅊ~ㅍ

ㅎ

0~9

찾아보기(인명)

ㄱ~ㄹ

ㅁ~ㅅ

ㅇ